活佛秘史
原名：藏傳秘史之首席金座活佛
尕藏才旦 著

目錄

目錄

目錄

目錄

目錄

第一章　寺主自傳引起的風波

吉祥右旋寺寺主堅貝央大師要生前給自己寫傳，引起全寺譁然，最受震動的首先是首席金座活佛吉塘倉……

藏曆年新年剛過，毛蘭木祈禱大法會還沒有結束，堅貝央活佛突然冒出寫自傳的念頭，他想在圓寂之前親手寫出自己的傳記。

他覺得他作爲這一世主持活佛真是太艱辛了！經歷的事也太曲折、太驚險了！這在吉祥右旋寺史冊上從未發生過。

他覺得自己對佛法、對寺院、對教民功德無量。是他讓吉祥右旋寺的教區由一兩萬平方公里擴展爲十三四萬平方公里；是他把寺院教民從兩三萬人變爲三四十萬人。他使吉祥右旋寺揚名全藏區，成爲藏傳佛教六大宗主寺①之一，在中央政府掛上了號，贏得了國民政府主席的嘉獎和青睞，獲得了「輔國闡化禪師」的名號。不僅僅是教業，而且在政治、軍事、文化、商貿諸多方面，建樹了歷世堅貝央從未樹立過的業績。

他幹出的偉業太多太多了，數也數不清啊！要是按藏傳佛教高僧大德者所遵循的常規讓後人寫傳，那肯定寫不出其中的酸甜苦辣，寫不出他心靈的大起大伏，以及他遭受的苦難和自己的奮鬥經歷，留給後世的只能是一些乾板板的筋塊和一副沒有多少血色的骨架，不外乎是修繕了什麼佛殿、佛塔，到那些地方去傳過法、講過經等等，和其他圓寂活佛沒有什麼兩樣。他在佛俗兩條道上花費心血、拼盡力量、普度眾生的努力，則會蒸發得沒有一點水氣。

唯有自己親筆寫出，才有血有肉，才能感天地、泣鬼神，後人讀起來才能津津有味，血液沸騰。所以，他主意已定，把消息張揚了出去。

消息傳出，吉祥右旋寺一片譁然，尤其是不同層次的各級活佛，都不以爲然，覺得大師心血來潮，異想天開。

也真是，翻開藏傳佛教一千多年的歷史，還真沒有哪位大師、活佛、高僧、空行母②生前給自己寫過傳，還是自己親筆寫自己。達賴、班禪活佛沒有這樣做過，連佛祖釋迦牟尼也沒有爲自己寫過傳，他們的傳記全是後人撰寫的，主要是弟子和高僧們寫的。而堅貝央卻不僅要生前寫出自己的傳記，還要親筆動手寫出來。聽說給印刷院也打了招呼，讓他們準備木刻版、油墨、紙張，來年夏天就開工。

這是不是太入俗了?太看重自己在世的名利業績了?但誰也沒有把這種心思嚷嚷出來，更不敢傳揚出去。從剃度沙彌戒起，「十善業」③就成爲僧伽④做人行事的準則，也是佛教的基本道德信條。每個沙彌，剃度時首先要面對師父、面對本尊神、面對神聖的佛祖釋迦牟尼或格魯派祖師宗喀巴大師發誓起心願，忠貞不一地，身、口、語三位一體地保證遵守十善法，信奉十善法。只有承認了十善業，尊奉十善業，你才算跨進了佛門，算正式成爲出家人。

十善業很具體、很實在，和俗家百姓口頭掛著的諺語、笑話、歇後語一樣通俗易懂，通俗得就像喝一碗不燙口、不澀味的奶茶；啃一塊不肥膩、也不缺血色的羊肋條。它是針對人類身上通常潛藏或表現出的「十惡」弊病，也就是劣根性而制定的。十惡指：殺生；偷盜（佛語叫綺語，不與取）；邪淫；妄語；兩舌；惡口；花言巧語，阿諛奉承；貪欲；瞋恚；邪見。它要求佛教徒，特別是持戒入寺的僧人必須從身、口、語三方面做到身業三不：不殺生、不偷盜、不邪淫；口業四不：不妄語、不兩舌、不惡口、不綺語；意業三不：不貪欲；不瞋恚；不邪見。

對寺主堅貝央大師寫傳一事說三道四，本身就違背了十善法口業中「不妄語」的戒律，所以，高僧們都緘口不語，和平常一樣，忙於各自學院的誦經、祈禱及諸多佛事。學生們更是和平常一樣，在經堂誦完經，吃過午餐，便三五一夥結伴去「師父」家中學經，彷佛什麼事都沒有發生。

從上到下都不說話，並不是大夥心中無話可說，只是不能說，不敢說。藏傳佛教世界的僧俗們都知道這樣一句俗語：「河心的磐石，活佛的聖訓」。這就是說，活佛作爲佛的化身，是神聖的，不可置疑的。他說出的每句話，要辦的每件事，也都是神聖的絕對真理，不會有錯誤的。再說，靠堅貝央大師的法力，吉祥右旋寺的香火才如此旺盛，原先八十四根柱的大經堂擴大成了一百四十八根大柱子的，過去只能坐兩千四百多僧人誦經的經堂，現在能容納三千六百多僧人集體進行佛事。真不容易啊！

樹大招金鳥，湖深養大魚，一個寺院僧侶有多少，教區有了和平的生活環境才是聲譽顯赫的寺。

還有，在堅貝央活佛家族的傾心奮爭下，趕走了回族軍閥馬麒。在歷世寺院主持中，他們功德最廣大，幹的善業數也數不過來。單說僧人們碗裏盛進的施飯，黃澄澄的酥油汁多了、大塊大塊的牛肉疙瘩多了，還時不時有葡萄乾、大紅棗等甜果。給寺院供經供飯的教民也多了，每次都會布施兩三塊白花花的銀元。全寺上上下下，個個臉色紅潤，身子粗壯，眉毛綻花，嘴角咧開。不安分又精力過剩的一夥青少年僧人還偷偷跑到金鵬鎮，鑽進回民開的飯館，嘗調料濃香的各種麵食，喝起了三泡台蓋碗茶。也有三五一夥悄悄結隊鑽進寺院背後的天葬溝裏甩石餅、搞賭博。

真的，出家僧人的日子比起教民舒服多了，輕鬆多了，富足多了，怪不得各地僧人蜂擁而來，寺院越來越壯大。再說，大師要圓寂前寫自傳，肯定有自己的道理。對佛的化身就如自己崇信的本尊神一樣，絕對不能懷疑、猜測、動搖，絕對要身、口、意一致地信仰。所以，因堅貝央寫自傳而掀起的僧侶心底波瀾很快平靜了，一切和舊日一模一樣。

但吉塘倉活佛的心境卻難以平靜下去。聽到寺主堅貝央活佛要生前寫自傳，他的心情一下亂紛紛，坐禪也意念亂紛紛。作爲寺主一人之下，三千佛僧之上的吉祥右旋寺第二號人物，他和堅貝央的恩怨由來已久，就像羊毛撚的線疙瘩，絞合在一起，說不清、扯不斷，誰是誰非，連自己也理不出頭緒。但他依然認爲自己恩大於怨，他和堅貝央沒有過不去的事，全是佛父佛兄在其中撒的灰、潑的乾粉。尤其是佛兄澤旺，不就是想把寺院攥在他的手心，讓寺院成爲他實現「東藏王」的棋子嗎？

是佛父佛兄對他產生嫉恨，在僧俗中散佈：「吉塘倉愛漢家，和馬步芳繫的一條腰帶蹬的一雙靴」；「吉塘倉想替代堅貝央」等等。結果，堅貝央對他冷淡了，疏遠了，兩人的隔閡也越來越大了。

實際上，他覺得他倆的誤會大於分歧，友好大於磨擦，但他能去解釋、去認錯嗎？不能啊，哪個活佛說過自己辦過錯事？活佛是佛的化身，是佛在俗世的代表，佛眼慧識，佛不可能幹出錯事，他只能把苦水咽在肚裏不聲張。可堅貝央現在自己動手要寫自傳，那肯定會把他吉塘倉寫進去，不知道他會說實話不。如果其中有偏頗不實之詞，把真相掩蓋起來，正話反說，那後人會怎想怎說？而一旦交付印經院刻成木刻版頁，印刷成長條經文般的書籍，又被各個寺院的高僧、活佛、學院、藏經院書庫收藏傳讀，那就成了神聖不可改動的經書，傳播到了全藏區，傳播到了後世多少代，成了磐石上印顯的六字真經——風抹不掉，雨淋不透，歲月也無法磨平鈍去。這不成了天大的冤案嗎？我吉塘倉可是吉祥右旋寺主持活佛之下四大金座活佛的首席金座啊，我不能受這種冤氣，更不能成爲永世翻不了身的罪人。

不是所有的活佛都可以成爲金座活佛的。金座活佛是指在藏傳佛教格魯派宗師宗喀巴大師創建的甘丹寺母寺總法台位置上任過總法台之職的，人們才承認並稱呼其爲金座活佛。這其中包含兩層意思，一是宗喀巴大師是甘丹寺最初的總法台，誰以後擔任總法台，誰就繼承了宗喀巴大師的事業，稱之爲金座總法台；二是甘丹寺的法台座就是用金子包裹起來的，金碧輝煌，華貴莊重，神秘生氣。所以全藏區都把擔任過甘丹寺總法台的活佛稱爲金座活佛。

吉塘倉是甘丹寺第五十任總法台，而其他三位金座活佛擔任總法台的時間都在他之後，所以論資歷他是老大，他是第一個摘取金座桂冠的，理所當然的要排在首席。他又是第一世堅貝央最早的上首弟子，也是最得力的弟子，不僅學得了堅貝央教誨的諸多經法，顯密教義達到最深造詣，還奔波聯絡，力排阻撓，創造條件，幫助師父創辦法會，使一世堅貝央蜚聲全藏，成爲僧俗敬仰的導師。

吉塘倉之名是由於一世、二世曾長期駐錫於西藏吉塘地方，而被信徒們尊稱爲吉塘倉，這種因地因家族而最早的冠名，很快演化爲佛號，成了約定俗成的某一轉世系統的名稱，延續流傳。

二世吉塘倉在關鍵時刻爲穩定吉祥右旋寺局勢，發揮了中流砥柱的作用，使吉祥右旋寺度過了面臨分裂的危機，成了大寺的基石，僧俗教民的導引靈魂，實質上一直起到並公認爲首席金座活佛。

吉塘覺得胸口有點發悶，便從炕上下來，蹬上長統羊毛氈腰子的千層底僧靴，順手撓了幾下乾燥得脫屑皮的小腿肚。小腿肚鬆鬆塌塌像個馬尾松樹皮，沒有一點彈性，膚色也白裏透出暗淡色，上面還掛有星星點點分布不規則的小血泡，搔癢時，一不小心，不是血泡破了，就是劃出了幾道鮮紅的指印。

搔癢罷，他繫緊藍、白、紅、綠、黃五色細呢靴帶。作爲活佛，他最愛繫的靴帶就是這五色細呢。省府來的漢、回官員和社會名流來府邸做客，看見他靴勒上搭著的這五色彩帶，眼裏都流露出一種詫異，一種疑惑。那神色分明在說，吉塘倉活佛啊，你是一個活佛，又是一個上了年紀、德高望重的活佛，怎麼還啓用這種花裏胡哨的彩繩當靴帶呢，不莊重嘛。

每當這時，他就含笑莊重地解釋說：這靴帶的五色啊，可不是爲了圖好看漂亮，它是佛家弟子的象徵，也是佛祖對整個宇宙世界自然現象、內在運轉規律的揭示。瞧，這藍色象徵藍天長空，這白色說的是白雲，由水氣蒸騰成霧化作的白雲。而紅色呢？紅色象徵著火焰。紅色下面的綠帶，則表示綠水，最下的黃條帶，是指土地。五種顏色排列是宇宙自然界的排列順序。佛門尊崇它就是尊崇大自然，承認宇宙萬物有緣分，承認宇宙的形成是客觀的，有其不可逆轉的軌跡。

繫好靴帶，站穩身子，他朝板櫃上鑲的長條鏡子望去。鏡子裏是一個老態龍鍾、略顯發胖的黑矮僧人。雖然眼角、額頭、鼻翼、鼻梁、嘴唇兩邊都分佈著粗細不匀稱、長短不規則、縱橫交錯的皺紋，但臉上卻光淨淨的，沒有一根雜毛和鬍鬚，黧黑的皮膚下透出一層血紅色。再看看身上，右手腕上纏著紫檀木雕琢的佛珠，這是他佛邸的商隊從印度加爾各答佛器專賣店裏買來的。正兒八經的印度洋暖風薰浴過的，聖河恆河澆灌過的印度紫檀樹的料，雨淋不透，蟲子蛀不了，還透出淡淡的檀香味，讓人頭腦清新，胸口輕鬆，忘卻了一切煩惱。

佛珠是在印度加工好了的，一共一百零八顆，口誦密宗金剛六字真經，撥動這一百零八顆佛珠，就能清心節欲，洗滌雜念，斷除人世間一百零八種煩惱，也能記住了一百零八個主尊。

它還能提醒你和幫助你思緒鎮定，既不昏昏迷迷打瞌睡，又不紛馳想入非非，讓你身心遠離愛欲樂觸等等，逐步得到輕鬆安定、定穩和寧靜，思想集中到一種純潔、高尚的境界之中。

拿到這串佛珠後，他又精心拾掇了一下。用一個銅臉盆把佛珠串泡在熬煉過的熱騰騰的黃酥油汁中，輕輕用文火煮，不斷攪動，讓酥油汁均匀滲入佛珠中。等佛珠個個發黃晶亮，再撈出來，擱在鐵盆子裏，下面用牛糞火燃過後存有的火心反覆烘烤。牛糞火心火勁不大，溫融融的，烘上個三五天，佛珠就烘乾了，表皮上黃燦燦的，泛著亮錚錚的釉光。

他精心裝飾了這串佛珠，每隔十顆插進一片綠翡翠或是一個藍寶石，一顆紅瑪瑙，一枚鏤有萬福「卍」的銀戒指，一柱晶瑩的松耳石等寶貝。最值錢、最令人欽羨的是九顆九眼珠。每隔十二顆檀香珠，便有一顆九眼珠鑲嵌其中。九眼珠是稀世之寶，是雪域特有的珍寶，也叫喜馬拉雅九眼珠，九眼珠的紋路有三種：一種叫虎紋逆獅，一種叫長腳，一種叫小孔。

吉塘倉聽人聊過，說九眼珠是雪域和綠地接合地緣的一種爬行動物，特別稀少，膚色鮮豔但膽子奇小，警覺性很高，一有風吹草動便遁藏得無影無蹤。有人想獲得牠，大都十有九空。若幸運碰見，絕對不能拿手去抓，因爲牠的爬行速度快，而且身子滑膩，你休想揪住牠。唯一的辦法就是趕緊脫下你腳蹬的臭靴（越臭越好），扣在牠身上。

世上萬物也真怪，想像不到牠會千變萬化的。臭靴一扣牠，牠一下從爬行動物變成了化石，成了堅硬無比的小石條，但花紋卻依舊鮮亮。說它是寶具，是說把它繫在脖頸上，能降血壓，能防心臟病、腦溢血及毒氣入口，這也就幫你延年益壽了。他的這九顆龍眼珠，有的是教民供養奉獻的，有的是仁增經商時在藏北草原、果洛、玉樹等地留意收購的。也可能是這九顆九眼珠的原因，吉塘倉的佛珠便揚名全安多藏區。

這串佛珠華麗而又不失莊重，實用中又含有高雅，琳琅而緊湊，成爲吉祥右旋寺一件人人喜歡的法器。他愛不釋手，晚上入眠也要纏在手腕上。但佛珠也給他惹來了麻煩……

❖ ❖ ❖

①宗主寺——規模齊全壯觀，有很多從屬子寺的稱宗主寺。
②空行母——密宗所奉的一種女神，又藏密亦稱女性修密法者爲空行母。

③十善業——佛教諸乘所說十種最重要的善業，為多種戒律的核心內容，亦為佛教的基本道德信條。

④僧伽——出家人的團體，現習慣於僧人都可以稱僧伽。

第二章　九眼瑪瑙

九眼瑪瑙佛珠是吉塘倉的吉祥佛器，是商隊從印度加爾各答買來，又經過吉塘倉裝飾，他視為珍寶。堅貝央也愛不釋手，婉轉要求供奉。吉塘倉巧妙回絕，惹惱了寺主……

那是五年前的事，堅貝央派人請他去作客，見面開口就指著他的手腕：「你能不能讓我開開眼界，觀賞一下你手腕上的如意珍寶般的佛珠？」

他忙不迭地摘下手腕上的佛珠，雙手捧著送呈上去：「至尊上師的佛眼瞥一下我的佛珠，那是加持了佛珠，是我夢寐以求的願望。」

堅貝央接過佛珠，一顆顆摩挲，尤其把夾在中間的瑪瑙、寶石九眼珠輕輕摸拭，眼裏罩滿歡喜的異彩，瞳仁熠熠放光。

吉塘倉原以爲堅貝央欣賞之後會還給他，未想到堅貝央熟練輕捷地把佛珠套在他自己的左手腕上，就像是己家的東西，纏了幾圈纏得緊緊的，然後伸出胳膊炫耀地笑說：「這佛珠配不配我的手腕？」

「配，就像藍天白雲在一起，溪流和金眼魚同流動一樣般配。」他隨和地應聲說。

堅貝央說：「是啊，孔雀翎毛應該插進淨水瓶，珍珠瑪瑙裝飾金身佛像最恰當。」

他一愣，覺得堅貝央話裏有一層潛伏話意，但他一下子還沒有悟出什麼，訕笑著只是應和：「聖人之言啊，最綿柔的阿細哈達只能獻給尊重的上師，最珍貴的海底珊瑚只配空行仙女佩戴。」

堅貝央哈哈一笑，扯起了別的話題，還吩咐管家準備晚飯，邀請他共進晚餐。

他自然受寵若驚，與堅貝央聊了半天，兩人談得很投機，從古到今，從佛祖談到達賴、班禪，親熱得像個親兄弟，無話不說，有時還爭得耳朵漲紅。

吃過藏餐的最後佳肴酸奶，他準備告辭離去，但又遲疑地未抬屁股，有所心事的目光不由己地在堅貝央左手腕的佛珠上瞟來瞟去。但堅貝央卻毫無感覺，依然談笑風生，看天色暗了，便站起身送客，親自把他送到了樓梯口。到這時候了，吉塘倉心頭才咯噔一沈，暗暗嘀咕：寺主看來喜歡上九眼珠佛珠了，當作平時下面活佛的供養物，也以爲吉塘倉供養給他的。理所當然地接受下來，纏在自己手腕上不摘下來。

自然，按常規來說，堅貝央這樣想、這樣做，也是順理成章的事，更是一般僧俗求之不得的結果。寺主能看上你的隨身物品，那是你教民的大幸、寵幸。因爲那不是隨便饋贈給什麼凡夫俗子，或者朋友佳賓的，而是供養給活佛的。

供養給活佛就是奉獻給佛了，佛就會領情惠及你。在世間，佛會保佑你平安無災，幸福順通；在陰間，你進入輪迴時，佛則會指引關照你的靈魂走向後世該去的世界，而不致沈溺苦海，進入迷途，成爲遊魂野鬼沒有著落，從此斷了輪迴之途，無法進入天界極樂生活。普通教民遇到今天這種情況，肯定受寵若驚，欣喜若狂，但他吉塘倉不！

吉塘倉就是吉塘倉，吉塘倉已經受了堅貝央家族不少的閒氣。吉塘倉的聲譽、影響已經成了春天的酥油花，濃縮小了。雖然沒有聽說堅貝央上師在其中幹過啥、說過啥，但佛父佛兄肯定在他耳畔吹過風，灌過話的。說不定他是默認的，甚至暗示過什麼。憑堅貝央他的心氣和家人的脾氣，他不會保持中立或反對佛父佛兄的。唯因如此，他不願把自己喜愛的佛珠供養給堅貝央。

他沒法咽下這口氣。他得把這串佛珠要回來，過了此時此刻，再要登門開口就很難了。他已經盤算好了，在他圓寂後，如果火化，就讓這串佛珠隨著他的骨灰裝進骨灰塔，到另一世界去。如果佛邸要搞他的法體靈塔，他留下遺囑，讓他們把這串佛珠隨之藏進靈塔中。

眼下最要緊的是如何從堅貝央手腕上捋下心愛的佛珠。硬要，會傷了堅貝央的面子，以後雙方更不好交往，就像心頭澆了一勺涼水，結下的冰層更厚了。只能繞著彎子設法要到手。他蹙了蹙眉頭，笑嘻嘻地把堅貝央攔在木樓樓梯口，謙恭地說道：

「剛才忘了請教寺主至尊上師，六世達賴喇嘛倉央嘉措的道歌中，有這樣一首，我很弄不明白大師話中蘊含的另一層意思，詩中說道：『在金黃蜂兒的心上／不知他是怎樣憶想／我青苗的心意／卻是盼著雨露甘霖。』上師，您能不能開導開導我？」

堅貝央一愣，眉梢往上聳了聳，眼珠兒凝注在吉塘倉臉上，一時沒有回答。

吉塘倉笑嘻嘻地又續上話尾：「還有一首也不大清楚，是這樣寫的」，他押著韻，平仄有聲，抑揚頓挫地朗誦起來：「太陽照耀四大部洲／繞著須彌山轉過來了／我心愛的情人／卻是一去不再回頭。」

誦罷，他裝作不經意地瞟了眼堅貝央的左手腕。

這一說一瞟，堅貝央眼裏掠過釋然，臉上迅即閃過一絲不悅，但馬上綻開笑臉：

「啊呀，真是對不起。我記得六世倉央嘉措達賴還有這樣一首道歌：『從東面山上來時／原以爲是一頭麋鹿／來到西山一看／卻是一隻跛腳的黃羊。』哈哈哈，不說了，這佛珠是你的，我怎麼忘了摘下來還給你。人上了年紀，就愛犯糊塗。」

他抓住吉塘倉的左手，順勢把佛珠捋下套在吉塘倉手腕。吉塘倉明顯地感覺到堅貝央的手背豐滿厚實，軟乎乎地透出暖意，在捏住你手腕的一剎間，一股熱浪直直撲進心窩，自己倒有點尷尬了。

「今天時辰不早了，倉央嘉措的道歌，我得細細咀嚼，其味無窮。那天有閒暇，咱倆好好琢磨交談如何？」

他點點頭，告辭返回自己的佛邸。但他再也沒有接到堅貝央的邀請。

他品味出了堅貝央那首歌的真正含義。好吧，我不是麋鹿，而是不知好歹的跛腳黃羊。雖然每一個佛門高僧得努力實施「六度」①，其中第一度就是布施或奉獻，把身外財物和自身的頭目手足，甚至生命都布施給大眾或者奉獻給普度眾生的上師。但佛珠是佛器，是自己的心愛之手，我吉塘倉拿著用著也是爲了普度眾生，圓滿功德，爲何一定要奉獻給寺主您呢？不同樣是異曲同工，殊途同歸嗎？

吉塘倉知道又惹了堅貝央。心想：惹就惹吧，惹一次和惹千次也不過是一回事。何況，他堅貝央變著花樣奪人之愛，也不符合佛教的戒律呀。佛門「律部」指的很清楚，凡是獻身佛業的高僧大法者，都應該過著清靜而儉約的生活，不能塗香裝飾；不自歌舞也不觀聽歌舞；不坐臥高廣床位；不接受金銀象馬等財寶。除必需用品外不留私財，不做買賣不算命看相等等。而他堅貝央呢？哼！……我吉塘倉就是不服氣！不過，也悲哀啊，今天的佛門有幾個人像佛祖那樣恪守上面的戒律？一個受圓滿戒的「格龍」②高僧，他得遵守兩百五十三條戒律，但真正全部做到的，全寺怕數不上幾個，包括像我這樣大大小小的活佛們。

未過多久，他的隨從僧人便往他耳根小心翼翼地灌進一串閒話：「活佛，寺裏傳言說你不尊重寺主堅貝央，把堅貝央不瞧在眼裏，還說……」侍從欲言又止，謹慎地觀察著他的臉色。

他一聲未吭，滿臉肅穆，只是把頭偏向侍從，意思是他在等待後面的話。

「他們說你與馬步芳有聯繫，想借馬步芳的勢力，把吉祥右旋寺控制起來。」

他心口沈了沈，但馬上坦然笑了笑，未應答隨從的話，只是心底忿忿詛咒道：鬼話！真是佛未想過的，鬼卻認作了必然。我都快七十的人，上午不知下午的歸途，今天不知明天的陰晴，我控制吉祥右旋寺對自己有何裨益，能積何種功德。佛門之人，闔上眼帶不走一根針、一條線，身後面又沒有一男半女，赤裸裸而來赤裸裸而去，化成一條虹光一堆白灰，連個塵埃都留不下來，我爭奪寺主之權幹什麼？我去勾結馬步芳幹什麼？哼，真是歹毒陰險！誰都知道，馬步芳是全吉祥右旋寺的大敵，也是殘暴的地方軍閥！我堂堂金座活佛吉塘倉怎會與蛇蠍惡狼為伍呢？

當然，沒有雲彩天上不會下雨，沒有腐屍禿鷲不會盤旋。他和馬步芳還真有往來，但馬步芳賊心不死，想重新控制吉祥右旋寺。逢年過節，時不時派人化裝成香客信徒，來到吉塘倉佛邸，把馬步芳捎的禮金、禮品偷偷遞上。他也息事寧人，委婉敷衍，回贈哈達與禮品，表示謝意和問候。他不願意惹事生非。從少年起，他就牢牢記住了佛門之人要「和爲貴」的原則。佛祖不是教誨持比丘戒的人得遵循「上和」嗎？不是要求每個僧人要「戒和、見和、利和、身和、口和、意和」之「六和」嗎？總之，要求與人、與社會、與大自然和諧一致。說深點，他和馬步芳打交道，不全是私交，而是爲了吉祥右旋寺。不應付軍閥馬步芳，能求得吉祥右旋寺的和諧安寧嗎？你那馬步芳，把那場失敗看作奇恥大辱，一直把吉祥右旋寺看作啃不夠、嚼不盡的肥嫩羊肋條。你不虛以應酬、沖緩鬱氣，讓他心靈稍有慰藉，他能咽下這口氣嗎？吃虧的最終是吉祥右旋寺。

讓人去說吧，他吉塘倉才不怕人說呢！俗話不是說嘛：人不說人等於你是死人；牛不抵牛則那牛是孬牛。活著，就得讓人說閒話潑髒水，哪怕你是一位活佛。活佛世界也是一個不安寧的世界啊，它畢竟是活人組成的世界，割不斷的物欲、愛好、風尚。只要吉祥右旋寺平安興旺，哪怕頭扣臭屎盆也無所謂，我吉塘倉就是爲吉祥右旋寺而生而死的。爲了一串佛珠而大動肝火，還算什麼活佛？

有人說，吉塘倉的福氣是佛珠帶來的，吉塘倉聽了一笑，從來不做任何解釋。但他心裏還是悲哀地嘆息，佛教靠的是教義、佛法去征服世界，而不是一兩件寶貝靈物，要是那樣，活佛不就成了巫士、卦師、星相者了嗎？可話說回來，這串佛珠還真有靈性，它救過他的商隊。

荒誕的故事經過一波又一波的加工傳說，佛珠便成了無所不能的魔權。

那年，他的商業管家仁增去拉薩經商，一百頭馱牛中，一半馱子是內地產的精細瓷碗。藏人不喜歡無圖案的白瓷碗，愛好有吉祥繪畫的白瓷碗。他們的生活中不能沒有憧憬、不能沒有希望。所以，一切用具都追求象徵意義，瓷碗更是如此。這次買來的茶瓷碗是他畫好圖、寫明各類的數目，專門派管家仁增去景德鎮訂做燒烤的。

這些內胎細白的茶碗中有三道藍的龍碗。三道藍條條藍格瑩瑩像大海的波濤，又似湛藍的長空；有金邊環繞的金碗，金絲富麗堂皇，像金子迸射出異彩；吉祥八寶圖案的中檔白瓷碗占了大半。

輪、螺、傘、蓋、花、罐、魚、花八吉祥，各是各的象徵，各有各的風姿。輪是指八輻輪，八根輻條象徵佛祖釋迦牟尼一生的八大偉業，也象徵車輪似的佛法滾動向前，所向無敵；白海螺則表示法音無障，四海皆及，但繪的海螺，其螺紋必須是自左向右旋，按順時針方向，太陽升落的軌跡，這種海螺才稱法螺；白傘蓋也有講究，它本是遠古印度貴族、皇家出行時的儀仗器具，後來佛教取其形式，象徵遮蔽魔障，守護佛法，成爲佛教的法器之一；至於蓋，也叫尊勝幢，它原是古代印度的軍旗，佛教用來作爲解脫煩惱、得到覺悟、獲取勝利的象徵。

花是特定的，指蓮花。佛經五種蓮花中，白蓮花最爲高貴，把蓮花擱在八寶中，是蓮花「出五濁世，無所污染」之意，作爲高尚純潔的象徵；罐呢？罐象徵瓶裝淨水，以四海之水灌頂，象徵著佛教徒們的吉祥清淨和財運亨通。八寶中有魚，魚是萬物中最活躍的生物之一。牠自由游泳，自在生長，使佛教徒把牠認定爲解脫、堅固、活潑的象徵。

最後一寶是吉祥結③，也是俗話所說的「萬字不斷」。它實際上是佛教象徵符號「卍」的變型圖案，把「卍」字織成了盤曲的、沒有開頭也沒有結尾的圖案，意寓著佛法循環貫徹、求無障礙。

還有書寫著長命百歲、萬壽無疆等字樣的瓷碗。它們的碗面外胎釉或是全綠，或是全桃紅，或是全海藍，或是全土黃。字和圖案卻是鏤空或是鑲嵌狀，煞是好看。碗的樣式也有好多樣，有敬佛淨水或是斟飲美酒、暢懷酥油茶的高腳杯盞型；有敞口、矮身、富態的拌糌粑胖墩墩碗；還有喜慶節日款待來客嘉賓的稍高且圓滿的各種碗型。碗式琳琅多姿，但藏區碗中卻沒有內地那種敞口開懷的大海碗，或是光光淨淨的本色胎碗盞。藏民不喜歡沒有色彩、沒有裝飾價值的碗具，尤其討厭大海碗，他們認爲只有永遠吃不飽的餓鬼才用那種碗。

每只碗在內地一般購價半個銀元，頂多一個銀元。但運到巴顏喀拉山中段的結古寺，運到阿尼瑪沁雪山腳的果洛草原，就至少能賣五六個銀元。如果再遠一點，到藏北、到拉薩、到日喀則以西，那賣個八、九、十元不成問題。一隻普通小碗換一隻羯羊，二隻換一頭犛牛，那是約定俗成的交易籌碼，還有一坨坨的牛肚子、羊肚子（胃囊）裝的酥油。算下來，一塊錢的貨變成了八塊錢的財富，商隊就大發財了。

另一半馱子也是內地貨，有綢緞、布料、水獺皮、茶葉、紅糖、冰糖、火柴、針頭線腦等等。只要送進草地就能掙一大筆錢。快到拉薩時，馱隊貨物也賣得差不多了。除去銀元、麝香、熊膽、鹿茸等輕便硬貨，商隊把變換的人批犛牛、綿羊趕到拉薩東南部的上巴林，交給喀什米爾人，付給屠宰錢，他們就按伊斯蘭教的規矩宰殺分割成塊塊了。但他們大多不要工錢，你要麼送給一個牛頭，要麼送給他們牛下水，就算是清了服務費。新鮮的牛羊肉再拉到巴廓街南側的沖賽康市場，一斤牛肉十五兩藏銀，羊肉七兩藏銀，一斤酥油能賣到二十兩藏銀，這又賺了四、五倍。

仁僧還要走下去，下一步路線是雇人騾走後藏，到日喀則，經亞東到印度噶倫堡④，再到加爾各答、孟買。在拉薩置辦的是西藏土特產，從加爾各答把英國產的各種輕工化工產品，還有手錶、塑料、化妝品、化纖衣料、英國金銀器具等等運回拉薩再一倒騰，又是賺了一筆大錢。

從拉薩回返吉祥右旋寺也不空手光背，馱回來的有衛藏⑤的各種細呢氆氌、彩色線織、毛織的花褐子、卡墊、江孜的地毯、馬韉、拉薩的四耳水獺帽，還有印度進口的英國手錶、香水、脂粉、尼龍布、白輕綢等等，甚至二十粒駁殼槍、左輪子、加拿大俄國的「卜拉」長槍、美國的「七六」步槍，成箱的子彈。不過這些得保密，不然危險太大，隨時有可能被強盜、官家打劫。

馱隊一個個像酒鬼賭棍，嗜槍如命，轉往東藏各地和內地推銷，更能賺回高出本錢幾倍的銀元。商隊一趟回來，少說也賺三五萬銀洋，不過周轉時期有點漫長，一個來回得兩三年光陰，但由於利潤肥厚，吉塘倉後來組織了三個商隊，一隊專門走蘭州、北京、江西；一隊走吉祥右旋寺至拉薩的來回；另一隊則是從拉薩到印度的往來。三個商隊既是流水線，各有其責，又相互聯繫，環環相扣，單獨核算，按所得取報酬。

吉塘倉佛邸的商隊在吉祥右旋寺是出了名的，在整個東部藏區的各個草原部落、山寨村落也是出了名的，即使在拉薩巴廓街的各個貨棧旅舍，也無人不曉。提起吉塘倉佛邸的商隊，都會翹起大拇指，眼中流溢出欽佩仰慕的喜光，會連聲讚嘆：「好樣的！」每次商隊去拉薩，他都會讓仁增代表他吉塘倉去大昭寺、甘丹寺、哲蚌寺、色拉寺，供養千盞酥油長明燈，以紀念佛祖，格魯巴始祖宗喀巴以及歷世達賴、班禪，還要適當布施各個寺廟僧人，同時給噶廈政府各級官員都打點禮品。拉薩地方窮，貨物缺，上上下下很容易滿足。拉薩街巷有這樣一首歌謠：「貨物全不全／問問是否是安多吉塘倉商隊就知道／姑娘好不好／問問是否是瓊結血統就清楚。」

吉塘倉初次聽到這歌謠，還亢奮了好一陣，但後來卻有了一絲酸楚，他晚上誦經祈禱時，面對牆上掛著的佛祖唐卡喃喃表白道：

「佛、法、僧三寶，至尊佛祖在上，我明白我的做法違背佛門的戒律，持戒僧人是不能擁有必需用品之外大宗財富的。我也明白，財產本身就是煩惱，就是不明白一切法緣生緣滅，無常無我的原故，是貪欲的必然，由此產生莫名其妙的嗔恨，不知無常無我的癡迹，以財富權勢審人的對眾生之傲慢，對人世諸多判斷的猶豫，各種偏見邪說。但沒有財富，沒有銀元，我吉塘倉如何普度眾生？如何體現大慈大悲？如何實施『六度』第一度『布施之首』？如何弘揚佛法，修建佛塔佛殿？如何爲大寺和眾寺院僧侶供經供飯，保障他們安心誦經念佛，實現覺悟圓滿？不積攢財富，如何買得奇珍異寶裝飾佛像，用金箔來裝飾佛身佛面，用鎏金來裝飾佛殿的尾脊，使金瓦金碧輝煌、光射數百里。

說實在，要實施佛教的『六』度，財富是很重要的一面呀！佛祖不是要求信徒們切勿空泛地普度眾生，而要實實在在拿出具體行動來，這就得拿財富的多寡厚薄來說話。這是真諦啊！佛門展示世間諸種苦難現象和苦難的原因，不就是爲了消滅苦難，尋求滅苦的方法嗎？沒有財富如何消滅苦難？財富是剷除苦難的前提和基礎，教義和財富是佛門的兩隻翅膀，我們不能清高地只談教義、只講超俗。沒有財富，佛門是撐不起腰桿、邁不開腳步的，我們還是現實一點好。

至尊佛祖啊，作爲你的弟子，除了北方極樂香巴拉聖地有人間幸福境界以外，我覺得在其他地方也應出現幸福天地。就是佛經《增一阿念經》中佛祖描繪過的理想世界：在印度轉輪王統治時期，那時候，世界上土地平整，如鏡清明；穀物豐饒，遍地皆生甘美果樹；時氣和適、四時順節、人身康樂、少病少惱；富足如意，食不患苦；欲大小便時，地自然開，事已復合；金銀珠寶，散在各地，與瓦石同流；人民大小平等，皆同一意，相見歡欣，善言相向；言辭一類，而無差別。佛祖指的這個時期，不就是人間極樂世界的楷模嗎？這人間極樂世界的大半不就說的是物質生活嗎？不就是豐衣足食、人身康樂、富足如意、少病少惱嗎？有了足夠的財富，人間才會大小平等、意見一致、相見歡欣，善言相向。看來，佛祖也是很現實的，說話也實話實說，他期望人間能達到轉輪王統治時期的場景。

想開了，他的手腳也放開了，他毫不愧疚，理直氣壯，對馱商抓的很緊。商隊返回佛邸後，便馬上召集內管家、庫銀員、商隊管家當面算賬審核，晚上通宵點起汽燈，一項買賣一項買賣地核算，不讓一分錢從指縫間漏走。

爲了學會算賬，他專門請了小鎮上一位漢人老學究教他打算盤，翻譯出口訣背誦下來。現在，他吉塘倉商隊上至管家下至夥計都能撥弄幾下算盤。

大前年，吉塘大佛塔竣工，他舉行了盛大的開光典禮，邀請了東部藏區各大中寺院的主持活佛、總法台、各大部落聯盟的千百戶及頭人。一時吉祥右旋寺來賓如雲，香客如織，連金鵬鎮街巷裏也人擠人，像裝滿羊糞的毛口袋般膨脹起來了。慶典活動的隆重、豪華震動了整個東部藏區，一時成爲佳話，人們整整談論了一個年頭才停了這個話題。

他邀請的客人中，有一位內地很有名氣的漢傳佛教老方丈。老方丈辭別離開他佛邸的早晨，他和老方丈共進早餐，老方丈只呷口茶便合掌問道：

「貧僧有一煩惱，不知吉塘倉活佛能否解度？」

他見方丈臉色認真嚴肅、便痛快地點點頭，示意方丈但講無妨。

「聽說活佛的商隊很活躍，去東上西，走南闖北，買賣還做到了聖地印度，不知可有否？」

他坦然點點頭。

「聽說活佛的佛邸是全吉祥右旋寺最富的佛邸，可否是真的？」

他躊躇滿懷地又點了點頭。

「我不懂藏傳佛教的規矩，請原諒我的唐突魯莽，但不管是藏傳佛教還是漢傳佛教，都信仰的是佛祖釋迦牟尼，都以三藏⑥爲宗旨爲準則，豪華奢侈、廣積錢財應該是佛門禁戒的，尤其持戒僧侶必須遵守具足戒⑦。請允許我坦言相陳，活佛如此大事慶典，是否超出了佛祖規定的節儉、不浪費財物、不聚斂財富的教誨？貧僧想領教領教。」

這會兒他才明白老方丈滿臉肅氣的意思。他笑了笑，斟酌了一下，合掌致禮：

「方丈坦誠真言，是我佛門的大幸。在方丈之前，也有不少高僧大德者或當面或捎話來問過這一疑問。我明白，都是爲了佛門正名，佛法弘揚。」

老方丈矜持地合掌還禮：「活佛所言，正是貧僧的心願。」

他話鋒一轉，突兀地問道：「方丈，您看這大佛塔修得如何？」

方丈臉上瞬時湧滿幸福、滿足的神彩，枯核般的眼珠子蒙上了一層水花，顫抖著聲嗓說道：「好，好，中國無雙，亞洲第一，佛法大弘揚，佛門天大喜事啊！功德無量，功德無量，活佛一生圓滿啊！」

吉塘倉沒有笑，卻一字一眼慢騰騰問道：「老方丈，你知道吉塘大佛塔花了多少銀元嗎？」

方丈茫然地搖搖頭。

吉塘倉張開一個巴掌。

「五萬？」

「五十萬！」

方丈的臉一下脹大脹寬了，稀眉上的兩根長壽眉立了起來，愕然半晌才張口：「五十萬？哪裡來這麼多錢？化緣的？施主供養的？」

「方丈請慧眼一算，這方圓百八十里的草地山谷，坐落有幾頂帳房、幾個村寨？靠化緣，即使跑斷腿也怕最終會餓死的。再說，這藏地除了牛羊，就是產不了二百斤的青稞地畝，教民連自己的肚皮都撐不圓，哪來銀元供奉給你？方丈，這藏傳佛教的教區哪像你們內地漢區那樣，人煙稠密，三里五里是一寨，百八十里就有繁華城鎮，農工商樣樣齊全，地方富庶，緣有化頭，也有可化的。」

方丈釋然，連連點頭，但眼神依然迷濛如煙，放出疑惑。

「即便是部落教民樂於供養，這披著金色袈裟張嘴吃飯的就有三千六百多人，光吃喝一天得開銷多少？還有二十八座佛殿的日常佛事活動的支出，六十四個佛邸每日的開銷，誰能供養得起？東部藏區不像西藏腹地，寺院沒有自己的莊園、牧場、農奴、牧奴，沒有直接交納的糧食、酥油錢租，可驅供的人僕差役。全靠自己寺院來養活僧侶、維持寺院的開銷，我不經商能行嗎？不想辦法積財招財，我和我的佛邸能生存下去嗎？」吉塘倉侃侃講道。

方丈陷於思忖，再不吭氣。

吉塘倉繼續滔滔不絕：

「佛門講究安貧樂道，六根清淨，不沾塵俗，但這樣能弘揚佛法嗎？一般修行僧人可以苦行修持，但佛的化身活佛呢？它不但自己要覺悟，還要幫助他人覺悟，要利他利眾，沒有財富當後盾能成嗎？一個活佛不廣建寺院，不修築佛塔佛殿，不到處講經弘法，勸善止惡，不深入教區安慰病苦，必要時還參加社會救災和慈善事業，促進眾生今世的幸福，那教民信仰您這個活佛有啥用？您這個活佛的聲望在哪裡？誰還會信仰您？方丈，藏傳佛教是活佛支撐寺院門戶啊，而不像漢傳佛教以供養的佛像來支撐寺院！」

方丈瞠然，下巴點得像雞啄米：「活佛說得極是，說得極是，貧僧禪悟太膚淺，太膚淺。」

吉塘倉抓住方丈乾瘦的手，用厚厚的掌面輕輕摩挲著：

「不是那個意思，不是那個意思。我只是說，吉塘大佛塔全靠商隊賺的錢修的。真的花了五十萬銀元。它不是一般的佛塔，而是一座珍珠塔，是用金線銀粉磚礫堆起的佛塔。您看那佛塔，扳開哪一片不是一件寶貝疙瘩？大佛塔花費去黃金一千兩，白銀一萬五千兩，綢緞三千餘尺，鑲嵌瑪瑙五百四十顆。塔尖的日月輝映相照全是金皮包裹。說起來數字太多，我都記不清楚了。沒錢能修得起來嗎？修起來了，香客教民不是有了個更莊嚴，更神聖的膜拜場所了嗎？咱們佛教不是有了個更好的聖地聖蹟嗎？在其他宗教流派面前不是更神氣昂然了嗎？方丈，我是靠寺院養寺院，靠農牧商在闖一條弘揚教法的道路啊。」

方丈大徹大悟似的，匆匆捻動佛珠，合掌衝吉塘倉喃喃：

「南無阿彌陀佛，我們漢傳佛教的寺廟也應仿效活佛的做法，活佛為佛門積下了一項無量功德啊！」

吉塘倉送方丈出門上馬，望著遠去的背影，他扭頭深情地凝注大佛塔，摘下佛珠在手心輕輕拍打：「佛珠啊佛珠，多虧您呀，我佛法無邊的佛珠！不是您，我吉塘倉的商隊差點全軍覆沒。如果那次商隊被搶劫一空，那吉塘倉佛邸的流動資金也就如洪水入室，雷劈枯樹，一去不返。那這大佛塔不就成了天上的彩虹，醉漢的美夢，何日才會成爲現實？佛珠啊佛珠，我真得向您叩頭致謝。」

他腦海裏不由浮現起仁增述說的，商隊在鄂陵湖畔遇劫盜的那場曲折而富於傳奇色彩故事。

❖　❖　❖

①六度——大乘修行道的六項主要內容，指渡過生死海而達到涅槃彼岸的方法和途徑。
②格龍——完成所有課業，被任命爲最高級的佛教僧侶。
③吉祥結——加持過的幣、綢條，由活佛賜與教民，保佑吉祥之意。
④噶倫堡——中印邊境印方一城市，是西藏通往印度腹地的交通要道。
⑤衛藏——藏區傳統區劃中前藏稱衛，後藏爲藏，係西藏的總稱。
⑥三藏——佛教用以指全部佛教典籍。
⑦具足戒——指比丘戒，比丘尼戒。因與沙彌、沙彌尼十戒相比，戒品俱足，爲出家人所受的完全戒。

第三章　佛珠與商隊的故事

黃河首曲吉塘倉商隊隆重儀式，泅游進藏。果洛強盜團夥劫去貨駄，還有佛珠。九眼瑪瑙佛珠顯靈性，貨駄完好回歸仁僧手中。吉塘倉解釋其中的奧秘。

商隊是在首曲草原渡口百花灘歇腳的。

九曲黃河第一灣的喬科三部草原，位於甘肅、青海、四川三省交界處。那兒才算真正的大草原，沒有高山陡崖，也沒有沙灘，廣袤的綠野一望無際，極目數百里，一眼能望到的地方，騎馬卻得走三四天。東岸和西岸是大片沼澤濕地，首曲草原一年三百六十五天都浸泡在濃濃的乳霧水汽之中，天地蒼茫，水天一色，像位多情少女的眸子，時時閃耀著迷濛憧憬的光芒。

黃河在這兒顯得特別的柔情，像一條寬舒光滑的綢帶飄曳抖展，又似一隻開屏孔雀悠閒自得，邁著典雅的舞步巡視兩岸花團錦簇的風光。在這塊地方，黃河不像是流動，而是在雪地裏自由滑動似的，又像公園裏一對對戀人漫步，這兒一條小分支，那兒幾條隱隱曲徑，一個個步子輕柔得沒有一絲沙沙聲，只有細聲低語在流動中偶而弄出的響聲。

開春，河曲草原就一直雨水不斷，澆得滿灘的芳草一片青翠水綠，連空氣裏都飽和著光鮮濕潤的芳草與鮮花混雜的特別香味。

百花灘是首曲草原最美麗、最醇香、最令人神魂顛倒的草原。春天一到，百花灘便成了花的原野，絢麗燦爛，耀目得牧人中午時分睜不開眼皮。黃色的冰凌花、馬奶子花，藍的喇叭花、山丹花，雪裏透紅的狼毒花、紫藍色的龍膽花，許多不知名的碎花、小花都不甘寂寞地呼啦啦冒出來，遮天散地地開滿了綠色的原野，看去是一塊巨大無比的綠底地毯上天工巧織的錦繡。特別是在藏曆六月初，滿灘金燦燦、亮晃晃、光閃閃的大小金蓮花，撲鼻而來的是濃烈醉人的花香，綠草全部遮蔽在亭亭玉立又抱成錦簇的花團之下，整個草原成了鎏金的畫廊，人們因而也把百花灘稱作金蓮灘。

百花灘的鮮花從初春第一場雨起便遍地冒出，一波未謝一波又綻露笑顏，就像大紅的波濤一浪接一浪，一直延續到第一場冬雪降下，化成白皚皚的冰天世界。

鮮花是吉祥、圓滿、芬芳、幸福的象徵，佛祖釋迦牟尼落地邁了七大步，步步生出蓮花。佛祖傳經弘法到每戶人家，人們首先要獻上一束鮮花，然後才是兩盆清水，三炷香，點起長明燈。這也是佛教徒崇尚鮮花的緣故。不管是寺中大殿供養的佛像前，還是在自己家中的佛龕前，僧俗教民只要方便，便要敬獻一束鮮花。

也許是這層意思左右著信徒們，都覺得百花灘是天賜佛予的吉祥灘。第一世堅貝央被請到東部藏區時，掌握著黃河南廣大藏區生殺大權的青海和碩特前首旗蒙古族黃河南親王，親自在百花灘紮帳集眾，舉行隆重熱烈的歡迎典禮。慶典活動持續了半月之久。

從那以後，百花灘就約定俗成地成了歷世堅貝央去拉薩學經的歡送場地，學成獲得學位榮譽返鄉的歡迎場地。

吉塘倉的商隊走到百花灘要歇腳三天。從吉祥右旋寺到達百花灘彼岸的松科渡口，他們約走了半個月，走西藏拉薩的香客都有一條不成文的習俗，馱隊走一個禮拜得歇一天，讓人畜有個恢復體力的時間，腳戶們也得歇腳修繕縫補袋子鞍具。走到百花灘，則最少歇三天。在百花灘歇腳，不僅僅是休養生息，讓馱牛增力添膘，還有圖吉祥，求神佑的含義。

歇罷腳的第四天黎明，當晨曦微露，朝陽還未抹紅山尖時，馱隊要起程，先要舉行隆重的祭神燥煙①形式，請求保護神保護商隊一路平安、順利、發財。

仁增率領馱夫們趕到渡口時，屬於吉祥右旋寺直轄「神部」②部落的太陽部落的頭人，已經紮帳等候在渡口。挑選來的十六名水手，個個是彪形大漢，強壯如牛。黃河邊長大的藏家牧人，經日曬，經水淋，皮膚黧黑泛亮，臂腕裏的肌腱像小山般隆起。岸畔的花草上面，躺著兩副羊皮筏子。拖羊皮筏子的四匹拖馬也都挑選好了，在旁吃青草。對岸也紮了五六頂馬鞍型、扣碗型的帳包，那是銀角部落來接應的人夥。

旭日剛剛冒尖，一堆燥火便在帳篷中央燃起了。太陽部落的頭人領著十六位水手繞燥煙臺高聲誦文祈禱，祈求戰神、生命神、太陽神、地方保護神及各方神靈保佑渡河順利，邪魔讓道。十六位水手赤著上身，蓬散的長髮在額頭上用白綢哈達裹得緊緊，脖頸上繫滿了活佛加持饋贈的五色吉祥結，紅藍白綠黃綢條在飄飛跳動。隨著一聲聲神靈戰無不勝的「拉加羅」吼聲揚起，他們把手中攥著的「風馬符紙」使勁甩向天空，祝願鴻運順通，事業如風馬行空。

個子高大得像匹種馬的仁增，手中捻動著吉塘倉臨行讓他拿去的那串紫檀香佛珠，兩隻牛眼睛滴溜溜一刻不閒地轉動著，睃過煨台又射向高空。鷹鉤鼻樣的鼻孔也沒有閒著，不時地使勁抽動幾下。他是在觀察今天的祭祀儀式成功與否？吉兆如何？如果煨煙直沖藍天，那是一帆風順的兆頭，渡河肯定順利無障礙；如果煨煙歪歪扭扭，飄忽不定，升到半空就吹成絮花，那則是惡兆，今天就不能渡河，渡河肯定有損失。他還看「風馬符紙」揚多高，飄得多遠，那也是兆示。

他嗅煨煙，是因為煨煙的味道也是他觀察的內容之一。如果煨煙味道有焦糌粑摻和香柏味、奶汁味、酥油味，那是說煨火成功，保護神高興了；如果只有嗆人的煙味而嗅不到焦糌粑、糊酥油等味道，則說明保護神不高興，不理睬你的供養，那說不定會有兇險發生，渡河潛存危險。

雖說百花灘渡口是首曲黃河最放心的渡口，河水平滑，兩岸淺水區礫石黏泥，不攔腿不擋路，渡口處寬闊平坦，馱牛乘騎都好上岸。但畢竟這是黃河啊，河水都是笑面虎，誰也猜不透河面下藏著什麼可怕事。黃河河心在這一帶最深處足有十五尺深，淹死牛捲走馬只不過是摳個牙縫的事。還有，這一帶河心水有三層，上面的流水平緩，中層的則急流湍奔，能凍僵人的手腳，最下面是深槽水——停滯不前一團死水。人泅游在河面上，一不小心就有被中層急流漩渦捲進去的危險，撲騰也無能為力，只有窒息而死。屍體沈入深深的槽溝裏見不上日月。

作為吉塘倉的商務管家，仁增雖然不下二三十次涉過黃河去拉薩經商，但每次他都膽顫心驚、提心吊膽。活佛把如此重大的使命交付自己承辦，自己得對得起活佛。再說，自己誦經學習業績不佳，但搞好商隊，也是跨向普度眾生，解脫涅槃的一條途徑。活佛親口對他說過：「百鳥棲居在不同方向的樹種上，但嚮往梧桐樹是一致的；江河流動在不同地域的河道裏，但奔騰注入大海大湖是一致的。持戒人們操守的活兒都不盡相同，但積累的善業是一致的，都有成佛的可能。」活佛強調道：「佛祖認爲：一切眾生，皆有佛性，有佛性者，皆得成佛。」

他牢牢記住了活佛的這番教誨，明白自己是爲佛法弘揚砌基石、添茶水、澆酥油汁。從此，他認真地負責起了商隊的全部活計。

他把佛邸當成自己的家，還有一層原因，吉塘倉活佛給了他這樣一個體面的崗位，把他這個腦子笨、學不進經文的留級生要到他的佛邸裏當僧役，又提拔他當了商務管家，他要報恩。在這個世界上，父母生下了他的身子，活佛卻指引他懂得了如何有意義的生活，讓他行駛在一條鋪滿陽光的大道上，全身點染了金光佛輝。他要拼盡全力幹好，幹下去，好早日得到解脫，跳出輪迴之苦。

他十歲被阿爸阿媽送進吉祥右旋寺，拜一個遠方堂叔爲師傅授了沙彌戒。雖然拜的是堂叔，但進入佛門以後，就算割斷了塵俗的親緣關係，不存在叔侄這層前生因緣，而只有佛緣這一聯繫。他不能稱呼師傅爲叔叔，只能稱老師，他也不是侄兒了，而是學習俱善知識的小學徒，兩人都只能行駛在佛門學習的軌道上。

藏傳傳教的師徒生活在一起，形影不離，構成了一個男性家庭，也是獨立的伙食單位，吃、住、拉、撒都在一個屋檐下，徒弟實際上是師傅的服務生。

叔叔是個嚴格又刻板的讀書人，生活過得也很細緻，一來就把他當成成年人使喚。天麻麻亮他就得起鋪，捲好羊絨被子，清掃炕面，然後下炕去掃灑屋內屋外。芨芨草紮捆的條帚，又沈又硬，掃完累得他直不起腰，額頭、腦門、脖頸都是汗珠子，嗓子眼裏直冒乾煙。趕師傅佛龕前的誦經結束，他得把茶熬滾出來。藏傳佛教寺院的師徒之間，實際和世俗社會工匠藝人的師徒關係一模一樣，徒弟是打雜的、是服侍師傅的，師傅有權利打罵懲罰徒弟，僧徒受打受罵遭虐待，不受寺院法台和戒律監管夏傲的保護。

仁增在家裏沒有生過灶火，在家中，早晨這會兒他還正酣睡在綿軟的羊皮袍子裏，等他睡醒揉動惺忪眼泡時，阿媽早已經把爐火燒得旺旺的，茶也飄出奶香味，彌漫了整個牛毛帳篷。一碗熱騰騰、軟乎乎、用酥油、奶酪、奶茶調和的糌粑粥，已經擱在他的枕頭旁了，只等他開眼受用。但進了寺受了沙彌戒，剃去頭上一小綹頭髮，象徵割斷世俗煩惱之後，他也就與劃入世俗世界的家庭割斷了聯繫，成了佛門弟子，而不是父母的兒子了，也不再受父母疼愛、服侍，而是成了服侍師傅的僧徒。僧徒和師傅都沒有脫離世俗社會，和俗人般一樣地吃穿幹活，一點也感受不到脫俗有什麼幸福、舒展。

吉祥右旋寺所有僧宅的灶台，都不是牧區那種三面敞口、牛羊糞燃料箱連結在一處的三角船形灶，而是連鍋炕灶台。灶眼泥得小小的，只能塞進一隻拳頭。師傅告誡他，寺院比不得牧場，寺院的燃料奇缺，小鎮上五馱羊糞得花一塊銀元，但五馱羊糞起碼得用半年。他不會生這種灶火，師傅手把手教了一遍，他去引燃「蘇魯」③柴枝，結果「蘇魯」柴枝燃完了，羊糞火卻沒有燃著。師傅就用掛連藏式鑰匙的皮條子抽他的脖頸、抽他的臉，說不用心力，腦子讓羊油糊了，得讓皮條抽打明白。

師傅就這怪脾氣，你的四肢、腦瓜、腹囤，哪個部位未出上力使上勁，他就狠抽哪個部位，抽得你疼痛直跳，但又不留下傷痕。一看見師傅解腰帶上的鑰匙，他的頭皮就發麻發脹，身上泛起冷氣。

阿爸阿媽來寺院看望過他，帶來了很多好吃的東西，但他沒興趣，背著師傅哭過鬧過，要回去放羊羔、護牛犢，但阿爸阿媽不答應。一次，師傅去大經堂誦經不在宅中，他又哭又鬧，阿爸摟著他親暱地娓娓說道：

「我的寶貝，我的心肝，阿爸阿媽知道你過得苦，也知道送你當僧徒，不是去享福，而是要受很多很多的苦。但這是你的命所注定。在你還未到世俗社會前，咱草原上曾發生過一場瘟疫，成家成家的人死去，屍體都沒人收拾去天葬。牛羊也成群成群倒斃。正當全部落陷於滅頂之災時，吉塘倉活佛趕來禳災祛邪。他親自召集僧侶，掛起佛祖、度母④、各方護法神的卷軸像，日夜誦念平安經，祈禱經文，祛邪逐魔。

他又分發從大寺醫學院要來的各種丸藥、粉藥等藏藥，連襁褓裏的嬰兒都有份。有的讓按時辰喝，有的拴在脖頸上的布包裏，時不時嗅上幾口。他還讓部落頭人就地消除人畜屍體、召集活著的青壯男人，用牛羊糞熱火灰撒蓋人畜屍體，劃出圈圈，不讓人隨意進出接觸，然後再用酥油、羊糞火焚燒。負責焚燒的，要口、鼻、耳都用麝香水蘸羊毛塞住，不讓氣味、灰燼撲入眼、耳、鼻、口中。真是神極了，未過半個月，瘟疫嚇得逃走了，不見蹤影了。

孩子呀，至尊無價之寶的佛祖、佛法、佛僧三寶，比恩重父母還恩重啊。活佛臨走前，對全部落教民訓誡說：死去的是前世因緣注定了遭受這場劫難，活著的是佛度的眾生，賜予的福壽。佛法無邊，你們得好好報答，盡力供養，爲後世消災祛難才對。我和你阿媽商量，起願再要生下一個男孩，就供養給佛當僧侶，弘揚佛法。你在寺上當僧徒，是替我們全家禳災祛邪呀。孩子，你聰明懂道理，你要聽話，進了佛門，就不該再返回塵俗苦海。」

他不哭了，咬咬牙，給阿爸阿媽一個慘笑作爲回答。

從那以後，他什麼苦都能吃了。再大的苦、再大的難，他頭一埋，牙一咬就挺過去了，整日忙得團團轉，小腿肚子變成了木棍棍。師傅喝罷早茶去經堂集會或是在自己的佛龕前誦經，他則上平頂屋檐去背誦經文，背誦得昏天黑地。快到中午時分又下來燒茶，準備午飯。師傅吃午飯的空兒，他得去松曲河畔揹回來一桶泉水，然後匆匆拌把糌粑，又在廊沿地上打坐學經。

在黃昏時，他仍趴到屋頂使勁背誦經文。一有閒空就把灶灰倒出來，倒在廁所裏，壓住屎臭味、尿臊味，隔三五天，再用背斗揹到寺院規定的寺外垃圾場上去。師傅的經堂臥室每天得用油抹布趴地擦三遍，得擦出油氣，泛出晶光，有一點垢汙，師傅的鑰匙皮條就抽在手背、胳膊、膝蓋骨、小腿肚上了。

夏天時，他不時上屋頂拔野草、踩實鬆土，夯實屋面，不能漏下一滴雨珠；冬天得掃房頂的積雪，掃院內、巷道裏的積雪堆成堆兒，再用柳條背斗揹到寺外的河岸。一年四季總是手腳不閒，忙得暈頭轉向，連個想家的空兒都沒有。這他不怕，怕就怕誦經背課文。

師傅每天給他教經兩個小時，第二天檢查背誦，然後再教下文。他認識字母，也會拼音，但記不住長長的偈詩。這兩小時對他來說，是在地獄熬煎。那三十個字母四個元音拼成的經文，他不知背誦了多少遍，就是記不住、念不清楚，就像那一星星乾蓬鬆弛的黃土粒，總是黏不到腦壁上、到不了腦瓜的溝槽裏，又像塵埃般跳來跳去，就是抓不住、瞅不穩，越背越糊塗。

挨的皮條不計其數，尤其頭上經常隆起疙瘩，這塊剛消下去，那邊又隆起了一塊，新瘡舊瘡疊摞，他的頭像患了癩瘡一樣花花點點，白處頭皮青灰，黑處頭髮黑黃，同齡僧友們戲謔他，給他取綽號為「花皮癩頭」。

頭成了癩頭，師傅的皮條梢頭也抽出了花子，皮色褪成了醬黃色，但他還是背不完一篇完整的經文，什麼《白傘蓋經》、《救度經》、《祈禱度母經》都是只知一段半截。師傅又氣又急，白頭髮呼喇喇漫上腦門頂，皺紋也像夏天的潑雨，在臉的各個部分濺漾開。

師傅在他十五六歲時，把他送進了大寺的聞思學院學習。

藏傳佛教寺中主要學習的五種知識是：（1）聲明，即聲韻學和語言學；（2）工巧明，即工藝技術、曆算學等；（3）醫方明，即醫藥學；（4）因明，即邏輯學；（5）內明，即佛學。

像吉祥右旋寺這樣僧侶雲集、高僧薈萃的大寺，就設有六個學院，分別是顯宗聞思學院、密宗的五個學院。

聞思一詞，是依「博學之，審問之，慎思之，明辨之，篤行之」的意義來取名的。凡入此學院學習的僧人，必先廣聞經義，聞後思維，通過辯論，然後修持，這便是顯宗佛學的宗旨和學習方式。通過師授、背誦和辯論的形式，達到通曉五大論，即《因明》、《般若》、《中觀論》、《俱舍》、《律學》。這五部經典，分十三級學習，一般最少需十五年才能學完。

因明部全部學程五年，分為五年五級。所謂因明，即佛學的邏輯學和認識論。主要內容是，著重解釋「正確認識」與「不正確認識」之間的區別，和如何建立正確的見解，攻破錯誤的觀點等。

他沒有通過因明學考試，成了不合格的僧生，無望升入般若部班學習。

這次師傅沒有生氣，也不煩躁了，嘆了口氣抽抽鼻，拍拍仁僧的肩頭說：

「有結子的線，穿不過針眼，看來你沒有誦經學文成學者的命。命裏沒有的東西，不能強求，那是前生因緣啊！我看你面前有兩條路，一是去經堂打雜、揹水、擦淨水碗、擦長明燈、打掃衛生，這也是報效佛門的一條道兒；另一條是回到草原上，當一名持戒的居家僧人，可串帳走戶，給牧人念念禳災祛邪的平安經、解脫經，也算是普度眾生、大慈大悲。你選擇吧！」

師傅指的兩條道他卻不樂意。去經堂打雜，他嫌在同齡僧人面前丟臉；回草原，他同樣覺得在鄉親們面前抬不起頭。他沈吟著，腦中忽然閃過一道亮光，師傅剛才說的那句話浮上心頭：「那是前生因緣啊！」是啊，既然有前生因緣，那自己剃度為僧，不就是因緣於吉塘倉活佛嗎？何不投奔於吉塘倉麾下，在活佛的佛邸裏打雜下苦也是因緣，只要他認得下來也樂意。因緣因緣，命裏注定，前世的報應。

他找來了一條上等的阿細哈達，又把平時施主供飯時供養給自己而節省下來的幾塊大洋拿來，裹在哈達裏，然後向師傅叩了三個等身頭：

「至尊的師傅，學僧笨鈍，不是學經的材料，我祈請師傅幫忙，去給吉塘倉活佛說一聲，我願在佛邸裏當一隻看門的狗，馱馱子的犛牛，叫鳴報時的公雞。」

接著，他把剃度當僧人的原由說了一遍。

師傅點頭，連說是緣分。二話未吭，就揣上哈達和裏著的銀元，顫巍巍徑直奔吉塘倉佛邸了。

活佛答應得很爽快，問他會幹什麼，喜歡幹什麼。他說他能吃苦，不怕風吹雨淋，喜歡跑外面，啥方言都能說一點，漢話也能湊和兩句。

活佛笑了笑，說：「那就去商隊當夥計吧。也是緣分啊。佛祖說過：若此有則彼有，若此生則彼生；若此無則彼無，若此滅則彼滅。願我們風雨同舟，因緣不斷。」

他眼眶濕潤，瞳仁模糊。

活佛又給他摩頂祝福，還賜了一條加持過的絲綢吉祥結，讓他繫在脖子上保佑平安健康。從那一刻起，他就鐵下心爲活佛當牛做馬，把自己的一切奉獻給吉塘倉活佛的事業。

緣分啊，要不是抓住了這條因緣之繩，我仁增今日會是什麼樣子，真不敢想像！

……仁增的臉上漸漸漾開了笑容，躬下的身子也緩緩直了起來。今天的燦煙柱又粗直又濃白，直升長空；今天的「風馬符紙」像天馬奔馳，又似仙女翩翩起舞，在高高的白雲下面翻飛飄悠，遠看去像蝴蝶成群結隊自由抖翅。燦火也從內透紅，一切跡象都顯示出順利、吉祥。

他和頭人交換了眼神，示意開始泅渡馱運。

每個羊皮筏子的頭上，由兩匹高大彪壯、臀部溜槽的喬科馬領轅。巴掌寬的皮繩從脖頸套上胸部，再從兩側伸出，牢牢拴在了羊皮筏子的毛繩上，打了活結。兩個水手分別在兩頭牽著鐵嚼環轡繩，駕馭著轅馬。左鋒右鋒後衛都由水手分別護衛。他們全赤裸著身子，用一條紅腹帶裹住胯下陽具，纏裹停當便下水了。

平緩的水阻力大，水中不好推動物體，但小夥子們一聲吆喝，便把第一架載滿馱子的羊皮筏子推進了黃河之中。他們踩著水，兩隻胳膊在不閒地曳正羊皮筏子的角度位置，讓轅馬曳拉起來輕鬆，而駕著兩匹轅馬的兩水手一左一右，一手緊緊扣住馬嚼環，控制馬游動的方向，轅馬性情平靜地聽憑主人指揮游向目的地；另一隻手掌不停地拍打馬的胯骨，督促牠綳緊神經，使出全身氣力拽拉。

水手們輕車熟路，就像盤腿坐在羊皮上喝奶茶那樣平靜，沒有扣人心弦的驚險場面，也沒有大起大落的歡呼驚詫，一切顯得按部就班，緊湊有序。

但仁增的心卻一直懸著，直到下午陽光西斜，馱子和馱牛乘馬呈過黃河才算踏實下來。

他給太陽部落頭人送了十斤松潘大茶，兩塊湖南茯磚，一包河州產的冰糖，算作酬謝。對河南岸的銀角部落也是如此禮金。

有一頭馱牛患了背瘡，皮子磨破，露出了紅津津的鮮肉，一上馱子就疼痛得亂蹦亂跳，經常撂挑子。這樣一處理，傷牛背上的馱子消化了一半。一舉兩得，頭人和水手們得到了稀罕的禮品，病牛解脫了沈重的馱負。啥事他都這樣處理，算計到了後三步，儘量萬無一失。

第二天一早，伴合著朝霞旭日，商隊在灘裏壘起煨燦火，把前一天宰殺羯羊時專意留下的五臟六腑全部擱進燦火裏供奉沿路各方戰神。這種燦火叫煨紅燦⑤，象徵用鮮血、血肉之軀虔誠供養給戰神，讓戰神更加愉悅振奮，更加威猛有力，更加血氣方剛，虎虎有生，從而保護眾生，義無反顧，戰無不勝，操之必勝。

在百花灘，他還透過部落頭人，購買了一批犛馱牛。去聖地拉薩路途迢迢，得上千里長途跋涉，有近半年的路程，全靠馱牛的耐力、載力，因此，馱牛的損耗很大。馱牛不夠數，到時候貨馱只能棄之荒山僻野，連一根草都換不上。他不會讓吉塘倉損失一根毫毛。在首曲草原，這個吉祥右旋寺直屬「神部」部落，頭人買吉塘倉活佛的面子，牧人們會熱情地供養吉塘倉活佛，將來好得到活佛的呵護，引導靈魂進入六道輪迴。所以，表面上是買賣，實質上是半買半供養，比其他地方便宜多了。

仁增在河曲草原買犛牛，也是認準了這兒的犛牛是全藏區最好的犛牛，不論是體型，還是氣力，或是肉質，誰見了都會翹大姆指。不知是水草秀美肥沃的緣故，還是品種優良，遺傳性強，或是當地有相當數量的野犛牛在遊弋，逢到發情時期竄入家養犛夥中尋找情侶，留下孽種傳之後世。總之，首曲黃河的犛牛一頭頭高大強壯，腹毛拖地，一對犄角漆黑錚亮，雙眼足有酥油供燈大。宰出的淨肉有三百來斤。走動起來猶如一條黑漆的船舟在湖中游移。

作爲回報，他給頭人一桿俄國造的「卜拉」長槍和五竹條袋⑥裝松潘大茶。這兩樣貨在首曲草原也是稀罕之物。一個頭人，一個漢子，如果有了一枝長槍，那就等於他在這方土地上成了長翅的斑虎，可以橫行天下，無人敢惹。因爲他手中的那桿長槍是魔棍，是神力，是連戰神都心驚肉跳不敢靠前的法器。它能使三流漢子變成一流漢子，使懦夫變爲勇士，護法神、山神在它面前，任憑如何呼叫都不敢伸出頭來探一眼，更不用說吐口粗氣，再強悍勇敢的武士也靠身不得，死拼只有粉身碎骨、血肉橫飛。在它面前，利劍、快矛、甩石索，通通變成了泥丸粉末，震懾對方出入無人之境。

當然也可以去獵殺野牛、大鹿、棕熊、黃羊、狍鹿、岩羊、盤羊等等，狩獵中少驚嚇而多收穫。所以，二十世紀三四十年代的游牧藏人把快槍看得與生命一樣珍貴。用銀子來裝飾它，用銅皮來包裹它。用整群羊整群牛去兌換它。一隻快槍是一筆巨大的財富，而快槍中最受青睞的是漢陽造「卜拉」快槍，也就是內地所稱的「七九」步槍。

「卜拉」快槍之所以受人歡迎，最根本的優勢便是射程遠，彈頭又粗又長，有五指長，殺傷力強，射中後十死九殘。它的槍管又長質地又好，發射多少發子彈也從不發軟擰麻花。準星也設計得好，槽深槽大，槍口準星鑄的像座陡山，容易掌握，而且一瞄就準。這就讓雪域高原的男人們對它愛不釋手。藏人漢子還在槍頭鑲嵌了二尺高的羚羊角叉子，既作爲瞄準時的支撐點，又增添了凜凜威風，騎在馬上另有一番威武雄壯的氣勢。

對於首曲草原的牧人來說，松潘大茶同樣是稀罕之物。

松潘大茶又叫松州茶，在茶葉的兄弟夥中，它名不見經傳，被打入另冊。在松潘地面，它也沒有什麼名氣，不值什麼錢。只不過是雪線以下，高寒陰坡上生長的一種大葉子灌木林而已。但把這種粗枝大葉的樹木連枝帶葉一旦炮製成松州茶，再運到藏區腹地的草原牧人帳中，到養尊處優的寺院僧侶夥中，它的名氣就大振了，價格也上升得快。

牧人們一年四季生活在三千公尺以上的高山牧場，離農業區有十幾天甚至一個多月的路程，兌換或者購買一趟糧食很不容易，路上還難保平安。他們的食品主要是靠肉食、乳油、奶酪填飽肚子，攝取熱量。油脂肉食不好消化，唯有松州茶、苻磚茶能解膩消食，解渴除乏氣。尤其松州茶熱力大，帶有嗆烈濃濃土腥，別有滋味。喝下一碗茶，渾身馬上熱騰騰有汗氣，喝下兩碗，腸胃咕嚕嚕響，氣順食消，小肚中輕鬆愜意。所以僧俗藏人祖祖輩輩與松州茶結下了不解的緣分，這也算是天生的因緣吧。在草地腹心和僻遠的山溝，即使是佛僧，也只有寺院經堂舉行佛事時，才有口福喝到松州茶熬的熱茶。

這兒的牧人們嗜茶如命，也惜茶如金，爲了不讓茶力一次消盡或有所浪費，首曲黃河的牧人喝茶有自己的一套茶道，那就是說，在熬茶時從不熬奶茶，即不往鍋裏或壺裏添牛奶熬成奶茶，而是熬茶歸熬茶，奶子歸牛奶。清茶熬好，再把煮沸好的牛奶添進盛著清茶的碗裏，溶合成奶茶品飲。

這種方法炮製出的奶茶，自然不如熬出來的奶茶好喝，但它的獨到好處，卻是保護了松州茶的茶根，茶桿可以重複利用。喝完清茶，把茶桿撈出來晾乾，再擱到石窩或鐵缽裏搗砸，砸成絲絲，然後再拿去熬茶。經過這樣加工，一把松州茶熬一次的可熬到四五次。從這吝嗇、這樣摳氣的做法，可見茶葉對他們是如何的珍貴。

……煨過𤊧，商隊出發了。犛牛織成的馱隊如一團烏雲在綠色長空飄浮移動，又像一艘黑色的巡洋艦踩著松茸軟和的海濤游動、游動……

牛隊像一條富貴的黑緞帶，慢悠悠向西不停地鋪陳鋪陳。

草原則像看不見邊際的藍天，一直向西延伸再延伸，伸進了天邊迷濛之角而不知去向。西部青藏高原的草地就是這樣：遠遠看去一望無際，視野平坦，綠地向緩緩爬高的漫坡，又像一面廣袤寬廣的掛毯，走啊走，永遠走不到盡頭。藏東北高原上沒有石山陡壁峭崖，有的地方想找塊碎石都不見影蹤，十天八天路程都是如此，有的只是連綿的山丘，饅頭般的草山。沒有越不過去的天險深澗，也沒有湍急的河流擋道。

走聖地拉薩的朝香線路避開了大江大河大山，一味地踏著碎碎的花草川灘走去。這是藏東北香客商賈上千年來探索出的路線，是經過時間空間考驗後可行的路線。說是路線，實際上是馱牛群踩出來的土徑小路，是踏死草根露出黑地皮後描勾出的一道灰黑色的線。說實在，草原上沒有人開拓的路，只有馬兒嗅出的路，犛牛走出的路，羊群擠撞出的路。馬兒、牛兒、羊兒都認得自己的路。管家仁增的責任，只是瞅準行進的大方向，在三岔路口不要吆喝錯馱牛就行。犛牛知道該怎樣走，往那個方向走的。

商隊有序地向拉薩前進，節奏緩慢但堅韌不拔。清晨朝陽露面便起程，上午在有水的地方打尖吃早茶，讓馱牛乘馬吃青，但不卸馱子。正午日頭照直身子時，便找一山灣可避風，在附近有小溪流水可燒茶的草地歇營紮帳。歇營先不紮帳。第一件事是卸馱子，卸牛鞍和馬鞍，解開釵子，把牛馬打到水草豐美處，讓牠們盡情啃扯青草鮮花，補膘補飼恢復體力。

走半天歇半天從來是雪域牧人馱隊的走法。馱隊沒有帶飼料上路，一路全靠大自然的恩賜。凡是進藏香客的馱隊，尤其是僧人的馱隊，沿路各部落都會慷慨供獻草地給馱牛，算作一次布施，一次供養。正因爲如此，仁增才敢放開膽子在首曲草原買那麼多馱牛和犛雌牛（犛雌牛還可一路擠奶，不缺奶茶和酸奶喝）。然後才是支帳篷，尋三塊石塊搭石灶，燃牛糞火燒茶吃飯。晚上也不把牛馬收攏回來，依然讓他們吃夜草到黎明。

仁增對商隊宿營是有講究的。他爲自己制定了四條原則：一，不靠居民區，特別是部落帳圈旁邊，免得心懷叵測的壞人探出馱隊的底財，鋌而走險，遭盜遭劫；二，不在曠野平灘視線很遠就可瞭及的地方紮帳。同樣出於安全原因，恐怕成爲強盜團夥易於攻擊的目標；三，宿營時，馱子集中於中心，周邊是帳篷，再外圍是馱牛和牧犬，一有動靜能騰出空間時間來保護貨物；第四則是隨商隊去拉薩朝香拜佛的人家和僧人，紮營得紮在離商隊一甩石距離外（約五百米），不得和商隊混雜一起安營。唯有擔任夜間放牧和清晨擠奶差役的男人婦女可進入商隊圈內，其餘的一概不得靠近。

小心翼翼、兢兢業業又晃晃悠悠地走了一個月，遠遠能看見鄂陵湖青青如墨玉的面孔了，仁增的心放下了大半。能瞭望到掛在天邊的鄂陵湖平靜浩淼的湖水，就說明快要走出果洛地盤了。他最擔心、最提防的，就是果洛各部落有組織的集體的武裝行劫。游牧部落天生就有掠奪性。崇尚蠻力和財物的果洛部落，世世代代盜劫成風，他們才不管你是千戶百戶的商隊還是哪個寺院、哪個活佛的商隊。

果洛人自豪地對外地人宣布過：「天果洛、地果洛，果洛與世界一樣大。」他們只認天地諸神，再下來是財物。如果遇到果洛部落集體搶劫，他是無能為力的。何況吉塘倉活佛嚴格規定，佛邸的任何人，不管是僧管還是僧役，出了佛邸只要不是從事佛事活動，則一律得脫下袈裟著俗裝，按世俗規則辦事，對外不能說是吉塘倉佛邸的。這樣一來，商隊就失去了佛僧的保護色，遇到事情只能獨立處置。雖說配備了幾枝長槍短槍，但那不過是壯壯膽子、增點威風，嚇唬盜賊而已，受過比丘戒的他從未想過用槍來射殺生靈，殘害生命。

鄂陵湖頭是高山草丘草原，他選擇了一處稍稍能擋冷風的山灣宿營，招呼大家早早歇息，明日黎明出發，繞過鄂陵湖北面，直插扎陵湖以西。如果順利，要不了兩天，就出了果洛地盤，到了康區上部曲麻爾草原。那兒牧民很少，是大片大片的半凍土荒野，很少有部落在游牧，馱隊相對安全多了。

他放心地睡了個大覺。

要不是雷聲般的火槍聲、犬吠聲、海螺聲、牛角聲交織的噪音驚擾了他的美夢，他可能還會睡下去。他迷迷糊糊地鑽出帳，頓時目瞪口呆，臉色土黃。

營地背面、對面、正面三角形地帶湧動著人頭、馬頭、叉子槍角和刀光劍影。那騎在馬上的是一個個赤裸著青銅般紫色上身，長髮蓬蓬揚揚，臉色發青，只有眼珠和嘴唇裏看得見一絲瓷白，眼珠裏迸射的是蠻橫、霸氣、兇殘、貪婪和玩世不恭。這是一夥地地道道的兇神惡煞，他肯定這是果洛某個部落的武裝集體來搶劫。他們吶喊、放火槍、舞刀劍，向商隊示意：他們只要財物不要人命，乖乖順從才是出路，誰要反抗就要誰的命。

仁增沒有猶豫，沒有遲疑。他明白，反抗是沒有作用的，只會招來更大的血光之災。活佛很早就交代過，遇到強盜如果嚇不走、趕不了，就順從。財物是塵埃，飄了還會落下來，那是因緣所定。而殺人則不管哪一方得勝或慘敗，都是罪孽，佛門絕對不允許的。今天，他不能殺生害命，身後還有那些夥計和跟隨的香客商賈們的生命。他朝對方招招手，示意我們順從。回身進帳，抽出長劍，雙手捧過頭，乖乖向舞動著部落標誌的三角杏黃帶藍邊的戰旗走去。

黑胖結實的部落頭人接受了他的降劍。他下馬掃掃仁增，三角罩布蒙著的臉顫動了一下，那目光盯在仁增的手腕上，一把纂住仁僧的左手，說時遲那時快，佛珠已經套在他的右手腕了。

部落武裝趕走了全部牲畜、所有貨物，還有刀槍和騎乘，但他們沒有洗劫一空，按照東部藏區部落強盜不成文的規定，給每人留下了七天的乾糧，一件遮風擋寒可穿可蓋的皮襖，幾頂馬鞍型小帳篷和一套鍋碗。給老人孩子留下幾頭馱牛，以換著乘馱歇氣，其餘的便全部捲走了。

雪域藏區的盜賊是不殺生的，他們只能搶劫財物牛羊，不能傷害被劫者的生命和肉體，除非遇到反抗。誰要是向弱者劃了一刀，或是惡作劇向對方空放槍，誰就會受到同夥的恥笑和譴責，話傳出去，別的部落會當作笑話的，甚至編成諺語、酒曲，在公眾集會時傳唱戲謔，取笑向弱者示威風。

仁增披著袍子，木呆呆望著牛隊黑雲般向遠方飄去，腦子裏空空蕩蕩的連幾星塵埃都沒有。黑雲消失在遠方的山裏，仁增也從驚愕中甦醒。

他把夥計和香客召集到身邊，告訴大家，他要追攆馱牛隊伍，他無臉回去叩見活佛，活著也沒有什麼意思。追攆乞求或許還能討回一點貨物。至於其他人願跟他還是回各自家鄉，都請自便。

香客們私下商議了幾句，三五一夥結成灶夥單位告辭走了。雇來的夥計們卻沒一人離隊。他簡單分了個工，平均負擔，擔剩下的行囊，就沿著黑雲般遠去的馱子隊那羊腸小徑上路了。

前面說過，草原上是沒有路的，只有犛牛踩出的印徑，只有亂紛紛擠擠撞撞的羊蹄碎點勾勒出的細線，只有馬蹄堅硬的刨力摳出的草折泥土翻捲大半圓形的痕跡。它們彙集、疊加、重複才畫出了草原上的路。草原上的路不會把你引入無人之地和死旮旯絕路上，不會誤導你進入沙漠、死水、荒灘亂石之中，它只會把你引向炊煙裊裊、奶茶飄香的牧人帳前。只會把你引到水草豐美、鳥語花香的牧場上。

強盜們沒有走傳統的路徑，而是選擇了人畜很少穿過的河川和草丘之間。留下的蹤跡很難尋找。仁增是牧人出身，從阿爸阿媽那兒耳染目濡了這方面的不少知識，這些年跑草地又悉心積累了一些經驗，他略知草原上尋蹤的幾點絕活，所以強盜們的那點小聰明難不住他。

游牧生產的對象是牲畜，牲畜天性好動。在雷雨侵襲時有炸群四散的，在餓狼衝擊時有到處潰逃的，丟失現象十分正常。同時，也常有盜賊出沒，偷走馬牛羊。

在尋找失散盜掠牧畜的過程中，民間積累和傳播了動物蹤跡識別的經驗。所有畜類中，牛野外不歸的現象在諸畜類中相對多。牛群在趕路或趨水趨草狀態下，總是隊列式地前進，最後一頭牛的蹄印是牛路上最明顯的蹄印。牧人只要掌握自己牛群落中最後一頭牛的蹄印特徵，就掌握了牛群的蹤跡。其散處狀態下一般無規律可循，大致相同的蹄印方向和糞跡乾濕是唯一的線索。

牛隊經過時，牧區牛隊以牛隻的縱隊形式行進，而農區牛隊，由於成對地駕軛耕地，所以馱隊往往是並行的，而且還有擠損馱子遺撒貨物的痕跡。

馬成群牧放大部分出現在安多地區，安多牧人常識更豐富。馬除了在山地，一般不習列隊前進，而是成群雲移。馬蹄都是極規則的圓形。分辨馬蹤跡，主要看蹄陣中極規則的圓形。從蹄陣中的兒馬（種馬）蹄跡和騾蹄跡的特徵上入手進行判斷。部分牧區牧人爲保護馬群，要在馬群中混入三四匹騾子，以協同兒馬對付狼害。在不見馬群時刻，牧人知道兒馬蹄印一般在蹤跡的兩側，群中至少有一匹騾子的蹄印清晰可辨，因爲有一匹騾子始終處在馬群後方。從兒馬蹄印特徵和騾子扁的蹄跡上，即可以判定是不是相關馬群。

藏人蹤跡識別方法很多，主要有：以草根壓彎的輕重鑒別是牛還是馬蹄；以蹄印間距認定是小畜還是大畜，是否是自家丟失的牲畜；從草頭彎的方向，河邊滑石頭上的蹄蹭印跡判斷走向；早晨或兩天內則看草叢水跡印痕，若翠綠則是畜踩過的草葉，若灰濛則不去理睬。

狩獵尋找獸跡還有特別判斷認定方法：

（1）掌握狩獵對象飲水、曬太陽的時間規律；

（2）通過蹭崖掛枝掉的毛屑、屙的糞便尋找固定路徑；

（3）按所需獵物身上價值最佳季節去狩獵；

（4）在吃飽睡懶覺或喪失警惕時下手。

他不發愁找不到強盜團夥的，強盜肯定是近處游牧的部落，他們不會走出十天路程去搶劫，因爲他們帶的乾糧頂多維持七八天。他發愁的是要不回那些貨物，活佛在等他掙夠一筆錢好完成大佛塔的修建，那是吉塘倉活佛一生最大的心願啊！

他一路拖著沈重的步伐，一路懊悔不及，不斷地譴責自己。他後悔這趟上路，沒有到小鎮上請瞎子丹巴給自己來個牛肩胛卜卦。過去他從來沒有馬虎過、疏忽過，這次事忙，又請大寺一位高僧用佛珠卜過卦，說道路曲折，但事業圓滿，儘管上路。他一高興就忘了去小鎮找瞎子丹巴用牛肩胛骨占卜。

五天後的中午，正當他疲憊不堪，忐忑不安，快要陷入絕境之時，奇蹟出現了。

他剛拐過山嘴，迎面就碰上了黑壓壓的馱牛群，差點撞個滿懷。他驚呆了，不知是福是禍，一下釘在原地動彈不了。

犛牛們先是驚駭，接著都高興地站住足，哞哞衝他此起彼伏地親熱叫喚起來。

從犛牛尾後捲上來一人騎，他定睛一看，是那位兇神惡煞般的強盜頭子。他臉上依然蒙著倒三角布面罩，牛眼睛瞪得老大，只是眼神從那天的兇殘、貪婪、蠻橫，換成溫和、羞愧和幾絲不安。他縱馬跑上前，在離仁增三步遠的地方滾鞍下馬，手捧那串佛珠捧上前，示意退還佛珠。

仁增驚喜交集地一把搶過佛珠，放在額頭上輕輕叩了三下。

幾乎同時，強盜頭子和他的身後，呼啦啦撲地一大片，他們朝佛珠叩了三個響頭，嗡嗡誦起六字金剛真經「唵嘛呢巴咪吽」。只是一刹那間，他們又呼喇喇上馬遠去了。

仁增驚魂未定，半天才吩咐馱夫們檢查馱牛及犛牛的頭數、馱數少了沒有。

馱牛、犛牛一頭不少。馱子數量也一副未缺，連拿去的槍枝、長刀等零碎東西也完整無損。包括每副鞍架上配備的皮繩、毛繩數量、長短，褐衫的大小等等都未少一巴掌，唯獨路上準備用來調食的一捆蔥、一缸準備饋贈拉薩貴族的內地蜂蜜、幾個土陶罐的葡萄酒卻不見了。不過與整個貨物比較起來，那不過是牛皮上的幾根絨毛，值不了幾個錢。

他欣喜若狂又納悶疑惑。但納悶歸納悶，心頭還是滿懷著驚喜，慶幸整個貨馱全回到手中了。他暗暗感到事件的急劇變化可能與佛珠有關，可能佛珠改變了這一切。他又一次把佛珠捧到額前，重重頂禮叩拜了三下。

事實果真如此。但不是管家仁增所猜揣想像的那樣——強盜頭子意識到佛珠是吉塘倉活佛加持過的佛珠才幡然悔過，放下屠刀立地成佛的。而是強盜夥搶去佛珠、搶走財物後，發生了許多意想不到又解釋不出原由的災禍，他們驚恐萬分，不得不趕緊退還佛珠、馱牛和貨物。

仁增到達拉薩處理完貨物和牛群後，有一天去品嘗酥油紅茶時，與一個來自果洛的商隊侍從閒聊，才知道這件事的始末。

那位侍從談起果洛若爾羌部落今年集體行劫遇到的連環災禍，差點整個部落都在劫難脫。據說他們劫持的是吉祥右旋寺吉塘倉活佛的商隊。搶去的吉塘倉佛珠因此大發雷霆，當場顯示神力。他往詳細裏問起，那位侍從說他也不盡知道細節，只聽說那位頭人肚子絞痛，疼得死去活來，差點小命被掐斷。頭人的兄弟喝了搶來的瘋水發了瘋，跳進沼澤灘裏狂奔亂跑，沒有幾下陷入泥灘淹死了。三天中，部落裏有四五個青壯男漢死得不明不白又接二連三。強盜頭子跑到一個寧瑪巴高僧處去卜占算卦，結果說他們褻瀆了一件神聖的法器，是護法神在懲罰他們。

仁增恍然大悟，明白佛珠和馱物繞了一大圈又重新回到他手中的緣由。

回到吉祥右旋寺後，他把這段經歷簡要稟報了吉塘倉活佛，不無崇拜地讚美道：「至尊活佛加持的佛珠，真是法力無邊，戰無不勝，比山神、護法神還厲害。」

吉塘倉微微一笑，輕輕搖搖頭：「雪天尋食的鳥，會把石粒錯當成草籽吞下肚；吃不到鹽巴的犛牛，會把人尿撒過的地方舔個乾淨，知道爲什麼嗎？」

仁增搖搖頭，眼珠凝視在活佛神情複雜的臉上。

「那是餓瘋了，是少見多怪，是咱藏人的恥辱啊！」

仁增還是沒有明白，眸子裏溢出茫然。

「賊骨頭馬步芳打不過果洛三部落，就把果洛封鎖起來，不讓內地任何貨物進入果洛。糧食、蔬菜、日用百貨都不准進。可憐果洛黑頭藏人什麼也見不著，什麼也吃不到。一年四季全靠肉、奶、野生草籽爲食品，不知道這世上有好多好吃的、好喝的。」

仁增依然不明白，瞪圓眼睛凝視活佛。他弄不清楚，強盜團夥退還貨物和佛珠與馬步芳有什麼關係。

活佛用佛珠敲了敲仁增的腦門子：「你可不能眼珠子掉進錢堆裏，心頭讓銀元淹沒了。佛邸經營商隊是為了啥？是為了大慈大悲，普度眾生，把水深火熱中的人們拯救出人間苦難地獄。」

仁增承認這一點，連連點頭稱是。

「果洛人未見過蜂蜜，嘗著很甜蜜，他們也喜歡大蔥，大蔥味嗆開胃口。這些年他們被逼瘋了，餓瘋了，遇上好吃的就天地不分地狂吃狂飲，反倒給自己帶來了災難。他們以為大蔥就蜂蜜蘸著吃，是香上加甜，最好吃的食品，卻不知其中的厲害啊，蜂蜜和大蔥是萬萬不能放在一起吃的，它會揪心斷腸，要你的性命。那頭人雖然肚子疼得死去活來，但救過來了，還算幸運。」

仁增這才明白那強盜頭子由兇變善，由蠻橫變為溫和的緣由。他弄不清大蔥不能就蜂蜜的道理，只知道阿爸阿媽曾經告誡過，吃了山羊肉不能喝涼水。說山羊肉性子涼，羊脂不容易被消化，常凝存在腸胃裏，再喝進去涼水，就成了雪堆上澆水化為冰，把腸胃拽斷了，磨破了，人只有死路一條。那道理他倒一直銘記在心。

活佛又侃侃而談：「果洛漢子們胃中全是牛羊肉，好比一堆乾柴擱著，而那葡萄酒，好比是火籽，他們身上本來就燥熱，一遇葡萄酒，那不乾柴遇上烈火，不全瘋狂起來才怪呢。那葡萄酒喝起來香甜無比，實際到肚裏就是瘋火，小夥子們燥熱難忍，瘋了般往沼澤裏沖涼、消熱。可憐啊，想獲取甜蜜卻得到了苦難，想享受幸福，卻得到了凶災。前生沒有結下因緣啊。佛法僧三寶，請拯救他們的靈魂到極樂世界吧，他們是沒有罪孽的。」吉塘倉微微闔眼合掌，喃喃念起「六字真經」。仁增也趕緊合掌瞇眼，跟著念誦起「六字真經」來。

❖ ❖ ❖

①煨煙——一種通過燃燒香柏枝，蓋澆糍粑等素食而與神溝通的祭祀儀式。
②「神部」——屬於寺院直接管轄，供養給寺院的部落稱爲「神部」。
③蘇魯——高山上一種低矮灌木林，易燃，藏區的引火柴。
④度母——藏傳佛教女神名，傳說爲觀音化身的救苦救難本尊。
⑤紅煨——把活羊扔進燥火祭祀神靈的儀式。
⑥竹條袋——竹條編織的茶袋，四川松潘大茶運往藏區，包裝均是竹條袋。

第四章　佛兄與佛珠

假公濟私，佛兄也打佛珠的主意，審看文藝節目是藉口而已；他們把吉塘倉的發跡，看作是佛珠暗中神力輔佑。吉塘倉又一次掙脫圈套，但他對西康的歌舞卻情有獨鍾，不由傾倒……

吉塘倉感慨萬分地摩挲佛珠，捻動佛珠。佛珠褐黃光膩的色彩又勾起了他與佛兄矛盾的另一件心事。他心頭不由得自語：佛珠啊佛珠，您給我帶來了福氣、名氣，可也帶來冷風黑霧，招惹了一大幫人，佛兄澤旺就是一個。為這個佛珠，倆人之間的隔閡又加深了一層……

他與堅貝央因佛珠發生不愉快之後的大約三個月，澤旺派他的手槍隊長班瑪來佛邸送來口頭邀請函：邀請他去如意寶珠林卡審查歌舞節目。他為難了，去還是不去，他舉棋不定。

班瑪虔誠地躬腰垂立。他先請班瑪就坐，讓侍從盛茶端上乾果點心。

「司令要舉辦歌舞晚會準備招待哪方嘉賓？」他稱呼佛兄澤旺為司令，是因為澤旺是國民政府任命的吉祥右旋寺教區的民兵保安司令。早在土龍年（西元一九二八年），夏佛兄就被國民革命軍第二集團軍第七方面軍委任為總指揮部顧問，後總指揮部又設立吉祥右旋地區番兵游擊司令部，澤旺就被任命爲司令了。轄編三個民兵騎兵團。

水雞年，甘肅省政府將游擊司令部更名爲保安司令部，還是任命他爲不拿俸祿的民兵司令。土虎年還被蔣介石授爲吉祥右旋地區少將保安司令。這樣，當地與外地的軍政要員、商賈學者都眾口一致統稱爲司令。寺院上層、民間僧俗也附庸風雅，借用漢語稱呼澤旺爲司令。吉塘倉也按照俗習尊稱他爲「司令」。

班瑪必恭必敬地稟報：「聽司令秘書講，蔣委員長要視察青、甘、寧三省，司令準備懇請委員長來吉祥吉旋寺做客，聽說還有蒙藏委員會副會長喜饒嘉措大師。」

吉塘倉心頭一驚一喜。驚喜的是，國家領袖有可能到荒僻的吉祥右旋寺來視察，吉祥右旋寺在國民政府的心目中的地位又有了提高，在全國的聲譽更廣更高了，這是個大好事啊！但更令他驚喜的，還是仰慕已久、聞名全藏的大學者喜饒嘉措大師也要蒞臨吉祥右旋寺，自己和教區內的所有僧俗教民有望實現瞻仰大師尊容、當面聆聽弘法教誨的夙願。

作爲佛門弟子，作爲東藏吉祥右旋寺的首席金座活佛，他聽過大師特多特多的故事：大師在拉薩傳昭大法會上舌戰群儒高僧，蜚聲藏傳佛寺世界，一舉摘得「拉仁巴」最高學位；大師校訂藏文大藏經《甘珠爾》，學識見解精湛深邃，引起學究們的嫉妒和圍攻；大師廣收學生，傳播文化，十四世達賴喇嘛手下的高僧近侍，噶廈①政府的主要成員赤香倉活佛、噶倫索康•阿旺格勒、阿沛•阿旺晉美等，都是大師培養出的學生，他在哲蚌寺、色拉寺、藏丹寺也有大批的學生門徒；大師還……大師的名氣就像麝香，雖然擱在箱子裏，香味卻飄散十里百里以外。

在有生之年，他一直想叩見大師學得真諦，只是大師是大忙人，熱愛佛門，熱心投入俗世，傾力普度眾生，行蹤飄忽不定，一直沒有機會罷了。近幾年，大師在國民政府蒙藏委員會提任要職，更沒有緣分相見，想不到天降喜訊，還有機遇相見一面，這真是老天爺賜的福分。

他二話未說，抬起屁股跳下炕，衝動地披上袈裟，也忘了將佛龕前擱著的佛珠拿上，吩咐隨從備馬上路。

如意寶珠林卡在大寺的東南面，是在一片蔥綠如水的秀美草原上修起的一圍花苑。一座二層樓突兀高峙，在見慣了黑、白各色帳篷的草原上格外顯目，特別是用油漆油出的紅、藍、黑、白等各色彩繪，更是在高原強烈陽光下，反射出一道眩目的紅光，煞是好看。

樓頂蓋有綠琉璃瓦的兩溜水屋脊。藏漢合璧，亭榭相連，開挖有護城金水河，裏面種植有奇卉異草，園內種滿了各種名貴鮮花，有從河州、蘭州購買來的花卉，也有從五臺山、峨眉山、西安、南京、北京等地採來的花籽播撒。

正是八月天氣，滿林卡裏彌漫著濃香的花味及草籽成熟味。林卡的西北角，還劃出了一座小小的動物園，裏面有前來朝香的各地千百戶、部落頭人供養給堅貝央的諸如棕熊、白唇鹿、獼猴、金絲猴、盤羊、青羊、狍鹿等珍禽異獸，配有專人飼養服侍。

如意寶珠林卡是堅貝央從西藏學經歸來後，仿照達賴喇嘛在拉薩的夏宮——羅布林卡仿造的。他請來藏、漢、尼泊爾工匠，又徵集名種方案，綜合構思建起，雖沒有羅布林卡的宏大、豪華、絢麗、多姿，但也精緻、小巧、玲瓏、別致。

天高氣爽，又逢喜事，不一陣，吉塘倉便馳馬趕到了如意寶珠林卡。澤旺見吉塘倉活佛這麼快就過來了，趕忙招呼演員們穿衣抹粉準備登場。

在欣賞歌舞藝術方面，他和澤旺有共同的語言。他酷愛文學藝術，三世吉塘倉更是馳名全藏的詩人，著名《水樹格言詩集》和《世故老人箴言集》，便是三世吉塘倉的傑作。兩集子存詩二百四十來首。雖然一百來年過去了，但三世吉塘倉的詩文卻如夏天的太陽，秋天的雨水，冬天的白雪，覆蓋了黑頭藏人居住的區域，流傳廣泛，至今膾炙人口。

很多著名的詩句已經掛在僧俗百姓的口頭，如：「官長新來時雖然施點仁政／但隨後就有難招架的差役捐稅／樹雖然暫時能擋一點雨／但隨後就會落下大串的水滴。」「殘暴的國王壓榨黎民百姓／總有一天連僕人也不聽命令／雖然用棍子敲打千萬遍／豌豆也不會黏到棍子上面。」

在為人處世方面，瞻前顧後方面，見解尤其精闢獨到，他說：「只要持續不斷地努力／什麼事都能做出成績／那江河緩緩地流淌／能繞遍廣闊的地方。」「沒有見過遼闊的國土大地／偏遠的愚者總以為自己了不起／烏龜以少許井水而傲然得意／因聽到大海的廣闊而氣死。」「不論地位高低和貴賤／尊者高貴的本性不改變／不論遇到酷熱與嚴寒／水的濕潤本質不會改變。」等等。

前世吉塘倉的卓越成就，逼著後世吉塘倉都去勤奮學習，努力創作。他也不例外。他天性喜歡歌舞，走到那裏就愛搜集那兒的歌謠俚俗，自己寫東西喜歡用老百姓的言語。在幫助堅貝央編劇、導演吉祥右旋寺創製的第一部藏戲「安木特」劇種劇目《松贊干布》時，他就運用了許多僧俗喜聞樂見的口頭語言來演唱、道白，觀眾看得眼睛都發直了。

堅貝央舉家來自西康的理塘，兩康是歌舞的海洋，是「弦子」的搖籃，是「諧」的故鄉，他們家族骨子裏就有能歌善舞的天賦。所以，在歌舞藝術的趣味上，他倆意氣相投，有說不完的話。

康區的歌舞，他兩次西康之行後大開眼界。從八歲的兒童到八十歲的老人，個個都是歌手，是舞蹈家，一有閒空，老百姓們就聚在一起，喝起來跳起來。尤其是夏秋的晚上，全村男女老少都彙集到村中心的廣場上，每家每戶一抱柴一缸酒。柴擱在篝火上，酒匯進中央大酒罈中，然後跳起來了，喝起來了。跳累了口渴了，跑過去用空心草桿吸幾口家釀的青稞酒，再回返舞圈繼續跳著，一直到半夜三更、繁星滿天才盡興而散。

康區人如此酷愛歌舞又擅長歌舞，原因何在？他曾思索過，探究過。他覺得藏區三大區域中的多康，尤其西康一帶，王權勢力弱，地方割據重權勢，自然可以隨意地盡情地抒發情感世界，人們心態較寬鬆自在，這是其一；西康是遠古吐蕃野戰軍團活動的區域，吐蕃內亂後，這些以部落聯盟爲單元的軍團成爲當地居民，但他們豪爽、奔放，粗獷的秉性沒有改變，他們的表達方式就是直率地發洩情感、抒發心意，而歌舞是最好的宣洩，這是其二。

西康的地理條件也是一個原因，那高高低低的山脈溝壑，那縱橫交錯的山川，那一窩一窩起伏不平、交通困難的草地，絆住了人們的腳步，也使廣闊的游牧天地變得狹小了，人與人的距離、人與大自然的距離反倒拉近了。人們凝聚成一個個村落，共同分享歡樂，共同承擔痛苦，歡樂的渠口便是歌舞。這是其三。而正由於西康地理條件複雜，西康的歌舞藝術也紛呈多樣，豐富無比，迸射虹光。

當然，西康盛行歌舞，也歸功於佛祖創立的佛教。

佛教雖然是一類宗教，但它的本質更多的是哲學，是充滿辯證法的一門學科。由於它的宇宙觀認識論的基礎是辯證的，因此在大原則下，它對信徒的思想控制也是基本開放的、自由的、舒展的。鼓勵積善修行，引導信徒在追求歡樂、追求幸福中，有意用歌舞形式頌神弘法，祈求人類和平、安寧。在這種宗教哲學影響下，歌舞受到鼓勵，人們的情緒趨向於樂觀、輕鬆和歡舒，在歌中抒展情感。藏族遠古舞蹈很早就留下了這一心理烙印。

從宏觀角度來看，雪域這方淨土，自然是孕育歌舞的搖籃。

雪山、草原，高遠的視野和寬廣的地域，賦予藏人博大的胸懷，他們安於天命，知足常樂，形成了天人一體的心理。藏人游牧與狩獵是以向大自然索取爲根本途徑的生產方式，它是靠天養畜和靠機遇獲取獵物。突發的收成，又使人們情緒高漲，抑制不住的喜悅激動使藏人手舞足蹈，盡情用形體的節奏運動來宣洩自己的歡呼和興奮。這種空間，這種生產生活方式，造就牧區、半農牧區舞蹈風格的自由、開放、豪爽、舒展。

同時，嚴酷的自然環境、惡劣的生存條件，使遠古藏人不得不更加珍愛生命、珍愛生活。在有限的時間和空間內，盡情享受生活，享受大自然，成爲他們人生追求的宗旨之一。而這種追求，最容易最簡便的便是全民歌舞娛樂，這就使歌舞有了最廣泛的群眾基礎，成爲全民性的娛樂方式。

閒暇之時，堅貝央曾經較系統全面地研究了一番藏族歌舞，把整個藏區的歌舞總結歸納了三個類型。

第一類是「諧」。

「諧」以歌爲主，歌舞結合，載歌載舞。這類民間舞是有舞必歌，有歌必舞。男女各站一邊，拉手成圈，分班唱和，此起彼落，慢歌快舞，邊唱邊跳，從慢到快，越跳越快，在歡騰熱烈的氣氛中結束。通常鍋莊舞多由男子啓唱，弦子舞多由女性啓唱。表演程序一般由「絳諧」（舒展的慢歌）→「覺諧」（快板歌舞）→諧體（歌尾）四段組成一曲。

從舞蹈音樂的主部曲調上看，快板歌舞往往又是慢板歌曲的加快和壓縮，這類歌舞廣泛流傳在農村、牧區和城鎮，是群眾性最強的自娛性集體歌舞。

「諧」類歌舞的優勢在於依托唱詞，通過舞蹈動作抒發情感，表達舞蹈內容。歌詞中有鞭撻制度缺陷的，訴說人間哀怨的；有讚美家鄉，歌唱山水景色的；有抒發勞動喜悅，傾吐愛情，嚮往幸福生活的；也有歌頌宗教、寺院、活佛，恭維權貴，祝賀吉祥的內容。

「諧」類歌中，除弦子舞具有秀麗舒展的圓曲線條，鍋莊舞具有豪放開闊的姿態動作之外，靠近西藏腹心地區的「諧」，絕大部分以「頓足爲節」，或以「踏步爲節」，或以「踏地爲節」，重腳下節奏。人們把這種「頓」、「踏」以步爲節的「舞靴」特點，概稱爲「夏卓」，「夏卓」指膝蓋以下的足蹈動作。

第二類是「卓」，即圍成圓圈式的舞蹈。

「卓」可能產生於游牧社會。最早可能是氏族部落娛神祭壇禮儀和盟誓文化有關的舞蹈形態。早期的擬獸舞、擬鳥舞，發展爲牧民歌舞和藏區各地各種鼓舞形式。「果」是圓圈之意；「卓」是舞之意；「果」和「卓」組成「果卓」一語，就變成「歌舞」了。

「卓」不單指自娛性歌舞，泛指以舞爲主，歌舞結合，歌時少舞，舞時不歌，歌與舞穿插進行，或歌、舞、「卡諧」（連珠詠白）相結合的表演性舞式。具體說，在西藏又多指民間的各種鼓舞。如後藏「卓」，是指日喀則地區的一種横插腰背、跳躍敲擊的扇形大鼓舞；山南、拉薩農村的「卓諧」是指一種繫鼓擊打、羽錘翻飛的扁腰鼓舞；貢喀「卓」是指貢喀縣寺院由武士僧人表演的背鼓舞；「熱巴卓」是指流傳在西藏東部的昌都、丁青、察雅等縣以及林芝地區流浪藝人表演的鈴鼓舞；「拉姆卓」是指藏戲中表演的各種性質的鼓舞。

這類以舞爲主，歌舞結合的表演性鼓舞，多數動作幅度大，重技藝表現情緒。一般的表演程序是先由「卓本」（領舞者）說「卡諧」（連珠詠白），詠白鼓舞的由來，解說舞蹈的內容。然後結隊出場，點點敲擊，以歌伴合，走圈起舞。由慢到快，歌聲靜止，一聲呼叫，策眾狂舞，分組表演各種技巧動作。或擊鼓飛旋或蹦越淩空，或甩辮擊打，單腿跨轉，層層推情緒，技巧推高潮。場上鼓聲隆隆，口哨聲、吆喝聲響成一片，舞蹈在疾速狂熱的情緒中結束。它是藏族人英武、豪放、彪悍氣質在舞蹈中的形象展現。

西康傳過來的民間「果卓」舞蹈不但能交流情感，增強人們共同征服自然的凝聚力，還模擬勞動動作傳播生產技藝，頗受吉祥右旋寺教民的歡迎。如《羊卓嘎瑪林》舞，就是結合舞蹈動作，通過歌唱問答形式，真實地再現勞動生產情景。

這個舞蹈一直要跳到將毛線織成氆氌，又將氆氌做成衣服，然後穿起來晃晃身子，在歡快的情緒中結束。

這類「卓」樣式頗多，有反映勞動生活的叫《羊毛鍋莊》；施於婚嫁喜慶的叫《吉慶鍋莊》（有祝賀吉祥的內容和禮節性動作）；表現生活情趣的有「兔了鍋莊」（雜以模擬兔子跳躍的動作）；「醉灑鍋莊」（有摹仿醉漢神態，顯示身體靈巧的嬉戲動作）；「啞巴鍋莊」（快板歌舞段無音樂弦律，以「嘿，嘿，嘿」的聽叫聲當節奏配合舞步）等等。

西康傳到吉祥右旋寺教區的最有特色的舞蹈品種，他認爲是弦子舞。西康的弦子舞曾讓他如醉如癡，恨不得鑽進弦子舞隊跳個酣暢淋漓，然後躺在草地上睡去不醒來。

弦子舞就起源於這世堅貝央活佛的故鄉巴理塘。跳這種歌舞，多由領舞者操「白旺」（牛角琴）伴奏，故人們稱它爲弦子舞。通常由歌舞能手一至數人拉響牛角琴，帶動眾人跟隨起舞。先由女子啓歌，男女輪班唱合，從右向左，邊唱邊跳結成圓圈，「三步一踏」，順手順腳舞動雙袖。時而圓集，時而散開，時而拖步甩袖繞圈行走。或雙手叉腰顫步跳踏，或左手叉腰右臂曲伸點步轉動。歌聲悠揚，舞步優雅，隨著琴弦發出的陣陣顫音，舞蹈者相應地跳出種種「顫步」，有如微波蕩漾，使人心曠神怡，沈醉其間。

弦子舞中的《孔雀吸水》特別令他傾心。單人或雙人出場表演，眾人圍圈歌唱伴和，形象逼真，饒有風趣。歌詞大意是：

美麗的孔雀從何方來？（作旋步展翅的舞蹈）

美麗的孔雀從印度來。（作飛翔、轉圈的舞蹈）

在牠珍貴的銀碗裏，（作抖翅臥地的姿勢）

飄溢著甘泉的清香。（作搖翅、叼碗、翻身的動作）

這個舞蹈又有雜技柔術的軟功造型，還夾有戲曲躺身下腰的味道，十分優美。

這個舞蹈經過堅貝央家鄉人的傳播，在吉祥右旋寺教區內也傳播開來，成了吉祥右旋寺所轄「十三莊」的特色舞種。

西康的熱巴舞更使他目瞪口呆，眼花撩亂。

「熱巴」，因男性演員腰繫穗狀裙而得名，是鈴鼓舞、雜曲、民間舞蹈三部分組成的綜合表演。「熱巴」很有來歷，「熱巴」一詞有兩種含義：一爲布衣者，因噶瑪噶舉派的始祖米拉日巴有臍間生出暖氣流的「拙火定」的功夫，冬天只穿布衣即可抵禦寒冷，而熱巴藝人爲了表演時輕捷俐落，平時多穿布衣，故被稱「熱巴」（布衣者），引申爲用毛髮辮織成網穗服飾，即熱巴藝人繫在腰間的黑白兩色牛毛編織成瓔珞狀的網穗服飾。

另一種含義來自一個有趣的故事，據說從前有個非常出名的密宗咒師，他有三個徒弟，他派他們到印度去取經，途中餓死了兩個，只有一個叫仁窮的徒弟，一路上靠捕魚維持生命，取經回來。爲了紀念仁窮，熱巴藝人的服裝上，人們增加了「廳察」的網穗狀服飾，象徵他捕魚的魚網；而熱巴藝人上下衣特別潔白寬鬆的原因，象徵仁窮在印度見到神聖的白象。熱巴右手持的名叫「響朗」的鈴鐺和左手持的染紅了的犛牛尾巴，是西藏苯教的兩個法器，說明「熱巴」舞歷史的久遠與苯教祭祖的淵源關係。

「熱巴」的主體部分是鈴鼓舞。表演程序有八段。

第一段開場。演員席地而座，搖鈴擊鼓召來觀眾。人群聚集之後，由「格根」（也是領舞者）帶領全體演員上場，呈圓圈走動，搖鈴擊鼓作慢步舞打開場子。邊走邊舞，歌聲悠揚，鈴鼓應節作響。

第二段是由領舞者說「卡諧」（致語快板），邊說邊表演，大都以恭賀吉祥、解說熱巴藝術的由來、誇耀自我技藝高超爲內容。說完「卡諧」，帶領演員由慢到快作集體鈴鼓舞。

第三段是女子鼓技表演。男演員退出表演區搖鈴伴和，女演員手持單柄鼓舞擊出場，圍圈打點，表演各種鼓技動作，如「纏頭鼓」、「帶鼓平轉」、「獵跳翻身」、「正反轉」、「高低擊轉」等，變化多端，情緒灼熱。

第四段是男子技巧表演。女演員站立一旁擊鼓助陣。男演員一個接一個出場，各自表演一段技巧組合動作，各自作出「兔子跳」，或「扭身跳」，或「滾毛」，或「走矮子」，或「磨盤腿」，或「單腿跨轉」，或「搖鈴蹲轉」，或作「躺身蹦子」等等。技藝高超的熱巴藝人，要在表演「躺身蹦子」當中做撿拾地面的哈達或銀元等高難度動作。整個場上騰躍飛旋，隨著疾風似的旋轉傘狀穗子裙撒開，有如飛輪滾滾，使人眼花撩亂。

第五段是雜曲表演。一般演藏戲片段和熱巴藝人自編的曲目。如《獵人和鹿》、鬧劇《沒有鼻子的小偷》等，逗得觀眾捧腹大笑。劇目與劇目之間，還要表演「摔跤角鬥」、「烏龜爬沙」、「堆羅漢」、「滾壺壇」等嬉戲節目娛樂觀眾。有的熱巴藝人還要表演氣功，如「尖刀刺腹」、「夾刀旋轉」、「滾牛角尖」等驚險動作，看得觀眾提心吊膽，驚嘆不已。

第六段是民間舞。主要表演「鍋莊」和「弦子舞」，男操「白旺」（牛角琴），女子隨後翩翩起舞，陣陣歌聲，愉悅輕鬆。

第七段是集體鈴鼓舞。一開始就搖鈴擊鼓點點敲擊，當領舞者叫一聲「阿羅斯」時，速度變化加快，快速搗腳步，越跳越快，情緒狂熱。

第八段是謝幕。較緩慢的節奏中，演員要向觀眾頻頻施禮，致「扎西德勒」的吉祥祝願。至此，「熱巴」表演全場結束。

吉塘倉只等了一陣兒，節目便在茵綠的花草灘上開演了。他和澤旺坐在二樓前廊上觀賞。

澤旺是編排文藝節目的行家高手。在南京、重慶、蘭州、西安等大中城市看過很多藝術表演，二十個節目緊緊湊湊，環環相銜，饒有情趣。

首先是一隊妙齡少女如孔雀般上場，給客人獻哈達。這是歌舞表演的序幕，是前奏曲。哈達是最好的堅貝央內庫哈達，是吉祥右旋寺專門從拉薩和北京採購來的，和一般哈達不一樣。

贈哈達是藏人最常見的禮節。是用以致禮的巾條式絲線織品，相似於漢族的禮帛，以白爲主。藏族歷來崇尚白色，視白色爲真、善、美的象徵，以其純潔無瑕，代表誠摯無僞的心靈，用雙手托哈達獻給賓客則表示致迎、致敬、致賀、致福、致謝。

哈達分特等內庫（為皇帝、達賴喇嘛和高層政府機構特織的哈達）哈達、一等素喜哈達、三等素達哈達等。有絲織和白麻織的兩種，主要紅、白、黃、藍色。長度一般爲二、三米不等。精織的絲綢哈達上，織有八寶吉祥圖、蓮花雲座圖、吉祥如意字等。普通的則是白色的麻織品哈達。

由於獻受哈達的雙方身分、地位不同，所獻哈達等次、獻式及其含義也是不同的。敬獻給宗教上層人士，尤其是獻給活佛的是華貴的橘黃色或藍色哈達。佛像或神前供的是黃、藍、白色哈達。獻給普通賓客的主要是白色哈達。

致獻姿勢也有講究，向師長敬獻時，應將哈達呈其手中或坐臺上，或請轉呈。呈獻時，須俯首躬身，不正視師長面目，不能用「惠賜」式；師長的哈達以「惠賜」式將哈達賜搭在受獻者頸上；平級或非師徒關係的，將哈達互呈對方手中。「折幅展現」式呈獻時，將哈達的疊緣口要面朝前；以「折幅捲疊」式向師長敬呈時，將展開之一端朝前呈放在師長台坐前。不同致獻方式表達的情意不同。平級（同輩）互呈哈達表友誼之情；弟子（晚輩）對師長（長輩）敬獻是表達崇敬之心；百姓（下級）對長官（上級）敬呈是表達敬重和威服之意。所以獻哈達既是禮儀，又有一定的規則。

拋開哈達的象徵意義，哈達的本質含義是什麼呢？從藏文字面解釋「哈達」中的「哈」，是布絹綢絲口面爲一方之意；「達」是輕綿綢絹的名字。結合起來是一口面的綢絹絲緞。一方大小的綢絹如何演變爲交際工具了呢？元世祖忽必烈的國師八思巴，是西藏藏傳佛教薩迦派的領袖。他奉旨回去管理西藏十三萬戶和主持薩迦寺的重修。他到西藏後，對故交親友見面、饋贈一方內地拿來的帛綢作爲見面禮。人們視其爲尊貴，感覺自豪，紛紛仿效，漸成風氣。

究其原因，藏區不產棉麻與絲綢，對布絹綢緞看得十分稀罕珍貴，故交際之中，以綢絹一方爲禮品，顯示出對對方的尊重、誠意。正是這種心理促使「哈達」成爲經久不衰、高雅又洗練的社交工具。

最早，哈達是藏族宗教禮儀中一般在向神佛敬奉的珍貴供物，也是僧侶們互相或向活佛世俗上層敬獻的禮物。隨著社會的發展，這神聖的禮儀逐漸廣泛深入民間，成爲全民性的禮儀，拜訪師長、探親訪友、婚姻喜事、喜慶佳節、迎賓接客、平息糾紛等，都敬贈哈達。

饋贈哈達時，必須雙手捧獻，接方也必須用雙手領受。絕對不能用一隻手相送或受禮。不論年齡與職位，一般是在較重或特殊的交往中互贈哈達，下輩敬獻給師長，師長不用回贈；德高望重的活佛或師長受禮後，很多又把哈達回贈給獻者，表示賜福致祥。這時，上身要向前傾，並微微低頭，使回贈的哈達對方能和雙手舉過掛在你的脖子上，也是表示感謝。所領受的哈達，人們都會珍藏起來，或掛在屋內較高、潔淨的地方。

這個項目，吉塘倉監督著操練了三四次，訓練姑娘們先認人，再認身分、地位，然後熟練敬獻哈達的姿態、分寸，做到萬無一失，皆大歡喜。在禮儀上的差錯，往往引來賓客的不滿，導致關係的僵化彆扭。這其中的利害，絕不是一條哈達能說清楚的。

第一個節目是安多藏區傳統的酒宴「魯」體民歌，由兩位少男少女合唱。他們盛裝豔服，手捧三道藍的精緻小龍碗，碗中盛著多半碗當地最負盛名的酒娘釀的青稞酒，碗沿三角形地點著三撮黃澄澄的新酥酒，碗沿外纏著一圈潔白羊毛。新酥油和白羊毛，都象徵甜蜜幸福的生活和純淨誠實的敬意。他們左手手挽手，右手高舉酒碗在半空，翩翩旋轉，邊唱邊走到客人跟前。曲罷便雙手捧酒碗高高敬過頭頂，敬給尊貴的來賓。

來賓若有酒量，得大口呷一下，若不飲酒，則用無名指和大姆指扣環，沾酒彈灑三下。彈灑的三滴必須是向天、向地、向虛空。

吉塘倉考察過教民的這種民俗意蘊。有人說是向佛法僧三寶致敬，有人說是向父、母、祖先敬禮，有人還說是向天、地、神靈供養。他覺得第三種說法有道理。第一種說法違背佛的教誨，佛門戒律中，規定比丘不飲酒及非時食（過午不食），在佛龕前沒有供養酒的做法，在佛殿經堂裏不允許有酒味，飲了酒的不能朝香膜拜各種佛和護法神。這些，倒不是因爲酒的緣故，佛門認爲酒是糧食之精華，它本身是沒有罪的，有罪的卻是人。人喝了酒後亂性，亂性則理智下降，人性減弱，獸性大發，變得人不像人。

第二種說法也顯得勉強。如果你在自家喝自家的酒，這個理由還說得過去，可如果你做客，喝別人的酒，或者參加部落集會，喜慶吉宴，上面的說法就蒼白無力多了。只有第三種說法較能站住腳，即藏人祖先在泛神崇拜時期就發明了釀酒技術，就有了栽培青稞的能力。人們把這一切歸功於天地神靈的恩賜，所以第一杯酒彈灑向天地神靈以示祭祀感謝。彈三下的民俗很可能就這樣傳承下來了。

他們獻的這首魯體民歌歌詞編得很精緻，原先是比興三段詞，改成了一段詞，歌詞成了——

寬廣的金灘上，迎接尊貴的來賓；
馬隊儀仗連天，花雨滿天降落；
仁慈賓客面前，跳起歡樂歌舞。

第二個節目是安多彈唱表演，是八個小夥子、八個姑娘男女聲龍頭琴二重彈唱。這也是東部藏區很富特色且詼諧、輕鬆、活潑、悠閒的藝術文體。小夥子們英俊瀟灑，用哈達爲彩帶，胸吊龍頭琴，洋洋灑灑地彈唱著歡快輕鬆的曲調；而八個如花似玉的少女輕撥吟唱，婉轉低吟，讓人如醉如癡。

彈唱叫「扎聶」（六弦琴、妙音器樂伴奏之意），也稱爲「冬木蘭」（彈唱之意）。它很能代表安多藏人獨特的民歌風格。

彈唱形式歷史悠久，據說在吐蕃統一青藏高原之前，古象雄國（今阿里、于闐等地）就很流行「扎聶」彈唱。一把六弦琴，白天隨著游牧的帳圈行走，跟在牛羊屁股後自彈自娛；晚上在六弦琴弦伴奏下，舉家自娛，或是朋友聚會，彈唱說笑，悠閒自樂。

彈唱自由活潑，歌詞隨意塡充，比興無固定格位。天上人間，父母親人，山川蟲草……自由飛翔，任意展開，情景交融，以抒發自己的情緒爲重。

在唱詞結構上，「扎聶」體把「魯」體、「諧體」、「拉伊」揉合在了一塊。或四言六句，或把「魯」、「諧」的原詞添加減刪，自由發揮，取其真情、優美、形象、含蓄、深邃等長處，捨棄雕琢、重複、套話、老話等缺點，使內容更加精煉、直爽、逼真、通俗、深情，沁人心脾，感人肺腑。

在唱腔調式上，吉祥右旋寺教區對其進行了改造，揉合進了當地的大量傳統民歌，創造有自己的一套唱腔，如「桑達羅」、「阿瑪來」，「阿卡班瑪」（班瑪大叔）、「勒哇羅羅」（可敬的歌手）、「索南周強」（福運的小龍）、「亞伊熱羅」、「拉拉拉茂」、「納雜措」（同齡人）等等。情緒的跳動變化都流瀉在音符上。它的曲牌還代表著一定的情緒，這種情緒又固定成一定的調式。只要情緒和調式諧調合拍，唱詞可自由塡充，如懷念之類，可以是父母，師徒朋友，也可以是情侶戀人。

彈唱體民歌的內容大體爲這樣幾種類型：

1•讚頌天地佛祖、故鄉及美滿生活；

2•懷念親人、故鄉類的；

3•祝福，表達對未來的期望，對幸福生活的企盼，是彈唱體民歌的永恆主題；

4•遊戲玩耍也占了很大的比例。有隨意打笑逗趣的，也有知識性的問答。

第三個節目是康巴氣息濃郁的弦子舞，緊接著又是西康熱烈的鍋莊舞。

高潮過後，穿插進了東藏安多地區的嘎爾舞。嘎爾舞是歌段、舞段混合的表演唱，模仿性極強。澤旺選擇了兩個聯唱表演，一個是「我唱著跳著上藍天」，一個是「我兄弟倆撞肩頭」。

小夥子的舞隊，像一朵輕盈的白雲飄來，又似一群膘壯的駿馬撒歡：

那高高的雲空，是大鵬翱翔的天地；
我飛呀飛，飛上雲空，伴著大鵬跳起嘎爾舞；
那寬廣的草坪，是青年狂歡的天地；
我跳呀唱，逛著草坪，伴著朋友跳起嘎爾舞。

而「我兄弟倆撞肩頭」則洋溢著滑稽味，動作性更強了。剽悍的小夥子們唱道：

咱弟兄幾個撞肩玩，肩碰肩看誰力氣大；
咱弟兄幾個換帽玩，帽換帽看誰福分大；
咱弟兄幾個摔跤玩，摔歸摔看誰本事大。

康區的舞蹈「才讓措姆」（長壽湖之仙女）和「埃瑪央久索拉」，以悠揚、委婉、抒情的音樂把大家的心神泡進了一種純情、超脫的情境中。

澤旺把大寺的佛樂隊、法舞隊也納入了表演的序列中。

藝僧們表演了法舞、鹿舞、犛牛舞和獅子舞，還演奏了各種僧樂。壓軸節目是「熱巴」舞，它把歡樂情緒推上了頂峰。

看罷節目，澤旺把吉塘倉請到二樓堅貝央的會客廳。

會客廳裏鋪著從寧夏買來的三道藍地氈，西寧織的八寶吉祥圖案地毯。西藏江孜買來的金龍雙騰飛的地毯鋪在正中地板上，而新疆的薄地毯掛在正面牆壁兩側。整個牆板都是木板鑲嵌，如同一個細緻密合的木盒子。牆板上油了紅漆，每個隔板中間的板壁或畫了佛本生圖或掛有無量壽佛、無理光壽、觀世音菩薩的唐卡卷軸佛像，整個會客廳佈置成了一座藏傳佛教的藝術畫廊。

兩人坐在和西方沙發差不離的卡墊上，談起了剛才觀看過的節目的內容效果，編排次序，服飾美工，又談到了接待的規模、形式、程序等等。

吉塘倉的情緒有點亢奮。他說道：「國民政府委員長和藏傳佛教大師喜饒嘉措蒞臨大寺，這可是吉祥右旋寺建寺三百餘年來最大最大的喜事，是莫大的榮譽，是佛祖賜的洪福，一定得借這個機會大大弘揚佛法，讓吉祥右旋寺的聲譽、福運，像『風馬符紙』一樣飄向虛空。」他建議：「辦個酥油彩塑展覽，再讓現場表演繪製唐卡的十二道工序，凡是咱藏人獨有的各種藝術，全讓委員長和大師看個夠。」

說到後頭，他激動地喊道：「天晴時快曬奶酪，風大時快抖皮襖。咱藏人有啥？不就是有點文化當支撐，有點文化做底蘊嘛！」

澤旺連連點頭，「活佛點得深刻，我還真沒有想那麼遠」。話雖這樣說，但吉塘倉從澤旺的語氣中感受到的，只有滑膩膩的應承和不冷不熱的敷衍。他斜乜了澤旺一眼，見澤旺眸中閃爍一半真光一半虛光，明朗中藏著詭秘。他明白，像澤旺這類在爭權奪利圈中摸爬滾打的人，永遠不會把全部真心奉獻給別人，不會把自己的心跡展示於太陽底下。他們是在陰謀、陷阱、謊言、欺詐中長大的。他們時時得面對陰謀和欺詐，不得不繃緊全部神經。同樣，他們對別人也施予陰謀和欺詐，也不能不繃緊全部神經。

他們不相信文化，只相信實力和詭計，文化在他們眼裏，只不過是一種旗號，一種裝飾，一種娛樂和開心方式，好比往心裏添進去的一點白沙糖而已。他們認為世界就是用權力的筆勾劃出來的。誰有勢力，誰就是這方土地的主人。

當然，這種想法也不完全是強詞奪理。說實話，吉祥右旋寺教區的大大擴展，政教權力的強化鞏固，多一半還憑的是佛父、佛兄的武力。沒有堅貝央的佛父佛兄，前世堅貝央留下的破攤子真不知會爛到啥程度，吉祥右旋寺的下場也不知是啥樣子。佛父佛兄打下了這一片江山，但他們是不是真的為吉祥右旋寺打天下，那還是說不清的一團謎。他有他自己的看法，他擔心歷世堅貝央和各級佛僧教民創出的天下成了澤旺家的天下。澤旺興致勃勃地提起了儀仗隊的組織。果然，他注重的是顯示武裝。

保安司令部的編制是三個民兵騎兵團、一個專業的保安大隊和手槍隊。澤旺說，他準備讓三個騎兵團傾巢而動，命令各部落自行籌備馬、槍、彈服裝和半個月的乾糧。這一點在藏區是不成問題的。早在吐蕃帝國時期，以部落聯盟為基礎的軍團（藏語稱「如」），就是沒有輜重後勤的野戰隊伍，全靠自行籌備輜重，這已經是傳統成了規矩。

雖說槍彈貴些、缺些，但幾年前被委任為「剿匪軍第三路軍獨立支隊司令」時，他就以堵防紅軍為名，向國防部申請批發了一批槍枝彈藥，多數還壓在庫中，拿出來完全可以裝飾門面炫耀威風。他決定仿照吐蕃軍團以馬的毛色、槍纓顏色來區別的做法，第一團全是白馬，著絳紫色氆氌衫子，漂白綢大襟襯衣，武漢製的藏青色禮帽，馬靴；第二團則全是青馬，穿七八月分宰殺羯羊之短絨皮縫製的白皮皮襖，邊緣和領子鑲豹皮，頭扣船形翻捲的白氈帽，腳上清一色的牛皮捲鼻花氆氌長腰子靴；第三團全是棗騮馬，身著掛綢布面子的雪白羔皮襖，邊沿、領口及袖子上都鑲有巴掌寬的水獺皮，襯衣是花緞子料織錦緞鑲邊，華麗尊貴。這種裝束既有強烈的民族色彩，又襯托了藏家漢子剽悍英武的雄姿，讓蔣委員好好瀏覽一下藏人武裝的風采，留下強烈的印象。說不一定委員長隨從中有拍電影的，上了電影，咱吉祥右旋寺和保安司令部就名揚天下、身價倍增了。

三個團的武裝全是叉子槍。高大的馬，魁梧的漢子，騎在馬上威風凜凜，再加上高高伸出的三尺長叉子，那就給長槍平添了幾分氣勢和威猛。

武裝儀仗隊準備從十里外的尕拉山插箭垛腳下列隊迎候，一直排到司令部門口。其間穿插漢、回市民代表致敬團，他們將表演高蹺、旱船、秧歌社火，以表達歡迎之情。上下塔哇②及十三莊婦女盛裝豔服，跳「鍋莊」、嘎爾舞來推動歡迎浪潮。

吉塘倉嘖嘖讚嘆澤旺的安排精細別致，特色濃郁，色彩鮮明，獨具匠心，既表現了虔誠專一的敬仰之心，又不失分寸展示了藏人的風采，兩全其美，面面俱到。

澤旺說得心花怒放，他興致勃勃地說：「活佛，三里長的大寺轉經道，是佛法所在，仁慈彌漫之地，我不準備部署武裝人員，請你安排僧侶儀仗隊編排節目。」

吉塘倉急忙搖手笑說：「使不得，堅貝央上師是寺主，他如何指示我就如何去辦。鼓如何敲，舞就怎樣跳，你可不敢把我火爐上烤啊！」

澤旺擺擺手：「這也是佛弟堅貝央的意思。」

吉塘倉愣了一下，心頭掠過不悅，暗暗嘀咕：「怎麼繞了個彎子讓俗官來指揮我？這不是意味著讓俗官掌管大寺的事務嗎？澤旺的手真長，已經通過他兄弟伸向了寺院。政教大權由他來獨攬，這可是一個危險的信號。」

看吉塘倉沈吟不語，澤旺好像猜出了吉塘倉的幾分心思，讓侍從添茶：「上師，你多心了。我上午去請佛弟堅貝央也來審看歌舞節目，佛弟他身體不適，受了點風寒，來不了。他讓我捎話給你，請你全權代表他主辦儀仗活動，說你是寺院總法台，首席金座活佛。」

這一說，他的心踏實了些許，他相信這句話是堅貝央的口諭，因爲兄弟倆爲掌握政教大權在暗暗較著勁。剛強的堅貝央是不想把吉祥右旋寺的政教大權拱手讓給兄弟澤旺的。在他執掌了大寺寺主的權位後，他已著手從佛父佛兄手中一點一點地奪回大寺所屬的教區政教大權。他不是那種懦弱得多一事不如少一事的活佛，也不是灑脫、不問俗塵的隱士型的活佛。康巴人性格好強，逞能愛鬥，勇於挑戰奮進，堅貝央血液中也流動著這種秉性。

緊接他倆具體商議了有關僧俗儀仗事宜，快要談完時，澤旺突然提出了禮品問題：

「上師，關於給國民政府主席及隨從官員的禮品，由我們保安司令部和縣政府負責，但喜饒嘉措大師的禮品，是否請你考慮採辦？」

吉塘倉點點頭，這事真得由大寺操辦，佛門內的人懂得佛門的禮儀規矩，這樣安排順著哩。

但送啥禮品好呢？

「司令看送啥最好？」

澤旺詭秘地一笑，眼中迸出賊光：「這事還需要我出點子、開腦竅？上師袖筒裏應該早藏有套駿馬的索繩。」

這回輪到吉塘倉發愣了。消息來得這樣突然，他真的沒有任何思想準備，更不用說籌措禮品。

平常教區有事，佛門方面由大寺寺主堅貝央拿主意，世俗事項由澤旺在撐門戶，吉祥右旋寺教區的政教大事全由他們家族決斷操作，很少有他吉塘倉首席金座活佛摻合的份兒，他也就不去思考斟酌，今天卻……

澤旺瞧出吉塘倉的心思，高高的鷹鉤鼻尖抹出亮光。他的牛眼微微眯縫：「吉塘倉有三寶，誰人不知不曉？而喜饒嘉措大師作為佛門高僧，喜歡什麼你一定清楚。」

清楚什麼？吉塘倉覺得自己並不清楚。是的，社會上編了一串順口溜，說他：「吉塘倉有三寶，珍珠大佛塔、鶻哈袖珍狗，還有檀香木佛珠。」

大佛塔自然不會饋贈的，說饋贈也不過是空頭人情，大師又拿不動搬不走，佛珠是自己一時不能離身的身邊喜愛物，他從未想過饋贈別人的，剩下的就是那隻袖珍狗，那也是一件寶物，稀罕又有特殊功能。

據說，鶻哈狗是狗頭雕（又分黃頭雕和黑頭雕兩種）生下的最後一隻崽。民間傳說狗頭雕能活一個輪迴（六十周歲），與人的壽數基本相同。據說狗頭雕在牠六十周歲時，將生下最後一個雕崽，而這最後一個崽就是鶻哈狗。

雖然有許多山裏人曾聽到過這種狗的叫聲，但見過或得到過牠的人很少。狗頭雕生鶻哈常常在嚴冬，臨近新年才分娩。由於牠稀奇寶貝，林區有的人每夜去狗頭雕巢蹲點。雕巢一般築在險峻奇特的石崖上，無法攀登，有人吊繩而下，常常墜落而死。他的這隻鶻哈狗是選山林區一位獵人供養奉獻給他的。獵人聽見鶻哈狗淒慘的汪叫聲，便墜吊繩爬下峭壁，冒著生命危險搶上了這隻寶貝鶻哈狗。

鶻哈狗的優點是身子短小靈巧，跑速極快。毛色黃而毛尖稍黑，全身無一根雜毛，耳朵特短，尾巴也不長，上身兩側有幾根短短的羽毛，體重只有半斤左右，像松鼠大。每天餵一滴奶水即可，看不見牠屙屎拉尿，十分講究乾淨。

鶻哈不僅體型漂亮，更重要的是牠能天然識別有毒東西。茶水及其他食品中若有毒，牠跳到主人胸前阻攔主人進食，或者用嘴用爪子打翻毒食毒水。牠還有感應能力，能預感禍事。出事前，牠在主人面前跑來竄去，纏著絆馬，不讓出門。而又由於牠的出生較爲神奇、數量很少，有著神秘的功能，且具有潔癖，所以鶻哈被當作稀世之寶，很是珍貴。

他的佛邸裏有一位侍僧曾經「玩」過鶻哈，能對鶻哈進行再加工，使其袖珍化。侍僧叫桑法合，他先在尾骨處挑斷尾盤，這樣，鶻哈的尾巴就始終是翹起來的，成爲圓圈，漂亮好看。其次，每天只餵一小撮酥油糌粑後便禁食禁水。把吃過糌粑的鶻哈懸擱進一條兩頭紮緊的空皮袋裏均勻搖盪，直到晚上放出。這樣，鶻哈身上的脂肪全部運動掉了，也阻止了骨骼變大變粗，使身軀不能長長。經過上述加工，二十天左右後「鶻哈」體型便定型了，飲食習慣也養成了。牠廝守在主人身邊與主人相依爲命。一條袖珍狗就算正式登場了。

藏人對狗的研究，對狗的價值的探索，對狗技馴養的獨到經驗，以及積累的有關狗領域的豐富知識，常使吉塘倉感慨不已，對自己的祖先充滿了感激之情，他覺得在世界馴狗史上應該濃墨重抹一筆。

他遲疑了一陣，不甚痛快地說：「那就饋贈袖珍鶻哈狗，大師早晚也有個夥伴。」

澤旺詭秘地笑著搖搖頭：「大師是什麼人？他既是德高望重的藏傳佛教名僧，又是國民政府蒙藏委員會的長官，到處巡遊指導各地各寺廟，帶個鶻哈狗走四方，一來不方便，二來別人會怎說，佛門高僧成何體統，神聖寺院中是不能玩耍寵物的。」

吉塘倉臉色有點緋紅，他知道這是澤旺一箭雙雕。明裏說大師，暗地裏卻在諷刺挖苦他，揭他底子貶他砸他。他鎮鎮神，佯作不知道，以攻爲守道：「那請司令賜教，我真的愚純不開竅。」

話是這樣說，但他心裏咯噔一沈，腦子裏飛過亮光，緊張地猜揣著，莫非又在打佛珠的主意？

「真的？那恕我直言，佛門之人喜歡法器來裝飾自己。你應該拿出九眼佛珠來供養大師。」

他一怔，馬上打個哈哈，勉強笑笑：「正是，正是，還是司令想得遠，瞅得準，想到了佛珠上。」

澤旺陰陰地笑著，眸子直勾勾盯住他的手腕：「活佛今天怎了，怎麼未戴佛珠？難道怕我偷了搶了不成？」

吉塘倉趕忙站起來，兩手合掌微微鞠躬，滿臉堆笑道：「司令這是折煞我老僧了，不要說一串佛珠，就是要我奉獻血肉之軀，我也在所不惜。佛門之人，來也赤裸裸，去也赤裸裸，無一牽掛，還捨不得一串佛珠，真是笑話！」

他腦子像瑪尼經筒般滴溜溜打轉。果然打佛珠的主意了，而且是借喜饒嘉措大師之名要把佛珠奪去，讓佛珠在吉祥右旋寺教區內消失。真是狠心啊！爲什麼這樣揪住他吉塘倉不放？不外乎認爲佛珠是神秘的如意寶，有說不出的法力附在上面，成了吉塘倉佛邸招財求福運的護法神，聲譽鵲起的墊柱石，因而成爲打擊吉塘倉的索命繩，想除之而後快。你越是這樣，我偏要說不！如何回話呢？既不惹翻澤旺，又能保存住佛珠？

他吭了吭，「司令，你和堅貝央都知道，佛珠對我吉塘倉而言，像奶油和奶水不分離，大地和綠草難分割，它一天廿四個時辰須臾也不分離我的手腕，可今天你看……」他把手腕往前一伸一亮。

手腕上光光淨淨，連條絲線都不見。

澤旺眼裏驚疑不解，眼仁子死死盯在了吉塘倉的臉上，像尋找著什麼。

吉塘倉坦然面對挑釁的目光。「在剛剛接到你的邀請之前，我正處於極度難過、極度沮喪之中。你知道嗎？今天上午，我正在樓上捻著佛珠，倚欄忘情遠眺對面小樹林的景色，誰知鄰居智華先生的貓突然悄悄竄過來，叼住佛珠往樓下躍去。佛珠摔在地上，只聽啪啦一串脆響，珠子全撒在碎石板上了，我的九眼佛珠，九眼佛珠全摔成碎片了。」他頓頓，一絲悲楚浮上臉頰，痛苦地閉上了眼，眼角汪出淚花。

澤旺釋然，心情複雜地咂巴起嘴唇。

吉塘倉接著說：「佛珠就這樣弄得殘缺不全、面目全非了。這樣的佛珠誰會喜歡？誰拿著誰會覺得是惡光！司令你說是不是？」

澤旺不由點頭：「那請上師節哀，這事就先擱著吧！大師一行能不能來吉祥右旋寺作客，現在還難定言，到時候咱倆再商議吧。」

走出如意寶珠林卡，蹬上馬背走了一箭之地，吉塘倉才顧上擦一下腦門頂的冷汗珠子，他慶幸自己腦子轉得快，沒有讓澤旺套走佛珠。他心裏現在認定九眼佛珠和自己的盛衰興亡有著一種神秘的聯繫，而這種神秘力量，又一定與九世班禪對佛珠的加持有聯繫，這佛珠裏可能寄存著他的靈魂，冥冥之中，佛珠在暗中呵護著他，輔佑著他，他的福運，包括後世吉塘倉的前途可能都由它操縱。從此以後，他得供奉它，在護法神龕前，再也不能也不敢拿出來，說不定又有人會打佛珠的主意。

幸好，國民政府主席蔣介石和蒙藏委員會副委員長喜饒嘉措大師沒有蒞臨吉祥右旋寺，禮品的事也就不了了之。但吉塘倉從此把佛珠束之高閣，再也未拿到公眾場所去。

❖ ❖ ❖

①噶廈——西藏地方政府的藏語名稱。

②塔哇——寺院近旁的居民，靠給寺院服務的報酬養家糊口。

第五章 尋訪靈童

四世堅貝央臨終託付吉塘倉尋找轉世靈童，在幾千里外的西康尋到靈童，是巧合還是刻意安排？幾經考察，吉塘倉才拿定主意……

吉塘倉把佛珠重新放在護法神供燈下的抽屜裏，走出屋登上二樓陽臺。侍僧攙扶他盤膝跏趺於卡墊上。佛門之人，坐有坐相，立有立相，在哪裡都與凡夫俗子不一樣。坐定，喘過氣來，他伸個懶腰，做了兩三下擴胸動作。

對面山顛上、林地裏、河川中，積雪斑斑駁駁，在高原強烈陽光下反射出灼目的光芒，炫得他的雙眸眨巴了幾下才適應下來。

冬日他喜歡到平頂屋上曬太陽。在一樓佛堂和書房裏待的時間久了，身上有股霉味、晦氣味，腦瓜子也像長了鏽似的。只有出來曬曬太陽，身子骨才像洗了熱水澡似的輕鬆自如一點，心情也曠達豁朗許多。

他深情地注視著對面山上的松樹林，任思緒像蝴蝶般撲展翅膀，自由地東飛西翩。

松樹林是第一世堅貝央動員僧侶栽種的。這一世，堅貝央又大張旗鼓地組織全寺佛僧清理朽木雜林，把荊棘和灌木林砍了，在空疏之處補種了許多小松苗。三年下來，新松都長得一人高了。遠遠看去，老樹泛著黛青，新松透出翠綠，兩樣色彩層疊交織，繪出一幅深黛淺綠、白雪襯底的風景畫。

爲選擇吉祥右旋寺這塊寺址，一世堅貝央費盡了腦汁。當他被青海和碩特前首旗蒙古黃河南親王察罕丹津迎至王府時，他看準了三處地方，其中一處就是現在的這個寺址。一世堅貝央舉行了隆重的宗教儀式，由他的弟子依密宗規程，圓滿完成了「吉祥長諍」「相地乞地」的儀式，這在一定意義上象徵著一座新寺院即將誕生。

當然，當時是由一世堅貝央的弟子、侍僧以及察罕丹津王爺選送的十五名僧人共同組建的臨時帳篷寺院。緊接著，他四處奔波，親自選擇風水最佳的地方，建立事實上新寺。有一天，一行人到了現彌勒佛殿址地，天已近黃昏，一眼泉水在此潺潺湧流，叮噹作響，猶如仙樂奏鳴。捧掬一飲，沁人心肺，令人心曠神怡。一世堅貝央吩咐在此埋灶紮帳歇營。

正當炊煙裊裊升起，過來了一位牧人，聽說有高僧來他們的冬季牧場歇夜，特趕來供養自己捨不得吃的一副狍鹿胸岔肉，聊表心意。當問起這眼泉水的名字時，牧人告訴說：「這兒是他們卡傑部落的冬委牧場，泉水名叫吉祥右旋泉。」

可能是前世佛緣，也可能是一世堅貝央偏愛吉祥右旋泉，他在附近又選了兩塊地方，風水也不錯，不是金盆養魚，就是花團錦簇，各有各的妙處。舉棋不定的他便請佛來裁決。他和王爺、金座活佛及眾僧站在對面山頂上，分別在三處同時點燃酥油供燈，看誰燃燒的最長久。結果，吉祥右旋泉根的這盞酥油供燈燃燒的最長久，而且燈花結的最碩大、最美麗，恰似一朵蓮花。一世堅貝央和大家歡喜若狂，認爲是瑞兆無比，寺址便確定在吉祥右旋泉灣裏。

吉祥右旋寺址也確實展示出種種福祥吉和。對面栽有大小松樹的山巒像馱如意寶的象背；寺院後的山如金鵬展翅，將河灣緊緊擁抱在懷。兩隻翅尖伸出來，又使寺院如法音海螺，腰身粗壯，尾部圓潤趨細，嘴頭苗條健實。從象背山看去，那山灣真真切切是一幅吉祥法音海螺的白描素畫。寺前流動的清澈如碧的松曲河，也極像個右旋的海螺，豐滿碩實，洋溢出吉祥的兆頭。

或許是這塊風水寶地的緣故，或許是歷世堅貝央的奮鬥開拓，也或許是全寺各級佛僧及教民的共同努力，吉祥右旋寺建寺才三百來年，一直趨於興旺發達。僧人從最初的三百來名增加到三千六百餘名；寺院由最初的一頂大毛氈帳篷經堂發展到如今占地上百畝。這些建築有的巍峨莊重，雄偉輝煌，給人一種靈與力結合的感覺，恰似雪山佇立在面前，使人振奮，令人亢進；有的典雅秀氣，給人以細膩溫柔之情，使人感到文雅、親近、和諧。

吉祥右旋寺還是一所規模宏大的藏文化圖書館。館藏各類長條木刻本書籍六萬餘冊。除了佛經，大量的是社會科學、自然科學圖書。有關藏族歷史、文學、哲學、語言學、修辭學、醫藥學，以及天文曆算、大小因明、工藝美術、冶煉鑄造等知識的圖書，應有盡有。其中不乏珍本、孤本、絕本。

在吉祥右旋寺，還存有各種各樣獨具風姿的佛塔。有的是金箔貼就，有的是玉石鑲嵌，有的是象牙雕琢，有的是珍木堆砌；大的有十幾人合抱那麼粗，小的卻纖細得能用手掌托起；有的粗獷凝重，有的典雅精巧，令您目不暇給、眼花撩亂。

吉祥右旋寺也可堪稱是藏族工藝美術的陳列室。各種製作精巧細膩、姿態逼真的佛像，大的高達十幾米，小的只有兩三釐米；重的多達數噸，輕的不過二三兩。數以萬計的各種佛像，猶如一個佛教大千世界。懸掛在室內牆壁、方柱上的唐卡畫、堆繡及繪畫等，一幅幅重抹濃塗，色彩豔麗，工筆端正，栩栩如生，令人咋舌驚嘆。獨具特色的彩沙雕塑壇城藝術，又會使人大開眼界，留下許多神秘的感覺。

真是不容易啊，其中經歷的風風雨雨，吉塘倉心中一清二楚，且不說他前面幾世吉塘倉時期發生的事，就他這世吉塘倉經歷的那些故事，寫成一本厚厚的傳奇小說還裝不完呢。他心裏感慨萬端，神思翩飛，微微闔上了眼皮，任憑高原冬日的暖陽恣意撫摸全身關節，撫摸胸前、脊背、脖子上鬆弛的肌肉，撫摸每條筋絡，每根神經，讓溫馨、熱力、和風徐徐滲進五臟六腑……

作爲一名學者，一位飽經滄桑的首席金座活佛，他考慮得很多，考慮得也較深較遠。他用因明學原理，剖析過吉祥右旋寺興旺發達的原因。除了上面的主觀努力，他認爲還有幾條至關重要的根由。

歷史的青睞，時代賜予的機遇是最重要的原因。

一世堅貝央離開西藏返回安多故鄉，和碩特前首旗黃河南親王一七〇九年執意邀請在他的領地要他建寺傳教，好像是歷史老人刻意安排似的，天衣無縫，皆大歡喜，就像黑頭藏人諺語所說：「英俊漢子揀到叉子快槍，美麗姑娘獲得了珊瑚項鍊。」

一世堅貝央因學識淵博，著作等身，才華超群，在西藏政教界中聲譽鵲起，成爲眾望所歸的學者，受到六世達賴喇嘛和攝政王拉藏汗器重，請他參與政教大事的運籌決策，成爲座上客。但正如諺語中說的：「太陽不拘於高空，卻招來天狗的咬蝕；白雲不拘於長天，卻招來狂風的襲擊。」西藏地方政府中，少數中層執政僧領嫉恨他、排斥他、貶低他，損害他的名譽，有的甚至採取投毒的辦法來迫害。

他提任郭莽（密宗院）學院堪師布（主持）期間，正逢蒙古佔領者與西藏甘丹頗章政府之間的矛盾由暗變明，由平緩到尖銳，甚至交兵廝殺，公開爭奪西藏的統治權。結果六世達賴被廢，解送北京……在一連串重大衝突中，一世堅貝央立足西藏局勢的穩定與和平的追求，著眼西藏與格魯派的根本前途，爲了政教大業不受損傷，黎民百姓不遭塗炭，他積極斡旋，息事寧人，在蒙古佔領者拉藏汗和藏王弟巴桑結嘉措之間奔波說合，彌補裂縫。但由於他與藏王弟巴桑結嘉措持的是相悖的觀點，招致了不識大局、不明真相的相當一部分佛僧的誤解和攻擊，處境十分尷尬難堪。藏王弟巴桑結嘉措甚而設計逮捕加害，以震懾要挾蒙古佔領者拉藏汗。

正在這進退維谷、十分危急的時候，游牧於甘川青三角地帶的和碩特前首旗首領博碩克圖濟農派一行官員和高僧前來拉薩，誠邀一世堅貝央回原籍建寺弘揚佛法。

博碩克圖濟農也是形勢所迫，急於求取功利目的而尋一世堅貝央的。

博碩克圖濟農又名察罕丹津。由於他積極擁護並靠攏中央政府，幫助七世達賴格桑嘉措進藏坐床有功，清政府將察罕丹津由郡王晉封爲和碩特親王，令其駐前首旗，這就遭到傳統的和碩特唯一親王羅藏丹津的嫉恨惱怒。羅藏丹津先發制人，召集青海諸王公會盟反叛，並出兵擊敗「不聽話」的察罕丹津。

察罕丹津的勢力受到嚴重削弱，王位岌岌可危。而在他的轄地內，藏族力量不斷勃勃興起，勢力增長，他受到卡加、甘加、黑措、扎油等原諸多部落住民的吞食進據。他們力圖收回被強霸去的牧地。

正是鑒於內外交困、矛盾重重的情勢，察罕丹津傾力尋找格魯派勢力集團的救助，以建寺弘佛爲手段，利用藏傳佛教的力量，達到控制藏區的政治目的，以思想控制爲立足點，進而求得政治控制。他已經看到，藏傳佛教深入藏蒙民眾之心，是藏人做事的一面旗幟。要想在藏區站住腳並擴張勢力，取得更大的權力，就得取信於民，而民心則由佛教、寺院導向。因此，他急於在自己轄區建立一個有規模、有權威、會產生重大影響力的格魯派寺院。

自然，他心裏明白，寺院能不能形成規模，有沒有權威和產生多大的影響力，全依仗寺主活佛的聲譽、權威、影響力。這樣顯赫的寺主活佛到哪裏去尋找？他一下想到了自己堂弟——西藏實際執政者拉藏汗的上師——堅貝央。

堅貝央出生於自己統治的轄區內，又博學多才、聲名卓著，曾當過密宗學院郭莽扎倉的堪布，被六世達賴喇嘛垂青看重，把他請來，還愁和碩特前首旗在青藏川待不下去的？

親王遣使入藏誠邀敦請，堅貝央欣然應允。

兩人都真是久旱逢雨，冷天遇火盆，一拍即合，想到一處擰到了一起。一世堅貝央得到了施展才華、一展宏圖、實踐夙願的機遇；親王得到了建大寺以爭取和穩定民心、擴展勢力的階梯和武器，兩人皆大歡喜，無比振奮。在親王和教民的支持下，吉祥右旋寺的規模一直趨於上升狀態。寺院的聲望揚名全藏，成爲藏傳佛教六大宗主寺之一。而和碩特蒙古前首旗也由此興旺發達，盛極一時。

時勢造英雄啊！吉塘倉心頭感慨道。當初要是一世堅貝央春風得意，不願離開拉薩，那就沒有吉祥右旋寺，更談不上今天這樣的氣派、鼎盛；而要是親王也諸事順利，沒有羅藏丹津的壓迫打擊，藏族部落的咄咄逼人，他也不會急於建寺弘法、邀請一世堅貝央返回原籍。這就是緣分，就是天意，就是機遇。緣分是不可改變的呀！

這也印證了佛經中的「諸行無常，是生滅法」，十一義所說的「性無常義」和「剎那滅義」的道理。

不是嗎？最初一世堅貝央處境困難，甚至面臨死亡的危險，但返回原籍後，一切都變了。從地獄一下進了極樂香巴拉世界，這不是天翻地覆，天上人間嗎？和碩特親王的處境也何嘗不是如此！一世堅貝央來到安多後，他也不是從危機四伏中走向了燦爛陽光，從內外交困走到了興旺發達嗎？由禍到福，由苦到甜，不都說明宇宙一切現象都是此生彼生，此滅彼滅的相存關係嗎？看來，這世界萬物其間沒有恆常的存在，一切都在運動、變化中，在對立統一的軌跡上運行。所有事物的性質必然是無常的，這就是佛教的真諦、精髓。他不相信神創造世界的，只相信規律規範著世界。藏人把佛教翻譯成規律理論是完全正確的。

吉祥右旋寺的鼎盛也仰仗於中央政府的呵護支持。二百多年來，吉祥右旋寺雖幾經風波磨難，但基本沒有傷筋動骨，元氣一直持續上升，這全賴於中央政府的器重和保護。當然，這也與歷世堅貝央積極靠攏中央政府，與中央保持一致的傳統有關係。

一世堅貝央曾被康熙皇帝敕封為「執法禪師班智達額爾德尼諾門汗」，頒發了金冊金印。二世堅貝央曾赴京朝覲過乾隆皇帝。三世堅貝央得到道光皇帝授賜的「執法禪師」的印鑑、誥命。四世堅貝央不僅獲得「廣濟禪師」的名號，光緒還多次遣使賞黃色傘蓋、誥文、匾額，並親自接見。這世堅貝央也被國民政府冊封爲「輔國闡化禪師」，頒賜了冊印。

無論是哪世堅貝央，走到哪裡都講的是大清皇帝和民國政府的恩惠廣澤，勸導藏蒙僧俗遵守中央政府的法規法令，當遵紀守法的好百姓。在教化民眾、導向民俗、調解民事糾紛方面，歷世堅貝央都主動協助政府官員行事，因而得到了中央政府上上下下的讚譽。

和碩特親王也是如此，由於他反對叛亂、維護祖國統一，遭到了羅藏丹津的嫉恨和追殺，但他執意擁護中央政府，矢志不移，使黃河首曲一帶免於戰火，社會穩定，經濟發展，人民安居樂業，從而受到康熙皇帝的封賞，正式冊封爲「和碩親王」，駐牧前首旗，又將其侄丹增病亡時奉獻給清廷的全部牧地、財產賜給察罕丹津。這樣，河南蒙古親王的勢力如日升天地不斷壯大，對吉祥右旋寺的保護供養和推動發展的力度也更大了。大寺的規模日漸擴大，各地僧侶猶如百鳥朝鳳迅速增多。修習內容日臻完善，屬寺也不斷增加，勢力由松曲河流域擴展到整個東部藏區，還有內地不少地區，號稱子寺一百零八座。

地理因素是吉祥右旋寺發跡的又一原由。

吉祥右旋寺位於青藏高原和黃土高原的接合部，是雪域高原的東北部，這兒是藏區較富庶的地區。水草豐茂草原遼闊，牛羊肥壯駿馬驃健；谷地濕潤暖熱，莊稼阡陌相連，麥香禾壯豆子碩圓，不愁沒有糧食吃；林區原始森林蒼蒼鬱鬱遮蔽日月，修建佛殿佛堂有的是林木，僧舍也全是木板房。

老百姓經濟富裕，自然供養寺院的能力強、後勁大、熱情高。吉祥右旋寺的經濟根基也就自然扎實龐大多了。另外，這兒靠近內地，交通方便且路程不遠，牛羊林木交易賺錢不少，物價便宜，生活生產資料來源豐富，老百姓的腰包較之雪域腹地的藏人鼓得高，又加上見多識廣，人也斯文虔誠多了，不輕易闖禍鬧事，內耗不大。

靠近內地帶來的不僅僅是物質財富，還有內地漢人、蒙古人、裕固人等信徒的增多。朝香拜佛者的增多，政府官員和商賈旅客的增多，使吉祥右旋寺所在的小鎮日趨繁榮，號稱「小北京」。

吉塘倉活佛覺得還有一條不能說出口的原因，那就是吉祥右旋寺遠離西藏拉薩。雖說文化交流、宗教學習等等不太方便，但卻省卻去了很多麻煩。無須捲入西藏的政治、宗教的是非漩渦之中，西藏的大小事務也影響不了吉祥右旋寺。結果，吉祥右旋寺獨樹一幟，自由發展，創造了自己的天下，有了自己的氣候。這真是禍福相依轉化，福帶來禍，禍孕育出福。說到底，這世界真是變化無窮，永無恆定啊！

吉塘倉讓思想漫無目的縱情飛翔，任心頭的雲端自由泅游。他依然瞇著眼睛，懶洋洋地任難得的冬日暖陽按摩全身，化開每個僵硬的關節。大寺發展了，但寺內的是非也增多了。他和堅貝央之間的矛盾由小變大了，成爲寺中佛僧們議論、注目的話題。這是爲什麼？究意怪誰呢？要說我吉塘倉樹立自己爲中心，在大寺內另搞一套，明裏暗裏想削弱堅貝央的核心，那可真是冤枉我吉塘倉了。我要真有那個「賊心」、「賊膽」，我不會在尋訪轉世靈童上做手腳嗎？誰不知道決定轉世靈童的大權是四世堅貝央交給我的？從尋訪認定他爲靈童，到接迎進吉祥右旋寺坐床的是我吉塘倉；從他幼年學經到十八歲親政期間，主持寺院教務、扶持他安心讀完學業的又是我吉塘倉。我們的關係應該水乳交融，唇齒相依啊！但是……

認定靈童和主持靈童坐床，是吉祥右旋寺歷史上的重大事件，也是他吉塘倉一生經辦的幾件大事中數得著的一件，他至今刻骨銘心，難以忘懷。

……那一天，他率領的尋訪靈童隊二十餘人疲憊地跋涉在牛馬踩出的曲徑小路上。他現在已進入了西康藏區的理塘境內，這裏草山連綿，山丘逶迤，一座山包與一座山包頭尾銜接，或者攜手並進，或者頭碰頭肩摩肩，或者屁股抵著屁股，反正沒有規則，不見章法，不像安多藏區的草原，要麼一眼望不到邊，平平坦坦數百里；要麼一條溝走不穿底，騎馬得走一兩天。西康的路是一條漫漫不著邊際的路，它離吉祥右旋寺重山疊嶺已經遠距幾千里。他們出來已經兩個多月了，但還是嗅不見靈童的一星半點氣味。

渾身上下已經冒出了一縷縷酸臭氣。熱汗一浸，身上癢得難受。只要隨手在胸部、脊梁和大腿根一搓，垢漬便像麥粒一樣掉下一串串來。西康地廣人稀，很多時日，他們是紮帳於野灘山溝風餐露宿。乍寒乍暖且不說，就連按時吃糌粑喝熱茶都辦不到，常常是飽一頓餓一頓地捱日度辰。他的腹部已不見了贅肉，眼窩子塌下了些許，眼珠子變大變得冒饑火。今天又是趕了一天的路程，天也昏沈沈，地也灰暗暗，他在馬背上疲倦得昏昏沈沈，打開盹了。

不知翻過了幾座山包，轉過了幾道山彎，全身骨架都快散架了。又過了一道彎，忽然，前面抹過一道潺潺小溪流，在斜陽照射下銀波鱗鱗。他讓隨從停住步子，下馬走到流溪旁，躬身捧起一掬，沖了沖額頭和臉。一股冷氣襲過腦門，腦袋一下清涼了許多。

他抬頭望去，西邊的天際斜掛著一輪黃裏透白的夕陽。夕陽已經沒有多大熱力，光芒也不灼人刺目，顯得蒼白衰弱，但也散發出溫馨的暖意。吉塘倉心頭一抖，驀地感到夕陽就像四世堅貝央圓寂前夕找他喧談安排遺囑時的目光。模模糊糊的，他眼前浮現出四世堅貝央深情凝注的目光，那眸子中彷彿還有一絲責怪和怨恨。

他不敢正視那夕陽，不由埋下了頭。

那是一雙什麼樣的眼睛呢？那是一雙睿銳無比、洞穿一切的眸子。峭立的眉骨，魚紋密布的眼眶裏，到處潛藏著一條又一條的智慧，一道又一道的計謀；那又是一雙流露著仁慈、善良、同情、寬厚、溫情的眼睛。誰要碰上它，即使冰雪也不得不消融，即使怨恨也不能不化解。就如冷天裏煨起炭火，陰暗中捧出明媚春光。

三年前的那一天那一景，至今歷歷在目，印在腦海中。

也是這樣一個夕陽暮天，也是這樣一個夕陽般溫情脈脈、充滿眷戀的眼睛。已經五十八歲的四世堅貝央躺在厚厚的卡墊床上，寺主不舒適已經一個來月了。氣有點喘，喉嚨口像有什麼堵了一半，說話帶點呼嚕，不似以前那樣清爽暢通。清瘦的面龐雖然還是泛著亮光睿氣，但印堂那兒已經顯出灰暗。他的心揪緊了。他說了幾句安慰的話，試圖開導四世堅貝央。

四世堅貝央笑笑，從被筒裏伸出左手，掌心向上，示意吉塘倉把右手按在上面。他急忙伸出兩隻手，把掌心掌背都夾住托起。

堅貝央的手背厚墩墩、軟乎乎的，五指的關節根都陷下窩窩，正是俗人所稱的佛掌。人雖然瘦下去了許多，但佛掌卻依然豐滿、厚實、碩大，絲絲熱氣滲進了他的掌心。

「這些天，我夜夜夢見彩虹、鮮花、大海、山泉、石岩，看來離涅槃的日子不遠了。」

他眼裏湧上濕潤，心頭酸絲絲的難受：「上師，你多心了。你是佛的化身，佛的轉世，佛委託你護佑吉祥右旋寺的使命還未全部結果呢。」

堅貝央意味深長地瞥了他一眼，輕輕搖搖頭：「佛經上不是講三生嗎？前生、今生、來生，因果報應，六道輪迴。」他頓頓，喘了口氣。

吉塘倉聽得懂堅貝央的意思。前生、今生、來生是根據佛教理論「因緣」而來，是說這大千世界一切關係由因果而發生變化，即任何思想行爲，都必然導致相應的後果。「因」未得「果」之前，不會自行消失；反之，不作一定事業之因，亦不會得到相應之結果，由此才產生了「三世因果」的佛學理論，認定今天世界上所有凡夫胎子的貧富窮達，是前生所造善惡諸業決定，今生的善業行爲，亦必導致後生的報應。「因果報應」又引出了「公道論」。但這「三世論」與堅貝央有什麼關係？他不解地望著上師的瞳仁。

堅貝央眼裏依然是燦爛的陽光：「我是佛的化身，你知道佛是幹什麼的嗎？」

他似懂非懂，既沒有點頭也沒有搖頭。

堅貝央娓娓談道：「佛無血統而言，也否認世襲。但佛祖在闡述教義時，提到了佛有三佛身的理論：即法身、報身、應身。法身指人先天具有成就佛身的基本因素；報身是以法身爲基礎，經過修習而獲得的佛果之身；應身呢，是說佛爲了度脫世間眾生，隨三界六道之不同狀況和需要而現之身。正是『三身論』爲活佛轉世提供了最早的理論根據，向世人宣布：活佛作爲天國的使者，爲瞭解度世間眾生，隨三界六道的不同狀況和需要，可隨時現身或變幻出現。」講到最後，他才強調說：「上蒼既然要我返回西天極樂世界，那就說明我這世堅貝央現身俗世的使命已經完成。今天請你過來，就是想與你商量靈童轉世的事。」

吉塘倉一怔，茫然地掃視堅貝央的面龐，差點把托著的手收回去。雖然第一世吉塘倉擔任過格魯巴創始人宗喀巴大師主持修建的格魯巴母寺甘丹寺的總法台；雖然宗喀巴大師臨終未留下有關自己轉世的遺囑，但曾說過，如果佛業需要，他會化身重返世間的話，說誰擔任他創建的甘丹寺的法台（甘丹赤巴），誰就是他的繼承者，是他的化身。從此，擔任過甘丹寺總法台的，都被俗教民認定爲是宗喀巴大師的化身，是活佛，而且藏傳佛教格魯派規定，唯有甘丹寺總法台才有坐金子鍛打的法座。他吉塘倉活佛系統被呼爲金座活佛的由來就是這。但即使是金座活佛的他，也不知道生前就能選擇死後轉世靈童這一奧秘。

「你知道活佛轉世制是哪個教派創立的嗎？是什麼時候才有的？」堅貝央喘著氣問他。

他又一次茫然地搖搖頭。他確實不清楚活佛轉世制是什麼時候出現的，不知道是哪個教派創立的。佛經上沒有記載，藏文史料上也未見到有關資料。他自己也從來沒有想過自己是如何成爲活佛的。

堅貝央眼裏仍然閃爍著寬厚、仁慈的光芒，沒有絲毫的責備和取笑。他慢吞吞地像講故事般，用文學的語言講起藏傳佛教第一位活佛誕生的歷史和情景。

明媚的陽光照耀著皚皚雪山，巍峨的銀峰笑瞇瞇地俯瞰著山腳的粗卜寺。粗卜寺中新換上的經幡在和風中嘩嘩飄響，宛如吟唱一曲祝福的讚歌。石山夾峙的寺院路口，身著整潔僧衫，手擎法幢法傘，吹著法螺和其他法樂，捧抱寺內寶貴法器的數百名僧眾，在燦煙香火中，在鼓樂奏鳴中，莊穆虔誠地接迎來了寺主噶瑪拔希的轉世靈童——攘迥多吉活佛。轉世靈童的問世不亞於雪獅吼嘯，春雷轟響。使噶瑪噶舉派僧俗信徒聽到了福音，看到了光明，對未來充滿幸福的憧憬。

這是西元一二八四年深秋的一天。位於拉薩西郊堆龍德慶縣境內小山溝的粗卜寺，就這樣掀開了世界第一位活佛問世的序幕。

也是兩年前大約這個季節。

噶瑪噶舉派公認的教主噶瑪拔希，輾轉於病榻上難於入眠。他明白自己八十高齡，很快就要離開人世了。但身後的教業怎麼辦？總得生存，總得弘揚廣大呀！他不由回想起一生坎坷經歷。

且不說小時候苦讀經文，大了四處講經弘法的奮鬥拼搏經歷，只說事業成就及遭到的磨難，簡直是一齣大戲。蒙古大汗忽必烈在遠征雲南大理時，出於政治上的籠絡目的，召請他到川西北去會見。忽必烈要他隨侍左右，以壯聲威，他卻當面拒絕，表示自己職責是弘揚佛法、感化眾生，惹得忽必烈一肚子不高興，從此與他結了怨。

一二五六年，蒙古大汗蒙哥在蒙古和林召見了他，並賜給一頂金邊黑色僧帽及一顆金印。噶瑪噶舉派黑帽系從此聲名遠震。蒙哥和忽必烈不和，忽必烈對他與蒙哥的關係自然嫉恨。蒙哥去世後，忽必烈經過征戰，成爲大皇帝，這樣，前怨後恨一併算帳。忽必烈在藏傳佛教薩迦派勢力人物的慫恿下，把噶瑪拔希投入監獄，並流放到偏僻荒涼之地。兩位弟子先後被處死。他遭受了非人的煎熬，但因爲噶瑪噶舉派在藏區的勢力強大，忽必烈不能不有所顧忌，四年後才把他赦釋。他經過八年的顛簸流浪，歷經千辛萬苦，才回到粗卜寺的。而當時他已年屆七十了。

他在病榻上翻來覆去的苦思。作爲藏傳佛教的重要派別之一，在他在世時已經橫禍迭起，厄運不斷，受到元朝及薩迦派的傾軋排斥，舉步維艱，處境險惡。那麼，他去世後，噶瑪噶舉派的命運如何可想而知。如何扭轉這種局面，保持和壯大教派的勢力呢？

他皺眉苦思，他輾轉難眠，他在浩瀚的經卷中覓計尋路……。忽然，腦子裏豁地一亮，「應身論」浮上心際。對啊，樹枝靠的是樹幹，樹幹靠的是根鬚，僧俗教民靠的是佛陀。如果自己的教派有了不變的、永恆的領袖，那不就填補了權力的真空，消除了領導危機，把僧俗教民也緊緊聚在一塊了？

他眉宇舒展，心境豁朗，決定把佛祖預言過的「應身論」實施到實際宗教生活中。經過深思熟慮，臨終前，噶瑪拔希親授弟子珠妥、鄔金巴：「遠方拉堆地方，會出現一名能夠繼承黑帽派法統的人。」

經過「明察暗訪」，粗卜寺尋找靈童的高僧們，果然在拉堆地方找到了噶瑪拔希的「化身」——年僅一歲的靈童攘迥多吉。攘迥多吉成了噶瑪噶舉黑帽派法統的當然繼承者。

從此，在藏傳佛教世界裏，出現了佛學史上有重要意義的活佛轉世制。活佛轉世制的創立，也使藏傳佛教更具風采，獨樹一幟，成爲區別於其他佛教教派的重要特徵。

噶瑪拔希對「應身論」的創造性發展，也啓發了藏傳佛教其他教派。大夥茅塞頓開，受到啓迪和鼓勵，紛紛仿效起來，連最古老的寧瑪派也開始有了自己系統的活佛。茫茫雪域高原，出現了無佛不成寺、無佛不成派的活佛鼎盛時期。

……

堅貝央清清嗓，喘了口氣，又用輕鬆的口吻告訴吉塘倉：「這就是格魯巴的活佛轉世制，也是一世達賴生前就認定了靈童的。」

他依然發愣，他確實不知道這段歷史。

到了十五世紀初葉，雪域高原幾乎成了藏傳佛教新興教派——格魯巴（戒律派）的天下。格魯派創始人宗喀巴・羅桑札巴對藏傳佛教的改革，受到了信教僧俗大眾的擁護，其他教派的很多寺院，紛紛改換門庭，易幟投奔格魯派麾下。這就引起當時仍顯強大卻已成強弩之末的噶瑪噶舉派的嫉恨。格魯派受到排斥擠壓，甚至軍事鎮壓。

面對嚴峻的現實，宗喀巴的弟子們也採取了噶瑪噶舉派早期運用過的活佛轉世制，利用宗喀巴的崇高威望維繫教派的生存，壯大格魯派的氣勢，團結信教僧俗，鞏固和發展取得的成就。

宗喀巴大師本未留下有關自己轉世的遺囑，只是曾說過如果佛業需要，他會化身重返世間的話。他還提出了另一理論：誰擔任他創建的甘丹寺的法台（甘赤巴），誰就是他的繼承者，是他的化身。這樣，他的得意門生根敦主——創建後藏札什倫布寺的高僧，在他臨終前宣稱他將會再生轉世，繼續他生前業已開始進行的事業。

十一年後，他的轉世靈童根敦嘉措被尋訪選中。格魯巴一致肯定他爲根敦主的轉世。這就是達賴轉世系統的最早一個「靈童」。從此，達賴系統的活佛轉世制成爲格魯派實行轉世制的最高形式，根敦主爲第一世達賴，而根敦嘉措爲第二世達賴。

到了第三世達賴索南嘉措，格魯派已經完善了活佛轉世儀規。索南嘉措是以公認的活佛轉世「靈童」的身分進入哲蚌寺甘丹宮的。五世達賴阿旺羅桑嘉措，在前四世創業的基礎上，通過爭取蒙古固世汗作軍事後盾，大清王朝政治上的支持，建立了政教合一的「甘丹頗章」政權，成爲雪域高原的最高政教領袖，把格魯巴事業推向了巔峰，達賴系統的轉世制和達賴的地位從此固定化、程式化、制度化了。

「這就是說，生前認定靈童的，我不是第一個，也肯定不是最後一個。」堅貝央笑著說，厚厚的右手掌輕輕拍打三下吉塘倉的手背。

吉塘倉感動了，也擠出笑容望著堅貝央。

「虎在深山威風，鳥在高空瀟灑，我不準備轉世於教區內。」

「爲啥？」吉塘倉又大爲疑惑，教區最高活佛的靈童，不轉世於自己教區內，這是爲什麼？真是咄咄怪事。

「我的前三世都轉生於教區內。由於靈童牽涉到家族、寺院的利益，引發的爭執和麻煩還少嗎？好事卻往往帶來壞事，各種明裏暗裏的靈童糾紛，不是弄得吉祥右旋寺大傷元氣嗎？以往的靈童不是部落土官的後裔，就是王公貴族的孩子，他們可能有這樣那樣的考慮，我也難保轉世於什麼人家，但我再也不能幹這號糊塗事了。我們不能給教民留下靈童分血統貴賤的印象。佛教是反對血統論的，公開聲明一切眾生都有佛性，有佛性者都能成佛。我要實踐佛祖的這句真諦，轉世於遙遠的康區，轉世於一個普通的人家。」堅貝央說得氣喘吁吁，但眼裏卻迸射亢奮的光芒，蒼白的臉蛋上湧上來一層紅暈。

吉塘倉急忙捧起鑲銀的木茶碗，添了點酥油茶，端到堅貝央的唇邊。堅貝央一飲而盡，氣慢慢平了。

「找你來，就是商量尋訪轉世靈童的事。我把話說透說明，免得再產生靈童糾紛之事。」

他沒有問什麼，也不便說什麼。四世堅貝央的脾氣他最熟悉不過。只要是認定的事，哪怕是塊鐵疙瘩，他也會毫不猶豫地吞進嘴，固執地去啃、去咬、去磨，不弄出幾個坑坑決不停止。

吉塘倉思忖著，斟酌著，最後開口道：「既然如此，你得寫份遺囑。」

堅貝央眉毛聳了聳，平靜地問道：「寫什麼？」

「委託吉塘倉全權負責尋訪靈童。」

堅貝央沈吟了一下，抬眼看了一眼吉塘倉，爽快地點了頭。

還是堅貝央自己執筆，他採用了擬寫重要文告時他通用的莊重書法體——鐵鏈式草寫體，而不是記錄雜事的跑步體草書。

他倆邊斟酌邊動筆，一氣呵成，沒有打草稿。

最後的遺囑文本內容定稿爲：按佛法無常的真諦，誰也沒有延年常青之法，故此誰也不應爲我的圓寂而悲哀不已。如果維護本寺的顯密教義講修，清規嚴謹，寺風規範，各子寺遵循清規並努力修學，各地所屬部落教民和施主切實護持十善法。那麼，我就會時刻從各方記掛呵護你們。我圓寂後，本寺、子寺及所屬部落的政教大權，委託吉塘倉主持攝政。未來各項事宜安排：關於儘快獲得明確的真身靈童之事。若是降生於就近之地，可對我們十分便利，甚佳，但我懇請佛祖讓我轉世於陌生、遙遠而往來艱辛的康區南部農牧業豐茂之地。只要您們竭誠祈請三寶諸佛，托助於護法眾神，我也虔誠地禱告，必能如願以償。尋訪靈童之事，須吉塘倉自己親往。屆時鉅細之一切事宜，均已對吉塘倉作了具體交代、如何處置，他心中有數，望周知。給轉世靈童獻上一條大黃色哈達，請遵照辦理。……

不等遺囑寫完，吉塘倉已經淚流滿面，哽咽不已。他把袈裟搭在臂腕伏下身，朝堅貝央重重地叩了三個等身頭。

高原上的夕陽比山川平原的要大得多，剛才的那輪夕陽雖然沈下了少半，但仍如鍋盤大，和藹、溫情、仁慈地散發著餘光。吉塘倉站起身，揉了揉大腿，捶捶背，回身上了馬鞍。不管旅途如何艱辛，身子如何勞累，他都有決心讓四世堅貝央「如願以償」。當然，這也是大寺及子寺眾僧俗民眾的心願。大寺不能一日無佛，教民空蕩的心靈應該得到充實、慰藉。

今天，他們的目的地是丁科爾寺。暮色黃昏時，他們來到了一個三岔路口，不知道該走哪條道好。周圍沒有村寨牧民，想去打問也沒處去打問。正當他們愁眉苦臉、一籌莫展時，一人騎著馬從南面溝坳裏閃出。

離他們三四十步，馬背上的騎士下了馬，鬆開了頭上纏著蓄了紅絲線的辮子，把辮子拽到胸前，脫落的皮袍右袖筒也捅進了胳膊。他躬著腰，快步牽馬走了過來。

走近了，吉塘倉才把來者的輪廓看個明白：來人真是個標準的康巴漢子，個子高大魁梧，足有六尺，雖然躬著身必恭必敬走來，但個頭比馬頭還高，腰身有嘛呢經筒粗，緊緊繃繃的斜襟襯衣扣不住鼓起的胸膛，露出古紫色的肌膚。頭大得像個銅羅鍋，兩面的耳朵肥厚碩大，耳垂很長；深眼窩削眉骨，長著蓬蓬鬆鬆有點亂的濃黑眉毛。眉下深嵌的眼珠子有點凸，但很銳利很有勁，一旦瞪起來肯定嚇人。

吉塘倉印象最深的是漢子的鷹鉤鼻子。鼻頭粗重鼻尖下勾，自有一般威嚴和兇氣透出。配上橢圓型的下巴，黧黑而陡峭的寬額，大大的顴骨，覺得這個四十上下的康巴漢子很有剛勁味。他的穿著很樸素，袍子舊了點，但上面沒有污垢和灰塵；脖子上吊著佛龕，是銀製的，在夕陽下熠熠反光；手腕上纏著一串大姆指粗的佛珠，隱約可見一兩顆龍眼珠點綴其間。

康巴漢子走到馬頭前七八步斂住足，攤開雙臂躬下腰，滿臉堆下謙恭的笑容：「尊敬的各位高僧，佛法僧三寶保佑，您們一路辛苦了。」

隨從們應聲致謝。

「聽口音，高僧們不是康巴人？」

吉塘倉點點頭：「我們是安多吉祥右旋寺的，先生好耳力。」

康巴漢子先是一怔，馬上燦笑開來：「真是緣分啊，佛法僧三寶。對遠道而來的活佛高僧，理應獻上哈達和供金，但我貢保嘉措今天只爲尋找丟散的牛犢奔波，不知貴人要來，不知道該如何招待各位上師高僧。前面不遠處有我的牧場，各位上師高僧不妨賞光去喝碗茶，我一定給高僧奉獻白色三寶（牛奶、奶酪、酥油）和風乾牛肉。」

吉塘倉婉謝了這位貢保嘉措牧人的盛情敦邀，但他對貢保嘉措產生了好感，感到他對佛法僧十分虔誠，待人也誠懇熱情，很有教養和慈悲心懷。貢保嘉措聽吉塘倉說他們要去丁科爾寺借宿，便自告奮勇地要領路當嚮導，並告訴他們說，丁科爾寺的法台堪欽活佛是他的舅舅，一定會款待安多吉祥右旋寺的貴客的。

吉塘倉喜出望外，邀請貢保嘉措上馬偕行。

爲了排遣路途的寂寞，吉塘倉東一句西一句和貢保嘉措喧談起來，從地理風情到歷史沿革，談得很投機。他隨口問起貢保嘉措的家庭情況。

「中等人家，在這中部康區，我家算是不上不下的普通百姓。好在我上有父母，都健康在世，他們每天的事情是敬奉三寶，朝拜佛像。早上起來先去佛龕磕頭，換淨水碗，換新供品，然後在火塘邊一邊喝茶一邊撥佛珠吟六字真經。中午出去轉佛塔誦『度母經』。反正一天到黑，除了佛祖，心頭再沒有擱著什麼。有時候揣上乾糧糌粑丸子去寺院邊上施捨那些浪狗、餓狗、蟻群。」

吉塘倉有點感動，合掌喃喃禱告：「願佛祖如來保佑他倆長壽健康。」他又問起家中有什麼成員。

「夫人叫索南旺姆，身體健康無病，他家根子也乾淨，沒有傳染病和貓鬼神，父母都健在。她在家侍奉老人，教育孩子，操持家務，擠牛奶，打酥油，擀毯織褐子。接生羊羔哺育牛犢全是她的事。她非常慈善，哪怕自己不吃，也要施捨上門的乞丐、寺院邊的流浪人。有時候我倆還爲這事拌嘴幾句，真讓人慚愧。」

吉塘倉心頭怦然一動，四世堅貝央要是轉世這樣的人家那該多好啊。一家子一心想佛，慈悲爲懷，樂善好施，救度那些貧窮苦難眾生跳出苦海，這才是真正的佛門弟子啊！再說，這一家也是普通百姓人家，就是不知這一家與四世堅貝央有無緣分。

「你還未介紹自己呢？」吉塘倉親切地笑問。

「我也很簡單，一家之長，但只操心室外大事，平時放牧牛羊，兼著種幾塊青稞地。部落集兵征戰就去衝殺，冬閒去寺院各佛殿磕頭朝佛煨燊添酥油燈，每個法會，我全家都想法去觀賞受教誨。說出來，活佛你可能會笑話我，我在村裏人緣好，也有些辦法計謀，能主持公道敢於說話，爲大家辦點實事，所以村裏人還選我爲小頭人，在這一帶小小有點名氣。」

「噢，那好啊，佛門喜歡的就是像你這樣豪爽、樸實、有高尚情操，敢於主持公道的教民。積善積德要言行一致，行重於言，行是爲了善業，唯有如此，才是大慈大悲，普度眾生，菩薩心腸。我禱告您，來世六道輪迴，你能跨入三善趣，繼續投胎幸福人間。」

貢保嘉措亢奮得眼溢流彩，在馬背上踮起屁股垂頭合掌致謝：「謝謝上師的祝願，佛法僧三寶保佑，願佛法興旺發達無際。」

「你家裏還有誰？」

貢保嘉措：「還有五個兒女，個個都像虎犢龍女，調皮得壓不住頭腳。」

吉塘倉用眼神鼓勵貢保嘉措說下去。不知什麼原因，他已經對這家發生了興趣，冥冥之中覺得有什麼奇蹟要發生。

「活佛，冒昧請教，吉祥右旋寺的四世堅貝央貴體可否安康？」

「你知道四世堅貝央的英名？」吉塘倉一喜一驚，在這遠離吉祥右旋寺幾千里的康區，還有人聞說過吉祥右旋寺，知道寺主叫四世堅貝央的。在此之前，吉祥右旋寺和康區從未發生過聯繫，四世堅貝央也從未到康區傳教弘過法。

貢保嘉措的語氣帶點不高興：「怎能不知道呢？雖說我們這兒偏僻蠻荒，但佛門的興盛卻是我們信仰者關注的頭件事。俗話說，故事沒有翅膀，卻能飛過重山峻嶺；風兒沒有腿子，卻能到達萬里長空，何況四世堅貝央其學問像高山上的湖泊，聲譽眾目瞻仰；其德行像大地上的江河，一瀉千里，又像衛藏聳立的雪山，銀輝萬丈。其英名猶如天上的日月星辰，光芒燦爛，就連我三歲的兒子阿金，也天天叫喊著要去安多拜佛，說他本是安多的一位活佛，現在要回去。」

吉塘倉一驚，不由勒住了馬頭，脫口問道：「你兒子阿金哪年哪月生的？」

「大前年十月二十五日。」

吉塘倉驚得幾乎在馬背上跳起來。巧！太巧了！十月二十五日是格魯巴創始人宗喀巴大師圓寂日，也是四世堅貝央的誕辰日。四世堅貝央圓寂在十月二十七日。這個阿金生於四世堅貝央圓寂後一年差兩天，又生於格魯派僧俗紀念宗喀巴圓寂的紀念節日「浪麥」，難道他是轉世靈童？難道是冥冥暗示？難道這是佛祖安排上蒼旨意，或者完全是一種巧合？

這世界真是奧妙無窮，難以解謎。任何事情都不能絕對說無，也不能絕對說有，啥事都得講緣分。今天的事是緣分啊，真是緣分。從見到貢保嘉措那一刻起，他就感到有一隻手挽住了他的胳膊，有條身影牽住了他的視線，難道千里艱辛迴旋跋涉，真的花落理塘這塊淨土？他按捺住激動不已的心情，努力使自己鎮靜下來。

「上師，您還沒有回答我問的事呢。」貢保嘉措眼裏是期待、虔誠、敬仰。

吉塘倉眼眶浮上水氣，他沈吟了一下說：「四世堅貝央於三年前已圓寂。」

貢保嘉措驚呼了一聲，勒住馬頭，黑暗中重重盯了吉塘倉好久，半天才甦醒過來，兩眼圈泛著水光，合掌喃喃：「至尊的佛法僧三寶啊，快賜下恩澤福分，快讓偉大的大師、法力無邊的大師，轉世蒞臨到我苦海黑頭藏人中間。請帶來幸福、光明、吉祥和平。」

說罷，他又放大了嗓門：「堅貝央大師啊，我貢保嘉措雖然人小財乏，但信仰至誠。為靈童早日轉世，我將在丁科爾彌勒佛殿供養你千盞酥油長明燈。」

吉塘倉激動地拍拍貢保嘉措的肩頭：「佛法僧三寶會保佑你全家吉祥如意，幸福平安的。」

他本想再問問他兒子阿金生下時的種種兆示，但話到喉嚨口又壓了下去，還是先觀察了再說吧，千萬不可先入爲主，憑好惡判定大事。可他心頭還是希望堅貝央轉世在這一家。

兩人的話題轉移到了四世堅貝央上。貢保嘉措的談興很濃，饒有興趣地問起堅貝央在世時的嗜好愛物，趣味軼事。吉塘倉也隨口應答講述。這一路寂寞單調沒處說說話，而他又生來愛熱鬧、愛交朋友、想不到在偏遠的康區結織這樣一位俗人知音，可以盡興地聊聊天。

不知不覺中，他們到了丁科爾寺院。時辰已快近半夜了。

貢保嘉措的舅舅堪欽活佛熱情接待了他們一行。讓出了熱炕，用香柏薰了房間，端上來酥油、人參果、大米、紅棗、牛肉坨坨熬製的僧粥，打了酥油茶招待他們。吃好喝足，又讓僧徒燒了熱水，叫吉塘倉和夥計們洗了腳，鋪的蓋的全是鬆軟暖和的羊毛氈和羊毛被。

半夜醒來起夜，吉塘倉見偏房小間炕上還傳來嗡嗡的說話聲，清油燈燭發出微弱的光芒。那是堪欽活佛的臥室，昨夜貢保嘉措說要和舅舅睡在一起，可能甥舅倆人語猶未盡還在閒扯。他睡意正濃，迷迷糊糊，撒完尿趕緊返炕了。

早上起鋪已是中午時分了。貢保嘉措已走了，留下話說他趕回家去了，乞請安多來的高僧到他們尼瑪村來講經弘法。堪欽活佛擺宴正式接風，倆人邊飲茶邊閒聊起來。

他本意要起行趕路繼續尋訪，但銀鬢白髮的堪欽活佛勸住了他：「有緣分，不在這一兩天之內；沒有天意，黑天半夜趕路也白搭。今天歇一日，我倆相逢敝寺也是緣分啊。有緣人如親骨肉，應該盡情交流溝通才對。」

再說什麼呢。他便歇了一天和堪欽活佛就天上人間、今朝遠古、藏區、漢區、印度等等話題漫無目的地暢聊起來。

說著說著，話題不由自主地又扯到了四世堅貝央靈童轉世之事上。談起這個話題，七十高齡的堪欽活佛由剛才的詼諧、輕鬆變得嚴肅、認真了。意味深長地說道：「尊敬博學的吉塘倉活佛，你是智者、學者，康區這麼寬廣浩大，又縱橫交織著無數的溝壑，無數的雪山峭壁，無數的江河湖泊，天長路遠，你尋訪轉世靈童得到何年何月啊？」

吉塘倉遲疑了一下，沒有應話，堪欽的話正好敲擊在他的心事上了。蒼蒼茫茫的康區大地，蜿蜒曲折的小徑，哪一天才能尋訪到真正的靈童？何時是個頭？他已經犯愁發懵了。

「我已經是七十多歲的持戒比丘了，佛門裏的坎坎坷坷我見得多、聽得多了，大致明白是怎回事的。這大千世界，相貌相同、秉性相近、經歷同樣的轉世兒童多的是！沙裏面淘金淘出的不一定就是真金粒。」

吉塘倉合掌致禮：「老前輩說得極是，我雖說也是活佛，但廿六、七歲的人閱歷膚淺、知識貧乏，難以堪任重負，望老前輩指點迷津為盼。」

「話要直、弓要彎，給佛祖的供養要純正。為了佛法得到弘揚，吉祥右旋寺興旺發達，我也就不避嫌，不拐彎抹角了。冒昧向你推介一個兒童，他或許是四世堅貝央的轉世靈童。」

「誰？」吉塘倉的氣變粗了，脖子伸長了一大截，眼珠幾乎貼上了堪欽活佛的鼻頭。

「我的外甥，貢保嘉措的三兒子阿金！」

「阿金？那個說他是安多來的活佛的阿金？」

堪欽坦然點頭：「不是我偏愛這孩子，也不是我的親戚的緣故，我觀察過，這孩子才兩歲多，但他前世與佛有不解之緣，見佛像就朝拜叩頭，見佛殿就嚷著進去添酥油供燈，見瑪尼石堆就念誦瑪尼，非要撿塊石頭往上面添不可。」

吉塘倉血管裏的血一下沸騰起來，他興趣盎然，目光催促堪欽活佛說下去。

「我聽貢保嘉措早時說過，阿金生下的當晚，他夢中出現佛殿、淨水瓶、蓮花等很多吉祥的徵兆。還夢見從村前小河畔的金蓮花叢中撿到一件潔淨的法衣和一卷白度母修壽經。阿金生下後，他們村子人畜無災，牛羊興旺，和睦平安，沒有發生過針尖大的不幸，村人議論說這可能是阿金帶來的福德。」

「聽人傳說猶如水面的泡沫，難以測知江河的深淺；唯有親眼觀察，才如細線穿過針眼，能縫織出皮袍和帳篷。我這個人固執迂腐，通常不相信這號傳說俚謠，但這孩子也真怪，貢保嘉措抱到寺上來過幾次，我也去外甥家念過幾次經，我看著挺有佛緣的。你相信不？他時常雙手合十跏趺端坐，口念上師、本尊、三寶和不知名字的什麼經文。看見我的鈴杵和經典，就跑過來要抓在手，做出念誦、講經的莊重樣子，叫人不由不感動。他還有個怪脾氣，不讓他的父母腳踩任何刻有文字的東西，有字的東西，硬鬧著要父母把其擱放在乾淨的高處。他吃飯也怪，是牧人的兒子，卻不喜歡新宰的大塊牛羊肉，而愛好米粥。閒下來，喜歡一個人鑽在院內那個角落，不停地捏泥捏人，捏法鈴法螺等等法器，說他捏的是宗喀巴大師的塑像。自己塑的要頂到頭上自己膜拜施禮，口中還不知念誦什麼，嘴皮動個不停。」

「我不敢擔保他是四世堅貝央的轉世靈童，但我敢斷定他是一位出眾人物的轉世化身。」

堪欽有點激動，呼吸顯得短促，面頰泛上紅暈。吉塘倉趕快端起酥油碗遞到堪欽活佛的唇邊。

呷過幾口茶，堪欽活佛的氣色又恢復過來了，他捋捋銀白的長鬚，又侃侃道：「種種跡象表明，他很可能是一位活佛的轉世化身。咱們藏傳佛教世界，認定轉世靈童不是有幾個框框嗎？其中一條，我看他倒夠格，就是他的家庭。他父母我熟悉，根子清淨，沒有人患過痲瘋、癲狂、狐臭等惡性傳染病、遺傳病，更沒有貓鬼神等邪惡精靈盤踞家門。家道厚實，自食其力，品行端正高尚，村中威信很高。」

這些他都相信，因爲路上閒聊中，貢保嘉措就跟他暢談過他的家史。

「耳聽千遍還是虛，眼過一遍才是實，老僧可能犯糊塗了，跟你說了這麼多，不當之處千萬不要掛在心際。我倆有緣幸會這兒，我捺不住內心激動，才推心置腹囉嗦了這許多。不過佛門之人無牽無掛，不染塵事，推卻親情，只想著弘揚佛法，功德圓滿啊！」

吉塘倉說了好些感謝之類的話，但他心裏已經定秤，四世堅貝央的轉世靈童七八成就是貢保嘉措的三兒子阿金。阿金身上有佛緣、佛行、佛念，全村人也承認其有福德殊舉。還有，這也是最重要的，七十高齡的堪欽活佛不抱老資格，推心置腹，坦蕩爽言地和他這廿來歲的安多活佛談話，倆人已建立了忘年之交。而他的推薦，也句句中肯受聽，實實在在不嘩眾取寵和有唬弄人之意，完全是實話實說。對啊，他一個持戒出家人，已經是七十高齡的人了，他圖個啥？即使是外孫成了四世堅貝央的轉世靈童，他也得不到什麼利益，享不了什麼福，還不是爲了佛法的弘揚而直言不諱。

他告訴堪欽活佛，第二天即赴貢保嘉措家所在的尼瑪村，親眼驗看阿金的長相是否是佛態。

再讓阿金摸摸，識別四世堅貝央的一些器具，看有無佛緣。他邀請堪欽活佛同行幫忙，順便去看望妹妹和外甥們。

堪欽活佛謝絕了，說第二天寺中有佛事活動需要他主持。他也沒有執意勉強，只是請寺上派人領個路。

吉塘倉一行快到尼瑪村口時，正是深秋朝陽鋪陣陽窪山谷，到處跳躍燦爛金光的時辰。尼瑪村子就像如意寶珠。南面的山包像一右旋海螺，北面伸出的山包又像一條自由泅游的金魚。背倚的陡峭石山卻像柱勝利寶幢聳峙。真是好風水啊，地靈則人傑，怪不得尼瑪村出了像堪欽活佛這樣的高僧大法者。

隨著村口幾聲犬吠，村裏忽啦啦湧出一群人來。有老人，有小孩，有壯小夥子，有年輕姑娘，其中還有數十個穿袈裟的格魯派僧人，黑壓壓的人頭攢動著滾過來，吉塘倉一驚一怔，勒住馬頭，示意眾隨從停步觀察。

人流走到馬頭前十幾步處停住了。僧侶在前排列路兩頭，他們先冉冉整理袈裟，把袈裟梢頭從肩上扯下來搭在臂腕內，躬腰垂頭，兩手捧著紅、黃、白、藍、綠不同色彩、不同質地的哈達於頭頂以上，高聲齊齊問候：「安多活佛，貴體安康，一路辛苦！」

吉塘倉的臉肉鬆弛下來了，他沒有想到在自己教區以外，在山水重疊相隔的康區，還能受到這樣的禮遇。他感動地合掌致謝：「不辛苦，謝謝你們了。」他滾鞍下馬走過去，一個個接過哈達，又一個個再搭在他們脖頸上，祝福他們平安吉祥，心想事成。

僧人們變戲法般地摸出了樂器。樂器品種很豐富，有的他見過，有的他還未見過。有吹管樂器「筒欽」（大號）、藏笛、六弦琴、藏箏、亞刁兒、嗩吶，打擊樂器皮面小圓鼓缺鄂丫，皮面鼓打瑪、藏鈸、雲鑼、笙等。吹奏的器樂是《天降無價寶霖》、《大慈大悲歌》等。

教民們也秩序井然地排列在路兩邊，男人們戴著帽的摘下了帽，全部解下頭上纏繞的紅絲髮辮。辮子搭在了右胸膛前，脫了皮襖右袖筒的，把右袖筒搭在了胳膊彎裏，並用手攥住了袖頭不讓甩來甩去。這是藏人表達至高敬仰的最規範禮節。整個俗人隊伍中有人高捧哈達，有人手擎燃香，大人小孩都誦念著六字真經，嗡嗡的聲浪像輕風拂過松樹林，掀起松濤的悅耳樂章。

貢保嘉措笑呵呵地走出人群，他一手牽著一個眉清目秀的男童，一手平伸致禮，快步走過來，到吉塘倉跟前，鬆開孩童，從懷裏掏出捲折成兩折的哈達。一抖開，折縫朝向吉塘倉恭恭敬敬獻上：「向佛法僧三寶致敬，向至尊上師吉塘倉致敬，上師來我村，又是緣分啊，昨天舅舅派人來招呼過我。」

不等他說完，男童笑眉笑眼地撲過來抱住了他的膝頭：「阿爸，我認識他，他是我的好朋友、好弟子，我倆常常一起聊天吃飯。」他邊嚷嚷，邊往上竄跳，示意吉塘倉把他抱在懷裏。

吉塘倉抱起男童，問貢保嘉措：「這就是你的老三兒子阿金？」

貢保嘉措笑瞇瞇點頭，伸過來抱阿金：「快下來，把安多上師的袈裟弄髒了。」

阿金扭著身子躲閃，兩隻胳膊摟住了吉塘倉的脖頸，頭偎在懷裏，撒嬌地凝視吉塘倉。

吉塘倉心頭熱乎乎的，像燃起了一盆炭火。這真的是四世堅貝央的轉世靈童？緣分啊緣分，冥冥之中的事兒真難說透，真難猜準。他一邊向眾教民招手，單掌致禮表示謝意，邊走邊凝注著懷中的阿金端詳。

貢保嘉措和堪欽活佛還真沒有誇大其詞，虛擬事實，這阿金的長相真的顯出幾分佛相來。你看他頭像個金盤大的酥油坨子，又圓又充實又豐滿，透出聰明和睿智；耳朵不僅大，還向前伸出招風，內廓象海螺的右旋螺紋，福態吉利：眉骨齊刷有稜有水，眼窩稍稍凹進，但眼珠大大的，微微凸了出來，顯得剛勁有主見，尤其黑眼仁亮晶晶的，閃爍出寶石般的光亮；鼻梁高且直稜稜的，鼻端稍稍打了個結，往裏一勾，恰到好處地遮蓋了兩個鼻孔，但又不是他阿爸那種鷹鉤鼻樣，給人鮮明、坦然、直爽、豪放的印象。臉上其他部位也是天工巧作，不失分寸。前額寬寬的，高高的，額角飽滿碩實，閃著奶油般的乳光；頭髮黑又亮，像抹了一層油漆似的；下巴半橢圓，既顯得溫和慈祥，又透出一絲倔強和任性，是那種別人猜不透心思的下巴。

是他！一定是他！他就是四世堅貝央的轉世靈童！吉塘倉心花怒放，情不自禁地在心頭歡呼起來。他把阿金摟得緊緊，倆人像個父子似的，相互親偎相戀，顯得親密無間。

尼瑪村傾其全力盛宴接待吉塘倉一行，宴會擺在了村子上方的打麥場上，他們把康區最好的風味小吃都擺上了藏式彩繪長條桌上。帳篷敞大華麗，圍帳上繡有八寶吉祥圖案，帳簷下飄拂著藍、白、紅、黃、綠五色的吉祥幡條，帳脊是躍躍欲飛的玉龍，頂上鑲嵌的是代表佛教的鎏金如意寶珠銅塑。少男少女們翩翩起舞歌唱，長者們頻頻起身以茶代酒致敬。而阿金卻纏住他寸步不離，就像迷途小羊羔重逢母羊似的。

也怪，小小幼童，不看熱鬧的歌舞演出，也不找同齡孩子們在草灘上玩耍，對阿爸阿媽視若殊途人，不跑去親熱偎依，卻偏偏坐在吉塘倉懷裏一動不動。

這是鑒別轉世靈童的靈性、慧性、原性的好機會、好場所。趁他不注意，正好觀察其天然稟性是什麼。

吉塘倉向隨從們使個眼色，隨從們裝作漫不經意的樣子，拿出一些日常生活用品擺在自己面前或推給阿金面前讓他挑選玩耍。這些用品中有鼻煙盒；有拔鼻孔毛髮的鑷子；有掏耳朵的象牙耳勺；有掏牙縫的銀釬針，有縫製厚毛衣衫的牛皮頂針，還有小鎮上美國基督教會洋教士送給四世堅貝央的一隻懷錶，一把多功能的刀具，等等。其中有的是四世堅貝央生前用品，有的則是其他混摻其間。

吉塘倉眼角的餘光注意到了貢保嘉措緊張的臉神，見他一直瞅著他的兒子身影不放。真是扣人心弦的一幕。吉塘倉的心也提懸到嗓子眼。

神了，太神了！驚奇，太讓人驚奇了。阿金撥拉來撥拉去半天，最後把四世堅貝央的遺物全撥拉到袍懷裏，愛不釋手地玩個不停。而那些不是遺物卻貴重稀罕的鼻煙盒、銀釬針等卻推到一旁，連瞅都不瞅一眼。

吉塘倉的心樂開了花，心底徹底踏實了，他把阿金攔腰摟得更緊，下巴貼在阿金頭上，眼神掃向半緊張半欣喜的貢保嘉措，投去交織感激、欣喜、祝賀的一瞥。

隨後的日子裏，吉塘倉和貢保嘉措的談話進入了實質性問題的討論，甚至帶點談判的味道。貢保嘉措的口氣稍稍變大變粗了，彷彿變成了佛父，在代替兒子執掌吉祥右旋寺政教大事似的。

吉塘倉沒有計較這些，心想：一般凡夫俗子，沒有教化，沒有覺悟，說話或高或低，行事或冷或熱，他都應該原諒，也能予理解。但他提醒貢保嘉措：「雖然四世堅貝央說他將轉世於西康，但沒有說就轉世在理塘尼瑪村，要是那樣，我也就不用這樣辛苦奔波，四處尋訪了。再說，吉祥右旋寺派出去的尋訪隊伍分三支，每一支都要帶回一至二個靈童的情況，然後在金瓦寺釋佛像前誦經禱告，舉行糌粑丸子抽籤儀式。當眾中籤者才能肯定是真正的轉世靈童。因此，現在說什麼也嫌早，他也不能做主認定。你得有成與不成兩種思想準備。」

貢保嘉措一時愣了，半天緘默不語，後來強作歡笑地：「全仰吉塘倉活佛幫忙，我貢保嘉措即使進了來世，也不勝感謝。」

吉塘倉爲了緩和氣氛，不經意地問道：「如果旃檀木釋迦牟尼佛像前抽籤結果抽准阿金是四世堅貝央的轉世靈童，你還有什麼條件和要求嗎？」

貢保嘉措的臉色刹時陰轉晴朗，破愁爲喜：「那是我家的福氣，是我貢保嘉措的造化，是前世因緣決定，我還能有什麼條件，什麼要求。只要阿金真是靈童，能坐床吉祥右旋寺寺主的金座上，我們家族仍可以在這祖輩居住的康地過普通人家的生活，不跟隨過去增加大寺的負擔。」

「此話當真？」

「我敢向佛法僧三寶起誓，活佛，你放心好了，藏人說話像石頭上刻印跡，只有老黃牛撒的尿，才風不見吹星影。」

「那母親的哺乳費呢？你們想要多少？」

「隨意。給一塊光洋也到了意思，絕不獅子大張口。」

「說到做到，不能反覆，這我就放心了。」

兩人的話題又隨意了，由著各自的思想鋪展，但主動者卻成了貢保嘉措，他滔滔不絕地有說有問，看樣子考慮了許多。他提了許多問題，想得很深很細很遠。吉塘倉暗暗有點吃緊。一個普通教民，爲何對社會問題、政治問題、軍事問題能有如此興趣，且熟言其道，能說點子上，恰如其份地搔到癢處去，看樣子，這貢保嘉措不是一般牧人，他極有城府，謀事周到、思考深邃，是屬於有心計的那類人。他家是不是普通人家，他開始發生懷疑了。但很快否認了自己，是也好，不是也好，前世緣分，那是誰也改變不了的。四世堅貝央轉世投胎於貢保嘉措家，肯定有自己的道理，肯定是天意。順應天意，佛門才會弘揚發達。

貢保嘉措問到吉祥右旋寺的教區有多廣，下轄哪些「拉德」（佛寺直接管轄的部落、「曲德」則是服從並服務於寺院教務，寺院間接控制的部落）、「穆德」（信仰於某寺院，而不受寺院政教統轄，由土司、千百戶管理的部落）、寺院的收入來源管道、周邊其他土司的勢力、情況、相互關係如何，等等。

吉塘倉耐心地回答解釋。有必要細說的他就細說，沒有必要告訴的，就打個馬虎眼敷衍過去。

突然，貢保嘉措提出一個棘手的話題：「你們那兒離漢區有多遠？」

「不遠，二馬站的距離。」

貢保嘉措臉上的肌肉打了個哆嗦，神色忽地陰沈下來：「那漢兵隨時可能前來燒殺搶掠了？」

吉塘倉感到突兀，不知說什麼才好，「先生這話怎講？」

貢保嘉措憤怒地站起來吼道：「這幫野獸前年路過理塘去巴塘，在縣城宿營，搶掠了我在縣城房中的所有財產、所有馬和牛，連根拴牛繩也未放過，臨走還燒掉了我木板盒般的新房子，幸虧我們全家逃得早，不然早成了遊魂鬼。他們還號稱是官兵，哼，土匪也沒有他們殘忍霸道。」

原來仇恨是這樣結的。

「還有那個漢官趙爾豐，打著皇帝的旗子欺凌咱藏人，不把咱藏人當人看待。不准藏人說藏話、穿藏衣、取藏名，統統要說漢話、穿漢服、起漢名。兒童得進漢人學堂，而不准進寺院當僧人。凡是土官頭人千百戶，通通革去名號、奪了印璽冊號。誰若行動慢點，或者稍稍反抗，就殺。一個村子一個村子的殺，殺得雞犬不留，血流成河，連女子和兒童都不放過，到處是無人村。咱藏人的寺院也遭殃，不是被搶一空，就是逼著僧人還俗，索要錢糧，稍有遲緩，就把佛殿燒了，把僧人殺了，把鎏金、純金的佛像和其他法器拿到成都、上海賣了。」

吉塘倉心頭打個冷顫，以前他只聽說川滇邊務大臣、後晉升為四川總督的趙爾豐在西康整藏人整得很兇，但沒有想到趙爾豐對藏人、對藏文化這樣殘酷無情，連藏傳佛教寺院和仁慈為懷、手無寸鐵的僧人也不放過。

貢保嘉措淚眼汪汪，嗓子眼哽咽有點沙啞，但情緒依然十分激動：「不經歷那段日子，不知道那段日子的悲痛熬煎。活佛，那可不是人過的日子，連佛爺也忍受不下去啊。我們老百姓受點罪沒有什麼，想不到佛法僧三寶也受到如此的摧殘折磨，這不是到了大劫大難、萬物毀滅的世界末日嗎？在世上，你絕對不可相信不信佛的人們，他們不講憐憫，不講仁慈，也沒有同情、公道、道理可言。他們只講利益，不講因果報應。貪、嗔、癡三毒齊全、五惡俱備（殺生、偷盜、邪淫、妄語、欽涵），和野獸一個樣。他不尊重你的信仰，也不尊重你的人格，不尊重你的一切，把你看作騾馬驢子對待。您千萬不能和他們交朋友。他們口蜜腹劍，三面兩刀，比蛇蠍還兇毒啊！」

吉塘倉不知道說什麼好，只是靜靜地聽著，但思緒很亂，貢保嘉措後面說了啥，他一句也沒有聽進去。

那一夜，他沒有睡好覺，輾轉反側，耳朵裏響的是貢保嘉措的怒吼聲、泣訴聲。

貢保嘉措的話到底有無道理，他難以下出公斷。但他和四世堅貝央都有不少漢、回族朋友，甚至洋教士朋友，相處得很融洽，很和睦很親近，完全不像貢保嘉措所說的那樣。

佛經上說「諸法由因緣而起」，佛教講究緣法，人們因因緣相投而結成了家庭、親戚、氏族、部落和各種不同的社會集團，相親相愛，相依為命，共存共榮，同甘共苦；因因緣不投而相互猜疑、嫉妒、排斥、仇殺、廝拼、誓不兩立，爭個你死我活。緣法投與不投，得通過結緣來明斷、來認識、來取捨。相互不接觸如何能知道有無緣法呢？正是基於這樣的思想，四世堅貝央終生奔波奮鬥，廣泛結交佛緣，帶來了吉祥右旋寺的又一輪興旺發達。

想結佛緣，先得與周邊的所有民族打交道、與其發生聯繫、建立友誼。吉祥右旋寺所在的地理位置不像拉薩、日喀則、理塘等地，那兒屬於青藏高原、康藏高原的腹地，居民幾乎清一色是藏族，文化、心理、審美情趣、價值觀念等等都趨向一致，沒有矛盾和衝撞。而它地處青藏高原東北邊緣，與黃土高原、與內地漢區、蒙古高原毗鄰相近，多民族雜居混處。要結緣，就得與漢人、蒙古人、土族人、回人、滿人等等打交道。可以毫不誇張地說，吉祥右旋寺的發跡得益於滿人皇帝的呵護扶持，漢人官吏的關照敬崇，蒙古上下的布施饋贈，回族軍閥的友好對待。

皇帝的呵護扶持表現在歷世堅貝央都受到各種全冊全印誥命敕封、大量賞賜的生活器具和金、銀、錦緞等。寺院佛殿高懸的題匾中，就有康熙皇帝、乾隆皇帝、嘉慶皇帝、咸豐皇帝、道光皇帝、光緒皇帝等的親筆墨蹟。清王朝設置的行政區域中，吉祥右旋寺屬西寧辦事大臣下屬的循化廳。大寺及其教區的重大事宜，如寺院大活佛的圓寂、尋訪認定、坐床即位；堅貝央等活佛朝禮西藏、遊歷北京、宣化蒙古；請求朝廷冊封、賜匾；與其他地方及寺院之間的糾紛；查處各類案件；高僧赴任其他寺院法台等等，都得根據清廷《青海善後事宜十三條》和《禁約青海十二事》，舊由西寧辦事大臣管理節制。歷任西寧大臣中有滿人、蒙古人，多是漢人。吉祥右旋寺對西寧大臣謙恭尊重，聽命服從，因而保持了良好關係。雙方合作治理轄區，協商處置共同關心的問題，相輔相成，寺院保障了自己的切身利益，獲得了官府的保護和扶持。

四世堅貝央喜歡與不同民族的朋友打交道，他和回族人的關係也很好。左宗棠率清兵鎮壓造反的河州回回，好多回回人家家破人散，流浪逃竄四方。其中就有一位後來成為青海省代主席的顯赫人物馬麒。

馬麒一家在兵荒馬亂中也作鳥獸散，兄弟失散，杳無音訊。在家守業的馬麟逃難流浪到了吉祥右旋寺下轄的松曲河畔，在一座石崖下搭了個草棚，過著討要打工的日子。為了生存糊口，他還起了個藏名叫嘎羅。

有一天，四世堅貝央路過石崖，看見嘎羅一家人蓬頭垢面、面黃肌瘦，在狗窩般的草棚中蜷縮捱日，便下轎上前問話，末了大發慈悲予以布施，讓總管家宗哲把嘎羅安排在寺中當小工。宗哲把嘎羅一家安排在依附寺院的金鵬鎮上，讓他在佛邸裏幹清掃馬糞、採購伙食等等雜務。後來四世堅貝央聽到嘎羅說，與曾護送保駕慈禧太后、光緒皇帝逃奔西安而立功晉升的花翎銜循化營參將馬麒有兄弟血緣關係，便給了嘎羅路費，說你往西寧方向去，或許有福運。臨走還饋贈了一條綢腰帶作紀念，說你看見腰帶便會想起我，不會忘了我倆的法緣。嘎羅到西寧，兄弟見面，境況大變，顯赫富貴自然不一般，後來還坐轎專門來吉祥右旋寺探視過四世堅貝央。

四世堅貝央和西寧鎮總兵馬麒的交情也很深。

最早作爲大清王朝花翎銜循化營參將的馬麒，對轄區內藏傳佛教大寺堅貝央的才能、政教權力的影響十分重視，對四世堅貝央很是尊敬。遇到堅貝央去青海諸地傳經弘法，他都要親自率營兵迎送，設宴招待，必恭必敬，給堅貝央留下了很好的印象。他曾評價馬麒，雖爲漢回之人，但卻是關心地方安樂的明智之士。

星轉斗移，滄海桑田，民國政府代替了大清王朝，馬麒面臨著何去何從的問題，處於或成罪人被謫被關被殺，或借機獲得效忠民國政府、巴結新主子，榮華富貴再上一個新臺階。馬麒聽到民國政府袁世凱大總統任命趙維熙爲甘肅臨時都督，便行賄都督趙維熙。

趙維熙想利用馬麒分化西軍馬安良的勢力，遂以馬麒爲西寧總兵，但掛牌多日，仍不見正式任命狀，馬麒不解原由，幕友李乃慕提醒「西寧鎮是掛印總兵，比較其他各鎮缺分甚肥，如不送貴重禮品給都督，恐事有中變」。馬麒恍然明白。

但一個小小的參將，手頭那點積蓄是拿不出手的，得有一筆可觀的黃金去行賄，於是他想到了四世堅貝央。便黑夜派弟弟馬麟（嘎羅）來吉祥右旋寺籌借黃金二百兩。

四世堅貝央當時不在寺中，總管家宗哲先斬後奏自做主張，搜羅寺院府庫佛邸儲金，以寺院名義總共籌措了二百五十兩，還有幾尊金鑄佛像，悉數交由馬麟帶去。馬麒用二百兩黃金為重禮，賄賂趙維熙，結果事成名就，被正式下文任命為西寧鎮總兵，旋又兼任青海蒙番宣慰使，並奪取了廉興的青海辦事長官的實權。不久又被任命為青甘邊鎮守使，統轄西寧所屬駐軍，成立了寧海巡防軍。成為青海諾大地域說一不二、權勢炙手可熱的頭面人物。

正如老百姓所說「送的羊臀骨，還的牛胸岔——重禮回報」。馬麒也投桃還梨，透過他的協調努力，不僅讓四世堅貝央和民國政府接上了頭，使吉祥右旋寺順應時代潮流，擁護共和，走上了持續發展的道路，還薦請大總統袁世凱給四世堅貝央頒發了獎令和銀元，並頒文加贈堅貝央四世為「靜覺妙嚴、禪師呼圖克圖」之號。

在四世堅貝央之前，吉祥右旋寺附近還沒有形成城鎮集貿中心，寺院周邊不允許回、漢居民長期居住，不准回回在寺畔建房，做買賣，不准帶家眷，也不准回漢建寺，不准留宿回漢於寺內等等，各種限制很多。即使專門為四世堅貝央佛邸宰牲牛羊肉的藏回混血兒屠宰匠魯吾達尕，雖也可以自由來往於寺內外，但他的女兒要想到寺中，則必須穿藏服、藏人打扮才行。

四世為利於僧眾生活方便，不顧寺內保守狹隘分子的反對，解除了上面的禁令。允許回漢商旅在大寺附近開設常年性集市；允許建造街巷私宅；允許各佛邸各學院在鎮上、在寺院上方空地修建租賃性大院，收房款補充財金的不足，還邀請河州財力雄厚的八十家商民舉家來吉祥右旋寺小鎮坐家經商、減免稅捐。很快，吉祥右旋寺的北邊出現了一個繁華熱鬧、多民族雜居祥和的小鎮，人們把它美名為「金鵬鎮」。

金鵬鎮的回漢商民對吉祥右旋寺也幫了大忙，且不說交稅納捐租賃房子，使佛僧們的腰包鼓起來了，使大寺的經濟勢力雄厚起來，腰桿硬朗起來了，與藏區其他寺院相比，顯得勢強力壯，不得不另眼看待；也不說寺院和教區僧俗百姓採購東西方便多了，豐富多了，大開眼界、大長見識；單單說四世堅貝央成功進藏求學，廣結佛緣，受到西藏上層和藏傳佛教各級佛僧的抬舉青睞，從而使吉祥右旋寺聲名大震，四世堅貝央享譽全藏，這一大半得力於金鵬鎮回漢商民的傾力資助啊！說到底，是銀子幫了大忙，產生了魅力。

歷世堅貝央面臨的問題還不僅僅是上述正常消費，而是進藏需要的一筆大數目的財物錢款。進藏朝佛對於吉祥右旋寺的寺主堅貝央來說，是勢在必行、事關大局。吉祥右旋寺偏居青藏高原東北邊緣。這塊地方遠離藏區政治、文化、宗教、經濟的中心，歷史上，東北部藏區又沒有多少重大事件重要人物，也未留下多少聖跡文物，所以被人們忽視、輕視，甚至記不住名字。這樣一個不見經傳的地方的寺主，要想擠進藏區政治、文化、宗教、經濟的圈子裏站住腳，並產生影響，就得和西藏上層打交道，形成深深的網路關係。

西藏是藏傳佛教的聖地，那裏有宗喀巴大師及其弟子興建的甘丹寺、哲蚌寺、色拉寺、札西倫布寺等四大寺；有法王松贊干布、赤松德贊、熱巴巾時期的大昭寺、布達拉宮、桑耶寺；有藏蒙等數十個民族虔誠信仰的達賴喇嘛和班禪額爾德尼駐錫。在吉祥右旋寺教區內，僧俗教民把達賴、班禪、堅貝央比擬為天上的日、月、星，堅貝央在其中不過是星星而已。不言而喻，其含義最明確不過，就是說，仰仗於日月的光芒，星星才生輝。這也明白無誤地告訴說：與西藏政教上層建立什麼級別的關係，直接牽連到自身的發展前途和形象樹立。

建立關係靠什麼？除了共同的信仰、共同的追求、共同的文化外，就得靠錢財！供養、布施、朝獻……這不是一般數字的錢，而是多多的銀子，用騾子馱、犛牛運的銀兩！所以，歷世堅貝央進藏求學朝佛是必須履行的一件重大活動，非去不可！求學是名義，朝佛建立和發展雙方關係才是實質。

他和師傅四世堅貝央算過一筆粗賬。在藏有四項必辦事務：一是朝謁達賴、班禪、攝政王等上層人物，布施供養各大寺院；二是遊歷前後藏聖蹟；三是完成修學科目；四是求受比丘戒。四項中，第一、二項是最費錢的開銷。三、四項也花費不少。其中擬爲達賴十二世的靈塔捐贈金銀六百五十兩，馬若干匹；給其他上層各獻銀一百五十兩和馬匹、錦緞若干；拜謁班禪獻銀五百兩；給札西倫布寺僧會布施銀子五千兩，黃金一百兩，馬一百匹，錦緞五十匹，還呈獻諸如經塔、水晶和銀質等器具；給部分經院另行熬茶布施，捐置基金，少不了一千兩銀子。給哲蚌寺僧眾熬茶布施也在三千兩銀子以上，還有上百馱茶葉。

四世還準備在正月祈願大法會期間，把已故達賴十二世的服飾請至法會上，除朗誦祈頌詞，還供養敬獻金銀一千五百兩、馬一百五十匹、錦緞五十匹；屆時，給攝政王上獻金銀一千兩、錦緞二十匹、馬二十匹；向參加大法會的所有僧眾每人布施半兩銀子。

另外，按照慣例，給西藏噶廈政府要獻奉騾子十三匹。各個方面累計起來，僅正月祈願大法會就要用去銀子約十萬兩。如果前前後後的花銷算起來，沒有三十萬兩白銀就別想進藏。

雖說藏區、蒙區在傳經弘法中募捐了不少，但仍有近十萬的缺口。四世堅貝央急得嘴皮起了泡，眼窩裏塌陷下去一截。而他自己又已經放出話，火狗年要進藏，像他這樣佛位的活佛是不能食言的。

正是這時候，魯吾達尕領著金鵬鎮回漢商旅中的頭面人物來晉謁四世堅貝央，開門見山地說他們聽聞寺主堅貝央要去西藏求學朝佛，故湊了些銀兩、騾馬聊表誠心，銀子共六萬兩，騾子二百匹，請堅貝央不可嫌棄。

他吉塘倉高興、感動，堅貝央更是欣喜若狂，十分感動，眼眶裏湧現出淚花。

……

明天早晨喝茶時，得勸勸貢保嘉措，佛門慈悲為懷，根絕殺生、嫉妒等等毒物。人人皆有佛性，不管是回漢民族何種信仰，絕大多數人是善良的，友好的，千萬不可偏頗衝動，一葉障目，不見須彌，幹出於佛法、於情理、於人性不相吻合的事。尤其阿金若是轉世靈童，那干係更是重大。吉祥右旋寺位於藏、回、漢、蒙古多民族之中，做事千萬不能任性魯莽。

貢保嘉措挽留他多待幾天以休養生息，恢復體力，還托詞說，村裏好多人家想請活佛傳授長壽灌頂、大悲觀音灌頂和馬頭金剛、綠度母隨許法，為亡親治喪超薦。村裏或附近部落的老人婦女許多人也一批又一批手捧哈達、供金前來叩頭，含淚乞請他緩行，說他們的前生從來沒有機會拜見吉祥右旋寺吉塘倉這樣至尊著名的活佛，今日有緣，是前生、今生、後生的福氣，一定要為他們活超度，舉行灌頂祈願。

場面很感人，但他實在待不住，吉祥右旋寺那頭沒有寺主，四世圓寂前托他攝政，他來到康區尋訪靈童，寺裏委託總法台大班智達旺秀倉代理掌管政教大權。旺秀倉學識淵博、富有名望，在教務上德高望重，沒人不服氣，但他生性耿直，說話快人快語，凡事圖個痛快，處理政務上就有點欠缺，不會曲迂應付，迂迴打交道。寺中總管家宗哲，雖對四世忠心耿耿，但此人心術不正藏有野心，想攫取更多的權力長期作威作福，結果與大家不合群，寺中多數活佛和僧侶對其反感。如果他吉塘倉坐鎮在寺，雙方都不大敢鬧彆扭，但他這一出來，不知道局面如何。有好多火苗子在暗處滋滋冒濺，一有風吹草動，說不定會成燎原之勢。他真的放心不下吉祥右旋寺。

他給來人都一一灌頂、潑灑聖水、誦經祝福，並發下了加持過的金剛吉祥結，一直忙到半夜，第二天趁天未亮，眾人還在酣睡就起身出發了。

貢保嘉措給他供養了三十兩黃金，說是從西康金沙江、雅礱江中淘的沙金。另外還有二百兩白銀，十頭犛雌牛，十斤貝母，二十顆麝香，十顆熊膽。他推辭不過收納了。

阿金也早早醒了，嚷著讓他抱著出村送行。

在村口卻發生了一件不愉快的情景。阿金見場院裏落下來的麻雀在叨食青稞，便掙脫他的懷，一手搶著樹枝條追打，一手揀起石塊亂甩亂砸，嚇得千百隻麻雀亂飛亂竄，有兩隻小麻雀被他的樹枝條擊倒，在地上撲扇翅膀，可憐地滾爬掙扎。阿金撵上前攥在手心要拔翅膀、拔腿子。他急忙上前連哄帶嚇地讓他鬆開了手心，放走了受傷麻雀。結果阿金又哭又鬧，小巴掌在他身上連撕帶扇，要不是貢保嘉措搶過懷，往屁股上狠狠兩巴掌，還不知要鬧到何地步。

貢保嘉措不去哄一把眼淚一把鼻涕號啕大哭的阿金，而是不停地向他吉塘倉合掌致歉：「小孩子，性子就像小狗小狼，還未磨掉野性……」

他沒有說什麼，但隱隱感到阿金身上少了一點仁慈憐憫，多了一點野氣強性。如果阿金真的是四世堅貝央的轉世靈童，執掌政教大權後，會不會還是今天這樣子？一絲莫名其妙的憂慮浮上胸口，直到走出很遠，才慢慢淡泊下來。

回返途中，在馬背上，他也想過很多很多。他對自己尋訪的靈童也不時產生過懷疑。他有學習、寫作格言詩的傳統，很注意自己哲學思維能力的培養，所以處事待物都習慣用辯證的方法去思考、去辯析、去推理。由於時間很緊，他沒有力量調查貢保嘉措的身世、家境、地位，但他下意識地感覺到貢保嘉措非一般人物，起碼智力、財力、人緣超出常人。尋訪阿金之事似乎在冥冥之中，是有人刻意精心安排的，總有被戲弄進圈套的疑慮。但只能這樣，再找下去又會有什麼好結果呢？

第六章　撲滅硝煙

吉祥右旋寺面臨滅頂之災，馬家軍和管家宗哲狼狽為奸，把大寺當作肥肉啃撕，旺秀倉奮起反抗，兵敗鬱死。吉塘倉憑藉老交情周旋和談，保得平安……

果不出他的預料，等他回到吉祥右旋寺，寺內已亂得一塌糊塗，就像羊毛捲成死結了。事情壞在大寺總管家宗哲手中。這個攪屎棍，弄得全吉祥右旋寺內外是臭屎味、尿臊味、硝煙味。而代攝政旺秀倉又不冷靜，直來直去，把搞學問的那一套弄到了人際關係上，結果針尖對麥芒，熱鍋對冷水，把事情搞砸了。

提起宗哲，他不能不想到綽號叫母狗的前任總管家金巴。而提起母狗金巴，他又與四世堅貝央有一段特殊的交情。

四世喜歡雲遊各地。據說，他曾偷偷去山西五臺山、北京諸佛寺去朝拜瞻仰。爲了掩人耳目，他把自己打扮成漢人腳戶的模樣，和幾個隨從扮成團夥，從內蒙古弘法之地土默特旗出發，一路盡興盡情，自由自在地旅遊漫行。

爲什麼要偷偷摸摸而不大張旗鼓地去呢？吉塘倉聽四世堅貝央後來解釋說，皇帝作爲普天下僧俗的最高君王，各地寺院的主持活佛要進京晉覲皇帝，先得申請奏報，沒有銀兩很難打通關係。即使關係順了，還得看龍顏喜怒如何。皇帝下詔召見，又要興師動眾，籌措經費禮品和人馬禮儀，一筆龐大的開支在等待著你。僅僅給各方饋贈的禮品就得花一萬多兩銀子，他拿不出那麼多銀兩，也不敢驚動天子，所以才偷偷進京，不敢聲張。

但沒有不透風的牆，最終還是被皇帝知道了。光緒皇帝下令四世堅貝央進京覲見他。這下四世嚇慌了，覺得自己犯了欺君之罪，去了肯定會殺頭。不去吧，又怕皇帝遷怒，給吉祥右旋寺帶來滅頂災難。他召集寺主殿前會議，會上大小活佛和各級僧官都是吁吁嘆氣，一籌莫展，雖然個個七言八語，卻拿不出一個穩妥可行的好辦法。

這時，喜金剛學院的管家，綽號叫母狗的金巴站起來，走到議廳中央，滿臉詭笑地問道：「你們說說，我長得像誰？」

性格急躁的大班智達旺秀倉揮手斥道：「下去！這時候了，你還有心思耍法舞演戲惹笑大夥。在金魚嬉戲的湖泊裏，沒有你癩蛤蟆鳴叫的場地。」

金巴臉一紅，但鎮住了神：「請大班智達息怒，我不是在戲謔耍笑，而是在殿前會議上出謀劃策。你們是有頭腦有眼睛的活佛，請仔細看一看，我到底像誰？」

大夥面面相覷，瞅瞅金巴，又掃視會上的佛僧，臉上迷惘，若有所思。連四世堅貝央也茫然地掃視滿座而不得要領。

金巴笑了一下：「你們說，我像不像至尊無價之寶，寺主堅貝央大師？」

眾人恍然大悟，看看金巴，又望望四世，然後交換眼神釋然笑了。大廳內揚起輕聲笑浪，氣氛瞬間活躍了。四世堅貝央緊盯著金巴的嘴唇。

旺秀倉仍不以為然：「金巴，你說說，像又怎樣，不像又怎樣？」

金巴神色中莊重交織虔誠：「我願意代至尊大師去北京謝罪受刑，那怕頭顱掉地。」

全場一下驚怔，譁然，空氣剎時凝固了。

四世堅貝央顫巍巍地走下金座，揪住金巴的胳膊肘子，機械地搖動：「不可以的，決不可以的，誰造的孽障由誰來滌洗，我該去，這是我的劫數，在所難脫。」

金巴坦然的掙脫手，衝大夥喊道：「皇帝沒有見過堅貝央大師，不知道大師長得什麼樣，只聽臣僚和國師們講個大概，所以，不會辨認得很仔細的。大鹿和狍鹿的區別僅僅是屁股上的灰斑。我學過演戲，只要稍稍化妝一番，別人就看不出我是假的四世。我不過是一粒灰塵，堅貝央才是普陀山。我死了只是一塊小小的泥塑袖珍佛像，而堅貝央是巍峨的彌勒佛殿。吉祥右旋寺是黑頭藏人的福星、希望和未來，請大師和大家答應我的請求吧！我給大師叩頭致敬了。」

舉座紛紛站起，唏噓讚嘆，向金巴合掌致禮。

旺秀倉上前攥住金巴的胳膊：「你的綽號叫母狗，你的行為卻像雄獅，是真正護法弘佛的雄獅。」

以後的事情與人們預料的大相徑庭。四世妝扮成隨從，混在進京晉覲的隊伍中，而金巴作為替身，大搖大擺地到了北京，受到朝廷及國師、活佛、高僧的隆重歡迎。四世覺得自己是小題大作，虛驚一場，便不要金巴當替身，自己擔任起了主角。經基福祥將軍舉薦，光緒皇帝很快接見了他，並賜以金銀頒冊敕封，令他歡喜不已，不勝感慨。

雖然沒有出現預想的嚴重事態，但四世講人情，講信義，把金巴視作救命恩人，任命金巴爲吉祥右旋寺的總管家，掌攬政教大權。

後來，金巴去拉薩朝佛期間，偷偷破戒找了女子當情人，帶回吉祥右旋寺。在王府附近修了一院房子讓這個女子居住。又在大寺總管家府邸的後牆上開了個小門，外面上了鎖，鑰匙交給情人開。夜裏人靜時，他的情婦便悄悄潛進寢舍雲歡雨舞。

但好景不長，偷情很快被寺中好事的僧人發現，輿論譁然，四世不得不嚴肅戒律，開除母狗金巴的僧籍、寺籍，還令負責戒律的僧督官轄俄，把金巴赤身捆在大經堂前石板廣場的麻尼幡旗桿上，用河灘裏新剪下的紅柳條抽打，把一捆紅柳條全打折才罷手。

金巴哭哭泣泣來告辭。欲回到他的老家——青海湟水畔一個偏僻貧窮的山莊慘度晚年。四世大發憐憫仁慈之心，贈了五十兩的馬蹄銀子四個，作爲還俗安家費，又問他還有什麼願望。金巴叩頭哽咽，說他是自尋苦果，自造罪孽，與佛法無緣，後悔莫及。但寺主您是文殊菩薩的化身，萬萬不能有閃失，全寺三千六百名佛俗都倚靠的是你，你是長空，是大柱，身邊得有忠心耿耿的人跟隨您、侍候您、效忠您。我的弟子宗哲，我從小看著長大，他會像我一樣服侍您，效忠您，請您把他從寺院議倉財務處調到您身邊。那樣我死了也瞑目。

四世感動了，答應了金巴的要求，任命宗哲爲寺主佛邸的管家，也就是整個吉祥右旋寺的秘書長、總管家。

四世去世後，宗哲依然是大寺的總管家。寺主不在了，他的頭昂得高多了，身子也顯得輕飄飄，有點把握不住自己了。開始頤指氣使，指手劃腳，大小權力都想攬在懷，寺裏上下都開始用一種審慎、警戒的眼光看宗哲。但由於有他首席金座活佛當攝政，而他吉塘倉與四世的關係又非同一般，宗哲在他眼皮底下還比較乖，不敢屁股翹向天。但他當時因爲急著尋訪四世的轉世靈童，根據卦算的結果上馬了，而他一離開吉祥右旋寺，各種潛藏的衝突、宗派之間的矛盾便開始浮現、激化起來，攪成了一團，整個寺院、教區都成了溢灶糊湯了。

事情最初是那些遊手好閒、好管閒事、沒人管束、喜歡惹事生非、號稱自由分子的青年僧侶惹的。這一夥人，他們做事不掂事情的份量，也不去思考結局的輕重，只圖痛快，只圖熱鬧，聽見風聲就是雨，卻不知道自己把自己的吃穿靠山吉祥右旋寺拽進了水深火熱之中。

一場小小的惡作劇引發了軒然大波。

他走後才半個來月，天一黑，先是在寺院背後山坡石洞、右面山灣牙豁口、對面森林的高處同時揚起哈巴狗的吠聲，緊接是金巴的泣哭嚎叫聲。連著三、四個夜晚都半夜半夜地叫不停，一時弄得全寺惶惶然，紛紛傳言「母狗金巴變鬼了」、「母狗金巴要加害吉祥右旋寺了」。

一波未平一波又起。這件事還未平息下去，在寺院和金鵬鎭間的集市上，又出現了神秘的字條。字條上有名有姓地寫道：「河南親王王妃勒柯與襄佐（總管家）宗哲過往甚密……」。一時僧俗百姓議論紛紛，情緒沸動，成了新一輪衝突的導火線。

勒柯是四世堅貝央的外侄女，當年許配給河南親王華覺繞丹爲妃子（二奶奶），她性格活潑豪放，待人熱情大方，不拘小節，人又長得漂亮風騷，誰見誰喜歡，平時就有不少緋聞悄悄流傳。她曾隨總管家宗哲朝遊西藏，並迎回在藏學習的叔叔四世堅貝央。她還創建了吉祥右旋寺所屬的尼姑寺，對出家尼姑百般呵護關照，尼姑們說，她是綠度母的化身，空行母的再現。勒柯生有一男一女，兒子根噶華覺後繼任爲第九代河南親王。人們對她與宗哲的關係有著許多版本。字條上的事也不是空穴來風，只是從暗地變爲公開化了。

河南親王與吉祥右旋寺的矛盾，四世堅貝央在世時就已經激化，最初的風波表現在親王府內新老管家之間，但根源卻和吉祥右旋寺的聲望擴大、政教權力擴大、教區擴大、經濟勢力不斷強大等等因素有關。寺院的掘起，寺院在政教事業方面的獨立傾向，大大削弱了河南親王的權威影響和勢力範圍，親王漸漸成爲空殼子，無權無勢，號令不了所轄地區。

親王說話沒人聽，教民全聽吉祥右旋寺四世堅貝央的；百姓有限的財力供養給了寺院，稅賦收不上來，親王心裏能不窩火嗎？他對吉祥右旋寺能不翻白眼嗎？他能不隔山敲虎，警告吉祥右旋寺嗎？

早知如此，何必當初。先祖和碩特部、黃河南前首旗察罕丹津親王邀請堅貝央來他的草原創建吉祥右旋寺的本意，是讓寺院按根本施主的意圖開展佛事活動的，是上下隸屬關係，可現在倒好，喧賓奪主，外來的黑烏鴉奪了金翅鳥的窩巢。

雙方不和的根源就在這兒。這是權力之爭，也是利益之爭，大風吹不倒雪山，石塊砸不透堅冰，因此難於調和妥協。

親王聽聞字條內容，臉上掛不住，王妃勒柯更是憤怒不已，認定這是寺院在搗鬼。親王派官員去寺中，請臨時代理攝政的旺秀倉過問此事，並嚴懲作惡僧人。或許旺秀倉沒有經心查究，也可能字條撒播者隱藏的很深很巧妙，反正沒有查出來，也未主動向河南親王府報告，這就使親王的疑心加重，羞惱難捺，終於向寺院上層發難了。

在大寺公開的僧俗代表聯席會議上，親王的首席大臣跛子納日、管家黑水石頭桑洛騎著高頭大馬，隨從簇擁著大搖大擺闖進寺裏，徑直走到會場上席。

跛子納日戴著黑墨鏡，態度傲慢，張口就損人：「我很難說清你們是千頭犏牛的領頭，還是百隻母羊的尾梢。連親王吩咐的針尖大的事都辦不了，要你們幹啥用！親王還不如供施一群羯羊去。」說罷，揚長而去。

第二天，跛子納日又來到旺秀倉的佛邸，依然戴著墨鏡不摘帽，見面就用譏諷的口氣說道：「你旺秀倉的眼珠是不是發綠發黃了，辨不出紅藍青白紫？我知道患肝病的人都把臭屎當成黃金堆！」

旺秀倉勃然大怒，反詰道：「你戴上這副眼鏡，怎越看越像瞪出牛眼的毒蛇？」兩人話不投機，三句未完就鬧崩了。

旺秀倉當天下午召集各佛邸代表，六大學院法台及有關上層人士開會，讓總管家宗哲講清與王妃的關係。

宗哲卻反唇相譏，說褲腰帶以下的事，你也拿到神聖佛殿中來評判論理，不怕髒了佛祖的耳朵和心靈？你們就這樣維護僧侶的戒律？維護吉祥吉旋寺的名譽？

這一說，一下惹惱了大寺議會的代表們，群情激昂，七嘴八舌和宗哲論理，有的氣得擰住宗哲要廝拼，會場亂哄哄嚷成一片。

正這時，跛子納日又帶著人闖進會場，氣狠狠吼道：「你們真是無法無天，把王妃、管家宗哲當成什麼人去看待？好，今天我算開了眼，參觀了一下一群活擺神的嘴臉是啥樣子，好，好，活擺神……」

旺秀倉的臉氣得刷白，脖頸上的筋紫脹得像老樹的虬枝，聲音發顫，不連貫地吼道：「你——你說我們全是活擺神，寺院是活擺神，你，你——」旺秀倉當場昏過去了。

會場上更亂了，有的急著搶救旺秀倉，多數人扭住了跛子納日，連打帶拽地拖到了寺院秘書處的監獄裏。眾人還不解氣，找宗哲算帳，卻連個影兒也未找到。原來，宗哲趁人群混亂溜走了。等眾僧追到總管家大院，宗哲已攜帶寺中金條銀元寶不知去向。實際上他換了俗裝，到王府牧馬村八戶莊，讓八戶莊派人馬連夜護送他到了西寧。

拜見西寧鎮總兵馬麒後，他泣訴吉祥右旋寺旺秀倉排斥他，排斥河南親王，實質是排斥師傅金巴，打金巴和馬麒大人的臉面。當年為二百兩黃金借給馬麒之事，旺秀倉一直耿耿於懷，抱有成見，有過議論。

還好，馬麒沒有受挑撥，為了安撫宗哲，他派了自己的翻譯官陝青去吉祥右旋寺調解說好。在這個份上，事情依然很好處理。在馬麒看來是件小事，不值得小題大作。但肚子裏只有糌粑和茶水的直腸子旺秀，卻把事兒弄得不可收拾。

吉塘倉返寺聽了事情的經過，只覺得哭也不是，笑也不是，連連擊掌埋怨旺秀倉糊塗、真糊塗，連大事化小，小事化無的技巧都不懂。

馬麒的翻譯官陝青並不是難對付的料子。吉塘倉瞭解過，他的父親是回族，母親是藏人。父親已經去世，他是在母親身邊長大的。雖說是「老虎的皮子，阿爸的兒子」，對外說是回人，實際上說話辦事都是藏人的一套，也有藏族名字，叫「德合拉」。他全家原先是金鵬鎮的居民，父親會做釀皮涼粉，會屠宰牛羊，秋冬常被人雇去宰殺牛羊，清理腸子。到春夏，則在鎮上、寺上轉悠挑擔，賣釀皮和涼粉。他也吃過他的釀皮涼粉，還算有一面之交。

他母親居家操持家務，有空就去大寺朝拜佛殿，添加酥油長明供燈或繞寺轉動六字真經經筒，是個虔誠的佛教徒，穿著都是藏人服飾。一家人雖然民族不同、信仰不同，但相互尊重，互不干涉，心慈性善，本分為生，在金鵬鎮口碑很好。

陝青是在金鵬鎮長大的，所以藏、漢語言精通流利，小時候的朋友很多。有了上面這層關係，雖說是馬麒派來的欽差大使，但還有什麼對付不了的呢？熱情接待，予以厚禮，關照其阿媽，然後眾口一詞告訴陝青，宗哲說的是謊話，不可相信。親王是吉祥右旋寺的根本施主，寺院上下都尊重備至，相互關係融洽，相安無事。

至於字條一事，純係個別僧人無事生非演出的惡作劇，寺院秘書處正在嚴加追查，查出後對肇事者將嚴加懲辦，開除寺籍，終生不得為僧。但個別人幹的歸個別事，絕不能有一星塵埃就判定天空不是蔚藍的，一粒石子掉進靴筒裏，就說漆皮馬靴是劣質貨。另外，還可以通過陝青的嘴狀告宗哲，把宗哲在錢財上的垢汙、作風上的齷齪也抖落個一乾二淨，說明宗哲是惡人先告狀，小人得意便張狂，直到把宗哲搞臭搞孤立，連馬麒都不願挨他的身為止。

憑著馬麒和四世堅貝央不同一般的交情，憑著吉祥右旋寺的聲望，馬麒肯定不會輕舉妄動，肯定要和吉祥右旋寺搞好關係，區區小事也就不了了之。

令人惱氣的是，迂腐到頂的旺秀倉卻有意不接見陝青，也就是馬麒馬大人派來的全權代表。他明知陝青來金鵬鎮了，卻不去慰問接待，置若罔聞。陝青反倒拿著哈達、磚茶、粗坨紅糖，主動上他的佛邸拜訪，他也謝絕會見，以閉關靜修坐禪爲名，拒不出門。

就這也罷了，人家陝青什麼也未說，待在母親跟前等待他閉關靜修日子結束後再說。可這旺秀倉卻懵懵懂懂，又召集吉祥右旋寺的八十個僧俗議事代表商量，作出了一個荒唐的決定：認爲字條和宗哲的事是寺院內部的事，是自家的事，寺院有權解決，不要旁人來管，更不需要陝青主持調解。

消息傳出，陝青很爲惱怒，但在阿媽和親戚們的勸解之下忍了。但這個決定實在太荒唐、太無知、太狂妄了。吉塘倉聽後，氣得心都跳到喉嚨口了，連雙腿也開始打顫。真是無法無天，不知道天高地厚。難道你吉祥右旋寺是脫離世俗、處在西天極樂世界，還是海底如意龍王寶殿前？你是在中國西部青藏高原上啊，在西寧府循化廳管轄的土地上，你是中華民國的公民，絕不是獨立王國的百姓，當地官員就有權管理、過問，這就叫王法，它屬於政府的許可權。再說，字條發生在公共場合的集貿市場，內容又牽涉到河南親王的名譽、權威、家庭，河南蒙旗王又屬青海蒙藏部落中的大戶，作爲西寧鎮總兵、青海軍事長官的馬麒出面調解也是順理成章的，誰也無權拒絕。拒絕就意味著蔑視王法、蔑視國家、膽大妄爲。而這一顯而易見的道理，糊塗的旺秀倉卻不明白，真是愚蠢到極點了。

陝青肚量大，沒有計較旺秀倉的所作所爲，也許他從小領略過吉祥右旋寺的霸氣，有點習以爲常了；也許他受阿媽的影響，對佛教保留有一定的信仰。不管怎麼說，他沒有添油加醋、變本加厲地向馬麒稟報真實情況，而是托人捎去含糊其詞、籠而統之的口信，說他正在努力妥善調解，請總兵指示。吉塘倉欽佩陝青的爲人做事，感謝陝青沒有往乾柴上潑油、眼窩裏搗拳。

事情到此停了也就罷了，還有挽回的餘地，但偏偏又出了一件讓陜青尷尬窘迫的事。

他的表弟花石頭丹巴是吉祥右旋寺聞思學院的小沙彌，平時調皮搗蛋，不遵守寺規，常常約上和他一般大小的小沙彌去寺院北郊的灑乙昂溝口拋石餅玩賭博。誰輸了，誰就請大夥去飯館吃飯，沒錢就挨贏家的三指巴掌扇抽，專抽手臂腕面，按預先說定的抽二十、三十下……那天該他們倒楣，聞思學院法台剛好路過，逮個正著。決定在石板廣場經幡旗桿下抽打五十柳條，攆出吉祥右旋寺。

表弟父母求到陜青膝下，陜青答應幫著求情。他想，自己好歹在西寧府値差，法台不能不給面子，便充滿自信地捧著一條上好哈達，一包河州產的糕點，一褡褳紅棗、核桃、冬果梨爲禮品去拜見法台，請求寬容表弟的過錯。他說該抽打就狠狠抽打，該罰款就狠狠罰一頓，但不要開除出寺院。

他必恭必敬，謙卑有禮，但法台冷臉冷語，拒不接受他的禮品，出言更是氣破人的肚皮：「你是異教徒，沒有權力干涉佛教寺院的事務；你又是一個俗人，更無資格過問僧侶們的事，不要以爲你是馬麒的人，可以管天管地了。告訴你，這兒是吉祥右旋寺的天下，你不要頭插犄角充到大鹿夥中，臀抹灰斑又進狍鹿群，我不願見到你這類人！」

陜青受到羞辱，再也按捺不住氣憤的心情，返回西寧稟報了實情。

馬麒有點惱怒，嗅出了事態的嚴重性，但他還是沒有大發雷霆，而是派出了西寧道尹黎丹前去調解。

黎丹是湖南湘潭人，滿腹經略，又長期從政，老謀深算，做事很老練。黎丹知道此行的艱難，也明白解開繩子疙瘩的結子在吉祥右旋寺手中，旺秀倉是關鍵。

西寧道尹是不小的官位，有權有勢，來到吉祥右旋寺地面，旺秀倉也不敢怠慢，通知寺院直屬的八大神部部落派代表歡迎。

黎丹召集八大部落和僧俗八十代表開會，動之於情，曉之於理，開導大夥以大局爲重，以地方安寧祥和爲重，以寺院根本利益爲重，要息事寧人，不要滋事，要承擔責任，追究肇事者。但結果呢？沒有人表態說話，全場啞然。旺秀倉制定的原則成了他們的思想指導和行爲準則。黎丹很掃興，會議不歡而散。

等黎丹走了，旺秀倉和代表們又一次盟誓。還是那句話，官府前來說事，干涉寺內事務，決不答應。他們還高呼神聖「三寶」以作證，表明心跡。

黎丹聽說有這事，心頭大爲惱火，但他城府深，有心計，表面不動聲色，笑呵呵拜訪寺院有名望的活佛高僧，叩拜彌勒佛殿，大悲菩薩佛殿，十萬吼獅佛殿等等，實際上，他在觀察寺院上層的動態，僧眾對他的態度。

過了三四天，旺秀倉那邊沒有一點轉化態度的消息，便知道事情已無法調解，吉祥右旋寺不把馬麒這個甘邊鎮守使看在眼裏，他黎丹這個西寧道尹那更不在話下了。

黎丹還是想做到仁至義盡，將來旺秀倉輸慘了也只能自認倒楣，道不出理來。因此，臨離開前，他主動前往旺秀倉佛邸告別。

返回路上快到山門時，兩側巷道裏突然跑出來十幾個僧人，衝著黎丹的人騎又是撒羊糞灰，又是擲石子，又是扇動袈裟驚嚇乘馬，又是舞著長長的打狗棒，嘴裏亂紛紛不停地叫罵：「吃狗肉的漢人，快去啃死人的屍骨，別在我至尊寺院裏撒尿屙屎……」

馬受驚，黎丹差點墜下馬來，惶惶然，急匆匆中逃出了山門。

黎丹氣壞了，認定是旺秀倉暗地裏唆使僧人來加害他。其用心是不服從馬鎮守使，把吉祥右旋寺搞成沒有王法的「國中之國」，形成自己的天下。

馬麒聽了黎丹、陝青的詳細報告，不由震怒，派其弟弟馬麟帶寧海軍騎兵千餘去震懾吉祥右旋寺。旺秀倉組織藏兵對抗，雙方打得十分慘烈，交戰多次死亡上萬人，最後旺秀倉失敗逃命，得急病猝逝於拉強部落，其佛邸被焚燒搶掠一空，吉祥右旋寺以投降告終。馬麟駐兵金鵬鎮，修建九營店營房，把吉祥右旋寺直接控制在他的手心中。

吉塘倉從西康回來的第二天，便拿了一條哈達、一條羊腿子、一千元白洋為禮品去拜訪馬麟。馬麟已不是從前流浪漢的樣子了。大蓋帽，紅肩章，嗶嘰軍服挺挺的，腳蹬的馬靴閃著賊光，一見面就假惺惺地歉意道：「要是活佛你在寺中，絕不會發生這種親者痛，仇者快的事啊！」

「馬已經撒開了蹄子，塵土已經揚滿天空，這也是因緣所致，吉祥右旋寺無法避開這一劫。」

馬麟說：「有人說，馬麒兄弟倆是眼紅吉祥右旋寺的財富，眼紅教區的物產富饒，才帶上軍隊洗劫佛門聖地的。這真是冤枉。在我堂堂寧海鎮守使的眼皮底下，哪裏搜括不到財富？張口就要，伸手去拿是了，誰還稀罕跑到甘肅督軍的地盤上流血流汗舔點饃渣渣？」

吉塘倉心裏慘笑。天不長眼但有陰晴，地不長眼有個草枯花紅，真是沒頭髮的禿頭愛撓頂，長著六指的愛捂手。你寧海軍不是謀著吉祥右旋寺中歷代皇帝王公、蒙藏教民賞賜、供養的大批金銀財寶，你從西寧、從青海跑這麼遠來幹啥？你若不是盤算統治吉祥右旋寺教區內廣袤豐饒的草地、平展肥沃的農田、蒼蒼莽莽的原始森區、還有下屬的三、四十萬教民，你馬麟從玉樹防守支隊司令的地盤千里迢迢來到吉祥右旋寺又想幹啥？上戰場要的是親兄弟，馬麒派出弟弟馬麟率兵前來，足見吉祥右旋寺在他的戰略棋盤上的重要位置。而宗哲的告狀，不過給了他們馬麒家族佔領吉祥右旋寺一個藉口，一個引子。野浪狗蕩在覓食，糌粑無聊滾下坡，兩者剛好撞個正著。不然，爲著宗哲那點說不清、扯不明的「冤屈」，你會三番兩次派人調解，要吉祥右旋寺按宗哲的要求辦？調解不行就興師動眾，殺氣騰騰來問罪，值得嗎？三歲娃娃也能看出其中的奧秘。酥油糌粑讓浪狗吃了，空皮袋卻套在了宗哲頭上。

「馬司令，我再也不敢稱呼你爲嘎羅了，我弄不明白，雙方交戰廝殺，佛殿經堂又未惹你，你燒旺秀倉佛邸、拉強寺院爲何？」

「實話實說吧，寺院是你們藏民的心臟、脊梁骨、靠山。你們藏人不聽天不聽地，就聽寺院和活佛的，所以我們要燒掉它。讓他旺秀倉和跟隨他的愚昧之徒明白，什麼叫官府，什麼叫王法，蔑視官府該付什麼代價！」

吉塘倉沒話說了，馬麟把話說到這個份上，已經是撕開皮露出肉，砸斷骨拐看見髓了。作爲官府的代表，作爲信仰伊斯蘭教新新教派的門徒，他有他想事情的思維邏輯。他的心頭忽然打個閃，既然如此，馬麟這個殺人不眨眼的異教徒，又爲什麼完全沒有焚燒吉祥右旋寺呢？

馬麟猜出了他的疑慮，笑了笑，呷口茶說道：「吉祥右旋寺有恩於我，四世堅貝央是我的救命恩人，要不然，我早一把火燒盡吉祥右旋寺了。」

這一說，吉塘倉的心倒踏實了。只要他記著吉祥右旋寺的情義，記著四世堅貝央，事情就有了商量的餘地。過去的事那怕是惡魔刮的黑風、臭蟲爬上了經幡頂，也只能忍聲吞氣，忘卻一切了。誰叫你是佛教徒呢？是佛教徒，就得一生倡導慈悲為懷戒殺生，得超出世俗積陰德。即使野蠻之徒來攻擊時，你也只有忍辱負重。就是用血肉之軀抵擋，成為人家刀下之肉，網中之魚，也只能聽天由命，在劫難逃。

這是多麼可憐可悲可氣的結果啊！看樣子，佛教徒也應該入俗現實，磨礪生存的本領，為了大慈大悲，先得砍死牛鬼蛇神。在這一點上，他還是欽佩旺秀倉。且不說這個旺秀倉血氣方剛、富有自尊心，雖然處事欠謹慎欠考慮，可他是條漢子，有一腔熱血一股豪氣，敢說敢幹。為了他心中的吉祥右旋寺，為了掃除他心中的蛇蠍蟲害，他敢集兵動刀槍，和馬麟、馬麒廝拼個天昏地暗。雖然失敗了，犧牲了，但不愧是佛門的忠實信徒。佛門真該改革一下了，不能只講大慈大悲，超凡超俗，還該讓信徒們具備開拓良好生活環境的能力、知識和技巧。首先立足世俗社會，保護自己，然後普度眾生。

吉塘倉說：「感謝馬司令還惦記著四世堅貝央。吉祥右旋寺是四世的命根子，是靈魂縈繞之地。乞望您不記前嫌，以盡力保護佛教聖地為盼。」

馬麟起身往吉塘倉的三泡台茶碗裏親自添點水：「請吉塘倉活佛放心，我馬麟雖是回回娃娃，但不是吃屎的浪狗。我們雖然教門不一樣，但都是吃五穀長大的，忘恩負義的事我拍胸腔絕不會去幹的。你說吧，需要我辦什麼事？」

吉塘倉起立合掌致謝：「馬司令這串話，就像天上的祥雲，地上的春雷，吉祥右旋寺又有大福將臨了。寺裏出現這麼不愉快的事，全是寺中無主，四世轉世靈童未能坐床的緣故，我們得趕緊把靈童確定下來，使地方安寧祥和，寺僧情緒穩定，寺院香火重新興旺。」

他詳細談了尋訪靈童的經過及初步確認阿金的情況。馬麟表示，他不會干涉寺院遴選四世轉世靈童的任何事宜，駐防軍隊只是維持一方平安。

吉塘倉笑說：「現在地方平安，拉強部落已經投降賠款，吉祥右旋寺僧侶也潛心學研佛業，享受中華民國憲政賜予的五族共和，信教自由的雨露，真的有駐防幾千官兵的必要嗎？」

馬麟語塞，吭哧了一聲，未說出什麼。

「天黑人敲門，一夜睡不好；羊尿泡打人，不痛騷氣難聞。這麼多騎兵住在金鵬鎮，寺院上下人心惶惶，總擔心那天又冒出個什麼事來。倒弄得地方不安寧，寺院佛僧也似揣著塊大石頭。」

馬麟神色有點難看，但口氣鬆了：「只要你吉塘倉攝政能管住吉祥右旋寺和教民們，我明天就撤兵，只留一營人馬。」

吉塘倉莊重的合掌：「我以佛法僧三寶的名義保證。」

馬麟笑了：「這下你心想事成，該滿意了吧。一條羊腿換了大撤兵，這買賣只有吉塘倉能幹得出來。」

兩人開懷大笑，聊起往事，相互間好像多了些情分。

「還有一件事得麻煩馬司令。」

「有話就直說，誰讓我倆是老交情呢。」

「我吉塘倉和宗哲兩人之中，你會挑選誰當你的朋友？」

馬麟吭了一下，遲疑地問道：「你這是什麼意思？」

吉塘倉擺擺手：「先別問什麼意思，說你心裏話。」

「那，當然是你吉塘倉。你是首席金座活佛，學識淵博，胸懷慈悲，名望很高，理所當然。」

「既然馬司令這樣說，那我就實話實話。我是吉祥右旋寺的攝政，而宗哲又是你們指定的總管家。社會上傳聞宗哲已破佛門戒律，僧俗上下都把他看成攪屎棍。留著他在寺裏，對你馬司令的威望也有影響，我攝政也不好管理政教事務，你做個選擇吧。不行，我就不當這攝政了，遠走他鄉，去那個靜修寺閉關坐禪好了。」他眼神很認真、很誠實，一本正經的。

馬麟猶豫了一下，訕笑道：「活佛這不是將我的軍嗎？這樣大的事，我怎敢作主，得請示阿哥同意。你別逼我，等個十天半日如何？」

吉塘倉覺得此行的目的達到了，便告辭退出馬麟的兵營。

由於他的出馬，事情進行得很順利。二十天後，馬麟派人告訴他，阿哥同意撤軍，只留一連騎兵住在金鵬鎮維持地方正常治安，其餘軍隊由他率領返回西寧。關於宗哲，希望給予體面的安排，至於去向哪裡，全權由吉塘倉負責。

吉塘倉以攝政的名義，召集各活佛、各堪保、僧侶代表、各部落頭人，宰殺了二十頭犏雌牛，一百隻肥羯羊，二千斤新酥油，還有熊膽、麝香、鹿茸、蟲草、貝母等等貴重禮物，歡送撤回的馬家軍。寺院沒錢，他就從自己佛邸庫銀裏先墊支。馬麟也異常高興，覺得很體面。商會還組織了社火隊、秧歌隊歡送。

惶惶不可終日的宗哲。吉塘倉也安排了好去處。他曾任過塔爾寺的總法台，有好多熟人在塔爾寺，他把宗哲介紹到了塔爾寺總法台跟前，懇請他給宗哲安排一個較舒適合宜的崗位。總法台答應並來了回信。臨走，他以個人名義饋贈了三百兩白銀，宗哲很感激，戀戀不捨地離開了吉祥右旋寺。

安頓好這一件事，他接著聯合「轄俄」（戒律檢查官）整頓寺規。在僧眾大會上，他把記有佛祖制定比丘要遵守的二百五十三條戒律的經文讓大家背誦了三遍，又重新宣讀了三世堅貝央制定的吉祥右旋寺《清規細則》，給每個僧侶印了一份發到手。清規全文如下：

「根據噶丹赤巴活佛須行整頓本寺清規的請求，鑒於經院不能鬆弛清規之重要性，特制訂今後如是遵循的新規條文如下：

……僧伽內部不准射箭、擲骰的玩耍項目；不得著俗裝，持武器外出；不准向明知身分的賊盜提供馬匹、錢糧；不得暗中宰殺牛羊，若有在勒當正措奇範圍無故忌殺牲者，僧伽不得協助。絕不容許盜伐前山和曼達山的林木等，俗人亦須受罰之行為。身為僧伽，不可存有家室，一旦建立家室，須按原訂條目例行懲處。僧伽還俗立家者，不僅不准再行出家加入經院，亦不准充當隨侍人員。加入僧會進行正常修習的僧伽之中，若有無所顧忌飲酒邪行者，一概開除寺籍，驅逐他地。凡上述犯戒者及外來類似人員，不得做為拉章宮隨侍和其他宮邸的隨侍人員領取會供份子。原有隨侍人員或其他宮邸隨寺人員之中，若有非規定時間內在僧舍留宿婦女和發現飲酒者，同樣除名驅逐。

關於畜養騎乘，原先規定在噶然班（按：在顯宗學院的最高級次）修學達三十年以上資歷者方可畜養，但鑒於此類高齡僧伽極為稀少，現改定凡入經院不滿三十年者不准畜養。除拉章宮養狗兩三條外，其他大小宮邸一律不准養置門犬。擔任總務處幹事而請假，或以欺騙手段請長假不參加法會的人增多，必將傷損法會、講修，是故，除了持有印鑑證明進行長年團修、終生閉修者及病員外，任何僧伽不得請假長期缺席法會、講習和自由自在，必須參加法會和集體講習。寺院會議成員的僧伽亦須按照先前慣例參加法會和集體講習。除了各宮邸和個別管家等外，參加正常法會和集體講習的普通僧伽，不得在僧舍內長期留住額外人員。僧伽不許作中買賣牛羊，不許倒賣麵粉、糌粑等謀取利金，不許做各種生意。

清規之基礎有賴於執事人員管理之優劣，所以，委託執事人員時，必須選擇稱職者造冊上報；不得徇情弄私，不得依個人好惡行賄受賄，互相授受，濫竽充數。執事人員不得以私枉法，不得無視清規、寬大無度，如發生此種情形，須行從嚴追查處理。執事人員嚴格執行清規，任何人不得任意誣陷枉加惡名。關於發放份子標準和年齡規定，參閱附錄執行。

總之，清規是一切之根本，會議務必遵照執行，極為重要。若執行者和遵循者任何一方不按規定執行，或尊卑各方憑藉權勢任意違犯者，則視情節輕重，進行追查處罰。請大眾遵循，不得有違！

第十四繞迴木虎年（西元一八五四年）五月十二日擬訂於拉章宮圖丹朐章殿。」

接著，寺院掀起了一場全面整頓寺規的熱潮。告發者有獎，獎罰金銀兩的一半；破規者罰，從不准參加僧眾集會領布施份子一月到半年；從僧眾大會點名通告批評到石板廣場經幡旗桿下領受紅柳條抽打、沒收財產；從罰銀五兩到一百兩直到開除寺籍。大約十天左右，石板廣場總圍著各學院的僧侶，觀看破規者如何挨打的狼狽慘相，領受教育。幾乎每次大經堂僧眾集會上，總法公都要宣讀破規者的名單。特別是襲擊黎丹的為首僧侶，一概開除寺籍，通報各子寺，終生不得為僧。

那位寫匿名字條的僧人也查究出來了，綽號叫大頭。吉塘倉沒有大張旗鼓地予以通告懲罰。處理這類事，他是慎而又慎。男女私情本來就撩起人類的興趣，再加上此事關聯到親王和寺院的名聲，因此，它的社會影響更大，負面效應也更遠。只能淡化再淡化，大事化小，小事化無，讓時間把人們殘存的記憶慢慢消退一淨，千萬不能攪起往事，勾起人們的記憶。

他把肇事者大頭僧人請到他的佛邸，叫左右退下。溫聲和氣地問道：「你親眼看見王妃勒柯和宗哲私通的嗎？」

大頭惶恐地搖搖頭，吭哧半晌才說道：「聽別人在轉經路上閒聊的。」

「知道你的字條引起多大的麻煩嗎？」

大頭僧人的頭幾乎埋到了襠裏不言語。

吉塘倉有點動氣：「一點酸奶酪水壞一桶牛奶，一匹劣馬害一群良駿。不說馬家死的人，光咱藏人就有三、四千人，受糟蹋傷害的上寺院三十多座，你說說，佛門弟子的善舉是不殺生，而你的字條成了殺生的導火線，你說你罪孽深重不？」

他粗重的呼吸聲息，吹打在大頭僧人的臉上，大頭僧人的臉肌肉在急劇抽搐，嚅嚅吶吶道：

「我願接受最嚴厲的懲罰，那怕下地獄上刀山。」

「你也不用下地獄上刀山了。你的一切都緣於佛性不重，你體內的佛性還未開掘出來，動物秉性沈澱的太多，我給你指條光明通道。」

大頭僧人兀地抬起頭，溢滿淚花的眼睛迸射出巨大的期望。

「你去轉聖山崗仁波青洗滌靈魂，去聖湖麻龐雍措洗滌身上的罪孽，三年後，你可就近在旁邊的阿里托林寺修行學經，我寫信證明你僧人的身分。記住，你要永遠離開吉祥右旋寺所轄的教區和子寺，讓你寫字條一事爛在十八層石山底下，記住了？」

大頭僧人感激地頻頻點頭：「仁慈的活佛，恩重的活佛，是你拯救了我的靈魂，才使我來世有望不進入三惡趣、地獄，不變爲餓鬼和野獸。」他站起欲走，吉塘倉拍拍他肩頭，示意讓他等等。

吉塘倉拍了一下巴掌，內務管家洛哲進來了。一手提著線織的乾糧褡褳袋，另一手是雲遊僧的U形行李夾子，還有一件僧用紫紅斗篷。

吉塘倉示意洛哲把東西交給大頭僧人。

大頭僧人困惑地望望吉塘倉，又看看洛哲，不解其意。

「這是活佛給你準備的乾糧、行李。」洛哲解釋道。

「從今夜起，你就是一個浪跡天涯、雲遊四方的僧人。你不要回僧宅，也不要告別任何人，馬上起身。你對著佛法僧三寶起誓。」

「我向佛法僧三寶起誓，決不食言。若食言，患麻瘋病而死。」大頭僧人感激得淚眼漣漣。

吉塘倉打手勢制止了他的賭咒發誓，從枕頭底下摸出一副墨鏡，又變魔法般從桌几下扒拉出一頂長舌箕箕僧帽遞過去：「在吉祥右旋寺教區內，你要戴上墨鏡，戴上這頂帽子，讓所有人認不出你來。你從此要從這塊地方消失掉，明白嗎？」

大頭僧人搗錘般點頭不已，站起身要告辭。

吉塘倉也站起身，伸出手摩頂祝福，又往脖子上搭了一條哈達。送到臥室門口，又扳回大頭僧人的肩頭，從袍懷裏掏出兩串紅布包著的銀元，「這是五十塊銀元，路上做個盤纏吧。」

大頭僧人撲地跪倒地上，向吉塘倉叩了三個等身頭，然後什麼也未說，跌跌撞撞跑出屋子，消失在大門外。

吉塘倉望著大頭僧人的身影消失在夜幕中，仰天嘆口氣，站在黑天裏思忖……

還有件心事也掛在他胸口，不能不急弄清楚。因為他是吉祥右旋寺的攝政、政教大事的總管，事情發生在他任職期間，不能不記在吉祥右旋寺的史冊上。另外，作為學者，他對寺院內外，教區地盤上發生的事也頗有興趣。他涉獵的知識範圍不僅僅是宗教、政治、經濟，天災人禍，民俗禮儀的變遷也都有濃厚的興趣，只要是地方上發生的事件，他都要調查記錄在案，然後剖析根由，探索其走向軌跡。

他的心事就是這場戰爭。圍繞吉祥右旋寺發生的事件及其引發的災難！一場由旺秀倉指揮的藏兵與馬麟的馬家軍間的血肉衝突。他一定要寫個「史記」，把旺秀倉的壯烈耿直和失敗原因寫出來。

前因後果他已經弄清楚，現在模糊的是過程。

這類事不能向參戰兩方調查。勝利者會誇大其詞，掩蓋真相；而失敗者則憤恨萬分，粉飾自己的失誤缺陷，只責怪對方卑鄙無恥。藏軍方面的頭面人物死的死，逃的逃，投降的投降，沒人清楚戰局的全盤過程，只有向馬家軍參戰的文職官員瞭解，才有望知道全貌。他們一般頭腦冷靜清醒，記事清楚。

他找到了馬麟的秘書科長姚鈞，饋贈了一百兩銀子，兩張紅狐皮，三顆麝香，還有從西藏販來的英國八音座鐘，請他詳細談談戰事經過。

看在禮品的面子上，兩人過去又有來往，交情也不淺，姚鈞率直地道出了全部過程。

聽到馬麟被馬麒派來吉祥右旋寺調處代理攝政旺秀倉和宗哲的矛盾，旺秀倉馬上警覺起來。他素知馬麟和宗哲交情不一般，恐有所偏袒，乃率眾數百人，於距吉祥吉旋寺五十里的甘家灘埋伏，堵截馬麟。

馬麟行至該處，伏兵突然湧出，將馬麟四面包圍，馬麟奮力突圍而出，即向西寧告急。馬麒又急令管帶馬騰鳳率寧海軍第五營步隊、馬輔臣率礦務馬隊前往救援，接觸後激戰一晝夜，即將旺秀倉屬眾擊退，雙方均傷亡慘重。

戰鬥中，馬麟所部的第二營步隊，原駐紮吉祥右旋寺塔哇，由通事馬壽如指揮，時亦被包圍，馬麟即率各部救援，迫使旺秀倉餘眾向金鵬鎮下塔哇東山的曼達拉寺撤退。馬麟亦退至阿木曲乎，雙方又在桑柯灘血戰竟日，終以馬麟所部炮火強烈，旺秀倉全線潰敗，旺秀倉本人僅率十餘騎逃走。

據當時曾參加該戰鬥的韓有祿向他談及：

「在甘家灘將旺秀倉擊潰，繼解塔哇之圍後，我們駐紮在塔哇的『九層樓』隔壁松巴的院內，繼向曼達拉溝出發，展開激戰，旺秀倉所屬不敵，向南奔逃。第三天，寺院派管事人阿木曲乎智化，來見馬麟，要求充任嚮導，並說：『旺秀倉所部不多，只帶一部分隊伍即可擊潰。』馬麟並未聽信，根據當地形勢，從東西兩溝出發。

馬麟親率步兵由東溝搜索，派騎兵由西溝搜索，由阿木曲乎智化作前導，騎兵進入西溝後，阿木曲乎智化用帽子向空中一揮，溝中旺秀倉預伏的兵力即猛起阻擊，以致騎兵潰散，幫辦馬四虎被擊斃。待馬麟由東溝回兵追擊時，旺秀倉所部已撤退。爲此，步騎兵只得仍回塔哇。

約一月餘，又聞旺秀倉集結兵力於桑柯灘，其中除有阿木曲乎部落的人馬外，也有保安一帶的人馬，共約七八千人。馬麟針對這一情況，急率馬步全軍迅速抵達桑柯灘，擬以出其不意制勝。但桑柯灘附近的東西兩座山均已被阿部佔據，馬麟遂指揮步兵向東山攻擊，騎兵向西山攻擊。

當時在東山接觸後，戰鬥十分緊張，兵步不支，迫使馬麟後退，在向西轉移陣地中，又遭突襲，多數士兵被擊斃，仍退守東山附近。幾天後，旺秀倉又向東山集結兵力，馬麟採取了以逸待勞、誘其深入的戰法，此次戰鬥中，旺秀倉所屬被殲甚多，奪獲了大批武器彈藥及帳房用品等，也有少數人向馬麟繳械投誠，至此戰事告一段落，旋即返回塔哇。」

在此次鎮壓吉祥右旋寺的戰鬥中，旺秀倉所部死傷約有兩千餘人，寧海軍死傷二三百人。吉祥右旋寺附近藏族群眾的牛羊馬匹及金銀財物等，也多被掠奪。寺院內供奉的金質佛像亦為馬麟部所掠取。那時張廣建為甘肅督軍，任用私人，公行賄賂。斯時金佛在蘭州極為暢銷。據說有的佛像內臟中裝有寶石，在國外值價很高，馬麟部即以金佛作為自己發財和行賄的資本。

當馬麟得勝返回吉祥右旋寺時，馬麒即派其長子馬步青率領幫辦蘇尕五，隨帶騎兵二十人，前往吉祥右旋寺犒軍。但因與吉祥右旋寺區的藏民結怨極深，故消息傳出後，即有住在尼馬隆的甘家部落藏民數百人，在馬步青必經之路進行了埋伏。

當馬步青經循化向夕廠溝前進時，在距甘家灘僅有六十里的路途中，被埋伏在尼馬隆的藏民突起圍擊，騎兵即被擊襲，僅剩馬步青、幫辦蘇尕五、差官王少文及衛兵一人。當時馬步青慌作一團，蹲在地下，幸虧王少文鼓起勇氣，用盒子槍向藏民掃射，始解救了馬步青等人的危急，乘馬奪路逃脫。後來為進行報復，馬步青勒令尼馬隆甘家部落的藏民交納了命價，並將首事人槍決。以血腥的手段結束了這一事件。

從拉強部落居民的口中，吉塘倉還瞭解到，第二年，馬麟與旺秀倉又進行了激烈廝殺。

旺秀倉失敗後，即赴拉強部落，並發動拉強部落頭人聯絡各部落發兵反攻。在聯絡中，以給隆務寺供一頓「經飯」為條件，取得了原屬吉祥右旋寺的同仁部落的支援。同年冬，旺秀倉發動各部落民兵數千人反攻吉祥右旋寺，同仁藏兵直攻到上「塔哇」街口，由於各部落民兵聯絡不周，後續民兵沒有趕到，致同仁民兵死亡十餘人後不得不撤退。

第二天，吉祥右旋寺其它部落的民兵，又和馬麟的部隊在峨慶溝打了一仗，也失敗而返。此後馬麟派青海的托更倉活佛到旺秀倉處招降，托更倉對旺秀倉和周圍僧眾拍著腔子說：「只要你們派人去投降，我可以負完全責任，保證馬家可以息兵，從此和平了事。」旺秀倉遂派其堪布（管家）曾智赴馬麟處納款，馬麟竟不容分說，把曾智扣押起來。

吉祥右旋寺的管家拉強部落人火爾孜，在馬家召集十三莊的群眾向拉強部落進兵時，曾向群眾講過「大家要看藍天的晴處，白雲的趨向」，因此馬麟認為火爾孜有意識的暗示十三莊群眾要看風頭攻擊他們，乃將火爾孜和拉強部落的才曲拉麻扎西、萬冷加多二人捕送到西寧去了。

馬麟連打了兩個勝仗，遂在吉祥右旋寺修建營房，長期駐兵，從此，吉祥右旋寺便直接控制在馬家的鐵蹄之下了。

由於拉強部落是旺秀倉活佛的供養地，所以旺秀倉即以拉強部落為反攻基地，馬壽、馬麟等認為不把拉強部落徹底征服，不足以顯示寧海軍的威力，乃同駐河州的西軍馬國良部二千餘人，連同他自己的騎兵共四千餘人，於一九一八年十一月，經卡加、黑錯向拉強部落進攻，先後攻破了哲哇和安郭兩村，直入拉強部落寺院，放火燒了寺院，並屠殺男女僧俗七百餘人，搶去金銀財物難以數計。

同時馬部遊弋和經過的卡加溝、隆哇日溝及上八溝部落，均遭搶劫焚殺。隆哇日和卡加等近三十座寺院，亦無不受其騷擾。旺秀倉逃亡黃河南岸很角部落，後來就死在那裏。直到拉強部落頭人投降歸順，馬麟才撤兵回拉卜楞坐鎮，並宣布撤銷旺秀倉的佛位，搶掠一空後，燒毀了旺秀倉的佛邸。

每當夜深人靜之時，吉塘倉貼著油燈，在他儲存的特製西藏工布金東紙、達布紙上，用竹筆工工整整寫成長足筆體，傳之後世，好讓後人認得清清楚楚。如果有機會，他準備創作成敘事詩，用老百姓喜聞樂見的說唱體，把這段驚天動地泣鬼神的事件流傳下來，讓後人記住旺秀倉的英烈精神，藏民族的恥辱歷史。

第七章　撲朔迷離的靈童議定

另位金座活佛旺秀倉吐露認定靈童的艱辛曲折。一切都是佛意，又有前世吉塘倉意志理想的追求。歷世堅貝央靈童尋訪都歷經風雲撲朔、一波三折。金盆顯靈、糌粑丸子、卜卦點算，神秘中又有人為因素。吉塘倉心有靈犀……

忙完這一切，尋訪靈童的大事才提上議事日程。時間已經過了大半年了。

雖然他心急如焚，雖然他為尋找靈童千里奔波、絞盡心汁，吃了很多苦頭，雖然他是攝政。但認定吉祥右旋寺這樣一個藏傳佛教宗主大寺的寺主活佛之轉世靈童，卻不在他的許可權之內，他的資格還達不到，能力也無法達到。

按藏傳佛教認定活佛轉世靈童約定俗成的規矩，四世堅貝央的轉世靈童，只有達賴喇嘛或者班禪額爾德尼大活佛才有資格認定。首先得寺內選定三至五名轉世靈童，然後提供給達賴和班禪卜算，當然，寺中如果只遴選了一名那更好了，送到達賴或班禪處認定，就少了許多磨擦和麻煩。

信徒和圈外人不清楚，實際上，認定靈童之其中藏有許多難以挑明的人工作業過程，夾雜著微妙的、尖銳的利益衝突，包括權力、財產、聲譽、血統……真如漢人諺語所道破的「一人得道，雞犬升天」。在西藏，一旦誰家孩子被認定爲達賴或班禪的轉世靈童，這個家族一下擢升爲世襲貴族，牛羊一群群、農田望不到邊，莊園好十幾處，奴婢如雲滾。雖然安多不完全這樣，但油水也很可觀的。

想到這兒，吉塘倉睡不著，已是半夜時分了，他悄悄爬起身，沒有點亮燈，摸黑拉開門。走到走廊欄干旁，微倚柱子抬眼往夜空望去。

初春的高原夜天，墨藍的蒼穹像一塊發射冷光的冰磚覆蓋，一股寒氣襲來，他情不自禁打個冷顫，裹緊了散披的絳紫紅袈裟。但他沒有收回目光，仍然凝眸望著墨藍的夜空出神。

真是星光燦爛、爭相鬥輝啊！有的大如牛頭，有的卻小得只有鼠尾粗；有的有稜有角如公鹿頭上的七叉茸，有的又小又圓滑，像小溪中的拇指卵石；有的地方群星擁擠成簇，彩光閃爍奪目，有的地方卻星辰稀稀疏疏，可憐地眨巴著乾澀無神的眼皮，使墨色的夜空透出一束束冷清、孤寂；有的星辰大大咧咧地傲然微笑，有的星辰卻黯然地若隱若現，顯得無精打彩，疲憊不堪，有的……啊，天上鑲嵌的星辰都如此大相徑庭，人間何況不是如此啊？佛祖說人類的災難是由貪、嗔、癡、傲慢、疑忌、惡見這六樣根本煩惱引起的，真是針戳骨髓之中。尤其那個「貪」，像影子一樣無處不在處處有，即使佛門，也充斥著你爭我奪，都想把自己妝扮得絢麗燦爛，想往肥肉上貼膘，使自己更加顯赫富貴，權傾一時。怪不得老百姓中有一句諺語流傳：「活佛出在土官頭人家，毛驢都生在窮山僻壤裏。」

要不是土官頭人爭相企圖把自己的子孫說成是堅貝央的轉世靈童，並爲之相互傾軋，賄賂有關尋找靈童的各路活佛，使吉祥右旋寺上層中在靈童選定上每每意見不一，相互矛盾迭起，相爭不下，要不，四世堅貝央的轉世靈童怎會跑到數千里以外的西康去尋找呢？四世堅貝央生前爲什麼暗示說他要轉世在遙遠的西康呢？恐怕四世有了切膚之痛才引發出這個念頭的。佛門也不清淨啊，既然政教合一，紮根於世俗社會，就無法不沾染世俗的淤泥，不能不和世俗社會攪混在一起。四世堅貝央這方面就受了許多委屈。

三世堅貝央轉世靈童的認定，仍然落在前世吉塘倉肩上。

四世堅貝央是黃河南隆務地區一個藏蒙混合後裔居住的農區村莊中選定出來的，是那個叫紅土台部落的土官的大兒子，直到十歲才確認接迎到吉祥右旋寺坐床的。

爲什麼拖到十歲才確認呢？這期間撲朔迷離的事情太多，爭議不下的意見太雜，寺院內部亂成了一鍋粥，大活佛之間意見分歧也不少。最早刮起黃沙塵暴的便是三世堅貝央的家族親友。

三世圓寂一年後，三世堅貝央的家族林周倉頻頻來人到各金座活佛前遊說。先是堅貝央的大哥散智從五百里外的草地趕來，馱著三副羊胸岔風乾肉，一羊肚的新鮮酥油，一褡褳白晶晶的奶酪，還有牧區特製的點心，精心挑選的人參果蕨麻，另外三百塊白花花、沈甸甸的銀洋，一條絲織黃哈達，來到當時任攝政總法台的上世吉塘倉佛邸，說是來獻供養於吉塘倉，請求叩頭摩頂賜與吉祥結。

因爲是上一世寺主堅貝央的大哥，又過去相互認識，吉塘倉以貴賓禮儀接待了他，把散知讓進臥室炕頭，坐在他寧夏三藍栽絨地毯上，讓侍從給盛上專爲他熬製的奶茶，又擺設了七盞子內地的葡萄乾、杏乾、桂圓、糖瓜、紅棗、花玻璃紙包的水果糖等草地很稀見的乾果，還有點心、糖酥餅、雪白如脂的素盤、棗包子等等，一丈長的彩繪炕几擺了個滿滿當當，請他款吃款飲。

但散知沒有伸手去拿佳肴品嘗，神情也沒有露出貪饞之意，而是很急迫、很鄭重地告訴吉塘倉一件事，說他的兒媳婦近日生下一兒子。生的那天，寒冬臘月天氣響起了春雷，落下一片甘霖，一道彩虹從帳篷天窗裏飄進來，帳房前的煨爝台周圍還綻開出一簇簇金黃金黃的金蓮花。

更讓人爲之驚嘆不解的是，兒媳在三世堅貝央圓寂後的七七四十九天後的第二天夜裏，夢見三世堅貝央。三世笑呵呵進帳告訴說：「我回家來了，終於盼到了這一天，我得歇一夜，明天再上路。」說罷，一頭鑽進了她鋪好的毛被中，呼呼打起了鼾。那天夜裏她就懷上了，你說，這再明白不過地暗示前世是轉世在我家的嗎？

散知絮絮叨叨說了半天才告辭，臨出門，拉住活佛的手，要寺院尋訪靈童的隊伍早日來他家確認靈童，好接入吉祥右旋寺坐床，他不要寺院的一分錢贖身費。

弄得吉塘倉苦笑不得，不置可否，只好用一段米拉日巴道歌回答了他：「若不積蓄起大的福德／雖修持也無功德產生。內心若不生起知足／積蓄再多也屬於別人／內心若未生起安樂／外表的舒適是痛苦的原因／不制伏貪婪的厲鬼／貪圖名聲是自我毀滅的原因……」

他抑揚頓挫，朗誦得很認真，但散知一臉的惘然，顯然沒有明白米拉日巴道歌的意思。

望著散知逝去的背影，總法台久久佇立在小院門口，嘴角掛著一抹苦澀的笑紋，可憐、可悲的內心感嘆從瞳仁裏流出。他知道散知的話中大多是謊言，三世堅貝央當面曾給他說過，他爲他的兄弟姐妹的貪婪感到羞愧不安。他們每次來他的佛邸，總是喊窮喊困難，不是要錢就是要物。他下去到所屬部落誦經祈福，或是舉行灌頂大法會化布施收供養，可一回到佛邸，聽到消息的兄弟姐妹們便像黑頭蒼蠅般飛過來了。名義上是慰問，眼珠子卻盯住了錢物牲畜，編造各種藉口要這要那。

作爲活佛，他不能傷害任何人，而他們又都是自己的同胞手足，只能委屈求全，讓管家隨意挑選一些敷衍走人。次數多了，他煩，佛邸的侍僧和寺院上下也煩，都有議論了，而他有口難言，苦水肚裏咽，心裏淤下疙瘩。寺院內外都知道他老家家底殷實，牛有七八十頭，羊有五百隻，馬有十幾匹，田地上百畝，人丁興旺，吃、穿、用都不愁，在部落裏是算得上等的人家，但他們卻不知足！他們靠他發財。

門前的牛有四百來頭，羊上了千隻，姑娘媳婦們不僅首飾齊全，還像城裏人一樣，皮袍蒙上了彩緞面，邊緣鑲了巴掌大的獺皮，脖子上墜有金佛龕，耳根吊著燈籠式的嵌珊瑚金耳環，富麗堂皇，雍容華貴，簡直像傳說中的公主、王妃。男人們的衣領全用豹子皮包嚴了，包括袖口也如此，手指上的金戒指箍得指頭彎不下來，馬鞍子是銀緞的，馬蹬是景泰藍的，至於腰刀、叉子槍更不用說了，全是銀子鏤空裏起來。本事不知道長進了多少，壞脾氣卻長了許多，驕蠻霸氣得連頭人也不放在眼裏。

家族的顯豪，反倒使他不安起來。閒聊之中，三世堅貝央感慨地說他下世不想轉世了，他愧對佛教，愧對教民，把自己的兄弟姐妹都教化不過來，還當什麼堅貝央。話說到這份子上了，他怎能重新轉世到自己家族中呢？這些事，是佛邸管家後來告訴他的。

類似散知遊說的情況，陸續還出現了多次。三世堅貝央家族就有幾起，教區內各有勢力的土官豪紳也遊說寺內各大活佛，都推薦自己家族的嬰兒是三世堅貝央的化身，說出的瑞兆吉相都大致一個模樣。

寺院人心攪亂了，教區信眾的心也攪亂了，誰也不知道誰是真正的轉世靈童，誰也不敢相信誰認定的是不摻假的四世堅貝央。都把目光聚焦於三世吉塘倉身上。

三世吉塘倉卻在這亂哄哄的關口，閉門謝客坐起了禪，三七二十一天後才解禁出了門，像沒有出現任何事似的不慌不忙，按步就班、有條不紊、井然有序地抓靈童尋訪一事。先是組織了幾路尋訪靈童的隊伍，由大活佛或者高僧帶隊，其中有堅貝央佛邸的管家、經師、侍僧等，分頭到各地遍訪，特別是有傳說的部落村莊和人家。但規定二條：一是帶隊活佛或高僧不能去自己固有的供養部落和出生地，採取回避辦法，以免沾嫌；二是帶隊活佛或高僧避開自己推薦的靈童所在之地，免得產生閒話，招惹是非。

兩條冠冕堂皇的理由誰也不好提出異議，它更符合藏傳佛教靈童認定的公平、公正、公開原則，一再申明可以說是爲了保護他們，杜絕是非。當然，也有不甘心就此洗手的活佛私下來到吉塘倉佛邸，提自己推薦的靈童是出於寺院大局、教業大局，出於公心，是真正的轉世靈童。

吉塘倉和風細語地回答說：「是真金，擱在誰的手心都沈甸甸發光；是錦緞，誰摩挲都是柔綿滑膩；是真正的靈童，誰去都有緣見到靈性靈氣的。你難道不相信其他活佛的慧性、悟性和眼力？」

一顆軟釘子，頂得對方無話可說，只得打哈哈圓場，灰溜溜告辭回轉。話傳出去後，再也沒人敢上門遊說了。

三世吉塘倉不愧是哲學家、詩人、政治家。他給誰也沒有留下口實，而是完全按藏傳佛教儀式一絲不苟地進行。各地遴選靈童的隊伍返回後，他一一請到自己會客廳，閉門讓一個個彙報情況，並留下吃飯款待。但要求名單絕對保密，不得外傳，不得相互通氣聯絡，要求他們當場面對自己臥室裏的宗喀巴佛像賭咒發誓。而遴選靈童的名字、父母、地址，統統交大寺秘書處，當著尋訪團首席活佛的面登記造冊加蓋章子，並核實對證。最後一共有廿幾位待選靈童。

三世吉塘倉沒有按照常規，把候選靈童一一在佛祖釋迦牟尼金身雕像前進行卜卦遴選，而是成立了一個監審組，由各學院任法台的活佛、大寺直屬八大部落首領、德高望重的高僧等二十一人組成。在大寺經堂二樓的佛祖殿裏誦祈禱經七天，然後由他主持舉行卜籤。卦籤是糌粑丸子。出人意料的是，一共有兩顆，一顆裏有「有」字紙條，一顆裏的是「無」字紙條。

有與無是爲了減少冗長繁瑣的程序。如果卜出的是「有」字籤，則再在二十幾名遴選靈童中卜卦抽籤肯定。如果結果是「無」字，則省去了許多手續，排除這廿幾位遴選靈童和地域，得重新去尋訪。兩丸子用黃緞包裹了九層深。裏字做糌粑丸子，也是在佛殿裏當著眾人面由他親手捏製的，至於手頭的技巧，那全是心裏的功夫，旁人是無法用肉眼察看出只有分毫之差的糌粑丸子輕重份量的，誰也不會用稱金的戥子來當他的面秤測兩個糌粑丸子份量勻不勻的。

七天後的上午，太陽剛抹進佛殿，卦籤儀式便在密宗學院的誦經、法樂聲中舉行，糌粑丸子擱在金盆裏，金盆下面是羊皮大四四方方的黃絹，由四個僧人拽直四角，接迎蹦出的糌粑丸子。操作者是三世吉塘倉。他兩手捧著金盆，神色凝重、專注、虔誠，目光一眨不眨地盯著盆內輕輕搖動糌粑丸子，人們的心跳幾乎停止了，呼吸也變得地粗重了，都瞪大眼盯著晃動的金盆。

跳出來的丸子是「無」字丸子，人們的眼神一下黯淡了，情緒變得有些沮喪，像挨了頭霜的金蓮花，耷拉下半個頭，不知道下一步該怎麼辦。但三世堅貝央卻像深秋裏的金菊花，霜撒在上面，頭顱反倒揚得更高，色彩也更靚麗了。他安慰大家說這是天意，是佛的安排，真正的靈童在其他地方，但不能像這次一樣，四面撒開，沒有重點。應該再次在佛祖面前莊重卜卦，看靈童到底在哪個方向。與會僧俗都點頭應諾，贊成再次當場卜卦。而且規定在上次尋訪地域以外。

三世吉塘倉當場寫下了四個紙條，分別是東、西、南、北，叫大家一一過目審驗，然後揉成紙團，又親自調好糌粑，讓大家看好稀稠乾濕合適不，眾人沒了意見，他便一個人徑直走進大寺的護法神殿中，關上門，面對六臂護法神塑像邊默默誦經念咒，邊從懷裏的手帕袋裏把紙條揉進了糌粑丸子。只一陣兒又出門來，把糌粑丸子擱在金盆裏，讓監審組的代表們一一過目審驗點頭。

跳出來的丸子中是「西」字，這就是說，西面方向有真正的靈童。大夥釋然，眼神又迸射燦爛的光芒，臉龐罩上了希望、幸福的油彩。

三世吉塘倉緊接著宣布說，這次尋訪靈童的大任由他擔當，他將親自組織人員赴西部尋訪。大寺的事務由「塞池」（金座活佛）敦札活佛暫時代理。人們一下歡呼欣慰，感謝吉塘倉為寺院奉獻一切、公而忘私的精神。在吉塘倉的率領下，都齊刷刷來到大經堂院裏煨燊台前，對著熊熊燊火發誓：一心一意相信吉塘倉認定的靈童，決不猜疑反悔，敬請護法神明鑒。如若言行不一，願接受六臂護法神的嚴厲懲罰。

宣誓完畢，三世吉塘倉把其他三個糌粑丸子隨手甩進了燊火爐膛中，把中卦的丸子交給了佛祖供殿的管家，讓他把它供在釋迦牟尼佛像前永久永久。

一月後，三世吉塘倉把四世堅貝央靈童接來坐了床。人們還未明白是怎麼一回事，就已身不由己地向靈童敬獻哈達、供養了。

據說三歲多的堅貝央當時很瘦，臉色如秋葉般發黃，身上肋巴條條畫出了道道肉槽，脖子細得掛不住大頭，顴骨凸現只包著一層皮。

顯然農區小土官家的膳食很一般，可能只有雜麵饃饃、青稞麵糊和淡淡的熬茶。唯一能看出小靈童佛相標誌的，是翹起的如右旋海螺般的硬硬大耳朵，還有直稜直稜的鼻梁。

這種身相，自然引起了寺中上層佛僧的一些議論，但都不公開說，因爲在燦火前，大家對護法神都起過誓的。但教區各部落，尤其那些曾經揚言己家新生嬰兒是真正轉世靈童的土官頭人，卻閒話多了。他們瞧不起堅貝央無權無勢、沒有背景的家庭，嫌是從教區以外遴選的。明裏不敢說三道四，怕護法神懲罰自己背叛盟誓的舉動，但暗裏卻不時丟幾句牢騷話，關起門嘲訕一番，散布流言蜚語，還付之行動，對寺院供經供飯的勢頭放慢了，規模縮小了。

寺院經濟逐漸拮据，僧人們的生活水準降低，有的跑到富裕一些的寺中去了。吉祥右旋寺景況日下，佛僧及教民們憂心忡忡。可三世吉塘倉卻沒有一絲愁容，情緒樂呵呵的，講經、聊天時神色照樣輕鬆爽快，看不出有什麼心事。他連續承擔了二屆總法台。每年毛蘭姆大祈禱法會結束，他安排好大寺的教務、政務，安排好堅貝央的學業和生活，便到青海果洛、四川川西北草地，內蒙阿拉善等富庶地區和自己的關係戶部落去講經弘法、募化供養，直到深秋才返回。漸漸，寺院正常的佛事開支不再捉襟見肘，僧人們的情緒穩定下來了，秩序也好多了，供經供飯的施主又漸漸增加，佛僧們臉上又有了光澤。而那些閒話也風一般地消失了。

吉塘倉的眼神一直開朗得像雪域的晴天一樣湛藍湛藍的，臉上總是掛著樂呵呵的微笑，但他的身子骨卻越來越瘦削。背往下駝了，腰挺不直了，走起路步態蹀躞，兩條腿不時打個抖，顯出蒼老。臉色也越來越泛黃，咳嗽起來半天喘定不了。

四世堅貝央十八歲那年，他主持考場，讓堅貝央考取了「道仁巴」（在大寺經堂前石板廣場上，經全寺僧眾之面公開辯經答題考試　通過而取得的博士學位）格西學位，又馬不停蹄地在大寺七月「柔扎節」期間主持了堅貝央親政典禮，把七月法會搞成了全教區慶賀四世堅貝央親政、接管寺內外政教大事的慶典。

這年的七月「柔扎」法會，三世吉塘倉增加了幾項內容。初六一天，從上午開始，堅貝央接受各活佛、各學院、各級學位的僧人、各直屬部落、教區部落、村寨頭人土官的賀禮致敬，回贈吉祥結、哈達。初七從朝陽抹黃山尖到夕陽沈進草原，給教民摩頂祝福。晚上，各佛殿、各學院經堂、各個佛邸屋頂女兒牆都點燃了酥油長明供燈，一排排、一溜溜，豎成行、橫成線，似銀河落地萬點星辰，輝煌燦爛，頗為壯觀好看。

僧眾們誦讚宗喀巴大師的聲濤和有規律的長號嗚奏聲，教民們彷彿到了另一境界之中。初八法舞還未開始，由吉塘倉主持請四世堅貝央誦經說法，讓全體僧俗信徒瞻仰堅貝央的風采，聆聽寺主博學多識的講演，樹立起權威。

柔扎節剛剛結束，吉塘倉和堅貝央佛邸就忙開了，開始準備堅貝央第一次去青海、蒙古、漢地講經弘法的一應物資。好多活佛、高僧都勸吉塘倉歇一年，養養身體，到明年春天再說。吉塘倉的經師、管家、侍人們商量後，結夥來到吉塘倉的書房裏，齊齊跪下，含淚請求活佛這次不要遠途出行。

吉塘倉把大家扶起，讓坐在卡墊上，但沒人落座，都齊刷刷站著，眼裏依然是盈著淚花的哀求，而他自己卻先潸然淚下，凝眸合掌，仰望佛龕上的宗喀巴大師金身塑像，像是自言自語，又像是告訴眾人，喃喃道：

「無價之寶的人生導航先哲啊，當年你肯定捨不得離開你白髮蒼蒼、飽經風霜的阿媽香薩阿切去西藏，也肯定捨不得離開待你勝過親生父母的啓蒙老師頓珠仁欽高僧，離不開五穀齊全、土地肥沃、氣候宜人、牛羊遍野、物產豐富的魯爾薩故鄉，離不開滾滾黃河之濱依峭崖而挺立的夏瓊寺峻美景色，但爲了信仰，爲了事業，您還是走了，揹著夾子①，沿路化緣討要，一步一步走了一年整走到了衛藏。從後藏到前藏，沿著雅魯藏布江上下，在拉薩吉曲河兩岸，您求學奔波，跋涉幾千里，孜孜攻讀佛學、醫學、哲學、大小十明學問，不知吃了多少苦頭，你是爲了誰呀？」他情不自禁哽咽啜泣起來。

眾人動了情，淚眼漣漣，難過地抽噓慨嘆不已。

吉塘倉還是自顧自地喃喃向佛像傾吐心事。

「大師，人阿媽想你想得頭髮白了，眼睛花了，託當地商人諾布桑保捎去了一束白髮和一封信，盼您回來見上一面，可您爲了普度眾生，弘揚佛法，決意未返。在諾布桑保返回故鄉時，用自己的鼻血摻和其他顏料，繪製了自身像，還有獅子吼佛像一幅帶給阿媽香薩，並寫信說：『若能在我出生的地點用十萬獅子吼像和那棵出生處長的白旃檀樹爲胎藏修建一座佛塔，就如與我見面一樣。』你這又是爲了什麼？」說到此，他淚流滿面，再也泣不成聲了。

全佛邸的僧人「撲通」「撲通」地跪在地上，一個個也是淚糊雙眼，七言八語哽聲道：「活佛，你別說了，我們明白你這是爲什麼。」「你是大寺的救星，是教民的希望啊。」「上師，我們再不勸擋你了，你幹你想幹的事……」

吉塘倉收回目光，站起身莊重地緩緩整理了下身上的袈裟，眼神又恢復了仁慈、親切、和藹。他扶起大夥：「快起來吧，我知道你們是心疼我，體貼我，希望我長壽、健康，但吉祥右旋寺是我們的靠山，是我們的根基，沒有肥沃黑土，美草怎能豐茂？沒有藍天萬里，大鵬到哪裡翱翔？寺院興旺發達，才有我們的安寧生活，專心學習，教民們也才會舒心愜意，有個盼頭。金子雖小，份量卻重，麥草雖大，掂著輕輕。我的壽命願是金子，我不想當麥草，去苟延殘喘。爲吉祥右旋寺奔忙，我感到活一天比一年還有意義。再說，我已經是五十八的人了，佛經上說，一個輪迴是六十年，這也是上蒼規定的人類生命的長短壽數，我離壽終正寢不遠了，我不抓緊能行嗎？四世堅貝央太年輕啊，我得牽馬墜蹬送一程！」

……

按卜卦選定的吉日，吉塘倉陪著堅貝央上路，走出教區，先往西走到青海，在黃河彎曲部講經弘法，又被邀請到青海湖南部的八大部落，北部蒙古四翼灌頂集會，然後拜訪宗喀巴大師的誕生地，前世堅貝央擔任過法台的十萬吼獅佛薈萃之塔爾寺，還有曾誕生過以大清駐京呼圖克圖章嘉土觀活佛爲代表的許多著名佛學家、語言學家、史學家的金水河畔的郭隆彌勒洲寺院。再轉身掉頭往東，到甘肅的甘州、涼州、蘭州、內蒙的阿拉善旗等等。凡與吉塘倉結有善緣的地區，都去轉了一圈。

名義上說他是陪堅貝央，實際上，他這次真正的目的是給堅貝央鋪路開道，牽線搭橋，讓堅貝央認人認路，廣結善緣，擴大影響，與教區外建立廣泛緊密的檀越②關係，好在他圓寂後，堅貝央的路子廣闊點，擔子輕鬆點，吉祥右旋寺有經濟實力抗衡各種敵對勢力，能穩定強大，成爲東部藏區的一顆文化明珠。

四世堅貝央凱旋而歸，結交了許多施主，給蒙藏漢各民族幾十萬信徒灌了頂，摩了頂，施了福，也化得了許多供養，回來後，給彌勒佛殿上了金頂。

弘揚佛法，積德無量，但三世吉塘倉卻心力交瘁，勞累過度，圓寂於內蒙古阿拉善旗沙漠中的一座小寺內。十年後才將骨灰搬來吉祥右旋寺，在吉塘倉佛邸經堂裏鑄了骨灰塔，讓僧俗教民供養膜拜。

……

這些情況他是後來聽說的，隨著年齡的增長，一個疑團一直藏在他的心底，直到二十年後的一次閒聊中，他才刻意詢問大寺的歷史學家、年高德重的旺秀倉活佛：「上世吉塘倉找的堅貝央轉世靈童爲什麼會是教區外的？真的是天意？」

旺秀倉眉毛一聳，深深摳了他一眼，嘴角浮上一抹詭秘、矜持的笑紋：「是天意，也是人意。」

他惘然地面對旺秀倉的目光，疑惑不解的搖搖頭。

旺秀倉的眼神一下湧滿深情、欽佩、敬仰。他又出口長氣，無限懷念地慨嘆道：「要說活佛，三世吉塘倉才是真正的活佛啊，是現世佛、報身佛。他的眼光，他的膽識，他的思想，他的毅力，他的犧牲精神，可以和佛祖相提並論喲。」

「啊，有這樣偉大？是不是過獎了？」

旺秀倉擺擺頭，語氣很堅毅：「不是過獎，而是名符其實。沒有三世吉塘倉，吉祥右旋寺當年就過不了衰敗的命運。」他停頓了一下，炯炯目光有神的停留在他臉上：「實話告訴你吧，那不是天意，是人意！」

他一驚，脫口反問：「人意？誰的人意？」

「前世吉塘倉！是他精心安排設計的。我也是他陪堅貝央出外講經弘法前才知道的，我今天告訴你，你可千萬不要向外傳播開去，影響了藏傳佛教的聲譽，招惹來閒言蜚語，也損害了吉祥右旋寺的利益。」

「我發誓，四世吉塘倉若做了損害前世吉塘倉名譽和大寺利益的事，請六臂護法神貢保拔我的心肺，讓我吐血而死。」

旺秀倉點點頭，手裏撥弄著捻珠滔滔說道：

「起程的前一天下午，我去探望他，他是我的剃度上師，是親尊師，又是我的學經導師。那天，他在林卡中支了一頂帳篷，鋪了一條寧夏三藍地毯，獨個兒在芳草叢中休閒養神。那正是一個令人心曠神怡、輕鬆舒暢的林卡。黃的、白的、藍的、桃紅色的各色花稠稠密密地蓋住了綠茵茵的芳草地，蜜蜂嗡嗡地鳴唱著飛旋，花裏胡哨的彩蝶也悠閒地飄來飄去，高高的寬葉子白楊樹插向長空，撒下金錢豹斑圈大的陰影，雲杉、冷杉等松樹在林卡周邊組成了儀仗隊，一棵棵像魁梧偉岸的武士排陣亭立，又像一座座佛塔護衛著一方淨土。

在楊樹、松樹、桃樹和櫻桃樹梢上，紅冠的、白頭的、展翅膀的各色鳥啾啾唱著美妙悅耳的歌曲飛來飛去。那天的天空也特別讓人興奮，天是那樣的高遠，那樣的遼闊，那樣的寧靜，那樣的恬泊。淡淡幾縷雲絲似煙霧，零零散散地高高掛在天穹邊，像美女抹了一層淡淡的增白霜，格外添了幾分魅力。天藍得像是能擠出幾滴水來，就像山泉沖刷過的綠松耳石般湛藍湛藍。仰望這樣的天空，由不得自己也想要跳起來，想吼幾句，想唱串歌，想找人聊聊天，憋不住勁想瀉吐自己心裏的事、心裏的話。這樣的天氣，這樣的心情，一年逢不上幾次。

我一進門，上師就臉上綻著燦笑，快步迎過來拉住我的手說：『太好了，我正盼著有個好朋友上門聊聊閒話，這就叫磕睡遇著軟枕頭了，哈哈哈。』

我倆把地毯拉到帳外的樹蔭下，盤膝坐定，讓侍從們回避，就天高海闊地聊了起來。

聊著聊著，我心疼地責備他不顧自己的身體，忘我地奔波忙碌，忘了佛家的箴言所說的，有漏皆苦，人生有八苦，世間充滿無量的苦，把自己累成這樣子，還要陪堅貝央出去講經弘法，這不是違背了佛門僧人三必要條件中守定的原則嗎？

他苦笑了一下，眼神流露出難言的苦衷：『我何嘗不想五根清淨、養氣通神、清心寡欲來避開劫難，捨身求佛。但教義不答應，佛祖不答應啊！佛教講四諦，苦諦才是其中一個，說苦諦是爲了找出苦難的根源，講明剷除苦難的必要性，還有根絕苦難的途徑、管道。集諦、滅諦、道諦是我們肩上的擔子啊，不挑還算是個活佛嗎？還有，佛法僧三寶中的僧寶，之所以把出家人稱爲僧寶，是因爲它能夠令大眾止惡行善，離苦得樂，極爲尊貴高尚。佛的使命是教導人們斷除內心的煩惱，以求解脫，同時又告訴大夥現在止惡行善，結果會獲得來世安樂幸福。但這一切的一切，它的根基要扎在寺院這塊土壤上，沒有女人，生不下嬰兒；沒有田地，收割不了莊稼；沒有房屋，避不了風雨寒暑。我作爲吉祥右旋寺的總法台、攝政，政教大任攬於一身，爲了寺院的安危大計，爲了三千佛僧的前途，我不操心能行嗎？我不奔波能行嗎？三千多人張口要吃飯，伸手要衣穿，從哪裡來？如果他們散夥了，吉祥右旋寺不就等於是死人的軀體？六大學院要天天傳道授業、學經學十明，誰來開支一應費用？十八佛殿的煨爆台得一天到晚滾滾冒青煙，那麼多爐膛裏添充的糌粑粉麵從那兒來？佛像前供奉的長明酥油燈，晝夜不能滅，那麼多熬煉的酥油汁從哪兒來？佛堂佛殿漏雨朽塌的房頂，修繕得花錢，這錢又從哪裡來？這不過是日常開支而已。節日裏，官府應酬，和周邊教區寺院、部落的交往，還有彩繪佛像，重鎏金頂，要的款項就更多了。』

他激動了，臉上因亢奮而泛起緋紅，脖頸上的筋條暴凸起來，隨著語調的高低突突地跳動起伏。我隨手盛了一碗酥油茶，雙手遞到了他唇邊。

他忙不迭的接過，大口呷了下，往外深深呼了口氣，不好意思地笑了笑：『不好意思，有點激動，不知道怎的，今天特別想說話。』

我沒有插話，深情地凝視著他，眼中是鼓勵、誠摯、企盼。

『我們吉祥右旋寺和西藏拉薩的三大寺相比，那簡直是老虎和綿羊相比，大鵬和蝴蝶相比。他們是先聲奪人，一統天下。是一個教區一邊倒。上有達賴喇嘛、班禪大師的聲望震懾，下有噶廈政府各級機構，還有藏軍在全力維護，不要說誰人能撼動它，就是想說三道四也不敢，更沒人敢挑釁它。要是有哪個寺院敢耍瘋勁，輕舉妄動，全教區一人一個唾沫就能把你淹沒。可我們右祥右旋寺呢？』

他停住話頭，拿過茶碗，擱在桌几中心，又從果盤裏攥了一把杏子，錯落有致地擺在茶碗四周，然後語氣憂傷中摻和著沈重侃侃道：

『我們吉祥右旋寺可是在人家田裏犁開的一畦地，馬圈裏拴進的外地馬啊。吉祥右旋寺沒有開土建寺之前，我們的西面是建寺五百多年的隆務大樂法輪洲寺。它勢力雄厚，教區廣泛，活佛和僧人二千多，它把西邊的政教大權幾乎全攥在了自己手心。東邊呢？東面有噶丹雪珠林，就是我們俗稱的喬尼寺，它有六百餘年的歷史，是世襲土司家族一手控制的大寺，寺主堪布歷來由土司弟弟擔任。土司抓政權，堪布掌教權，教區廣大，管理嚴密，水潑不進，針插不入，誰也休想奈何。咱且不說喬尼寺離我們才五六馬站，離我們只有一馬站的羚羊寺也成爲我們的對手，直到今天，還在與我們作對。這就是說，往東我們不要說跨馬馳騁、指手劃腳，連胳膊肘子都伸不直。他們是一堵厚厚的石牆，堵得我們寸步難行，一點能耐也沒有。往北還不是如此！東嶺寺像一條深澗攔住了駿馬的飛奔。到了半山坡的碌碡，只能上不能下，我這個總法台兼攝政是終年針尖上睡覺，刀口上跑馬喲。』

他感慨萬分地自言自語道：『薩迦班智達的格言說得好啊：國王稅賦收的廣／少征一點積滿倉／蟻蛭、蜂蜜，上弦月／都是積少而成多。可國王稅賦哪兒來？地廣人稠少征一點也積滿倉，要是沒人沒地盤，你連灰塵也攢不下一袋。還是薩迦班智達捅到了要害上，不肯勤奮圖安逸／今生來世無成就／不下功夫去耕耘／土地再肥也無收。』」

旺秀倉談到這兒，打住了話頭，審慎地掃了他一眼，帶點神秘地低語道：

「我乾脆把那天的談話全抖露給你吧。你是首席金座活佛，知道了也有好處。前世吉塘倉那天是這樣跟我說：『你是寺院的大學者、歷史學家，是讀書人，你腦子裏只有爲什麼和應該是什麼。書呆子們兩腳扎在世俗世界的土地上，卻兩眼抹黑地不聞不問世俗世界的條條道道，全憑著想當然來套這世俗世界。要是按讀書人的想當然去辦事，那肥肉早掉進狼嘴了，土坯掉進浪濤了，石頭滾下崖坎了，吉祥右旋寺只有走下坡路了。我實話告訴你吧，四世堅貝央的靈童爲什麼要選擇在隆務河畔紅土台部落土官家，那全是三世堅貝央和我商量有意這樣的。』

我伸長脖子貼近臉悉聽，恨不得把他的話語連同呼氣全吞進肚去。多新奇，多奇妙，雖然自己也是活佛，又是寺內公認的學者、讀書人，但從來沒有想過在尋訪認定轉世靈童中還會這樣曲折複雜，尤其在認定全藏區赫赫有名的吉祥右旋寺寺主堅貝央這樣大的活佛時竟是如此。

他反問我：『你能想像到嗎？那天金盆抽籤時，爲什麼跳出來的那個糌粑丸子中是無字？其實，代表其他方位的丸子中裹著的也全是無字。』

我當時狐疑不已，脫口問道：『是你刻意安排的？』

『對，我捏糌粑丸子時，放進去的紙團裏全是無字。』

我更加困惑了，不解地追問：『爲什麼？難道這是天意？』

他淡淡一笑，用指頭搗了一下我的鼻梁：『書呆子，什麼是天意？順著大多數人的心意，順著僧俗民眾的根本利益，順著吉祥右旋寺的興旺發達去辦的事，就是天意！順應歷史發展，造福於天下老百姓的就是天意！這世上誰見過天使天意？佛祖就不承認世界上有什麼神，他把人看作世界的中心，認爲人一旦覺悟到佛的境界，這天地之間就和平了，人間就和睦了，社會就會興旺發達，長久吉祥。什麼天意啊，神諭啊，那是佛祖逝世五百年後，佛僧弟子四次大集結時才提出十方有無數神。』

『從你眼神中我能看出，你還在納悶，還在猜疑。實話告訴你吧，三世堅貝央和我壓根就不準備在教區內尋訪認定轉世靈童，哪怕他是皇親國戚，是三世家族的胞兄胞妹，還是教區內權勢財氣最大的酋長頭領。』

我驚訝地張大嘴，想不到三世堅貝央生前還安排了靈童如何轉世，在哪方轉世的。這真叫人難以置信。我總認為像靈童轉世這樣的事是冥冥之中上蒼安排的，是佛祖安排的，想不到活佛活著時就能夠安排。

上世吉塘倉激動地告訴我說：『三世病榻前親口告訴我說，他這輩子感受最深、活得最累、心中最不是滋味的就是內傷。寺院內部無休止的派系鬥爭，結幫弄圈子；教區各部落間恃強凌弱、爭強好勝、掠殺欺凌，一個要壓服一個，搞得吉祥右旋寺烏煙瘴氣，不得安寧；外來勢力趁虛而入中傷分裂。他不願讓四世堅貝央也遭這個罪，捲入這樣的黑旋風中。我贊同三世的決定，你想知道我們為什麼要這樣策劃嗎？原因就在於在教區外尋找和認定轉世靈童，起碼有三大好處：一是安定教區僧俗情緒和社會秩序，減少內部摩擦，沖淡相互爭強好勝的勢頭，也減少了對大寺的猜疑，誰也形不成權勢中心；二是擴大了寺院的影響，間接地控制教區外的部落，逐步擴大大寺的政教地盤，增加供養的能力；三是堅貝央靈童出身於一般正派人家，能吃苦，不沈溺於物欲享受，人實在，有追求，想建樹功業。其家族一般也淳樸厚道、謹慎小心，不胡作妄為，為大寺減去了許多麻煩。』

聽到這裏，我控制不住激動，不由得擊掌歡呼：『對啊，太好了，我就沒有想過這麼遠，這麼深。上師啊，我要合掌向您頂禮了。』於是我雙膝立起，擺出跪姿，兩手合掌，準備致禮。他忙按下我的肩頭：『好了好了，咱倆今天是閒聊，不講客氣。』

我有個挖開土層不見石頭心不甘的執拗勁，啥事都要刨根問底，明白個究竟。頓了頓，他見我的目光為難地在他臉上掃來掃去，欲言又止。又說：『你的眼仁子告訴了我你心頭在想什麼，是不是你想弄清楚金盆抽籤中糌粑丸子的事？』

我笑了笑，有點不好意思但很老實地點了點頭。

『糌粑丸子顯示誰是轉世靈童，這是天意，最公道不過。但世上的事，既然是人創造出來的，那就有人的影子在籠罩。順民心順教意的，就是天意，反之，則是小人作祟。捏製卜卦的糌粑丸子，得先看捏製丸子的活佛心正不正。在鑒定轉世靈童這件事上，我可是佛祖信徒中唯一掌管神卜大權的代理人。要是我有偏見，或者收取了賄賂，那靈童篩選就成了蒙上灰塵的金子，失去了公平、公道、公開，成了金紙包著的屎疙瘩、馬糞團。如果為了選擇最有靈性、最有才華、最能推動大寺政教事業的靈童，那該使點勁的地方就得使點勁，如整治一隻上好的海螺，得敲打剝落的，就得敲打剝落，讓音質更純正更遠大。這不算弄虛作假、唬弄信眾，而是順其天意、弘揚佛法，是功德無量啊。至於捏製糌粑丸子的技巧，只要稍施點心計就不難。糌粑是青稞炒麵和茶水，加少量酥油拌製的，拌糌粑本身就是一門學問。茶水揉合多就黏的緊，空隙小顯濕重，雖小但有份量；茶水揉合少的雖然大，但乾粉居多黏得鬆、空隙大，分量輕。如果是同樣大小的丸子，那茶水和酥油多的就斤兩沈，較之乾粉多的，它在搖籤時就跳不高，很難蹦出來，而濕度不大的則蹦得高，容易跳出來中籤。糌粑丸子的奧秘就在於此。糌粑丸子的捏製係主持活佛的手工操作，人們只會用肉眼去監看，決不會也沒有人認真苛刻到拿戥子秤分毫，鑒別公平不公平的。』

我聽得目瞪口呆。

『搖動金盆也有技術。你想讓瞅準的丸子跳出金盆落進黃絹中，手腕就得在那個丸子滾動的方向、部位上下使把暗勁，用肘關節和腕關節的力量，丸子就蹦得高，順順當當甩出來了。但那肘關節和腕關節卻是被袈裟裹遮，誰也看不出袈裟下使的勁。又有金盆遮擋人的視線。那陣子人們的目光盯的只是金盆表面，有誰能想像到金盆底裏搖動的手才是真正的導演呢！』

我恍然大悟，額頭上沁出細汗。』

……」

當旺秀倉把這段故事講述完畢，四世吉塘倉聽得目瞪口呆，頭頂冒出一縷縷熱氣，半天沒有緩過氣來。

旺秀倉用調侃的口氣開導說：「你是吉塘倉，是吉祥右旋寺寺主之下、各級活佛之上的首席金座活佛，德高望重，聲名遠揚，今後認定大寺下屬各子寺活佛的轉世靈童，你的擔子最重，可得向前世吉塘倉好好學習這些本領啊！」

吉塘倉連連點頭，頓感茅塞大開，豁然開朗，彷彿覺得一下長高了許多。

四世堅貝央的轉世靈童，就是按照四世臨終的願望去尋訪和認定的，經歷了風風雨雨。雖說堅貝央有遺囑，而且是親筆寫的，但佛門之人並不看重遺囑，有的還不相信那是真的。

有這種想法也不是不講道理，他有他的說法。活佛轉世本身就不是血緣傳承，而是靈魂的轉移，不像世俗人家那樣可以把財產、權力、地位等等用一紙遺囑傳給那位子孫去繼承。至於靈魂如何轉移，轉移到哪個家庭、哪個兒童的軀殼裏，信徒們認為是佛法無形之手在運作，是上蒼的意志，是天意安排，作為圓寂活佛的能量是無法達到的，他頂多有個預感，有個願望，指指轉世的大方向，其他事項全得按藏傳佛教的儀式進行。吉塘倉就是按儀式去做，做得認認真真，一絲不苟，沒人能挑撿出碴子。當然關鍵環節，他是模仿上世吉塘倉的做法，讓轉世靈童的尋訪認定沿著他鋪好的道路行進。這樣，其他兩路尋訪的轉世靈童都一一出局了，留下的是阿金一個轉世靈童。

一切進行得很順利。派到西藏日喀則札西倫布寺的僧使，也帶回來了九世班禪卦算後認定貢保嘉措之子阿金為四世堅貝央轉世靈童的信函。信函在僧俗大會上做了公開宣讀，監督組的還查驗了信函的真假。這樣，剩下的就是去迎回靈童，並早日蒞臨吉祥右旋寺坐床，讓翹首期待的教區僧眾親眼目睹五世堅貝央靈童的風采。

他開始集中精力準備接迎靈童的種種事項。二月下旬，卜算了一個吉利的日子，率領接迎靈童的隊伍起程了。

❖ ❖ ❖

①夾子——把柳木烘烤加工成U型，內擱行李的旅行器具。

②檀越——指向寺院施捨財物、飲食的在家人。

第八章　第一次較量

出爾反爾，吉塘倉領教了佛父佛兄的狡黠難纏，尷尬窘羞。他以牙還牙，針鋒相對，變被動為主動。妥協的結果是他馬失前蹄，鑽進了套子，但別無選擇，只能如此……

三月十四日中午，吉塘倉一行人騎到達了尼瑪村，在村東面約三里遠的溪水旁的草灘上紮下帳篷，卸了貨馱，撒開馬匹，搭起土灶，燒著茶水，等待貢保嘉措家族派人來聯絡。早在五馬站遠的色達寺宿營時，他就派出一位森洪（堅貝央侍寢官）、二位夏西（堅貝央的侍衛官）前去尼瑪村通知到達日子，好讓貢保嘉措家做好接待吉祥右旋寺客人的一應事項。

炊煙嫋嫋，爐火殷殷，茶水鼎沸，當河灘裏散開酥油糌粑的香味，從村口才星星散散地湧過來點點黑影。吉塘倉擱下木碗，整整袈裟，笑眉笑眼輕步迎上前去。

走過去幾步，他又斂住了足，瞪大眼望去，怎麼過來的全是一些小孩和婦女。這兒發生了什麼事，弄得貢保嘉措家不見人影了？他納悶了，急匆匆迎上前，攔住一位看熱鬧來的姑娘問：

「姑娘，我去年來過，還給妳摩過頂，認識嗎？」

姑娘怯怯地看了他一眼：「你是安多的大活佛。」

「嗯，姑娘，貢保嘉措大叔好嗎？小阿金好嗎？」

姑娘害羞地只點頭不說話。

「那他們家爲什麼不來人迎接我們？」

姑娘指著西面說：「他們全家人都不在，都去強巴林寺朝香拜佛去了，你們安多來的三個僧人也陪著去了，今天早上走的。」

吉塘倉心頭咯噔一響，一團陰雲掠過胸前。他不由擰緊了眉梢，心頭急劇地想道：「怪事！明明說好我們今天趕到，爲什麼偏偏早上就全家走了？這裏面有啥故事，難道……」他不敢往下想了。走到圍觀的婦女小孩當中，隨便閒聊，有一句沒一句地問起尼瑪村近一年來有什麼變化，捎帶問起貢保嘉措家是否發生過什麼事。

回答七嘴八舌，但眾口一詞：和往年一樣，沒有什麼變化。貢保嘉措家也平安無事，一點雜病都未得，一隻羊羔也未死，阿金更加活潑聰明了，只是貢保嘉措大叔對阿金管束更嚴了，平時不讓他出門和村裏孩子們耍土玩打仗。聽說還讓他一大早起來就在院落裏背誦經文《皈依經》、《度母經》、《白傘蓋經》，還讓學藏文、學楷書，一天也不讓閒，也不讓玩耍，阿金急得跳蹦子，圓臉瘦成了長蘿蔔。

「他說他不想當活佛，他要開開心心地和夥伴們上山玩抓迷藏，騎牧犬馱羊羔去。」一個長得胖乎乎、大眼睛、鼻涕痕跡還未消失的男孩鼓著嘴，很不友好地回答道。

吉塘倉心兒落回了實處，剛才的陰雲一掃而去，暗暗浮起一絲欣喜。看來，貢保嘉措是一個有胸懷有眼光的人，他已著手開發阿金的佛性與智慧，訓練阿金進入活佛的世界。難得啊，選擇阿金為轉世靈童沒有錯。

胖男孩鼓著嘴巴又問他：「尊貴的活佛，你真的要帶走阿金嗎？」

吉塘倉點點頭，笑眉笑眼地反問：「怎麼？你捨不得？」

胖男孩重重點點頭，語氣帶點焦灼地問：「那他再也玩不成土疙瘩，也沒人和他玩羊頂角、彈羊骨了？」

吉塘倉心頭不由絲絲酸楚，不知道該如何回答好。他輕輕撫摸胖男孩的頭，信手彈去了那串掛著的清鼻涕。小時候，他也玩過草原上那些不知多少輩傳下來的古老遊戲，記得羊骨等等的玩法。

除這些玩法，吉塘倉還記得當孩子時，下雨天可到河壩裏用泥捏馬、牛、羊；夏天去草坡採蘑菇，摘草莓、莓子；冬天玩雪球；春天燒芨芨草叢；傍晚趕牛犢騎牛犢；三冬天幫阿媽用牛角給羊羔餵奶子……總是玩不夠，總是玩得精疲力盡，往往倒頭一躺便睡得死沈，尿了一床也沒力氣起來。

自從被認定為靈童，穿上絳紫色的袈裟，剃度坐床成活佛以後，這一切就成為十分遙遠的往事，永遠禁錮在記憶的深海之中了，美好卻永遠不可企及，令人眷戀卻無法得到。再也見不到父母慈祥可親的笑容，聽不到他們爽朗的歌聲笑聲；再也見不到夥伴們淳厚真誠的面孔和嬉戲尖吼；再也見不到那樣湛藍湛藍的天空，那樣綠茵茵如地毯的芳草地；見不到在草地上游竄的小昆蟲、小雀兒、兔子、旱獺；見不到隨手可揪一把的金蓮花、山丹花、杜鵑花、狼毒花，還有紫黃相間的馬先蒿、粉紅色的報春花、紫色的龍膽花、藍色的綠絨蒿、深紅色的角蒿花、玫瑰色的貢蘚花、白色的銀蓮花……見不到曲曲彎彎像銀蛇般蠕動的小溪流水，小溪流中泅游玩耍的蝌蚪、小魚；見不到帳前檔繩間跑來跑去的羊羔、牛犢、馬駒，還有狗娃子；見不到……

雖然住在佛邸裏，有比帳篷強百倍的華麗結實的屋宇遮擋了風風雨雨，冬天不用打著冷噤去雪地裏撒尿，夏天不愁過雨襲來澆個全身透涼，但感受不到冷暖寒暑的日子也很乏味、很漫長、很沈悶、很懶散，骨頭像稀泥般展不開。雖然天天有肥嫩得顫動的手抓羊肉，風乾酥口的犛牛肉，咬一口香半天的灌湯包子，還有噴香的牛奶葡萄稀粥、奶茶、羊脂般雪白的饃饃，但那口味、那讓人饞涎欲滴的誘惑力，卻不如草原上每天一早的糌粑、奶酪、酥油攪合一起的糊糊香，即使就是春天缺少酥油的時候，用提過酥油的酸奶水拌的糌粑也有特殊的香甜味。

衣食住行雖然很舒適，那心情卻像板結了似的，僵硬成一個疙瘩，遲鈍得感覺不出炎熱冷涼，生發不出喜怒哀樂，一天的生活，不是拜佛就是誦經，不是學習禮儀就是重複供施佛祖，天天關在書房裏、臥室中動彈不了，像藏棋盤上畫好的格格框框，一成不變，又像河壩裏的麻卵石，圓光光的沒有一點稜角。

他理解小靈童阿金的心情，他也同情小阿金難過的處境，但佛門需要小靈童支撐，吉祥右旋寺不能沒有寺主，堅貝央是吉祥右旋寺的頂梁柱。沒有頂梁柱，再華貴的金頂也會塌下來；堅貝央又是全寺三千六百活佛與僧侶的定心丸。沒有了定心丸，活佛僧侶們心中便失去了長明燈燭，就陷入黑暗、迷惘、沈悶之中，他們會分崩離析，成一盤散沙。為了吉祥右旋寺，小靈童阿金啊，你得受點委屈，為弘揚佛法做出點犧牲喲。

他腦子裏忽然閃過一朵翳雲，貢保嘉措這糌粑口袋裝的什麼東西，既全力培養開發小阿金的靈性、悟性，卻又聽到接迎靈童到來的消息，全家匆匆離走去拜佛？難道我這個甘丹寺總法台的轉世活佛就不如康區強巴林寺名不見經傳的小活佛？為什麼偏偏選擇在這個時候避開？蹊蹺！有鬼！

整個下午，他盤膝打坐在臨時設立的帳篷經堂裏，面對掛在西壁的金線勾勒釋迦牟尼用的唐卡佛像和六臂怙主護法神唐卡，默誦《俱喜知足常樂經》，祈求天界兜率宮裏居住的所有神與佛輔助此次接迎靈童的事業順利成功。但心還是一直靜不下來，就像佛龕前供著的七盞酥油長命燈，被高原河谷裏的亂風刮得忽東忽西，搖曳不定，沒個定準。他思索良久，依然解不開疑竇，決定第二天一早去強巴林寺看望貢保嘉措，問個究竟。

晚上他準備就寢時，森洪和二位侍衛官返回了。他們說：貢保嘉措全家匆匆去強巴林寺，是拜訪該寺一位從拉薩哲蚌寺學經得了學位的活佛，請他給全家族灌頂誦經保佑。另外，貢保嘉措說他的腿腳有點風寒，想在強巴林寺旁的溫泉裏泡浴治治，大概約得廿餘天才能回來。他們一再勸攔，貢保嘉措執意不聽，腦子裏像灌了熔鐵似的。他們送到強巴林後，就只好急急回來稟報。

吉塘倉屏神凝思，手中的捻珠在機械地撥動，眉頭朝上聳立蹙緊，他在揣摩貢保嘉措這不一般的舉動。聽森洪說，這位活佛從拉薩哲蚌寺返回，至少有半年時間了。他早不去晚不去，偏偏選在這個時辰去強巴林朝佛灌頂，莫非有意避開？自己的兒子成為吉祥右旋寺寺主堅貝央活佛的轉世靈童，是他們家族的無比榮耀，是做夢也夢不到的、值得大喜大慶的事，吉祥右旋寺又派來這樣隆重的儀仗隊接迎，更是他們人老幾輩子都沒有過的榮光，他卻為什麼這樣冷漠，這樣淡然？一個風寒腿骨病，啥時候到溫泉治療不行，偏偏在五十多人組成的佛僧儀仗隊到家門口時去治療？還要五歲的阿金陪著待三七二十一天，這不是故意刁難嗎？或者是自恃高貴？再要麼就是有意怠慢冷落？如果不是上面這些原因，那就是貢保嘉措心中鑽了鬼，靈童去吉祥右旋寺的事情有了變化。若果真是這樣，那就糟透了，猴子上虎背，想下下不來，想上上不去，要多尷尬多難堪就有多尷尬多難堪！

他一夜輾轉難眠，天亮時，他改變了主張。隨便喝了點早茶，備了一份厚禮，帶了三個僧侍，便跨馬往丁科爾寺走去。他要找到丁科爾寺的主持堪布——貢保嘉措的舅舅堪欽活佛，透過堪欽活佛去動員說服貢保嘉措快快返回，早日攜堅貝央的靈童起程去吉祥右旋寺剃度坐床。

堪欽活佛答應得很痛快，忘了白髮蒼蒼的歲齡，也不顧及腰腿的不方便，爽然上路了，他要吉塘倉在他的佛邸裏好好歇息幾天養養神，接迎儀仗隊缺什麼只管打個招呼，他給大管家已經做了安頓。他說他會催促貢保嘉措全家很快下山，讓靈童順順當當打道起程。

第二天下午，堪欽活佛沮喪地返回了佛邸，一見面就搖頭：「我那個犛牛性子的外甥，真能氣炸我的心肺。說什麼也不返回，我說，那讓我把小阿金領回去，我陪小阿金去吉祥右旋寺坐床。他也堅決不答應，那股執拗勁能把一座石崖掀翻。」

吉塘倉疑慮地追問：「他沒有說什麼原因嗎？」

「他支支吾吾，含含糊糊，像有難言苦衷，任你怎樣說，像一塊僵牛皮，怎捋也不見軟的，我一氣，扭過屁股就回來了。」

吉塘倉陷入疑惑，心頭升起一股悶氣，連舅舅都勸不轉，說明這個疙瘩死結結得很緊。到底疙瘩是什麼？在哪裡？

堪欽活佛和緩了神氣：「上師啊，你也別心急，他這是鬼進了心窩，邪氣打昏了頭，要不了多長日子他會清醒過來的。這麼大的喜事，上千年他也盼不來一個。除了達賴班禪，咱雪域誰不承認堅貝央活佛是最大的活佛？吉祥右旋寺建築輝煌、規模宏大、學者如雲，三千六百上師和僧人在石板廣場上就像天上降下來的一片絳紫色雲朵，好一個藏傳佛教的鼎盛世界啊。我聽很多過往香客說過，去了吉祥右旋寺，不拜拉薩三大寺也無遺憾。他的兒子選為轉世靈童，是他一輩子的造化，是佛祖賜給我們家族的福氣，這個牛雜種！上師，你們在這歇上一些日子，全搬到丁科爾寺來住，河川裏風大天氣涼，燒個茶也費時，再不要受那罪了。丁科爾寺雖然窮，但養活你們一二個月還是沒啥為難的。」

吉塘倉擺擺手：「活佛，長有螺角的雄鹿有十八般走法，帶有箭簇的獵手有二十種射法，我還沒有見貢保嘉措一面，不知道他心頭是什麼樹椏在戳刺。我沒有領教他的十八般走法、二十種射法，怎能坦然縮在丁科爾寺過清閒悠然日子呢？」他打定主意，要親自上山開導貢保嘉措，解開其難言苦衷。

見他執意要去，堪欽也不阻攔了，一邊唉聲嘆氣，一邊派寺僧連夜去強巴林寺通知寺院堪布，隆重恭迎。又用好言好語安慰吉塘倉，讓他消消氣。

吉塘倉等不到天大亮，就領上隨從出發了。走出十幾華里，看不見丁科爾寺了，他便勒住馬釵子，叫過來隨從中的那個中年人，如此這般地貼耳吩咐了一番又繼續趕路。中年侍僧掉轉馬頭，順原路急急回了。

強巴林寺在半天馬程以外，順著溝坡彎彎曲曲小徑左轉右抹地緩緩上升，靠右面，一座群山環繞，能看見皚皚雪峰的半山灣裏座落著的強巴林寺。它面前還汪著不大不小的一個高山湖泊，湖水沒有解凍，白晃晃的像一面銀盤。寺院只有十幾院僧宅和一所勉強看得出的佛殿，沒有廣場也無經堂。這與其說是學經授業的寺院，還不如說是閉關靜修的禪院。

吉塘倉一行剛翻過坡脊梁，就響起了「甲林」①渾厚柔和的吹奏聲，長蟒號粗壯低沈的音質，還有海螺、脛骨號、中長角號、鼓聲、雲鑼聲組成的佛樂奏鳴聲。五、六十個僧人袈裟披得整整齊齊，外面披著「九條衣」②的大禮服，頭戴黃色雞冠僧帽，腳蹬厚層白毛氈墊高的絳紅色氆氌高腰捲鼻僧靴，至於背心、內外裙、袈裟、連裙長背心更是一樣不缺。

原來強巴林寺接到堪欽活佛的通知後就連夜準備，一上午都等候著接迎安多吉祥右旋寺的金座大活佛吉塘倉。看到這樣隆重的歡迎儀式，吉塘倉心頭稍稍感到欣慰，暗想，只要是藏傳佛教格魯派的活佛僧人，走到哪裡都相互認賬，就像回到自己家裏一般。

主持活佛和僧侶們誠惶誠恐地一一向吉塘倉獻過哈達、禮品。在隊尾，貢保嘉措領著家族成員排成隊，手捧哈達，神情忐忑不安，略帶愧然。

吉塘倉敷衍地摸了摸貢保嘉措的頭，把獻的哈達搭回他的脖頸，算是祝了福，就急急走過去抱起小阿金，愛憐地攬在懷裏不停地撫摸，眼眶情不自禁濕潤了，心頭喃喃自語：「我的至尊上師，全吉祥右旋寺的希望與支柱，我想死你了，我的無價之寶！」

小阿金也情意濃濃地依偎在吉塘倉懷裏，小手輕輕地撫摸吉塘倉的臉頰，不停地喊道：「我要跟著你，不離開你。」

吉塘倉的淚珠差點迸出來。他把小阿金一直抱到佛邸大門口，才交給尾跟的貢保嘉措抱著。自己跟主持活佛進去作客。腦後勺雖然沒有長眼，但他能感受到貢保嘉措的尷尬與不安，還有澤旺那雙雖然謙恭，卻桀驁不馴的牛泡眼。這個澤旺，野性未褪，看來很難一下子拃軟。

才三十過點的主持活佛，年輕又聰明，也十分健談。他倆的話題也就很廣泛，從西藏拉薩發生的政教大事到印度、尼泊爾的風土人情，從西康趙爾豐改土歸流帶來的民族歧視、藏傳佛教寺院的衰落，談到西北的甘肅青海藏區，受信仰伊斯蘭教回族軍閥馬麒家族的殘暴蹂躪，寺院被燒、無辜老百姓被殺的慘狀……偎著火盆，兩人邊飲著四川的好茶，吃著人參果澆酥油的米飯，邊由著自己的心情隨意侃談。其間，管家幾次進來說貢保嘉措候在門外，請吉塘倉活佛駕臨他的帳篷飲茶。吉塘倉婉言謝絕，說他今天很累，不想動彈，請轉告謝意。

幾次下來，主持活佛看出了端倪，把話題扯到了小阿金身上：「小阿金真是堅貝央活佛的轉世靈童？」

吉塘倉很堅定地點點頭：「佛祖面前抽籤結果是他，九世班禪卜算認定的也是他。」

「佛法僧三寶，致謝蒼天恩澤，這真是幸福的太陽照到我們這方土地了，大吉大喜啊。我返回強巴林寺後就聽聞了這事，但不知是假是真，這下好了，太讓我高興了。上師這次來……」主持活佛雙手合掌，謙卑地半彎腰，恭恭敬敬地問道。

「專意來接迎靈童坐床，未想到他阿爸貢保嘉措執意來強巴林寺，要領浴你舉行的時輪灌頂儀式，說得三七二一天後才能下山。」

年輕的主持活佛聽了驚訝得連連擺手，衝動得語句有點發顫：「沒有的事，絕對沒有的事，撒謊，謊話！我這樣年輕，又不是拉仁巴學位的活佛，有何資格舉行時輪金剛灌頂儀式，更無能力傳授大悲觀音灌頂。我這兒是靜修禪院，不是密宗學院。他也清楚寶瓶灌頂、秘密灌頂、智慧灌頂、句義灌頂這四大灌頂我一樣都不能傳授，他一定是聽錯了，或者想錯了，我去勸他馬上返回尼瑪村。怠慢吉祥右旋寺的首席金座活佛，是罪孽啊，何況這是來接迎堅貝央的轉世靈童他兒子的。」說著要站起來下炕出門。

吉塘倉攔住了他，示意他坐下：「既然活佛明說了灌頂之事，我還有一個疙瘩想請活佛解答。聽說咱強巴林寺旁有一眼溫泉效果極好，我的腿腳關節不好，想泡泡熱水，不知是否真的？」

對方打斷了他的話：「附近是有眼溫泉，但不在強巴林寺旁邊，而要翻過西面這座大雪山，還得走半天的路。那條小路全是亂石草叢，連騾子都很吃力，不要說人。上師你就不要去受這罪吧。」

「噢，是在雪山背面？」他心頭釋然了，明白貢保嘉措是撒謊。但他爲什麼要回避開他們呢？這個謎團只有他自己能解開。

「施主貢保嘉措沒有跟你至尊活佛說到他有什麼難心事嗎？」

主持活佛遲疑了一下：「閒聊中他好像說過，前些天他請一位過路的寧瑪派僧人算過卦，說他的兒子小阿金不宜出遠門，有血光之災在等候。所以他全家才來到這僻靜封閉的強巴林寺消災避邪。」

噢，原來是這樣。吉塘倉心頭亮開了半片天。老百姓，怪不得啊！不由自己而又無法預測的各種災難嚇得他們不知所措。只要是披著袈裟的人，說什麼就相信什麼，哪怕他是個巫士法師，甚至是假冒騙錢的，寧可信其有而不信其無。生活與命運的多變，使藏人不得不把過多的希望寄託在卜算、占術、巫士身上，生活也就離不開星象、占卜、算卦了。本來佛教僧侶本身只是拯救靈魂而無法左右今生今世的，可當信徒們百里、千里迢迢地前來寺院獻上豐厚的供品，然後滿臉焦灼和期盼地提出請活佛算個卦，說個準話，好讓他們應對眼前和未來的難測事故的要求時，活佛和高僧們也只得違背佛教教義，操起卜算之技。不這樣，就沒有權威影響了，就沒有信徒的虔誠信仰了，也就沒人獻供養了，寺院、僧侶都沒法維持了。但有些懷著叵測的僧人卻以此作爲賺錢的門道。

吉塘倉思忖了一下，問道：「佛法無邊，所向無敵，多少妖魔鬼怪被高僧大德降服後改邪歸正，成爲諸多護法神，藏傳佛教的歷史就明擺在那裏嘛！你就沒有以此勸導他明白佛能鎭魔，佛有能力消除血光之災的嗎？」

「說了！我還答應給他做法事，念十萬遍吉祥大母經、十萬遍白傘蓋經、三十萬遍怖畏金剛經，給眾鬼施食糌粑供品，敲響讓鬼怪驚魂懾魄的骷髏鼓、金剛鈴，還有金剛杵、金剛橛、月刀、鉤刀等等法力無邊的法器，讓那些妖魔膽戰心驚、神不守舍，落荒而逃。」

「那好，那好，他怎麼說？」吉塘倉急切地追問。

「他，」主持活佛抬眼瞟了一下吉塘倉，臉上瞬間蒙了層陰雲，苦澀地笑笑：「他還是不願下山，說小阿金是他最心疼心疼的兒子，也是最聰明的兒子，他捨不得讓他離開身邊。」

吉塘倉失笑了。真是愚鈍不開竅的老犛牛，誰讓你父子分離了？你全家都去吉祥右旋寺不就得了。堂堂吉祥右旋寺，還養不活寺主堅貝央一家子，笑話！當然，過去沒有開過這個先例，但這個事不是不能辦，更不是辦不了的。達賴、班禪的靈童選定後，舉家可以遷到拉薩、日喀則，還封爲貴族，分給莊園，堅貝央的靈童爲什麼也不可以舉家住到寺院旁邊呢？如果只是爲了這點小事而跑到強巴林禪院，那太過慮了。

他爽朗地說道：「麻煩你去他的帳篷，告訴他，他們全家都可以搬遷到吉祥右旋寺的塔哇村莊住，離得很近，只有一二里路，打個噴嚏的功夫就到了佛邸，與兒子早晚都能見上面。我會按康區房子的樣式，負責蓋建一幢樓。讓他們明天跟我準備下山起程吧！」

主持活佛又去了，未過一個時辰，又匆匆回來了。他苦笑著，搖著頭：「他還是不想下山，好像還有什麼心事，要和你面談。」

吉塘倉的心兒咚地往上一竄，差點塞住了嗓子眼。這到底是怎回事，讓人懵頭懵腦、不知東西南北中。

他緘默不語，腦子急劇地思考著。貢保嘉措提出要和他面談，到底想談什麼？該不該和他面談，他在斟酌。

按常規說，活佛，尤其像這樣有金座資歷的高級活佛，吉祥右旋寺的攝政、總法台，一般不去接待平民百姓出身的信徒，但貢保嘉措又不是一般的平民老百姓，他是小阿金的父親，是寺主堅貝央的佛父。爲了吉祥右旋寺的長治久安，爲了四世堅貝央的轉世靈童早日坐床，我應該降下門檻，屈尊去他那兒。但是，既然有話，爲什麼不能在尼瑪村談，不能在我的行營佛帳裏談，偏偏誘著我到強巴林寺來談，還要找很多藉口推諉拖延，遲遲不予攤牌？看樣子，這「話」非同一般，不是小事、俗事、平常事，而是一石濺起千朵浪、一箭震得天地動的大事、要緊事。可能與小阿金能不能起身去吉祥右旋寺至關重要的事。

會是什麼事呢？……

因爲沒有理清思緒，所以不想表態說什麼。他藉故路途勞累，告辭主持活佛，跟著管家去了寺院客房安歇。

一夜未闔眼，天亮後才睏了一覺，雖然腦瓜昏沌沌、沈甸甸的，但胸口的鬱氣已經消散了大半。早晨一起榻，他便信步向湖畔走去。

三月的西康高原，依然是寒意料峭，冷風如針。雖然沒有颷風，但臉蛋卻像裹進了冰渣裏似的，緊繃繃的酸脹腫疼，就像乾牛皮發僵般硬梆梆的。這兒的天氣要比吉祥右旋寺冷得多。多少年他還沒有受過這種罪。他用兩手掌使勁搓著臉蛋，未搓多久，手背也針扎般酸脹腫疼起來了。他邊走邊心裏嘀咕，真是受罪，跑到這窮山惡水的僻野來受罪，這全是貢保嘉措的罪孽。一絲怨恨不由升上心尖。

快到湖畔，他突然斂住了足，看見有兩頂半舊不新的馬鞍型白布帳篷孤零零地停立在不遠處的斜坡上，在寒風中簌簌發抖，又像大海湖濤中起伏的一葉孤舟，顛簸起伏，漂泊不定。這是誰家拜佛朝香的帳篷，不是活活跑來受罪挨凍嗎。

他心裏邊嘀咕，邊抬眼仔細端詳。不看罷了，一看讓他吃了一驚，湖畔打冰舀水的那老頭，竟是貢保嘉措。四十來歲的人縮頭藏腦，臉上像掛了霜般沒一點神采，哆嗦著手，用銅瓢一小勺一小勺地刮著浮到冰面上的水，往銅鍋裏盛。帳篷一側的三角灶石前，一個壯實的小夥子蹶著屁股伏在地上吹著牛糞火。雖然他裸著雙臂，但脖子卻縮著，看樣子凍得也展不直身軀，他認出是貢保嘉措的大兒子澤旺。他明白了，原來他家沒有在寺院僧宅，而是在湖畔自己支帳篷，受活罪啊，何苦呢？

他猶豫不定，拿不準主意，到底上前打不打招呼。正在這時，合閉的帳篷扳開了一道豁縫，小阿金哆哆嗦嗦地跑出來，嘴裏哈著熱氣，身子骨站不穩，搖搖晃晃走到帳門二步外，蹲下身撒開了尿。

他的心房像被什麼東西猛烈擊打了一下，疼痛得縮成了疙瘩，再也沈不住氣了。猛跑過去，把懵懵懂懂還沒有睡醒的小阿金抱了起來，攬在懷裏，用袈裟裹得緊緊的。兩條小腿掖進自家狐皮背心裏，又用手背揩盡阿金的清鼻涕，衝著愣在湖畔的貢保嘉措吼道：「有什麼話快說，別讓堅貝央的靈童受罪。」

貢保嘉措可能被唬住了，或許他沒有想到一大早在湖畔冷天中逢上吉塘倉，更沒有想到吉塘倉會暴怒萬丈、吼喊著衝他斥問。他呆在原地，嘴皮抖動著沒有說出什麼，神情惘然地一味苦笑。

倒是澤旺抬起身子，用一副毫不在乎的神色盯住他，嘴角掛起大大咧咧調侃的冷笑走過來，拍拍袈裟中的小阿金：「既然你心疼堅貝央的靈童，那就拿出一百兩黃金的哺乳費吧，缺半兩也不行！」說話時，兩道眸光透出冷色。

吉塘倉身子猛烈抖動了一下，懷裏的小阿金差點掉在地上。他以爲聽錯了，或者澤旺說錯了，嘴皮顫動地囁吶道：「說什麼？一百兩黃金？你是在說胡話？」

「大丈夫說話，石板上釘橛子，砧子上砸鐵條，不拖泥帶水，不含糊其詞，一百兩，少半兩我們不會放人。」

明白了，確確實實是索要一百兩黃金的贖身費，吉塘倉又震驚又憤怒，太陽穴上的青筋突突暴跳，腦門子脹得幾乎要炸開，心咚咚跳得像小鹿沒命地逃命，整個嗓子眼像堵了似的喘不上氣來。血液湧上眼窩，眼珠子發紅發脹，快要迸出來。身子骨像暴風驟雨中的牛毛帳篷，一起一落、一脹一癟，差點要被刮走。

他使勁地抱緊小阿金，好像小阿金會被風刮走、搶走似的。小阿金被摟得臉色通紅，撲棼著兩隻小手，眼裏滿是惶恐不安，不知所然。要不是隨侍的二位僧人趕到，把他攙扶住，他快要堅持不住，肯定要暈倒在地上了。

流氓！惡棍！言而無信！拿堅貝央靈童、拿自己的兒子爲誘餌敲詐勒索，無恥之極！要不是有這首席金座活佛的身分與桂冠，他吉塘倉早破口大罵了，他要罵個渾天攪地，罵個淋漓盡致，罵得貢保嘉措父子直不起腰、抬不起頭，沒法在這方土地活下去。

但他不能！他使勁撫摸胸口，讓自己冷靜下來。他喘著粗氣說道：「我不跟你說，你沒有資格和我對話。」

他掉轉目光，衝貢保嘉措大聲喊道：「一百兩黃金？也是你的意思？」

貢保嘉措這陣的神色已經由剛才的驚慌、尷尬變成了坦然、自負，還帶有一抹傲慢和狡黠。

他沈穩地點了點頭。

「你當初是怎樣說的？如果你忘記了，我可以背誦一遍提醒你。你三十隻海螺般的白牙齒中流出的話是：我敢向佛法僧三寶起誓，活佛，你放心好了，藏人說話是石板上刻下的印跡，只有老黃牛撒的尿，才風一吹不見星影。當我問到哺乳費要多少，你說隨意，給一塊光洋也意思到了，決不獅子大張口。但今天，你，你變卦了。」

兩個帳篷裏的人都陸續出來了，他們站在貢保嘉措周圍，用警覺的、不太友好的眼神凝注著吉塘倉。

小阿金見阿媽鑽出帳，高興得要撲過去，吉塘倉只好把他捧還給他阿媽。阿媽欣喜得臉貼阿金的頰根吻個不停，小阿金也摟住阿媽的脖頸，摩挲個不停。看著此情此景，吉塘倉的眼圈發濕，心頭平靜多了。天倫之情深過江河湖海啊。

澤旺見阿爸顯出窘態，羞愧得不敢正視吉塘倉，快步走過來用身子擋住阿爸，冷冷地說道：「活佛，作為信徒、教民，我不該用這種口氣和你說話，但事關我家的興衰存亡，我作為家中長子，阿金的哥哥，不能不站出來說話。活佛，你們安多吉祥右旋寺地區兵荒馬亂，回回當權，動不動就殺藏民，燒寺院，和趙爾豐的漢軍一個樣，我弟弟去了凶多吉少，險象叢生，要一百兩的贖命黃金應該說一點也不嫌多。」

吉塘倉又像被猛棍擊了一下似的，頭忽地脹得悶騰騰的。原來自己在年前一次法臺上曾見過的那位香客果真是澤旺，原來他們家對吉祥右旋寺的情況瞭如指掌，既然如此，更應體諒吉祥右旋寺眼下的困境才對啊，體諒吉祥右旋寺就是體諒寺主堅貝央，就是體諒你家的小阿金。不體諒也罷了，反倒雪上加霜，傷口裏撒鹽，火上潑油，借機敲詐撈一筆錢，這不是趁人之危，落井下石嗎？這種人不就是薩迦班智達在格言中所述的：「壞人藉口為別人／卻幹罪惡的營生／那個智者假裝為別人／最後毀掉自己的名聲！」

吉祥右旋寺經過那場劫難，正處於百廢待舉、百業待興、舉步維艱的時期，財政拮据，庫銀匱乏，全寺只剩下三十兩黃金的儲備。這次來接迎靈童，事前雖然貢保嘉措承諾哺乳費隨意，但他還是作了最壞的準備。因為據他的經驗，口氣越大的人，做事越小氣，侈侈其談者，他最容易隨心變化。他從僅有的三十兩黃金中，帶出了二十兩，以防萬一。但萬萬沒有想到，貢保嘉措會把哺乳費由一元光洋漲價成一百兩黃金，這簡直是個天價啊！要是沒有那場劫難，吉祥右旋寺拿一百兩黃金還是不用皺眉頭的。但今天，今天……澤旺的話也不是沒有一點道理的啊！

他抑制住自己的憤怒，定定地注視了貢保嘉措父子好一陣，像要摳出他們心底蒙著的垢漬。然後什麼也沒有說，掙脫兩侍僧的胳膊，噔噔噔上坡先走了。

約過了半個時辰，吉塘倉一行快馬出寺，順小道急匆匆走了。身後是貢保嘉措佇立的身影，眼神充滿迷惘、惶恐。在他身後，是魁梧高大的澤旺，澤旺一臉的毫不在乎，大大咧咧，像是自語，又像是提醒阿爸：「開弓沒有回頭箭，潑出去的水收不進碗中。」

吉塘倉率領接迎靈童隊伍依然紮營在尼瑪村畔，早晚炊煙裊裊，誦經聲、法號聲、樂隊訓練的法樂聲不斷。吃過早飯，僧人們三三兩兩，有的結伴步行，有的騎馬遠去，直到夕陽落山才返回營地。吉塘倉也一天不閒地忙碌著，又是給朝香者摩頂祝福，又是把加持過的金剛吉祥結綢帶賜給送來供品的教民，又是給病人禳災、施捨藥物、舉行法事，又赴人家給亡人超薦誦經，忙得後腳踢前腳，不知道日出日落。

他逢人就開宗明義地告訴人家，他這樣做是為了積攢金錢，湊夠堅貝央靈童的哺乳費。他派出化募的僧人，也全說的這個話。沒有幾天，尼瑪村方圓數百里的草原、山地都流傳開了貢保嘉措貪財不知恥，拿一百兩黃金賣班禪大師認定的堅貝央轉世靈童的事，人們當成新鮮，當成笑話，在灶膛前、在喝酒席上、在放牧做農活時，議論著這個話題，都責備貢保嘉措丟了西康藏人的臉。

尼瑪村他的親戚們把這些話悄悄送上了強巴林湖畔，數在家持戒的帳篷僧人、貢保嘉措的弟弟俄旺情緒最為激動，跑上山和貢保嘉措吵了起來。澤旺插進來幫阿爸說話，被俄旺一耳光扇得向後趔趄了幾步，差點跤倒在地，再也不敢幫腔了。

貢保嘉措答應自己再考慮一下，把金子減一減。

兄弟倆在帳內心平氣和地重新商議如何挽回面子，如何處置好阿金去與不去之事，一直談到了深夜。第二天一早，俄旺下山了，但他沒有返回尼瑪村，而是去了丁科爾寺，鑽進了舅舅堪欽活佛的佛邸。

吉塘倉沒有讓自己的隊伍休閒片刻，他把人員分成幾組，分頭活動，以實施自己制定的方案。

一組拿上銀元、三道金邊瓷碗、銀首飾、藏藥、吉祥結等，鑽山越溝，串帳走戶，去收購麝香、熊膽、鹿茸、蟲草、貝母、狐皮、猞猁皮、沙金等土特產，有多少收購多少。銀元是清一色響噹噹的，成色足，藏人最欣賞的「袁大頭」。藏藥是吉祥右旋寺醫學院製作的最正宗最純潔的各種丸藥、粉劑。分別用黃綢包裹，主治高原常見的特多腸胃肝腎等消化雜病和心臟、血栓、血壓等敏感突發性疾病。

藥種的選擇他都精心思考過，有所設想的。在去年來尼瑪村時，就調查過西康藏人易患的疾病。這些藥是他讓醫學院的佛僧們舉行法事誦經開過光的。配之加持過的吉祥結，從精神、物質兩方面滿足了患者的需要。

有銀元，有藏藥，又是活佛在收購，誰不皆大歡喜，高高興興拿出在當地漢商手中換不來好價錢的土特產去交易！與吉祥右旋寺的商隊交易，既是買賣，又是供養，一舉兩得，哪個藏人不感到欣慰。

每次出門遠行，吉塘倉都漏不了買賣，要帶上一定數量的貨物和銀元，這已經是吉塘倉佛邸的傳統。吉塘倉深深體會到，一位活佛的身價地位，並不單純在於佛位等級和學識高低，還得有經濟實力和政治交際手腕做靠山。有錢有財就有人買你的帳，聽你的話，抬舉你。雖說寺院僧人須脫俗，全身心投入神聖境界，但寺院還是離不開錢財物質，僧人也離不開物質供養。誰也沒有生活在虛空裏，可以不食人間煙火。到處是無底洞，到處得靠錢來墊補。

錢從哪裡來？僅僅靠教民的供養那是遠遠不夠的。靠官府？哼，甭說撥款撥物資助你，他還在生你的氣，較你的勁呢。嫌你搞多中心，自成體系；嫌你爭奪人心，籠絡百姓；嫌你消耗社會財產，聚斂財富，不投入於社會發展和公共福利之中。總之，他怕你形成勢力，實施政教合一統治，與官府分庭抗禮，爭權奪利。所以，官府通常把寺院當成眼中釘、肉中刺，但又當成一塊肥羊肋巴、嫩牛胸叉，時時想找機會抓撓一把，吃掉它！你還能把他當成黑夜的燈，冬日的火？哼，那是白日作夢，畫餅充饑。

吉塘倉還認準了這樣一條道理：只要你是藏傳佛教寺院的活佛或僧人，你就得面對這樣一個事實，那就是藏傳佛教寺院是一口大鍋，一口不生產糧食、酥油、奶酪、牛羊皮、牛羊毛，但卻能吞食這一切的大鍋；僧人是一夥不勞而食的龐大消費團體。這口大鍋得有銀元財物當燃料才行。就好像一家飯館，飯做得好，來吃飯的食客就多，食客多了，鍋就越來越大，這是一種螺旋式的膨脹軌跡，怪不得馬家軍盯得緊。正因爲如此，他也把積攢財富看得很重很重。

第二組由老僧人組成。專意誦經薦度，雖人數不多，但都頗有聲望，具有格西博士學位。他讓他們到附近各部落去講經弘法，舉行各種法事，以利益眾生。從幾天來的效果看，這一招十分有效。吉祥右旋寺聲名遠揚，高僧大德雲集，西康一帶如雷灌耳，但路途迢迢，關山重重，教民平時可望而不可及，今天吉祥右旋寺高僧送上門來薦度誦經，真是天上落糌粑——喜出望外的大好事啊。人們的信仰更加傾心於吉祥右旋寺，對貢保嘉措的做法頗有微詞。

信徒們的供養也很豐厚。西康丘陵草山盛產犛牛，沒有幾天，施捨的犛牛就有一百來頭。把營帳門前踩出了一片黑土地。更令人可喜的是，聽到消息從遠道來邀請去做佛事的土官頭人接踵而至，絡繹不斷。

凡是來給他們供養施捨的人家，除了給全家、全村所有人丁饋贈五色吉祥金剛結外，還用彩綢方巾裹上一把葡萄乾、杏仁、核桃仁、山楂捲、桃脯、蜜棗等各種北方產的果脯作爲回禮。去年尋訪靈童時，他就發覺四川省府管轄下的康區，水果乾果和糕點很少。一打問才知道，像成都平原這些氣溫高的地方，一年之中有大半年很少有燦爛的陽光照耀，加上水渠多，水氣濃，一年四季霧騰騰，水濛濛，看不見幾回太陽，水果自然成熟不了。

有人曾向他說起「蜀犬吠日」的故事，他聽了情不自禁失笑了。不能怪那條狗啊。蜀天多雨少日，天上出來了個圓圓的盤子，牠不視爲怪物才怪呢。他看出在西康，一顆蘋果、一片杏脯都讓藏人們興高采烈，欣喜若狂。他記住了這一點，返回吉祥右旋寺後，他讓仁增從金鵬鎮開設果脯店的北京人，做糕點手藝的河南人那兒，早早訂做了一大批各種果脯和各色糕點，準備接迎靈童時做招待用。

聽說是吉塘倉活佛要的貨，北京人、河南人很賣力地採購進貨，盡心製作。這個北京人當初流浪到金鵬鎮時，身無分文，狼狽至極。據說其妻子被軍閥一個師長霸佔了，他燒了那個師長的房子，出逃到這天地人三不管的青藏高原藏區，手頭拿著一盒北京果脯來作拴頭禮拜見他，請求避難落居。他看他可憐，就讓他在金鵬鎮註冊落戶，成爲吉祥右旋寺直屬的「神民」。並施捨給三塊光洋的生活費，按二毛月利息又貸給一百光洋做資金開果脯店。

那位河南人也同樣，全家逃荒到金鵬鎮的。他按佛祖慈悲爲懷，利益利生，不分民族、地域、膚色、性別的教誨，也讓落戶下來，按北京人的安頓法子安頓下來。他們很感激他。一託付事就十分賣勁。臨來尼瑪村時，他馱了三馱，但未想到有這樣大的變化，一時用不著，也不知道什麼時候能用上派場，而西康氣候又陰濕發潮，一旦泛潮，果脯滋味就大大遜色了，所以他決定物盡其用，作爲回贈派了用場。

他還暗暗派出了另一組，那是由武裝隨從夏西爲角色的採購槍彈人員。他們一律著俗裝，帶著短兵器，扮成安多來的商人。槍彈是不能大張旗鼓地收購的，尤其是僧人。因爲藏傳佛教僧俗眼裏，槍彈是製造罪惡的凶器，是殺人的工具。在西藏，噶廈政府把一切鐵器都視爲傷害生命的工具，因此鐵匠納入了九大賤民的範圍，當成黑骨頭，打入了最底層，沒有人與鐵匠聯姻成親。

但東北部安多地帶地區不屬西藏噶廈政府管轄，沒有這種偏見和歧視，對鐵匠、炮匠一視同仁，甚至尊重不已。金鵬鎮就有十幾家從內地河北河南、從鄰近河州回族地區遷來的鐵匠、炮匠，他們和吉祥右旋寺轄區的牧人、農人、城鎮居民相處融洽，就像一個家族的成員般相互親近。

他們很忙碌，收入也頗豐碩。金鵬鎮的居民不分民族，都不用給吉祥右旋寺納稅納賦，寺院也不給他們派款攤捐。他們的開支只不過是吉慶節日給大寺拜年送禮。禮品也沒有數量、品質的規定，幾斤冰糖幾塊糕點都行，幾方綢緞也行，只要意思到了就成。如果堅貝央或者其他金座活佛赴拉薩朝佛深造，則根據自己的能力、心願，捐助些銀元和其他物資，諸如騾、馬、紅棗、綢緞、糖果即可，寺院也不要他們拉差役。

當然，他們的作坊和居屋是租吉祥右旋寺各佛邸在鎮上修建的租屋，房租得按月一分不差地繳給各佛邸。這是唯一的一筆較大開支。寺院規定，金鵬鎮除了藏族居民，其他民族落居商業區一律不批地皮，不准蓋房，只能租房。各佛邸的房租收入有的成爲該活佛任法台的學院流動資金，有的成爲佛邸的固定收入。

正因爲沒有什麼負擔，所以，漢、回、土、蒙、撒拉、保安、東鄉等異族工匠商人紛紛來金鵬鎮投資經商，金鵬鎮從四世堅貝央起，在不到二三十年間，從荒灘野地繁華成藏區的「小北京」了。

在金鵬鎮，槍彈交易是公開的，也是緊俏的生意。天高皇帝遠。吉祥右旋寺位於甘青川三省的三角洲地區，土司林立，頭人如毛，互不統轄，時不兼吞，槍火武器是離不了的。雖說都在中央政府的領導之下，但誰也管不了誰，又不需要向政府納稅交糧，中央和地方政府也是手長袖子短，顧不上也管不了。這樣，誰的人馬強，誰的槍桿多槍彈好，誰就是霸王，就是盟主。一支馱殼槍可以賣到一千光洋，一桿水連珠長槍一千五百元左右。

有了槍就可以防止牲畜被搶掠，防止仇人來報復；有了槍，就能參與或組織盜夥去搶劫，謀取輕而易舉的財富；有了槍，更能抗擊異族的侵凌，異教徒的蹂躪。前些年，吉祥右旋寺之所以抵擋不住回教徒馬麒軍閥的欺凌迫害，原因之一就是武器太落後。以刀、矛、火槍來對陣機槍、火炮、手榴彈，再勇敢也是火爐上的烙肉，不打敗仗才怪呢。

四世堅貝央在世時，他倆就商量好了，以隨從夏西為核心，組織八十人的夏西③武裝護衛隊伍，保衛堅貝央的安全。一旦有戰事，則派到各直屬「神部」部落和子寺，作為指揮官指揮民兵統一作戰。

夏西都是從富家子弟中挑選的，一個個英俊、健壯、有氣魄、有文化，都配備長槍短槍各一支。平時是僧人，隨侍堅貝央；出行是俗人，每人自備一套藏服一匹駿馬，揹長槍挎短槍，騎在馬上威風凜凜，氣勢逼人、壓人。這是吉祥右旋寺軍事力量的種子，尤其四世圓寂後，吉祥右旋寺的遭遇，更使吉塘倉嘗到了吉祥右旋寺需要武裝力量的重要性、迫切性。

他和四世堅貝央在閒聊中，還一致認為吉祥右旋寺轄區內的部落和教民，應該民風淳樸、性格強悍、崇尚勇武，不能像西藏噶廈政府管轄的區域，要求百姓柔順服貼、低頭哈腰、唯唯諾諾。他那兒是一統天下，銅牆鐵壁，但安多吉祥右旋寺周邊有青海各部落、各寺院，四川各個土司，甘肅各路頭人。群雄割據，虎視眈眈，都想排擠吉祥右旋寺，想侵佔吉祥右旋寺的地盤和財富。教民不強悍怎能對付得了？沒有強悍的教民作後盾，怎能衝開包圍圈，擴大地盤和勢力？

基於這種需要，他們不怕教民強悍起來桀驁不馴。覺得只要套上鞍子，扣上銀製鐵鍛的馬嚼環，烈馬才是最好的乘馬，最猛的戰馬，能揚蹄萬里，能跨越深澗壑溝、關山重水，無堅不摧，戰無不勝，勝過那些劣馬、老實愚鈍馬數十倍。那銀製鐵鍛的馬釵子，就是來自肺腑深處的信仰，是對吉祥右旋寺的忠誠，是寺院的宏觀駕馭的體現。只要佛門掌握了教民的靈魂，也就掌握了其行爲方向，行爲力度，理想追求，爲自己的生存發展築起了銅牆鐵壁。

但教民強悍不強悍，不是單純地看勇敢不勇敢，體格健壯不健壯，還要看武器銳利不銳利。武器不好，那勇敢成了送死，健壯軀體也不過是一堆肉罷了。

他購買槍枝彈藥可一舉三得，利潤豐厚。一是武裝寺主堅貝央侍衛隊的夏西們，壯大吉祥右旋寺的氣勢；二是替各部落採購槍彈，以改善教區民兵的裝備，增強作戰能力，擴大吉祥右旋寺的地盤，使寺院成爲東藏政教合一統治的聖地；三是通過這次武器交易，吉塘倉佛邸可以大大賺一筆，一筆十分客觀的收入。

這次來西康收購槍枝彈藥，他也是有備而來。去年他進入西康，四處尋訪靈童，發現這兒民間槍枝很多，也便宜多了。一打問才知道四川民風強悍，土匪和軍閥多，相互混戰征討多，失敗方的軍人往往把槍枝彈藥當成資本，竄入民間變賣，結果民間流散的槍彈不少。

有另一個原因，是四川兵工廠多，生產的槍枝彈藥多。還有，四川水路運輸發達，從武漢溯長江過三峽就到了四川。武漢造的「中正」、「水連珠」不過六、七百元多，價錢比北方真正便宜了一半。所以，吉塘倉這次讓仁增管家馱了兩騾子光洋，由佛邸獨家經營這筆槍彈買賣。

約過了十天光陰，就在吉塘倉興致勃勃、全副身心付諸自己的規劃時，堪欽活佛上門求見，尾隨的還有俄旺。堪欽活佛帶來的幾位侍僧不等吩咐，便卸下了馱牛背的禮品。有兩條牛腿，一袋子蕨麻人參果，一牛肚黃酥油，四袋長條竹編松州茶，一麻袋新大米，統統送進了廚房行帳中。

吉塘倉笑吟吟把客人迎進帳。

堪欽沒有打坐，首先合掌致禮：「上師，我是來賠情道歉的。」

吉塘倉故作驚訝：「不敢當，活佛失口了，我來貴寺領地打擾，已深感不安，還有什麼可賠情道歉的，你是我的至尊貴賓，應該我向你賠情道歉才對。」

堪欽邊落座，邊單手致躬敬禮：「我是替外甥貢保嘉措來賠情道歉的。」

「太讓活佛操心了，那是我與貢保嘉措之間的事，緣分不到，焦急也是空的。堪欽不用為此傷神費腦。」

堪欽兩手合掌，欲站起。吉塘倉忙示意活佛落座，指指鑲銀邊的木碗：「請堪欽慢用。今日陽光好，時辰寬裕，咱們好好敘談敘談。」他讓仁增擺上北方帶來的水果和糕點，煮上手抓羊肉，叫廚房準備酥油汁澆白糖蕨麻米飯，包純羊肉餡加少量蔥白的灌湯包子。他認識俄旺，但裝作忘了，有意冷落俄旺，弄得俄旺坐也不是，站也不是，不停地抓撓右臉頰的那顆痣疙瘩。

堪欽忙介紹了澤旺的身分，吉塘倉猛然想起似的，讓座叫侍僧盛上酥油茶。

吉塘倉主動扯出話題，熱情洋溢地說這說那，天南地北地說個不罷，弄得堪欽插不進話頭，只是敷衍應付。約過了一個時辰，堪欽才瞅準一個機會，快人快語地插話問道：「上師，阿金去吉祥右旋寺的事項都準備好了嗎？」

吉塘倉一愣，臉色馬上轉圜成興奮歡欣，他扳起指頭一一數說，從起程日期的卜算占定到沿途接迎的茶站、宿營地點，從儀仗隊的組成到法樂隊演奏的曲子，從靈童騎乘的馬的毛色到賽馬慶典活動項目，如數家珍般說了個詳細，就是沒有提到哺乳費的一句話。

俄旺坐不住了，頻頻向堪欽使眼神。

堪欽會意地哂笑了一下，「上師，阿金阿爸考慮欠缺，惹得你不高興，也給您增添了很多麻煩。相信您上師不記愚民過失，就像蒼鷹不去和螞蟻計較。讓過去的事塵土般消失吧，讓不愉快洪水捲枯枝般遠去吧。」

吉塘倉合掌致詞：「我們都是佛門弟子，淡泊名利才是正業，寬恕寬容才會進入佛境。誰要斤斤計較蠅頭小事，那他就不是佛的化身。堪欽活佛，流水和弓背要彎，弓弦和話語要直，你就直說吧。」他知道接下來是場嚴峻、艱苦的談判。好在他們主動找上門來，這就是說有可談的餘地了。

堪欽和俄旺面面相覷。

俄旺受到鼓勵：「哺乳費我們可以往下降一降。」

「降多少？」吉塘倉目光炯炯，灼灼逼人。

「五十兩，再不能低了。」俄旺斬釘截鐵地說。

吉塘倉也很堅決：「不行！吉祥右旋寺拿不出那麼多！」

帳內空氣一下靜寂冷卻，陷入緊張沈悶。

吉塘倉臉上雖蒙著一層冷霜，但腦筋卻已經劇烈地旋轉起來了。這些天，他一直等的就是這一天。既然堪欽和俄旺能夠前來，就說明事情可商量，自己有了一定的主動權。原先他最發愁的就是貢保嘉措倔勁上來像乾牛皮，怎樣拉拽也展不直，如果來個死豬不怕開水燙，雪蓮不怕風霜澆，那就尷尬了，不知道該怎辦好。安多那邊等著靈童早日蒞臨啊！班禪大師認定的風已經揚出去了，接不回靈童，他無臉見吉祥右旋寺的三千佛僧和廣大的教民啊！他故意放出風並讓三個組分開活動，就是實施欲擒故縱，圍而不攻，逼人進入圈子的策略，要的就是今天這個效果。

堪欽覷覷雙方臉色，打圓場說：「都是爲了三寶，你倆從大局出發，是不是都往後讓一讓？」

俄旺吭了一下，看看堪欽的臉：「看在活佛當仲介的面子，三十兩，這是最低的了。老天爺來求情也白搭。」最後一句就像從牙縫裏鑿出來似的，硬得能砸死人。

吉塘倉的心咚地一跳，他知道康巴漢子性格剛烈，說一不二，話說到這個份上，再沒有商量的餘地了。如若繼續和他較勁，則說不一定一切都會翻個過，連鍋帶碗全砸了。但自己手頭沒有三十兩呀，這個坎怎麼過呢？他猶豫著沒有吭氣。

俄旺坐不住了，他以爲吉塘倉是怠慢他，輕藐他，臉上開始出現烏雲，眼裏湧起冷霜。吉塘倉瞟瞟俄旺的臉色，終於開口了。他神情顯得爲難，語氣也格外謙卑：「佛叔俄旺提出三十兩，這對我們吉祥右旋寺來說，是旱天裏賜甘霖，黑夜天賜星月，我們感激不盡啊，我表示真切的謝意。」他合掌額面，微微彎腰向俄旺表示誠摯的感謝。

俄旺也急忙站起還禮，臉色溫和多了。

「佛主堅貝央是無價之寶，別說一百兩，就是一萬兩也不嫌過。但佛叔也清楚，吉祥右旋寺經過馬家回回的洗劫，已是山窮山盡，囊中一空。別看架子依然，卻血消肉乾，沒有幾斤重量了。就是拿條帚掃、犛牛尾巴刷，也只搜刮出了二十兩黃金。佛叔和活佛可能不相信，仁增，把那隻皮箱拿來。」

仁增從佛龕底下抱過來一隻皮箱。皮箱兩尺見長，一尺五寬，外面裹著帶牛毛的牛皮，四邊緣是一排排白鐵鉚釘。鎖子有兩把，一把藏式鎖，一把洋鎖子，亮晃晃、沈甸甸的。仁增把皮箱小心翼翼地擱到俄旺和堪欽面前的茶几上，放穩當後，輕輕捋了捋箱面上的牛絨，頓時一片塵埃揚起，在陽光斜照的光芒中，塵埃如霧飛舞翩躚。堪欽用袈裟角掩住了嘴鼻，俄旺也甩手扇開塵埃。他倆用眼神交換了下意見，瞳仁裏多了幾份信賴。

吉塘倉走過來，從自己腰帶上解下鑰匙，費勁地開了鎖。

堪欽和俄旺伸長脖子往裏探看。皮箱裏面還有一個巴掌大的箱子，用黃絲綢包裹，擱在正中央，周邊用羊羔皮捲成筒狀墊擋著，不讓碰傷撞損邊角，小箱子也用鎖子鎖著。吉塘倉摸出脖頸墜著的佛龕，按開開關，從裏取出小巧鑰匙打開鎖子。

小箱子裏一亮，是黃澄澄閃著燦光的金條，摞成兩摞，共有十根。

「這是吉祥右旋寺的全部家當，共十根，各二兩，我全拿出來了。要是不相信，我以佛法僧三寶的名義願意起誓。」

堪欽站起，扳住吉塘倉的手腕，不讓起誓。吉塘倉和堪欽的目光唰地聚焦在俄旺臉上。

俄旺眼神複雜，既有感動，又有遺憾；既有無可奈何，又有爲難矛盾。顯現出老實人遇到兩難之事拿不定主意的神態。

堪欽有點不高興了：「吭氣吧，上師可把他的一片心肺全掏出來了。山再高也有頂，水再長也有源，啥事得講個分寸合理。」

俄旺窘慌地解釋，一急額頭上冒出汗來，話語變得囁囁吶吶：「我……我給大哥說下死話，拿……拿不出三十兩就，就……不交出阿金，現在，讓我……我怎回話……三十兩之三數字，是我們家族一定要圖的吉祥數字。」

帳內又陷入了沈悶。三個人都不說話，愁眉苦臉，各自想著心事。

吉塘倉眉梢聳了聳，長長嘆口氣，啓齒道：「既然如此，拿我佛邸的資產當抵押，我寫欠條，先欠你家十兩黃金，到吉祥右旋寺後一年內償還。」

俄旺臉上瞬間陰轉晴天，「那敢情好，那敢情好，我有個好交代了。」

堪欽也高興了：「你放心回去告訴貢保嘉措，阿舅我當證人，到時候有什麼變化，找阿舅來要那十兩黃金。」

三人爽快地哈哈大笑。這時恰好包子端了上來，堪欽伸出手，首先抓起盤中熱氣騰騰的羊肉灌湯包子，猛猛咬了一大口。結果撲哧一聲響，從包子皮裏噴出一股燙水，鮮湯汁濺了個吉塘倉滿臉滿胸滿胳膊，眼中也進了幾汁，疼得嗚哩哇拉失聲叫喊。吉塘倉笑得眼淚花兒亂飛，侍僧們也偷偷捂嘴直笑。

俄旺看呆了，喃喃自語：「這安多包子也這麼調皮，會咬人燙人？」

吉塘倉止住笑，用手示意：全怪自己，怪事先沒有介紹清楚安多羊肉灌湯包子製作的訣竅。他邊咬開一個包子，小心地吭吸湯汁，邊有神有色地介紹其製作特點。說明這種包子是死麵燙成的皮，餡以牛羊肉爲主，摻合少量嫩蔥，調入清油、花椒、鹽巴、肉湯拌合而成。心靈手巧的廚師先把死麵捏成波紋皺褶，塡入肉餡，手捏而成，一個個如蓮花盛開，荷葉捧珠，造型考究美觀，味道可口，不腥不膩，令人稱絕。

吃罷灌湯包子，接著上了手抓羊肉等吉祥右旋寺招待貴賓的一應菜肴。三人邊吃邊聊，各自說些當地的趣聞軼事，不知不覺日頭西沈。臨告辭前，俄旺提出了一個請求：「阿金歲數小，從小未離開父母身邊，又不懂安多方言，去了肯定寂寞孤獨，萬一有個三長兩短，對吉祥右旋寺，對我們家族都是難以挽回的巨大損失。因此，我們家族商量決定，舉家隨阿金遷移安多，在阿金沒有親政以前，以監護人的身分主持或者參與吉祥右旋寺的重大決策，讓阿金不成爲泥塑佛像當傀儡。這上師不會有異議吧！」

吉塘倉沈吟了一陣，急速斟酌。俄旺提出的請求不能說不合情理，也是有人情味的請求，無法拒絕，也應該答應，但經過這次交道，他總覺得有點狐疑，擔心又是一場陰謀，一個陷阱。可他們家族全部遷過去，也不過是沙漠裏撒下一盆水，大旱天一朵雲，成不了什麼氣候，掀不起一點浪花，不會影響吉祥右旋寺早已形成的管理格局和力量平衡。不管怎麼說，俄旺的請求是難以駁回的。

想到這，他爽朗地點點頭說：「我們也是吃糌粑長大的，這點情理還能不懂？到了吉祥右旋寺，寺主堅貝央的一切全聽憑你們家族輔佐。」

俄旺喜湧眉梢：「那請上師把剛才的話寫成文字交給我，長兄說要見你的手筆。」

吉塘倉沒有多加思索，讓仁增取出吉祥右旋寺總法台專用的西藏達布紙，分別寫了保證書和欠條，加蓋了自己刻有白海螺圖案的印章，用黃絹包紮好交給了俄旺。他看出俄旺是個老實人、厚道人，不想難爲他。同時也想到了吉祥右旋寺地盤上，俄旺說不定會成爲他的好朋友，起到左臂右膀的作用。但他萬萬沒有想到，自己的手筆日後成爲佛父佛兄的殺手鐧，擋箭牌，成爲凌駕大寺之上的依據，把政教大權捏在他們手心的法寶。

阿金很快接進了行營，由他擔綱剃度師傅，在儀仗隊僧侶和丁科爾堪欽活佛及高僧參加的誦經祈禱集會上，吉塘倉拿起神聖的剪刀，在阿金的腦門頂上剪下一綹頭髮，象徵著阿金從此脫離塵俗，斷絕煩惱，一心修持佛門。吉塘倉隆重地宣布靈童的法名叫堅貝央•貢卻乎堅贊，人們再也不能稱呼他爲阿金。

很快，貢保嘉措全家下山了，成了吉塘倉行營的常客，早晚好幾趟來串門，商量起程前的諸多事項和旅途需備辦的物資等等事兒。行營熱鬧成一鍋沸粥，整天人來人往，喧聲笑語不斷。

阿金成了行營的真正主人，他新奇地逛來逛去，問這問那，摩挲這動動那，一天到黑忘了回家。吉塘倉成了他的拐杖、保姆、嚮導，必恭必敬地牽著他的小手，有問必答，走哪裡跟到那裡。儀仗隊的隨僧們更是恭敬備至，碰見了趕緊拽下袈裟一角搭在右臂，彎腰勾頭，單掌致禮，頻頻問好。

等他的興趣滿足之後，吉塘倉循循善誘地教他如何穿衣戴帽；如何端坐法床，如何用牛尾拂給教民摩頂、祝福，如何保持神色莊重仁慈，如何行走騎乘等等一應禮儀。聰明的阿金又乖又聽話，一教就會，說了能記住，記住了就能照教的做。吉塘倉興奮得整天合不攏嘴，暗暗慶喜自己沒有選錯靈童。

與堪欽活佛卜算好吉日後，雙方緊鑼密鼓地準備啓程前的各項活動。丁科爾寺全體僧眾爲靈童舉行了爲期七天的護政鋪子經懺施供法事。尼瑪村爲接迎靈童的吉塘倉一行供施三天，全村婦女兒童在村頭舉行金剛六字真經誦唱會，長達七天。男人們也舉行了三天閉門禪修的「致禮上師」經懺法事。起程的前一天，全村舉行了盛大的歌舞晚會，一直玩到後半夜。

三月十五日離開尼瑪村，四月廿一日到達吉祥右旋寺。貢保嘉措家族共有二十五人，一路上由澤旺抱著弟弟阿金騎行，走到哪裡澤旺都不離一步，槍不離身，刀不離腰，護衛得周密細致，盡心盡意。

由於吉祥右旋寺的聲望，四世堅貝央的崇高影響，沿途恭迎恭送的絡繹不絕。不管是康區的寺院還是安多的寺院，都焚香煨燊，清掃一淨，騰出好房子，派出儀仗隊邀請入寺歇息，以結佛緣。各個部落也集眾接送，由頭人和土官率領下屬百姓，魚貫上獻致敬哈達和曼荼羅，像經塔、衣飾、用具，進行馬技表演，歌舞表演，焚香祈禱，並贈送帳篷、食品等生活日需用品。

抵到吉祥右旋寺時，幾千僧俗儀仗，吹法樂法螺，執法幢法傘，燃柏枝香爐，密密匝匝兩邊恭迎，金鵬鎭居民傾巢出動，還有不辭千里來的香客，都爭相膜拜，一睹五世堅貝央的風采。

當天，在大寺的大經堂裏舉行了隆重的升座就位典禮。

堅貝央佛宮、寺院總財務處、各活佛佛邸、各部落、各屬村、金鵬鎭回、漢商界代表，依次向靈童呈獻了曼荼羅，像經塔、衣飾、器具、金銀綢緞、馬牛羊。吉塘倉以總法台的身分致詞祝賀，並謙恭地向致賀人員介紹了佛父佛叔佛兄弟姊妹等等直系旁系親屬。

在吉塘倉接迎靈童期間擔任代理攝政的四大金座活佛之一的山夫丹倉，緊接著簡明扼要地評述了歷世堅貝央的功德業績和僧俗對五世堅貝央的期望敬仰。再下來，吉塘倉請佛父講話，佛父委託長子澤旺介紹了家族神奇歷史和靈童降生他家的種種瑞兆。澤旺特別強調他們家族千里迢迢來吉祥右旋寺，就是爲了護佑靈童，替靈童做主，不讓靈童成爲空殼子，無實權。在靈童十八歲親政之前，由他們家族監護靈童，代表靈童主持寺院重大決策，吉塘倉上師已白紙黑字寫下許諾交給他們，希望大家也能像吉塘倉上師那樣，共同輔助靈童，振興吉祥右旋寺政教大業。

他的話博得了滿堂的歡呼和讚許，只有吉塘倉沒有露笑容，原以爲當時說說而已，不是什麼大事，卻未想到他在這樣隆重、莊穆的慶祝典禮上，鄭重其事地端出了這串話，而且特別強調他的承諾，宣布他寫下的文字依據。他從澤旺的話語中隱隱感到一束冷光，一絲不安悄悄爬上了心梢。

澤旺之後，各地大寺代表獻禮致賀，博士學位的格西們辯經助興，把氣氛推上了高潮，僧眾排隊敬獻哈達，接受摩頂。

慶典結束後的當夜，山夫丹倉趁暮色來拜訪，開門見山地問起他爲什麼要給貢保嘉措承諾那個條件。

他把前因後果詳細做了介紹，最後苦笑道：「誰能想像到他會算計到我吉塘倉頭上的。」

山夫丹嘆口氣，「我聞他的話頭就像嗅一堆燒焦的羊毛，心頭怪不是滋味的，總有一種不祥之感，但願那是多餘的。」

兩人又敘談起澤旺，說及苛刻條件的合理性，越探討越覺得這件事深奧難測，將來的後果不可猜揣。

吉塘倉發現自己答應的太唐突、太輕率了，把自己扣進了一個圈套之中。既然阿金已被哺乳費贖出，既然阿金已迎入寺中坐床就位爲寺主堅貝央，那靈童就已經完全脫離了世俗家庭，而成爲吉祥右旋寺的成員了。他屬於吉祥右旋寺而不屬於俗人家庭，因此佛父佛兄無權代表堅貝央參與寺院政教決策，寺院有政教議事廳商議大事。但現在，則有可能大權旁落俗人之手，這可與歷輩堅貝央的夙願背道而馳啊！也是吉祥右旋寺有可能走向衰敗的兆頭。兩人不由談起第一世堅貝央靈童轉世問題上引起的寺內分裂危機……

一世堅貝央圓寂後，主持教務的是他的弟子察・扎西冉丹活佛。主持總務的是另一弟子山夫丹活佛，兩人都正當壯年，血氣方剛，有自己的獨立主見。

遴選靈童程序進行到最後階段，只剩下河南親王的兒子桑珠嘉措、青海黃河北岸然卜吉部落土官的兒子諾布。究竟誰是真正的靈童，兩位弟子之間發生了分歧。一個認定桑珠嘉措爲堅貝央靈童，另一個卻執意要認定諾布。

站在桑珠嘉措一邊的是總法台察・扎西冉丹及河南親王，站在諾布一邊的是寺院總管家山夫丹活佛和河南親王的嬸嬸——王妃拉吉卓瑪。雙方各有理由，各執一詞，互不相讓，形成派系之爭，相持不下，延續達十餘年，吉祥右旋寺差點四分五裂。

察・扎西冉丹圓寂後，由根本施主王妃拉吉卓瑪提名推舉，山夫丹活佛成爲總法台。在政教權力結構上，支持諾布的占了上風。拉吉卓瑪親自出馬，派人從西藏請回各護法神的授記，在全寺僧會上莊嚴宣讀。

哲蚌寺護法神的授記勸導吉祥右旋寺上下齊心一致，儘快迎請堅貝央靈童入寺坐床，以饒益佛法和眾生；而噶東護法神的授記則嚴厲質問僧眾，遲遲不迎請堅貝央靈童的原因何在？對那些滋事生非，有意製造障礙的分子需予以嚴厲的制裁。當場，山夫丹總法台以護法神授記為依據，將反對然卜吉土官之子諾布為靈童的幾個打頭者逐出了寺院。

吉祥右旋寺快刀斬亂麻地派出代表團去黃河北岸然卜吉部落，商討並確定靈童接迎入寺之事，但河南親王丹正華秀的親信們私下仍在散佈流言蜚語，說王子桑珠嘉措才是真正的靈童。

恰在這時，王妃拉吉卓瑪突染重病，奄奄一息。臨終前，她把親王夫婦、王府重要官員、下屬各部落頭人，還有吉祥右旋寺的中級以上活佛、僧官、八大直屬部落頭人，全都叫到王府議事大廳，讓掛起佛祖唐卡像，供上酥油長明燈、淨水碗，面對佛祖，當著大家的面，神情莊穆威嚴地逼問親王夫婦：

「我一生中最大的遺憾，就是沒有把護佑親王和全旗民眾的恩重上師堅貝央的轉世靈童請進寺院即位，這讓我死不瞑目，無法嚥氣。我問你們，是否願意迎請靈童進寺，你們給我一個明確的回答，我要帶著你們的回話去見閻羅法王。」

當著佛祖和眾人之面，懾於王妃的威嚴與實權，親王夫婦下跪表示完全服從王妃的意願，起誓迎請然卜吉土官之子諾布為堅貝央轉世靈童，這樣，一場危機才算圓滿解決。

從以後有些史料和閒言碎語中，他們才漸漸明白察•扎西華丹活佛和山夫丹活佛為什麼要頂牛對峙，各不相讓。原來，他們各自考慮的角度不一樣，追求的價值觀念也不一樣，但都有自己的充足理由，都是從吉祥右旋寺的根本利益出發的。山夫丹活佛的想法更符合客觀實際，對吉祥右旋寺的發展更有利。

察・扎西冉丹本身是德才兼備又典型的宗教賢士，他以弘揚佛法爲自己的根本使命，又學識淵博、才氣橫溢，所以一世堅貝央在大寺建成的第二年就把他扶上了法台座位，樹立他管理全寺的權威，培養政教兩方面的能力。堅貝央一圓寂，他順理成章地全權代行寺主的遺職。

他是一個十分重感情、講信義、相信因果報應的人，他銘記著吉祥右旋寺創建的成功及初期的順利發展得益於施主河南親王夫婦，滴水之恩想湧泉相報。而他認定吉祥右旋寺今後的發展興盛，還得依賴於親王夫婦，因此得注重並強化寺院與親王府的供施關係。爲此，他通過占夢，把王子確認爲堅貝央的轉世靈童，矢志不渝地堅持自己的抉擇。他的目的不外是進一步密切供施關係，並得到青海和碩特蒙古及其他蒙古部落的政治護持和財力資助。

山夫丹活佛並不是沒有想到這些，他也看出了察・扎西冉丹的良苦用心，但他爲什麼硬與察・扎西冉丹唱反調，執意要把然卜吉土官的兒子扶上堅貝央的寶座呢？他也有他的苦衷。

山夫丹出身於山區林寨，山裏人生來就有一股咬鐵嚼鋼的硬性子。他倔強而又目光遠大，有豐富的政治鬥爭經驗，辦事精明幹練，堅貝央在拉薩郭莽學院任法台時就賞識他的才幹，一直讓他伴隨左右，馬前鞍後不離一步，許多重要事務都託付他去完成。師徒倆共同經受了那一時期西藏政治舞臺上的風風雨雨，坎坷曲折鬥爭。山夫丹表現出的忠貞不渝和智慧剛毅，使一世堅貝央對他更是信賴不已。

建立吉祥右旋寺後，堅貝央讓他擔任了寺主拉章宮的第一任總管家，統攬教區日常事務的處理大權。

可能他對西藏經歷的政治風雲印象太深，思考得很久很久，他從親身體驗中看到了蒙古貴族統治欲望的強烈，統治策略的成熟。特別記憶猶新的是蒙古統治者拉藏汗廢黜六世達賴倉央嘉措，而立自己的兒子為第六世達賴喇嘛，結果引起藏民族的強烈反彈，帶來的災難性後果——戰亂紛起，民不聊生，寺院被劫掠，僧人受殺戮，要不是大清皇帝派清兵護送七世達賴喇嘛入藏平定混亂，西藏差點成了藏人的地獄。

他不願意看到吉祥右旋寺成為第二個西藏，但如果親王之子充任堅貝央的地位，那麼，親王就有可能通過父子關係來控制寺主堅貝央，包攬政教、頤指氣使。吉祥右旋寺也就名符其實地成了親王的左臂右膀，完全喪失了自主自立的權益，成為蒙古貴族統治藏族群眾的直接工具。這樣的堅貝央，難保不重演西藏一樣的歷史悲劇。他要嚴加防範，堅決杜絕這種情況出現的可能性。他堅決擁立然卜吉土官的兒子為堅貝央二世，就是為了不讓自己擔憂的悲劇出現，客觀上讓吉祥右旋寺與蒙古貴族保持一定的距離，發揮藏族地方勢力的作用，提高寺院獨立自主的地位。這一點，也是一世堅貝央的遺願。

當年河南親王派人來拉薩邀請堅貝央去他的領地建寺弘揚佛法時，堅貝央提出的先決條件，就是他創建的這所寺院，不能是親王的家寺，親王只是根本施主，雙方是供施關係，關係寺院的政教大事均得獨立自主。河南親王二次來迎請時親口告訴堅貝央，他尊重堅貝央的意願，決不干涉寺院事務。兩次他都在場，並親筆有記錄。

那麼，王妃拉吉卓瑪為什麼鐵下心支持山夫丹活佛，而不支持親王夫婦的兒子呢？僧俗之中各種猜測很多。據說，她夢中夢見的轉世靈童是然卜吉土官的兒子，並伴有種種瑞兆吉相。

拉吉卓瑪是當地藏人，生在桑曲河下游一個藏人聚居的村落，後被第一世河南親王迎娶為王妃。她信仰虔誠篤重，富有頭腦和進取心，在敦促第一世親王進藏邀請堅貝央和創建吉祥右旋寺等重大事項上起到很重要的作用。至於在堅貝央轉世靈童的認定上她一邊倒，民間傳說有公私兩方面的原因。

私的方面，是二世親王不是她的親生子，要認定的堅貝央靈童自然不是她的親孫子，她與這代親王父子沒有血緣骨肉關係。他與一世親王生有一子，但未成年便因病夭折，親王去世後，將王位傳給了侄孫，即王兄的三孫，當然，實際大權仍由她掌握。但如果親王的兒子坐上了堅貝央的法座，則借助佛父的身分提高政教地位，鞏固親王的勢力，排斥並爭奪她手中的權力，後果很難想像。

從公而言，她在王府統治幾十年，和蒙古貴族及上層政治生活打交道的過程中，看清了安多藏區蒙古族與藏族之間統治與被統治的殘酷民族關係事實。她痛感藏族被凌辱、被欺壓的不平等地位，決心憑藉自己的地位、權勢，為自己民族做點好事，幫助撐直腰桿。這樣，她就堅定地站在了山夫丹活佛的一邊，身體力行地推進自己理想的實現。

……

回憶往事，倆人唏噓不已，感到冷汗澆頭。當初要不是一世山夫丹活佛堅持，王妃南吉卓瑪傾力相助，要不是察・扎西冉丹圓寂的早，真不知道吉祥右旋寺現在會是什麼面貌、什麼狀況。

眼下，又埋下了禍根，如何對付好呢？趁貢保嘉措一家還兩眼一團黑，先把寺院穩住。按照程序，吉塘倉先向五世堅貝央交出總法台之席位，然後以首席金座活佛之名義向堅貝央推薦山夫丹活佛爲總法台，總法台又指定吉塘倉爲寺主堅貝央未成年前的政教首席輔助顧問，讓老實巴拉的堅貝央佛叔俄旺爲寺主佛邸總管家……兩人一直深談到了半夜。

一陣冷風襲來，他不由打了個冷噤，往緊裏掖了掖袈裟，一股疲倦從骨頭縫裏滲出，又迅速波過全身。他抬起沈重的身軀，腦子空空地走回臥室倒在被窩裏，昏昏睡去。

在夢裏，他還喃喃嘟囔：堅貝央呀堅貝央，要不是我當初執意認定你，鞠躬盡瘁、盡心盡力地接迎你坐上寺主寶座，你能有今天的輝煌嗎？當初要不是我承諾，你佛父佛兄能有盛氣凌人的今天嗎？佛門是講良心、講報應的，你們不該忘恩負義，往我吉塘倉頭上潑污水啊……

❖　❖　❖

①甲林——藏傳佛教法樂樂器之一，黃銅製作的長號。
②九條衣——僧衣，又稱「祖衣」，舉行隆重佛事活動時披的斗篷式的大衣。
③夏西——寺主的武裝衛士，由年輕僧侶擔任。

第九章 一生唯有的戀情

心上人雲超娜姆病入膏肓，吉塘倉又是求醫又是求藥。溫泉旁的邂逅相遇，釀出不解情緣，三十年後品味依然花香濃郁。一生唯一尷尬難忍的是，見了兒子不能認親。酸澀湧滿胸腔……

迷迷怔怔之中，隱隱約約聽得輕輕的腳步聲走近門口又消失了。他艱難地掙扎著，凝聚心神想聽個明白，但腦子卻似羊毛絲縷扭成的疙瘩，抽不出頭緒來，他又一次昏睡過去。腳步聲再一次隱隱約約從門口響起，噔噔噔的擦地板聲由近及遠，消失得無影無蹤。如此重複的腳步聲在門口究竟消失了幾次，響起了幾次，他記不起來，想睜開眼張口問問，但眼皮太澀重，腦子也困倦，怎麼著也起不了身。聽著腳步聲很熟悉，但又捕抓不出是誰的聲音。他還是浸沈於夢鄉之中……

這不是草原深處石峰環繞的羌澤溫泉嗎？不是第一次碰見雲超娜姆的地方嗎？這兒的風景可是千裏挑一、獨此一家啊！多像那次在蘭州看過的一部電影紀錄片。叫什麼來著呢？國名記得叫瑞士，那兒盛產世界名牌手錶，自己手腕上的這只勞力士手錶不就是瑞士的嗎？那次不是寺主堅貝央也給他買了一隻作饋贈禮品的嗎？月曆、日曆、星期都俱全，整整花去了一千銀元呀！

對了，那山名叫阿爾卑斯山。羌澤的石山和阿爾卑斯山像極了。羌澤溫泉周圍的山，峰尖上銀晃晃、白皚皚全是四季不化的積雪，就像藏域安多守護神阿尼瑪沁頭上戴著的白氈頭盔。再下來是青凜凜、直挺挺巨大幅面的黑石崖。它如一柄青銅雙開劍懸空倒插，射出令人膽顫的霜光冷氣，生生平添許多威嚴和力量，還有騰騰殺氣，不由你不肅然起敬，拜倒在面前俯首貼耳、必恭必敬、收斂內心的一切邪念和殺機。

青石崖下面卻是綠意濃濃、鬱鬱蔥蔥的青松林，有雪域高原特有的冷極、雲杉、鐵杉、落葉松、圓柏等等。山腰快接近到地面的部分，又長著亭亭玉立的白樺林，也有幾簇高高的白楊樹，最高處的泛著青黛色，像上了咖啡色的西藏氆氌；中間則閃爍墨綠色，如內地生產的好綿緞；快到山根變成了一片翠綠，和出嫁姑娘綠腰帶一樣鮮豔。

各種不同種類的樹，讓老天爺插栽得多姿多樣，像一幅美麗精巧的新疆維吾爾族織的掛毯。到了山腳，是鮮花遮蓋住芳草的羌澤川，草茂盛得遮過了膝蓋。粉紅的、紫紅的、銀白色的、黃色的、藍瑩瑩的，各色鮮花穿插搖曳，像少女流盼的美麗眸子。平平展展的草原啊，就像一塊天工織就的無邊地毯，順溝壑、順著川道鋪陣到了天上地邊。

他把袈裟撩在草叢中，只穿著鑲金色織錦緞的背心和筒裙，像小鳥兒紮著翅膀般張開雙臂，赤著腳片在草地上跑動，邊跑邊喊著、吼著、唱著自己也說不清楚的歌兒。踢斷的鮮花在他的腳趾間跳動，芳草一塊一塊地伏倒在他身後。他向遠方那頂嵌有吉祥八寶圖案的穹隆型白帳篷跑去、跑去……

雲超娜姆也從那頂帳篷裏跑出來，遠遠地向著他跑來。她穿著一件天藍色的、印有紅白相間花團的輕質緞袍。和風吹起，裙擺像藍色的孔雀開屏，在燦爛的陽光下熠熠閃輝。白絲綢大襟襯衣被風鼓滿，飄飄閃閃地像首曲黃河畔的天鵝在搔弄風姿翩翩地舞動。而兩顆珍珠般晶晶發亮的眸子，又蕩漾著萬般風情，千種嫵媚，向著他燦爛地微笑。她跑得像晚春的羊羔般歡欣，又似夏日的牛犢般放任，還如小馬駒向青青芳草狂奔，一口氣跑進了他的兩條胳膊之中。跑得頭髮根的汗珠子閃爍亮光，頭伏在他的胸前呼呼地喘著粗氣，亢奮的淚花子從閉著的眼皮底下飛濺出來，點點灑在他裸著的胸膛上，癢得他的心底熱浪翻騰，熱血沸揚。

他把雲超娜姆緊緊擁在懷裏，冰雹般地親吻她鮮紅的嘴唇。吻得雲超娜姆喘不過氣來，只眨眼皮喘粗氣，胸脯像青蛙肚皮一鼓一伏漲起漲落，兩顆豐滿如酥油坨子的乳頭，膨脹像犛雌牛夏日飽肚後的乳房——圓滾滾、鼓囊囊，散發出誘人醉倒的芬芳。

……兩人滾倒在花草叢間，相擁相抱，滾過來滾過去，嬉戲吼喊著，眼中的世界只剩下他倆了。彷彿藍天白雲在爲他倆喝彩，草地山石專意來觀賞他倆的幸福歡樂，太陽更是爲他倆撒下光明和溫暖，讓他倆恣意開心地嬉玩。兩人滾著滾著，滾進了山腳下的溫泉裏。

真舒服，真愜意！熱烘烘、暖融融的溫泉水，不燙人不灼人，像那五月的紫黑羔皮襖，穿在身上綿軟輕盈；又似八月天的短絨羊皮筒子，洋溢著柔情蜜意。那水珠撒在身上，像滑膩光亮的新酥油，舒服慰貼到心根裏了。他向雲超娜姆的乳溝、乳頭輕輕潑灑水珠，水珠濺在她光滑如奶汁的潔白肌膚上，跳動一下又滑落下來，掉在泉池裏濺起水泡。

雲超娜姆微微閉眼仰躺在水池中，任他撩撥水珠灌澆全身，任他用手撫摸全身。從黑油油、亮晶晶的茂密頭髮到發酵酸奶般鼓漲起來的乳峰；從乳頭撫摸到小肚，再往下揉搓起覆蓋的陰唇。她由不得自己地睜開半個眼皮，向著吉塘倉邊甩來渴望的媚眼，邊如醉如癡地發出陣陣愜意的呻吟聲。

隨著呻吟的加快加重，他撩水的速度也加快了，像法舞的鼓點越來越緊。鼓點終於停了，他伏在雲超娜姆的身上，嘴唇和舌頭全部貼進雲超娜姆的嘴裏，整個身子全融進了她的肌體之中了。

兩人在溫泉裏扭來擰去，滾來滾去。濺起的水花簇擁著他倆，太陽也躲進了雲層之中，小鳥們更是遠遠地飛開，不知是不願意攪擾他倆，還是慚愧自己的歌喉不如他們的笑鈴。石山更要停止了喧鬧，只是盡情地把他倆的笑聲、喊聲擴音到四面八方，讓所有的眾生都享受他倆的幸福和歡樂，就連一刻也不想斂翅停止翩躚舞蹈的蝴蝶，也不忍驚擾他倆，而悄悄藏在了草叢間。

一陣冷風突地吹來，他倆情不自禁打了個冷戰，還未來得及跳出溫泉，天上瞬間潑撒下巴掌大的雪花，密密麻麻，層層疊疊地壓了下來。烏雲也黑壓壓地壓在頭頂。溫泉也不熱了，蒸騰熱泡變成了翻飛雪片，徹骨冷氣滲進了骨縫裏面。他和雲超娜姆上牙叩打下牙，渾身泛起雞皮疙瘩，驚慌失措地緊緊擁抱在一起。

他掙扎著站立，想抱起雲超娜姆走出溫泉，但腳下卻一陣陣喀嚓喀嚓聲響起，水面呼啦啦結了一層冰。冰層鐐銬般鎖住了他的雙腳，他挪不開步了。偏偏旁邊又竄出一隻又黑又髒的狗，撲過來咬了一口小腿肚，血頓時涔涔流出，又凍凝住了。他絕望地呼喊護法神，呼喊管家洛哲，呼喊所有人來救命……

他嚇得一骨碌從被窩裏翻起。頭上一捋，手上濕漉漉的。耳根、眼窩、脖頸前心後背都泛出潮氣，身上一身冷汗。夢中的情景還跳躍在眼前、腦海中。心跳咚咚如鼓點敲打胸膛，塞住了喉嚨口。

他半坐起，呆呆地回想著剛才的夢，一股甜酸苦辣湧上胸頭。品不出味道，不知道該高興，還是該悲哀，也揣猜不出這夢是吉兆，還是凶象。狗咬、出血，肯定是凶兆，這凶兆是應我，還是應雲超娜姆？他的心一下揪得緊緊，在炕上定定地發愣呆怔。窗外又是沙沙的輕微腳步聲，由遠及近，由輕到重，在門口突然消失聽不見了。一陣兒又輕輕地離去。

他咳了一聲，沒有吭氣。從腳步聲，他聽出是內管家洛哲。快七十歲的洛哲，跟他已經三十來年了。別看他頭大眼大、鼻子大、嘴唇也大，還有一張長滿絡腮鬍的大臉盤，但他做事卻出奇的細心，處處小心翼翼，精密周到。一年四季，他腳上從來不蹬拖靴，蹬的是一雙千層氈靴，厚重綿軟，全是綿羊毛氈片黏貼一處，再用羊毛捻的毛線細針稠稠密密地縫得結實。靴底和靴面是牛皮裁剪的，整個用皮筋線綴鞝，所以，即使踩在地板上、石片上，都不會摩擦出沈悶宏大的嗓音。

他這都是爲了不驚擾他，尤其在誦經拜佛坐禪或凝神思考諸多事端時，擔心他的出現影響了思維集中，才刻意製作的這種靴。這是一個處事極爲周到的好管家，他和他相處得像親兄弟一般親密無間。他知道他的生活習慣，沒有緊急事情，是絕對不會三番四次跑他臥室門口的。

「活佛，您睡醒了？」還是那種平靜、恭敬的音調，但他聽出今天的音調中分明潛藏著躁急不安。

「有事？進來吧！」吉塘倉順手撩開窗簾，一縷黃緞般的陽光唰地鋪滿了炕，他自言自語道：「今天怎了，讓魔鬼入了魂？快睡到晌午了。」

洛哲躡手躡腳推門進屋，急於想說什麼事，但覷覷他的臉神，又改變了話頭：「我讓侍僧端來洗臉水，活佛您先漱洗吃飯。」

他擺擺手：「發生了什麼大事？」他心頭忽地飄過來一朵陰雲，不由想到了剛剛做過的惡夢。

洛哲伸長脖子湊近頭，回頭掃了一眼，壓低聲說道：「活佛，雲超娜姆快不行了。」

吉塘倉屁股上被錐子刺了似的，半個身子跳起來成了跪勢：「真的？誰說的？」他的心頭像利刃劃了一刀，驚悸得打哆嗦。果然應了夢境，應了凶兆。

「扎西在門外等候。」洛哲說罷，退出屋門向大院拍拍手。

一個小夥子風般捲過來，跪在了吉塘倉膝前：「活佛，救救我阿媽，阿媽她……」未說完就抽泣不已。

吉塘倉顧不得整整衣襟，兩手一攏，不知從那裏來的猛勁，一下子把扎西抱了起來。

「孩子，別哭，別哭，慢慢說。」他勸扎西別哭，可他心裏卻哭得淚水漣漣，連腿肚子都打起了顫。他一邊勸扎西，一邊捧起扎西的臉盤仔細凝視。

沒有見扎西的面已經整整八年了。孩子光滑的下巴和上嘴唇上都生出了黑漆般生硬的鬍鬚，皮膚有點粗糙起皮，分明是風吹雨淋留下的痕跡。眉骨齊削如石崖，眼窩微微下陷，原先清亮如雪山溪水的眸子，現在平添了幾朵翳雲，顯得複雜、憂鬱、成熟。可能是阿媽病重無心梳理，或者侍候得太勞累、太緊張，他的頭髮亂蓬蓬透出汗腥氣和污垢味，辮子鬆散地纏在頭上，續上的黑絲線也沒了光澤。高高的身架隱隱的駝背，但臉的輪廓、五官、眸子，還有高稜挺直的鼻子，深深的人中，花蕾般的下頦，都是活脫脫的另一個雲超娜姆。

他心裏難過得囁喃自語：孩子，你受苦了，應該是我守在你阿媽身邊侍候，卻讓你年紀輕輕守這份罪。誰讓我是吉祥右旋寺的金座活佛呢？成了格魯巴的活佛就不能像寧瑪巴、薩迦巴、噶舉巴那樣組成世俗家庭，就得禁欲，不准娶妻生子。兒子長這麼大了，還不能相認，真悲哀，真可憐啊。

唉，爲這事，他和雲超娜姆爭過幾次嘴，他要認兒子，或者要把扎西帶到寺中剃度爲僧，讓他在佛邸裏隨侍自己，好加以照顧護佑。但雲超娜姆直搖頭，說什麼也不答應。她說，我倆相好，是我與你有緣分，兒子和你不一定有緣分，不要勉強他。你是大活佛，不能爲了找，爲了兒子，壞了名聲。教民超度靈魂不能沒有你，你功德圓滿才能拯救人們跳出苦海。再說，我跟前也不能沒有人，我明白你不可能守著我，我再不能失去扎西。

這，真、真……想起這些，他不知道該說什麼好，淚如潮湧，忍不住掉下了幾滴，打落在扎西的臉頰上。

扎西慌了，以爲他阿媽的病沒有救了，嚇得眼淚花亂濺。緊緊抓住吉塘倉的手腕急急搖動：「活佛，你一定要把阿媽救活，我就阿媽一個親人啊。」

吉塘倉差點脫口喊道：「兒子，還有我，我是你真正的阿爸啊。」

他強忍住心頭的悲痛：「慢慢說，孩子，慢慢說。有活佛在，你阿媽的病一定有救，一定有救。」

扎西這才放心地揩揩淚痕，急急講述道：「這幾年，阿媽的身子一天不如一天，常常一整夜一整夜地咳嗽不罷，不要說睡個囫圇覺，有時還咳得喘不過氣來，把人嚇個半死。即使一夜沒有闔眼，天一亮，她依然忙這幹那，一刻也不閒著。去年入冬以來，阿媽咳出的痰裏有了血絲，越來越多。」

吉塘倉打斷了扎西的話：「阿媽這陣在哪裡？」

「在王府村一家熟人處。」

「洛哲，洛哲，」他忘了平時的矜持和威嚴，也忘了用擊掌來招呼下人的習慣，失聲急急喊道。

洛哲碎步匆匆進屋。

「快，跟扎西去把雲超娜姆接到佛邸來。」

洛哲一愣，遲疑了一下，抬眼摳了摳吉塘倉堅定如鐵石的面孔，小心翼翼地問道：「安頓到佛邸的客房裏？」

吉塘倉交際廣泛，來的客人很多，有內地請來觀光旅遊做買賣的漢、回、蒙各界人士，更有草地各部落的土官頭人，還有吉塘倉所屬神部拉德的教民，前來朝香拜佛、供經供飯或到金鵬鎮出售土特產的農牧民朋友。他們一來，就是一群群犛牛、馱騾、走馬，還有賣出買進的馱子。尤其到了秋冬，採購糧食和日用生活生產用品的，賣出羊毛皮張的，運進大茶、茯茶和藏區農牧民需用商品的內地馱隊。加上自己的商隊騾馬，擠得客房大院滿滿噹噹，人來人往，牛馬不斷，熙熙攘攘，熱鬧非凡。

「不，直接送到我的小院來，就安頓到東廂房那間連鍋炕房中。」吉塘倉的佛邸造勢分三大塊：佛邸大院、僧人和生活用房、外圍是客房大院。佛邸大院裏有一座四層的經堂，供佛邸內部朝佛誦經用。周邊向陽小平房是僧舍，西房全是雜物儲存和牛羊糞蘇魯燃料柴房。在大院西北角切割出一座內院，約占院子的四分之一，是吉塘倉的佛邸，幽靜、整潔，二層樓的結構，夏住樓上，冬居樓下，院內有花壇，欄杆精巧，自成一體，平常不允許外人住進來的。

洛哲怔了片刻，臉上飛過驚慌不解，腳下依然沒有移動半步，他嘴皮顫動了幾下，囁嚅道：「這合適嗎？」

「這陣管不了那麼多！誰願意嚼舌頭就讓他去嚼吧。快去！」吉塘倉不耐煩地催洛哲，眼中浮出惱色。

洛哲垂下頭不敢支聲，轉過身拽著扎西一溜煙走開了。

吉塘倉忘了裹上袈裟抵抵寒冬三九天的冷氣，只穿著背心筒裙跑到大院內，叫了幾個侍僧讓趕緊收拾東廂房，也不說幹什麼用。僧侍們從未見到活佛這樣風風火火地親自指揮他們幹活的，一時懵了，不知道是哪方的貴賓稀客要駕臨，但都清楚事非一般，一定是活佛最尊重貴的客人。他們一個個腳底生風，胳膊上抹油，跑得滴溜溜轉。一陣兒就按活佛吩咐的，支爐子的支起了爐子，安煙筒的安好了煙筒，鋪炕的鋪好了炕。

吉塘倉把庫房裏最好的物具全拿出來了。爐子是果洛鐵匠鍛打的鋼板用材烤箱，前有爐膛可生柴、生煤、生牛羊糞燃料，後有關閉性可烘烤、可保溫的保熱室，任何食品都可以直藏罐藏烘熱。烤箱爐面光亮寬敞，有三眼爐膛可同時支三樣炊具，鐵鍋、銅鍋、鋼精壺，既可燒茶煮飯，也可以燒溫水。這樣的爐子在吉祥右旋寺和金鵬鎮也就三、四家，吉塘倉平時捨不得用，今天卻毫不猶豫地支起來了。

炕上除了三層綿羊毛擀的氈子，上面又鋪了一層寧夏三蘭炕毯，毯子上面又是內地新棉花墊的褥子，裏外新嶄嶄的，綿軟軟的，比他自己鋪的還厚還軟。一應家什，他也都讓換成佛邸庫房裏最新最好的，連填炕的羊糞末子也要粉末狀的，不要蛋蛋和破碎片。

洛哲神色匆匆返回，眼裏一團沮喪無奈。

吉塘倉的心瞬時提到了喉嚨口，把洛哲拽到臥室裏，低聲急急問道：「怎了？人斷了氣？」

洛哲搖搖頭。

「那你為什麼不請過來？」

「她，堅決不來！」

「她，生我的氣了？」

「不是，她說她不能連累你，不能壞了寺院的規矩。」

聽到規矩這句話，吉塘倉不由有點洩氣。吉祥右旋寺從四世堅貝央起，就規定寺內不准留宿婦女，在密宗法會期間更不允許婦女入寺，以嚴肅紀律，保證僧人禁欲戒淫。當初他是贊同這一制度的訂立，並積極幫助四世堅貝央落實這一規定，可未想到結果自己會破戒，弄成今天這樣子。

愧疚啊！真對不起佛祖，對不起這身黃金色鑲邊的袈裟，更對不起四世堅貝央的信賴與栽培，但事已如今，後悔也無濟於事，何況，雲超娜姆給了自己海一般的深情，把一生都獻給了他，他倆還有了扎西這樣一個虎兒血脈。他不能忘恩負義，輕薄人家，佛門講究的是善惡有報，因果輪迴，尤其在這種時候，自己更應該爲雲超娜姆盡心盡力，報答情義。

他理解雲超娜姆不來佛邸的原因，也是爲他著想的，他應該想到雲超娜姆會這樣決定的。他和雲超娜姆的事曾經炒得風風火火，沸沸揚揚，佛父佛兄借此說了許多中傷的話，企圖醜化他，把他從吉祥右旋寺的政教核心議事決事的圈子中排斥開。寺主堅貝央也疏遠他，有意與他拉開距離，對他的意見建議不是很重視。

但他全忍住了。故意裝傻、裝糊塗，顯得遲鈍麻木。對閒言碎語他不去搭理，更不去爭辯、澄清，不去喊冤、叫屈。他心裏清楚，這號事眼見爲實，耳聽爲虛，誰也很難當場揪住，尤其活佛身邊，不是誰想貼近就能貼過來的，它只能是虛的，僅僅是閒話而已。而如果你去解釋，那則是酥油掉進羊糞灰裏，越抹越大，到最後，金黃色的酥油成了灰團團。這以守爲攻的謀略，反倒使那些心懷叵測的人們難堪了，尷尬了。就像獵人見不到獵物，老貓尋不到油腥，無聊無奈自討沒趣，最後只好閉嘴緘口。

雲超娜姆理智冷靜，幫了他的大忙了。從溫泉相戀相愛以後，她再也沒有踏進吉祥右旋寺一步，更不用說踏進他的佛邸一寸。這樣，寺內外那些人就沒有什麼可抓的把柄了。他倆幽會的時間，就是他去溫泉療養洗浴的日子。他不和許多人在一起湊熱鬧，而是天馬行空，獨來獨往。選擇沒人去溫泉的季節，事先跟溫泉的羌澤土司打招呼，讓他幫助清場封山，然後才帶一二個心腹僧侍去羌澤溫泉，他們是鐵心跟隨他、崇拜他的，把他的一言一行看作是上蒼的安排、佛的旨意，即使利刃挑進喉嚨，也不會說一句有傷他毫毛的話來。而遼闊的草原、空曠的川野，有外人你一眼就能看出，他休想靠近你。

在羌澤的地盤上，他作爲土司家的枕前活佛，不明來歷的人很難待下去。去溫泉洗浴，他從來不和寺內任何活佛打招呼，就是寺主堅貝央，他也是走了三、四天後，才讓宗教事務管家前去稟報請假，過個手續而已。

雲超娜姆不僅不來佛邸尋他，還不讓兒子扎西知道父親是他，也不讓扎西來寺上叩見他，以免引起僧俗的猜測議論。他倆就這樣苦苦地在相戀中煎熬。同在吉祥右旋寺的教區內，卻二、三年才有機會相遇一次。短暫的激情狂熱後，又是十分漫長的等待，她爲他受盡了苦難、折磨，一晃就是二十八年光景，真是人生若夢時間匆匆啊。

據他的經驗推測，雲超娜姆的病可能是晚期肺結核，或許她的生命走到了終極。作爲她最親近最知心的人，能爲她做些什麼呢？只有想方設法延長她的壽辰，多給她一點心靈的慰藉和物質的舒適。

他沈吟了一下，讓洛哲領著僧侍，把爐子、被褥及其他用具先送過去，安頓好後速速回來。他盤膝打坐，想通過觀想法把思緒攏到一塊兒，讓自己平靜下來。這陣兒，什麼與寺主堅貝央的恩恩怨怨、與佛父佛兄的糾葛衝突，全甩到腦海之外了，眼前頭、心口處、腦壁裏飄來飛去的只剩下雲超娜姆……

洛哲返回佛邸，還未喘過氣定住神，他又讓他領上兩個僧侍，帶上二百元銀洋，去請金鵬鎮有名氣的胡大夫爲雲超娜姆治病。告訴說病室就是她寄宿的人家，不管花多少錢，放心地從他吉塘倉的私人金庫兌取。

洛哲又走了，他還不放心，想到了金鵬鎮基督教宣道會的美籍牧師金善維。平時兩人私交不錯，互有來往，金牧師在金鵬鎮口碑也好，樂善好施，見多識廣，還會看病。洋人的藥片、藥水藏了一房間。他還有掏心窩治病的聽診器，一般手到病除，或許他有可能挽救雲超娜姆。他叫過來一位心腹僧侍，如此這般指示一通，僧侍點頭應承。臨走，他讓帶了一條上好的阿細哈達和一副收藏多年的鏤銀景泰藍馬蹬爲禮品。

整個下午，他的心緒就像熱鍋中炒著的青稞粒子，蹦到西濺到東，一刻也安靜不下來。眼前頭跳來跳去的是雲超娜姆那熱情似火、明亮如鑽石、柔媚如山湖的眸子。那比黑寶石還晶瑩的瞳仁，那比白羊毛還純潔的眼白。還有她苗條修長如六節竹子的身子……

胡大夫先來了，沈重地告訴他：病是癆病，醫學上叫肺結核，病人要痊癒康復已不可能，肺結核已經到了後期，只能盡力維持現狀，多活幾天，延長壽命。他說他會一天三趟地去送藥打針。針是德國產的盤尼西林，雖然價格貴了點，每針六十塊大洋，但很有效果。

吉塘倉不等他把話說完就插上話：「錢你不用擔心，要花多少就花多少。掏空我的金山銀海我也不吝惜心疼。」他特別強調補充道，「她是我們家族最招人喜歡的親戚，我最心疼她。」

前腳送走胡大夫，後腳迎來了金牧師。

金牧師也一臉的憂傷：「多可愛的天使，就像白鶴般純淨，又像金剛石般堅毅，那心靈比大海還寬廣，真是一位比蓮花還要高雅、美麗的夫人。」

吉塘倉耐心地聽完他的慨嘆，抱著一線希望問道：「你見多識廣，看有救沒有？」

金牧師攤開兩臂，無奈地聳肩搖頭：「沒有辦法，除非上帝出面。就看胡大夫的盤尼西林能給病人帶來多久的光明和安慰。」

吉塘倉的心一下沈進了深淵，他頹喪地黑著臉，一聲不吭。

靜寂了片刻，金牧師打破了沈悶：「尊敬的吉塘倉活佛，我非常欽佩你，但我還是要說出心底的話，請你原諒我的直率。你們的宗教應該向我們的宗教學習，不僅要拯救教民的靈魂，還要醫治他們的肉體痛苦。我知道你們的藏醫歷史很悠久，也很發達，但仍然有很大的缺陷，他們為什麼不用冬蟲夏草去治肺炎：雪域高原滿山遍野都有冬蟲夏草呀。我去年回國述職，帶去了一些冬蟲夏草請醫學研究所化驗，嘿，裏面全是寶，含蟲草酸、冬蟲草菌素、維生素B_{12}、脂肪、蛋白質等，有補肺益腎、止血化痰之功。你們的中醫書上特別講到蟲草性甘、溫，入肺、腎，主治咯血、痰飲喘嗽，病後久虛不復等症。你為什麼不用冬蟲夏草及早滋補她呢？」

吉塘倉心裏叫屈但又吭不出話來，只是後悔自己知道的太少了，懂得蟲草性能太遲了：「現在能來得及嗎？」

金牧師遲疑地點點頭：「難說。不過可以增強免疫力，減輕病人的些許痛苦。死馬當活馬治吧！」

吉塘倉要擊掌傳喚管家，金牧師攔住了：「還有，川貝。若是能弄到四川產的貝母，它也是治肺的寶貝。經化驗，它含有豐富的生物鹼成份，能擴張支氣管平滑肌，減少分泌物，能清熱潤肺，化痰止咳，主治肺熱咳嗽，虛癆吐血等。」

吉塘倉不等金牧師話音落地，擊掌喚出了洛哲，吩咐他在倉庫裏找一找未隔年的蟲草、貝母，如果沒有，就去寺中各佛邸借一借，或者到金鵬鎮中藥鋪買一二斤來。直接送到雲超娜姆那兒，完了詳細告訴她如何吃。

金牧師臨走告訴他，說他回去就派僕人送來幾種西方治肺結核的藥片，讓病人不要耽擱按時喝下去，或許還能維持些時日。

好不容易熬到天黑，他換上俗裝，讓隨侍管家仁增也換了俗裝。主僕兩人用皮襖領子蒙住了半個頭大半張臉，只露出眼睛來看路。他倆沿著僧人們去河邊揹水走的小巷走出寺院，走進寺院邊緣鑲嵌的轉經筒走廊，裝作轉寺院經筒的香客教民，急匆匆轉動一個個轉經輪，向王府村快步走去。

誰也沒有注意到他倆，不一會就到達了王府村。

王府村不遠，緊鄰寺院南面，是河南蒙旗王爺駐錫之地，隨著王爺親友不斷來投靠，各地流浪兒也來此聚居，便形成了一座小城居民區。它離吉塘倉佛邸其實並不遠，完全可以走寺院中軸線大道，但爲了避人耳眼，吉塘倉選擇了寺院轉經走廊，多走了一截路。

這是一座小巧而普通的藏式院落，有一條木樓梯通向樓上。雲超娜姆就住在樓上。仁增守在門外，扎西把他領進了屋。

油燈下，他眼前一亮一暗。亮的是他看見了雲超娜姆熟悉又親切的面孔，暗的是雲超娜姆的神色憔悴多了，消瘦得太厲害，差點叫人認不出來。

扎西給他倒茶敬座，喋喋不休地表達感謝之類的話語，但他一句也沒有聽進去，只是發傻地凝視雲超娜姆一動不動。

仁增喚出了扎西。兩人走下樓梯，被主人請進客廳飲茶。

他的淚水忽地盈滿眼眶，差點跳出來了。他衝動地捧起雲超娜姆的臉蛋，往自己臉上摩挲。

雲超娜姆使勁掙脫了他的手，推開他，扭過臉盤：「我有病，會傳染給你的。」

「我不怕，我願陪妳到天國極樂世界。」

雲超娜姆慘然一笑，但還是推開了他伸過來的手：「別說傻話。你是活佛，難道不知道緣分有盡頭，人生命裏定？看到你我真高興。」

他還是抑制不住內心的難過，溢出了一兩滴淚珠。

雲超娜姆慘笑，憔悴的臉頰上升起一團紅暈，像陽光般燦爛。她吃力地抬起手要揩吉塘倉的淚痕，吉塘倉攔住了她，把她的手掖回了被筒內：「別動，讓我好好看看妳。」

雲超娜姆很坦然地點點頭，振作精神挺直了腰板，抿嘴微笑：「你還沒有看夠？那好，看吧，看一眼少一眼，今日相見也是緣分所致。」

吉塘倉強忍住心頭的辛酸，定定地凝視著雲超娜姆的臉。

該雷打電劈的癆病，怎麼把我的雲超娜姆折磨成這樣子了。我那美麗如金蓮花的雲超娜姆哪裏去了？那是一顆熟透的甜杏果啊，是大昭寺壁畫上的伎樂仙女。那橢圓的臉盤，白裏透紅，又蒙著一層杏黃色，光滑得勝過內地的絲綢。那會說話、會傳情、比經輪還潤圓滑流的是瑪瑙般墨亮的大眼睛。眼白像牛奶般光潔無暇，眼仁珍珠般晶瑩透明，流瀉出的是無盡的純真風情。

那時候，滿頭的烏髮像絲線像瀑布披撒下來，根根像抹了清油的金屬線。寬寬的前額像朝陽直射時反光的石崖陡壁，寬大、仁慈、樂觀；還有高高挺直的鼻梁，厚薄勻稱的嘴唇……一切都變得不忍目睹，時光像一位喜怒無常情緒不定的魔術師，他把雲超娜姆雕刻成了一位典型的牧區老太婆啊。我那美麗無比，魅力醉人的雲超娜姆，如今成了頭髮稀疏得只剩下薄薄的一層，經過清水調伏勉強蓋住了頭皮，但有些調皮的短髮仍桀驁不馴的扎愣著身子，像毛刺一樣豎立在頭上，使頭髮顯得凌亂、紛雜、不整潔。就這點頭髮也大半變成了灰白色，像浮了一層霜似的。

這樣的頭髮，使再好看的人也變得蔫頭耷腦，一下沒了精神。額頭上狠狠地刻下了沒有規則的深淺不一、縱橫交織大小皺紋，從裏瀉出衰老、枯萎、乾癟。

變化最大的是臉盤。消瘦下去的臉盤癟成了風乾牛肉條，顴角突現，眼窩塌陷，鼻梁成了翹立的乾骨頭，而鼻根又凹進了許多，下嘴皮下垂得翻捲下去，上嘴皮又削得又細又長，不要說神采，連光澤都沒有，黑塌塌的一種灰黯。

他難受得眼裏又盈滿了淚水。緊緊捏著雲超娜姆的手直顫抖。

「別難過。還像個藏家男人嗎？有哪個男子漢冬天對著枯草掉眼淚，秋天對著宰殺的羯羊嘆息的？你不是說人世是輪迴嗎？輪迴到這個時辰了，難過也不濟事，你不也是成一個老頭子了嘛。趁緣分未盡，讓我們談些愉快的話題吧！」雲超娜姆抬手彈掉了他眼角的淚珠，開朗地爽笑。

他指指眼窩，連忙應聲：「好，好，就說些快樂的往事，往事。」

「往事？」雲超娜姆眼裏掠過一絲羞澀和好笑：「還記得咱倆初次見面的場景嗎？」說罷，她自個忍不住咯咯笑了起來，笑得帶出一串急促的咳嗽聲。

吉塘倉輕輕捶打著她的脊背，用指頭彈彈雲超娜姆的鼻尖：「妳真調皮，竟敢誘惑我活佛破了色戒。」

雲超娜姆吻吻他的臉，撒嬌地反詰道：「不，那叫雙修，肉體與情感最美妙的結合，靈與肉體的昇華，是人間佛界最好的享受，你敢說不是這樣？」

吉塘倉愛憐地點點頭，把雲超娜姆攏在懷裏，兩人同時陷入了幸福的回憶……

把堅貝央扶上法床之後，他便受到佛父佛兄的冷淡和排斥，他也不想在渾水裏蹚，便藉口膝關節發疼，辭去了總法台、總攝政的職務，來到羌澤溫泉療養。

他只帶了內管家洛哲和兩個侍僧，與任何人都未打招呼就來了。紮好帳篷，喝過茶，太陽已經西斜，他身著背心和筒裙，獨自向草原腹心走去。這一次，他要好好鬆弛鬆弛腦子，舒展舒展身板，把好幾年積累的身心疲憊，垢甲全給搓洗乾淨，換一個輕爽歡悅的身心。

天空如洗，沒有雲縷，透出松耳石色的碧藍。陽光燦爛柔和，像披著絲緞裹著羔皮般舒心愜意，他漫步走著，不知不覺到了山腳峭壁下。

山腳下冒著水氣，他猜著是溫泉的浴池，便想看看是什麼樣子。他這是第一次來羌澤溫泉，所以覺得啥也新奇、好玩。

他猛地收住了步，呆愣著，驚奇地望著泉中。一位女人正背對著他洗浴。女人赤裸著身子，連遮擋隱私的褲衩也未穿，全身沒有一絲布片氈縷，皮膚潔白光滑，就像一堵白酥油熠耀閃輝。散開的長長烏髮一直披到腰上，發出絲光。

他不知所措，正想轉過身子退回去，女人卻突然轉過身，咯咯笑著打招呼：「你是外地來的吧？快進來！在我們這兒，男女共浴不會被人笑話的。」

他吸口涼氣，目光釘子般釘在姑娘身上。這哪是人間牧女，簡直是西天極樂世界的度母，是佛畫上的仙女，他在寺院的壁畫中也沒有見過這樣漂亮、這樣純情、這樣豐滿的姑娘，更不用說吉祥右旋寺下轄的教民之中。他想不出什麼美妙的修飾詞來描繪，只是傻了般盯住不放。血管裏的血液流動加快了，一種莫名其妙的燥熱浮過全身。想逃開，卻雙腳像灌了鉛似的抬不起。想挪開眸子，卻像磁鐵吸了似的無法轉動。

不等他甦醒過來，姑娘忽地站起，一手遮住隱私的黑三角地，一手遮住乳峰，嘻嘻笑道：「來，伴伴我，我一個人怪寂莫的。」說著跳上池岸，兩手把他一拽，他身不由己地倒在溫泉裏，身子撲進了姑娘的懷裏，倆人同時落入溫泉中。

他心頭一種說不出的熱力忽地迸射出來。他意想不到姑娘如此大膽，也就忘了自己是活佛，完全把自己當成了部落裏一個激情澎湃的年輕漢子。

他把濕衣服甩到草灘上，赤裸裸一絲不掛。兩人忘情地嬉戲，相互撒水潑水摔跤，兩塊充溢著青春活力的身體頻頻碰撞撫摸。他覺得自己不是在人間，而是在香巴拉幸福境界，而下身火辣辣的腫脹，陽具又像吹火的皮袋進了勁風，硬梆梆柴棒似的勃起，又粗又長，急欲要插進到什麼裏面去。

他看到姑娘的眼圈也發紅發潮了，半閉半睜的眸子裏濺出饑渴的光芒。乳頭像發了酵的熱牛奶，一陣一陣脹起，脹得像棉花包，又像金鵬鎮回民賣的素盤饃饃。他生怕她跑了，由不得已地伸出手緊緊摟住了姑娘。輕輕的呻吟聲從姑娘三十顆細碎如奶酪的牙齒縫裏流出，撥得他的心尖顫抖，血液沸騰。

她呻吟著，鮮紅的嘴唇微微張開，神經質地蠕動，喃喃囔道：「給我舌頭、舌頭……」

他們倆摟著抱著滾著到了草灘上。茂密得過人膝蓋的花草掩住了赤身裸體的他倆。姑娘讓他趴在身上不要動，要他兩手緊緊抱住她的胸部，舌頭進入她的嘴裏。她不停地吸吮輕咬，他覺得他的身子整個融進了她的身體裏面了，消融成一體了，唯有下身的陽具硬梆梆地擋手擋腳，不知擱到那裏才好，他煩躁難耐地扭動身子，陽具突然被姑娘的手緊緊捏住，導向黑三角毛叢中：「輕點，輕點，推快了我會疼痛的。」

他順從地沿著導入的隧道掘進，有點滑膩潮濕，顯然是隧道裏浸潤出的分泌物。隧道並不平坦，有著一層又一層的台坎摩擦阻擋，但台坎帶來的是更多的激情與衝動，快感與滿足……

兩人大汗淋漓地仰躺在草地上，任憑陽光摩挲，和風輕撫。激情消退了的他喘息未定地問道：「妳叫什麼名字？」

「雲超娜姆。」

「真好聽的名字，奪人魂魄的仙女，名符其實。我碰上妳真幸運，就像失眠時喝了一碗醇香的酸牛奶。」

「我也是。就像寒冬天放牧回來有熊熊火塘可偎依般愜意舒心。」

「妳是誰家的姑娘？」

「這並不重要，重要的是緣分。有緣千里能相會，無緣見面擦肩過。」

「我還是想知道妳的身分，普通牧人家是不會培育出妳這樣雍榮華貴的氣質，如花似玉的美麗的。」

「哈哈哈，你眼光真厲害，我就是羌澤土司的掌上明珠。」

「那妳知道我是誰？」

「你是吉塘倉活佛。」

他一驚，騰地坐起，瞪大眼問道：「妳怎麼知道我是吉塘倉的？」

「夢見的。我在說笑話，你別緊張。是管家說吉塘倉活佛最近要來溫泉洗浴，他是你佛邸洛哲管家派人通知的。還有，中午我遠遠看見你們紮的帳房。不是活佛，誰人敢紮頂上有寶幢、周圍鑲縫八珍寶的花帳篷？」

他信服地點點頭，內心湧起欽佩，沈吟了下，他又追問：「這麼說，妳是刻意在等著我來溫泉？」

雲超娜姆飛過來一個媚眼，半真半假地嬌聲回答：「是，也不是。」

「如何解釋？」

「你來溫泉洗浴，我倆總有一天會見面的。每年夏秋，我是一定要隔三間五來這兒洗浴，溫泉洗身，皮膚光滑潔淨，不得瘡疔雜病，心情也舒暢輕鬆。」

「妳不怕別人看見我倆？」

「這天這地這草原這溫泉，全是我羌澤頭人家的，就是昆蟲飛蝶也得看我家的喜怒臉色，只要我吭一聲，這十里八鄉誰也不敢進入。」

他若有所悟地點點頭，又不無擔憂地說道：「若是有人知道了我倆的私情，說妳誘惑活佛破了色戒，妳不怕擔負這惡名？」

雲超娜姆哈哈大笑，笑罷，頭搖得像波浪鼓，坐直身子，大眼瞪小眼：「怕？怕什麼！我倆又不是幹傷天害理的事，天經地義不傷人不害人，這是老天爺賦予我們的享受和幸福，不然老天爺爲什麼要刻意讓男人和女人有不同的身體構造？連魚蟲牲畜都有這樣的自由，我們人類爲什麼要拒絕呢？佛祖也不是父母生下的嗎？他不也是結過婚，體驗過男女私情的嗎？」

他啞口無語，腦中像是誰用刀片劃開了一條縫，頓時亮堂了許多。雲超娜姆的話比佛經上的哲理要樸實真切地多，一下字戳到了真知的骨髓裏。剛才產生的罪惡感，一下飛到九霄雲外不見蹤影。

「還有，」她狡黠地歪頭一笑，「是你進入了我的體內，對吧。可不能糌粑你吃了，皮袋套在了我的頭上。」

他羞澀的笑了笑：「妳也進入了我的體內，不然爲什麼我倆同時擁有那樣燦爛的快樂和亢奮，渾身像電擊了般震顫。」

兩人相視不由失笑，又害羞地扭過身子去。

吉塘倉穿上曬乾的筒裙和背心，抬眼往天空望去。天依然藍格瑩瑩的，亮得透出光暈。他感到今天的天不僅一洗如水，還變得寬廣親切多了。今天的事，只有藍天斜陽看到了，但它們卻像自己人一樣，愛憐地呵護著他倆，沒有一絲嘲笑和張揚的樣子。今天，他才覺得自己是個有個性的人了，自由的人了。人一旦自由了，天地間原來還會有如此幸福樂趣的事！以前從來沒有的啊，連想都沒有想過。

雲超娜姆也穿好了衣服，但她仍趴在草地上，嘴裏叨著一根五瓣金蓮花，深情地久久凝注他。

他也盯著雲超娜姆良久，突兀地問道：「妳知道我會順從妳的意志？」

雲超娜姆嘻嘻笑了，三十顆螺牙像白米粒般亮晶晶，光閃閃的：「難道你不相信我的魅力？逢上我這樣年輕漂亮，熱情嫵媚的姑娘而不動情，那要麼他不是男人，要麼就是鬼怪！」

他不能不欽佩，點點頭表示口服心服。

隱隱傳來洛哲的呼喊聲。他又不無遺憾、戀戀不捨地告辭雲超娜姆。兩人約定絕對保守秘密，每天這個時辰在溫泉畔約會見面。

……

「還記得我唱給你的愛情敘事長詩嗎？」

「記得，叫益西卓瑪和嘉洛頓珠。我還記著其中的片段，聽我唱給妳聽。」

「當窮人家的少年嘉洛頓珠要隨氏族去拉薩朝香前來告別時，益西卓瑪是這樣表白自己的愛情的——」他壓低嗓音，非常動情地淒婉吟唱：

我的情人頓珠嘉洛啊，仰望那碧藍的天空，
看不見氈帽大的雲片，卻怎麼落下震耳的霹靂。
極目那嶙峋的石山，看不見碗粗的泉眼，
卻怎麼捲來漫天洪水，再看那一馬平川的綠原。

不見一隻竄奔的田鼠，卻怎麼遍佈陷足的暗坑，
我求您別去拉薩啊！
聖地是那樣的縹緲遙遠。
佛宮是那樣的撲朔迷離，路途是那樣的漫長艱辛，
要吃的苦像攀登雲中陡峰，要冒的險像跳越萬丈深澗。
沒有健騾走馬難到聖地，沒有運氣難能到拉薩，
沒有大筆巨財難夠盤纏，沒有結實身子難抵風霜，
沒有高超武藝難鬥虎豹，一步一腳都潛有風險，
一山一溝都藏有陷阱，千難萬難難成疙瘩。
難得好比穿越西天路，難得就像赴閻羅殿。
我的情人頓珠嘉洛啊，一旦您遇上厄運，
我的心就要碎成八瓣！
含苞的蓓蕾要怒放，蒙著的紗霧要挑開，
除了頓珠嘉洛您呀，我今世再不嫁第二人。
要說不嫁的緣故，煙雲般的榮華我不羨慕，
無意中人兒我不交往。
我厭惡薄情的有錢人，姑娘過門就當牛使喚。

不去忍氣吞聲受活罪，就會趕出門檻吃苦頭。
不去騷情賣笑討喜歡，就會招來棍打和鞭擊。
不去受辱含辛侍公婆，就會飛來白眼和咒罵。
說千道萬話一句：
除了頓珠嘉洛您我不會愛第二人！

大鵬戀著藍天雲，蜜蜂戀著鮮花蕊，
金鹿戀著大草原，我一心戀的——
只有頓珠嘉洛您。

雲超娜姆接過他的唱段，帶點沙啞的嗓子依然清亮柔情。她唱起了泉水畔倆人生離死別的那段歌：

黃嘴鴨領著小黃鴨，丟下茂密的青松林，
去棲居那遍佈泥淖的湖岸，那是天生的命緣！
花瓶是內地漢人造的，清水是谷底奔湍的江水，
鮮花是從那高山上摘的，既然這三樣能彙集一處，
我倆為什麼不能團圓歡聚！

您再細細想想呀，
犏雌牛的毛色烏黑烏黑，擠下的乳汁卻潔白潔白，
打出的酥油又金黃金黃，
既然這三樣能彙集一處，
我倆為什麼不能團圓歡聚？
去吧，我難捨的人兒。到明年這個時候，
我放牧著潔白的綿羊，我昂首在藍天白雲下，
等著您來陪伴一生！
未想跑馬卻已跑了一趟，
未想備鞍卻已備了鞍具，不該放出的騍馬已經放出了，
不該放出的馬兒已經放出了，那就乾脆撒開蹄子歡奔吧！
讓壓在心底的話兒飛出胸膛。

當您走到滔滔黃河岸，有隻綠屏孔雀繞你飛，
那不是綠屏孔雀戀著您，是益西我在追戀您；
當你登上高高雪山頂，有隻玉鬃銀獅眺望您，
那不是玉鬃銀獅眺望您，是益西我在追戀您！
漫漫旅途藏風險，風險厄運我來擋，

益西的心兒伴您到衛地！

去吧，我的心上人兒！有三句話兒請記在心：
當您繞著寺院轉「鍋拉」①，心頭的牽念須壓抑，
不要為了我益西，數錯了旋轉的「鍋拉」數！
益西增添罪孽不要緊，頓珠招來不幸我心疼；
當您在佛像面前點供燈，心頭的牽念須壓抑，
不要為了我益西噴出氣浪褻聖燈！
益西增添罪孽不要緊，頓珠招來災難我心疼！
在您向慈佛祈禱時，第一句別忘了——祈禱家中父母壽長綿；
第二句別忘了——祈禱族胞兄妹永安康；
最後別忘了——祈禱咱倆姻緣美又美！
去吧，心上的人兒，
細高的白楊樹梢上，請不要讓其他鳥兒落枝。
我不是擔憂樹梢會折斷，怕只怕鳥落多了樹會枯。
只要您像鑲銀的叉子槍，永遠堅貞不變色，
那我就是西寧的燧火石，燧火石從來不變移！

唱到這兒，吉塘倉唱起了尾聲歌，就是益西卓瑪跳崖後被度母救起，送入天國那段情節。嘉洛頓珠返回草原悲傷欲絕，來到益西卓瑪殉情的石崖前，也跳崖自殺。化作仙鶴的益西卓瑪半空中救起嘉洛頓珠，雙雙飛向天國仙境。

他剛起調，雲超娜姆不顧喘氣也和上了。唱到半截，雲超娜姆堅持不下去了，咳嗽得幾乎要撕破嗓門，吉塘倉慌忙又是捶背又是端痰盂。

雲超娜姆氣息方定，眼含淚水慘笑自嘲道：「還好，我的命運比蓋西卓瑪好多了，起碼，死前還能見上你一面。」

吉塘倉心頭酸絲絲的難受，他佯嗔地用手示意：「別說晦氣話，會招惹鬼怪的。」

窗外響起了輕輕的咳嗽聲，是洛哲的噪音：「活佛，時辰不早了。」

「好，知道了，」他又說了些安慰的話，才依依惜別走出雲超娜姆的小屋。

一夜輾轉難眠，無法入定，睜眼閉眼，眼前頭跳來跳去的依然是雲超娜姆熟稔的音容笑貌。一張青春、美麗、充滿迷人魅力的臉蛋和憔悴、蒼老、灰黯、佈滿皺紋的面孔在面前交替迭出、接踵閃現。唯一不變的，就是那雙會說話、會傳遞萬般風情的大眼睛依然熠熠閃光，一動不動地凝視著他。

慚愧啊，作爲給世人祈禱幸福的活佛，卻不能給自己最親愛最珍貴的心上人帶來幸福；作爲拯救眾生靈魂、解除人生苦諦的活佛，卻無法拯救心上人的生命，解除她的病痛。這活佛，活佛，我活佛的能耐究竟在哪裡，哪裡？……

雲超娜姆為我付出了那麼多，而我為她付出了什麼呢？相好之後，她就發下誓言要留一個乾淨的身子給我，從此不讓一個男子貼她的肌膚。她相伴兒子扎西活活守寡，熬著漫長的時日。這在性開放的藏區，簡直像佛經中的故事那樣崇高神秘，不可思議。

為了防止夜裏有哪個魯莽粗野的漢子來騷擾，她專門養了一條三尺高的藏獒，晚上開了鎖讓牠整夜圍著牧帳巡邏。白天，她腰裏掛著一把鋒利的尺長藏刀，吉慶集會活動都不摘下來，連揹水的路上也帶著，誰要不恭，她就沈下臉、手按住刀柄怒目相待。

為此，她惹翻了阿爸，也惹惱了阿哥和嫂子，他們讓她另紮帳篷，分了些牛羊和其他器具，算母子倆另立了門戶。頭人的女兒、高貴的小姐從此成了普通人家的牧婦。她既當女人又當男人，什麼活計都幹，風裏雪裏自己淌著走，身邊連一個幫手都沒有。

每次相會，他摩挲她粗糙得成了樹皮的手背，摩挲她風霜吹得起了皮的臉蛋，眼淚不由得湧上眼眶。

她卻笑眉笑眼地用手彈著他的臉頰：「虧你還是個大活佛，讀了那麼多佛經，忘了世間沒有恆常的存在。無常才是永恆的。按我們俗人的話來說，有湖泊的地方淋雨的時辰多，有森林的地方昆蟲蛇蟒多。物有一利必有一弊，山有上坡必有下坡。雖說我皮肉受點苦，可我心裏挺充實。有你這份情義，我就心滿意足了，有天天過年的感覺。你什麼也別說，什麼也別想了。」

他一下無話可說了。

他曾勸她母子倆搬到金鵬鎮來，生活費由他來供給，有個病災意外也好有個照料，但雲超娜姆一口回絕了，堅決得他沒法商量。說她活著就是為了他，雖然無法天天獻花供酥油燈，但絕不能給他帶來邪風和陰影，讓別人抓住把柄損壞他的名譽和事業。他活得好，她才擁有最實在的幸福。這樣，他的想法也就擱淺了。

但他心裏的愧疚卻無法消退，隨著時輪的運轉，積澱得越來越沈重。有時壓得喘不過氣。閒暇時，他不由想起雲超娜姆給他唱過的另一部敘事長詩，那部名叫《在康四堪道》的民間愛情長歌。自己像不像那位薄情的年輕僧人？不像又像。至今他還記得雲超娜姆唱過的一字一句，記得故事的輪廓。

《在康四堪道》裏是這樣吟唱故事的：

九曲十八彎的黃河首曲有一片遼闊豐美的草原，名叫阿萬倉，這兒星羅棋布著許多部落。仁貢瑪是其中之一。這兒屬藏傳佛教六大宗主寺之一——拉卜楞寺院管轄。

有一年，拉卜楞寺給仁貢瑪派去一位年輕的僧人任當地宗教組織者。在轉帳誦經中，年輕的僧人和這個帳圈一位心地善良、容貌美麗的姑娘產生了愛情。他不顧佛門戒律，破戒染塵，偷偷私交。兩人如漆似膠，非常恩愛。

不知不覺中，他的任期已滿，寺院敕令他返寺，另有所任。迫不得已，他離別姑娘上路。臨走，兩人山盟海誓，年輕的僧人再三表示：不過一年半載便脫裟返俗，和姑娘結為恩愛夫妻，白頭偕老。

年輕僧人返寺後，被任命爲拉寺住持大活佛加木祥的衛士，過起奢侈豪華的生活。舒適的生活很快沖淡了他對情人的眷戀，把那遠在首曲草原的姑娘忘得一乾二淨。

七年後，他被拉卜楞大寺任命爲拉卜楞屬下一個部落的頭人。他輕馬快步，渡過黃河去赴任。路上，他小憩在一眼清泉畔，給馬飲水，不經意將纏在手腕的瑪瑙捻珠串掉在草叢裏。當發現瑪瑙捻珠不在時，他慌忙掉轉馬頭，來到清泉畔尋找。在泉畔卻和離別七年的情人阿羅姑娘意外相逢。

一時，他尷尬、惶然、羞愧，手足無措，不知怎辦才好。他等待著姑娘雷般的斥聲；他等待著無情的鞭撻；他擔心一場風暴會驟起，自己的名譽、地位全被刮走。

阿羅姑娘也認出了他，她把拾到的瑪瑙捻珠串坦然還給他，不斥罵，也未譏諷，輕輕唱了這首歌：

一

在黃河岸的康四堪道，在康四堪道的清泉畔，
佇立著一位遠方來客。他騎在善馳的雪青馬背，
他披著精巧的氆氌披風，他扣著閃亮的銀質鈕釦，
他繫著泛光的紫紅紐帶，他空著金燦的織錦外套，
他戴著孔雀的彩翎帽領，他臉色亮如奶脂，
他身材好似秀竹，不詳看難知何方客。
未細瞧不知何方人，細一瞧才看清——
是我早已相識的情人！
薄情的情人啊，

一別時光七年整，想不到今日巧相逢，
請你下鞍走近我，心頭有話要細述。

別為你的捻珠急又愁，雖然丟失瑪瑙心兒疼。
雖然捻珠是僧身飾，雖說捻珠價值高，
不過銀兩三四十，不可為它心憔悴，
不可為它喉冒火，不可為它傷肝肺，
只要自己貴體健，那點錢財算個啥。

要說錢財說錢財，靠著嚴父的恩典，
靠著慈母的辛勞，我家堆的毛口袋，
要比海濤還要多，袋袋裏面是財富，
從那眾多毛口袋裏，從那高高皮口袋裏，
只要拿出掌大的寶，就能買得波斯的瑪瑙，
就能換來克什米爾的鑽石，更何況像這樣的捻珠！

只要您還健在世，只要我們有幸見，
世上多罕見的寶，我也願助您幫辦。

自從七年前相別離，我天天盼啊月月盼，
黎明時凝眺三岔口，擠罷奶我還望三眼。
吃飯想你轡粑撒在外，擠奶想你木桶放歪口，
織褐子想你忘了甩稜子，曬曲拉②想你狗撈了口福。
河水漲了一秋又一秋，紅臉蛋成了黃臉蛋，
眼窩裏起了白花花，豐滿的身材變瘦桿。
不要說見你的影，連個口信也不捎，
我的心涼成了冰塊，我的淚夜夜催天明。

二

我的慈父哈秀丹正，他像那背有花紋的斑虎，威猛的斑虎令人敬。
他又像那馳空的青龍，句句勝過龍嘯聲。
我的慈母霍雜順茂她，像那神奇的龍女，神奇的龍女多聰慧；
她又像那勤快的蜜蜂，時時吟唱豐收曲。
她秀長的五指尖，不分白晝和冬夏，奶酪油脂像雨霜。
多虧阿媽操勞和積蓄，我家的日子才如日東升。
姑娘霍雜阿羅啊，

當我旋轉秀體時，當我漫步輕邁時，
身上緞襖似蓮花，珊瑚項鍊眼孔串，
頭上髮辮似鵬鳥，耳環手鐲嚕唧響。
我的青春在等待中消蝕，我的年華在淚水中逝去，
我孤獨可憐無依恃。

幸虧阿爸有能耐，幸虧阿媽還勤快，
在你走後的日子裏，我才未遭大磨難。
只可惜好景不長久，鄰近的哈秀部落中派來了說婚的媒人，
貢秀部落的大頭人，他想娶我為內妻。
他用黃金來誘惑，他用白銀來誘惑，
他用肥牛壯羊來誘惑，他用華麗綢緞來誘惑。
他用動聽辭藻來誘惑。

恩重的雙親經不住誘惑，背著我應了婚約。
父母是生育的恩人，父母是無價的珍寶，
雙親的勸導不能不聽，
女人不能一輩子守娘家，落葉還得歸個根！

父母從屎尿中拉扯我，父母把心肺全掏給我，
再說你一去不見音訊。
你的音訊聽不到，你的誓言不見影！
女人就像那秋草籽，總要撒在地上去發芽！
我難能終生抱獨身，
父母一生只求這一次，我怎能反目不應答，
我只得來到這貢秀地。

三

過去的一切已過去，即使彩虹般美好，
誰也無法逮回來。
雖說我們前世無緣分，一輩子不能成一家，
可結下的深情厚誼，絕不該像冰融雪水，
而該如那石頭橛子，鑽進地裏不搖晃。

相逢的機會很渺茫，今後不知有機會否，
有幾句話兒想說說：
太陽般的拉卜楞寺，是否會讓你有閒暇，

如果每年有幾天假，就請你到康四堪道來，
你就當作我的誦經師，你就裝作雲遊僧。
你尋找藉口來轉轉，我一定會讓你高興，
我不會空口說假話。
在長滿鮮花的綠草地，在四月布穀歌聲中，
我會獻給你芳甜的牛乳，我會送來你可口的窩奶，
我會給你煮上鮮嫩的羊肉，我會給你吟唱美好的歌謠，
我會給你綻露嫵媚的笑容。

那紫霧繚繞的阿丹秀峰，是我家叔伯的家神阿丹，
是姑娘阿羅的保護之神！
我請威嚴的阿丹山神，替我每天把您保佑扶持；
我還會祈禱阿丹山神，祝福你一生幸福無涯。
祝福你在位諸事順利，祝福你年年吉祥如意！
為了輔佑你健康平安，我向保護之神阿丹許願，
我對法力無邊的山神發誓：
我熬出的每鍋褐紅釅茶，頭一碗雙手捧供您面前；

我擠下的每桶馨芬鮮奶，頭一碗雙手端您面前，
山神會代我傾盡心意，山神代我護佑輔佐。
當您起程行走遠方，他會使你一路平安；
當您從迢迢異地回轉，他會早去旅途接迎；
當您遇到盜賊，他會用神力助威；
當你歧路迷途，他會用法術指向，
他還會讓咱常見面。
我說的都是心上話。

我述的全係情中意，你不可讓貢秀人知道，
消息萬不可洩露出，萬一讓他知道了，
男人的自尊會使他發瘋，旁人的閒話會淹沒我，
你的聲譽會損壞，我的災難不用說！

說話說了這麼多，待的時兒這麼長，
我還是當年那句話，隔年隔月隔山水，
不可隔了咱倆的情。

年輕僧人聽了，滿臉通紅，羞愧難當，望著阿羅遠去的背影，一直凝立了很久。

……

每每心頭唱起這首歌，他就不由得聯想到了雲超娜姆，雲超娜姆比阿羅姑娘還偉大，心地比阿羅還寬廣，性格比阿羅還堅強，而自己比年輕僧人差不了多少，只不過情義堅貞深厚而已。

天亮了，朝陽透過窗玻璃射進臥室，給佛龕抹上了一層金紗。他依然沒有睡意，起身走出大院，向吉祥右旋河獨身走去，他要到河對岸的象背山去散散心。

❖ ❖ ❖

①鍋拉——圍繞寺院轉圈誦經，表達信仰之意。

②曲拉——提煉過酥油的奶水再次熬製，結成的奶酪乾稱曲拉。

第十章 首席金座活佛的日子也難熬

夾縫中的吉塘倉辭去攝政遠走他鄉，他與堅貝央的裂痕如冬日冰河初結。他以退為守，開拓另一塊自己的淨土世界。佛父佛兄與馬麒一夥打得火熱，稱兄道弟。金牧師發出的警告不幸言中。佛父佛兄與馬家勢力對撞，佛叔親自出馬邀請他回寺。權衡掂量，他不得不硬著頭皮涉進漩渦……

當他頂著河面上的冷風，氣喘吁吁爬上象背山半腰，來到堅貝央一世率領全寺僧侶栽下的林地邊緣時，他的心口平靜多了，也豁朗多了，腦中一片藍天。一夜的煩惱、憂憤被冬日吉祥右旋河裏的清凜凜的強冷風吹散驅盡了許多。胸前空蕩蕩的啥也沒有了，彷佛一切剛剛開始。思緒也亮晃晃的空白，就像林地邊緣的草叢，上面沾了一層厚厚的霜花。

他找了一處視野開闊、草丘稍高的矮坎坐了，抬眸鳥瞰前方。眼前頓時一片金光燦爛，耀得他連連撲眨了幾下睫毛，眼睛才算舒適穩當下來。

從象背山看不見旭日升起，是因爲右側有高高的曼達拉山遮住了視線，但從右側曼達拉山原射過來的朝陽，卻已經把吉祥右旋寺最西面的建築物全罩進了陽光之中，連金鵬山也被抹上了一層鵝黃的金光，顯得嫵媚、高雅、柔情。剛才刺得他眼珠子直撲閃的萬點金光，原來來自集中在大經堂中軸線的大小金瓦寺金頂，還有各學院經堂頂的金鹿、金輪、金幢在朝陽下反射的光芒。真是金碧輝煌、金光萬道、金霞鋪陣、錦繡包纏、金鳥騰空啊。它是藏族人真正的鎏金技術的傑作，是藏傳佛教建築的驕傲。

說起藏人的鎏金術，從北京、南京、杭州來吉祥右旋寺的漢族朋友，包括那些學問高深、佛學淵博、職務不同一般的達官貴人、高僧智士們，無不翹指讚美、感嘆不已，說藏人的鎏金術是全世界絕無僅有、第一流的工藝，要他說出其中的奧妙。

幾次尷尬語塞之後，他下了狠心要解開這道謎。他請了金鵬鎮工匠村的幾位老工匠前來聊天。他們之中，有吉祥右旋寺最初建寺時請來的尼泊爾工匠的後裔，有後藏日喀則工匠的子孫，還有從河州、五台山等地來的漢族工匠與當地藏族婦女結合成家後的藏漢混血兒工匠們。他款待他們，並給每人饋贈了吉祥結，請他們把鎏金術的精妙奧秘告訴他，讓他開開眼界。

工匠們把這當作給佛供養的一次難得機會，也不保守自己的秘密，都必恭必敬地七嘴八舌地爭著說出藏人鎏金術的奧秘：

「熔化金屬時，先將金屬原料倒入一種由黑色材料叫非泥非石製成的特殊容器中。藏區內地建造房屋時，窗子四周塗的就是這種材料。這種容器有兩個名稱，一叫廓若，一叫隆項。將容器置於旺火之上，火力要恰到好處。再將倒入的金屬熔煉成均勻的金屬液，熔煉到該金屬成青色爲止。熔煉時，還要向容器內投入少量的特殊白鹽，它能縮短熔煉的時間，煉出的金屬質量好。金屬熔煉後，任其自然冷卻凝固，然後將凝固的金屬鑄塊鍛製成金屬板。

鍛製金屬鑄塊時，不加熱冷鍛的效果最好，但冷加工費時又費力。因此，匠人們一般都要將毛坯鑄件重新加熱再打製成板，這樣容易多了。加熱時，將毛坯鑄件燒至開始變色爲止，然後用長鉗子把燒熱的鑄件夾住，用鍛錘打成板狀。鍛打時得均勻使勁，板面每個地方都得錘到。如果一兩個地方錘得過頭了，其他的地方就會裂縫翻捲，因此要一遍一遍地錘鍛，每次把整個板面都均勻地錘一遍，這樣便不會炸裂，也避免出危險。

經過初次鍛製的金屬板才能成爲聖器的材料，但金屬板使用之前，要用尖錘或方錘等將板面打平滑光亮，使之質地細密。

大多數金屬雕像都有前後兩部分組成，中間焊接一起，並將焊口處仔細的磨光打平，從外面看不出焊口接縫的痕跡。打製佛像得從下向上，先由有經驗的師傅在金屬板上標出尺寸並錘打成大致的形狀。如果是較大的佛像，尺寸要先畫在紙上，然後把畫有尺寸的紙黏在金屬板上。師傅打成雛形之後，再由助手或者徒弟仔細錘打成型，最後由師傅全面整修、錘光。」

……

工匠們扳著指頭一是一二是二地說出鎏金的工藝程序，他聽了幾遍之後，大致弄清楚了鎏金有四道工藝程序，它們是——

一、成形

鎏金物件的銅胎成形，可分化銅翻鑄和銅板敲打兩種，精巧複雜的佛像飾物先要泥塑成形，然後翻砂澆鑄。金瓦、金輪一類則直接在銅板上繪好圖樣，用木錘、鐵錘敲打成形。

二、配製「察塞」（金泥）

將黃金鍛成極薄的金箔，再剪成碎片，放入坩鍋內。然後按照一兩黃金、七兩水銀的比例倒入水銀。把坩鍋置於火上，用非金屬棒不停地攪動水銀。當水銀冒泡蒸發出白霧時，黃金即已全部溶解。這時，立即將坩鍋內的溶劑倒入清水中急劇冷卻。冷卻後，黃金與水銀的合金便成爲一種酸奶似的白泥狀物，即「察塞」。

三、鍍金

將成形的銅器表面打磨乾淨，除去銅銹及汙物，接著，把一種狀似葡萄的野果「德布」的果實煮成糊狀，摻和上水銀與馬糞，擦洗銅器，直至錚光瓦亮。然後洗淨，放在微火上烘烤，同時用小刷沾鹽水塗抹一次表面之後，就刷「察塞」。

「察塞」要塗得厚薄適當。薄了露出銅胎，塗得不勻會影響美觀效果。塗好「察塞」，要用手推壓塗好的察塞，使其表面光滑均勻。

四、鍍後處理

將塗好「察塞」的器件放在無煙木炭火上加溫，隨著水銀的蒸發，器件逐漸由白變黃。水銀蒸發，黃金收縮成微粒留在銅器表面。這時，再用細銅絲刷在表面不斷刷打，使黃金微粒牢固地附在器件表面。反覆烘烤之後，器件表面的水銀分子完全蒸發掉了。爲使鍍層完整、均勻、光潔，折光力強，還用瑪瑙壓子進行壓磨。這樣一來，把黃金微粒壓平了，二把金粒之間的微小空隙壓實了。

最後，用清水洗淨器件，再放在火上烘烤，烤至向器件啐少量唾液便「滋滋」作響時，就可將器件浸入紅火溶液中淬火。經過淬火，一件金光燦燦的鎏金器件就製作出來了。

太陽漸漸升高，吉祥右旋寺大部罩進了一片輝煌燦爛的金紗之中，整個寺院變成了黃金的世界，光燦燦、亮晶晶，抖動萬點金芒，顯示出一派雍榮華貴、崇高莊重、深厚莊穆的氣派，猶如金子鍛造的宮殿、金光織成的城市，煞是令人爽目驚嘆。他情不自禁地貪婪地觀賞起寺院的風貌。

正前方是大經堂，能容納四千僧人誦經集會的大經堂。大經堂座落在中軸線上，占地十餘畝。寬廣的院圍，高大的房脊，雌雄鹿簇擁著鎏金的法輪，就像一隻雄踞雪山之巔的玉獅，俯瞰著眾多的教徒；又似一頭悠然自得、背馱如意寶珠的大象，棲息在山腳。

他把目光緩緩移向大經堂的西南側，那金光熠耀、居高臨下的是大金瓦寺。全部鋪瓦都是鎏金的。大金瓦寺又稱彌勒佛殿，它四角飛簷，頂上覆鎏金銅獅、銅龍、銅寶瓶、銅如意、銅法輪。在朝陽的映照下，熠熠生輝，氣象非凡。

殿內供著高達八米的鎏金彌勒佛大銅像。端莊、嫻雅，顯得堅定而有智慧。

大金瓦佛殿內還珍藏著金銀粉書寫的《甘珠爾》大藏經。《甘珠爾》是稀世之寶，共二百二十卷，數百萬字，記錄了古中亞各地天文、文學、工藝、佛學等珍貴資料，慕名而來膜拜的香客常年絡繹不絕。

大金瓦寺的西邊是小金瓦寺，俗稱釋迦牟尼佛殿。它的樣式和拉薩的大昭寺幾近相仿。三層高的佛殿內，第二層供奉的是釋迦牟尼的佛像，兩側有兩根銅質龍柱相輔。在佛像頭頂又供有一尊零點七米的釋佛金像。這尊金像，據說是一位印度聖者在釋迦牟尼在世期間，親自為佛祖鑄造的肖像。他一生共鑄造了一百零八尊，這是其中之一。這些肖像鑄造完畢，由釋迦牟尼自己沐浴開光加持。這是唯一流散在我國的、由佛祖自己開光沐浴的金尊，是稀世之寶，價值連城。

六大學院的經堂頂，大中活佛佛邸的經堂上，也分別亭立著鎏金的法輪，如意寶件、寶幢傘蓋，琳琅滿目，錯落有致。

他感嘆又亢奮，這宏偉壯觀、巍峨莊重的吉祥右旋寺，是幾世寺主堅貝央開拓奮鬥的結果，也是全寺上下幾千佛僧一代又一代努力建設的結果，是他們心血的積澱，智慧的彙集，抗爭的結果啊，當然，其中也有著我吉塘倉的心血汗水。吉祥右旋寺就是我吉塘倉的全部，是我的理想、未來。但現在，外表依然雄偉輝煌的吉祥右旋寺，地基卻悄悄出現了裂縫，這裂縫不是外力壓迫下出現的，而是內部矛盾衝突下引發的，是寺主、佛父佛兄爲一方，我吉塘倉爲一方的寺內部分佛僧之間不和而產生的裂痕。

這裂痕是什麼時候出現的呢？他的目光不由凝滯在河面上。

正是凍破石頭狗捂嘴的「五九」寒冬時節。夏日裏，浩浩蕩蕩浪花飛濺、清澈見底的吉祥右旋河，被白森森、寒凜凜的冰渣覆蓋得厚厚實實，不見河面，不見水珠，像僵屍一般，只是有些急流拐彎處還留下一截細長的黑線，但不到跟前，很難看到河水在湍急流淌。一切彷佛都壓在了冰塊之下。吉祥右旋河的呼吸幾乎窒息了，生命好像也停止了。往日活潑可愛、精力充沛得像什花魚的吉祥右旋河成了一幅沒有生命力，沒有朝氣，沒有光彩的白土布，粗糙、醜陋、毫無生氣。

吉祥右旋寺會成爲眼前的這條冰河嗎？很難說。時下當然不會，但時態若按今天的趨勢發展，一旦成了佛父家族手中任意操縱的工具，寺院就再也不是文殊菩薩手擎的雙刃智慧劍了。它不僅無法割斷塵世的煩惱和人生的孽障，無法劈開愚昧和專制，無法阻止野蠻和欲望，而且它自己也會深深地墜入了世俗罪惡的深淵。吉祥右旋寺再也無法兌現佛祖最初的大同世界理想。

佛法僧三寶啊，真要那樣，可是罪過，真是浩劫啊！佛祖釋迦牟尼二千五百年前背叛王廷，拋棄權位和財富，創立了佛教，而二千五百年後的今天，在吉祥右旋寺，時輪卻要倒轉，返回佛祖拋棄的時代。那是充斥專制、黑暗、野蠻的社會啊，簡直不可思議。

裂痕是什麼時候出現的呢？什麼時候公開的呢？他認定是堅貝央剛剛十歲的那年春天，那時候，堅貝央還僅僅是一種旗號、一個牌子，但佛父佛兄卻把這旗號攥得緊、舉得高、喊得響啊……

堅貝央坐床以後，決定吉祥右旋寺的政教大事的，再也不是攝政和總法台了，而是他的佛父佛兄。總管成了堅貝央的二叔俄旺，他攬去了大寺內外宗教事務方面的大權。同時，他吉塘倉的攝政也就有名無實，自然而然消失了應有的權力和地位，因爲佛父要去了堅貝央的印冊、文件、轎子和保管主要財物的大殿的鑰匙。佛父佛兄以堅貝央的名義直接發號施令，頤指氣使。這個攝政成了空架子，成了泥塑的佛像。

開頭他心裏有氣，因爲不論是西藏達賴喇嘛、班禪大師，還是這世以前的所有堅貝央靈童，在十八歲親政之前，靈童本人和親屬均不能參與寺院政教大事的決策，都沒有發言權，這是藏傳佛教寺院約定俗成的規矩，是藏區政教合一制度傳統的一部分，但現在在吉祥右旋寺，規矩不成其爲規矩，制度被人推翻，整個吉祥右旋寺的權威受到挑戰，就像一位被莽男漢強姦了的大家閨秀，有淚只能往肚裏咽。

他悔恨、慚愧，後悔自己當時承諾的太輕率、太急功近利。正如屎憋到肛門口，張慌失措、不擇地方蹲下來，雖然解了一時的窘迫，但卻被蕁麻草梢蜇得屁股又癢又痛，半天搔不過來氣息，屁眼上的屎也顧不上擦乾淨，弄得渾身都臭哄哄的。

但後悔歸後悔，無濟於事，冬日的太陽是拽不回到夏天去的。正好他的剃度師傅安果活佛捎話說他已染疾在身，活不了幾天，讓他趕來參尼寺，到他當機立斷，急流勇退的時候了。

他跑到堅貝央面前，拿著信函請假。佛父佛兄相互用眼神交換了下意見，爽快地答應了。從佛父佛兄眼角瞬間閃逝的一絲驚喜、欣笑，他看出他們是求之不得。他心裏自然明白不過，這就叫豬粑從山坡滾下來，浪狗從山腳嗅過去——不期而遇。

作爲堅貝央之下，四大「色赤」金座活佛之首的他，在吉祥右旋寺僧俗教區內處於一人之下、萬人之上的顯赫地位，當然會被看作他們家族統治的最大擋道石。在吉祥右旋寺內，除了寺主堅貝央有不可代替的權威外，他吉塘倉憑學識、憑人品、憑財富、憑仁慈寬厚、憑聰慧靈活，在寺內外是一流的，是僧俗教民共認的。幾世吉塘倉嘔心瀝血爲吉祥右旋寺建功立業，其佛績是有口皆碑的。

一個從康區來的外來戶家族，想佔領安多地盤，生根開花、遮蔭一方；想控制吉祥右旋寺，控制整個吉祥右旋寺的政教轄區，它不扳倒當地土生土長的幾棵大樹怎能成氣候？不推倒舊牆蓋不起新房呀。他吉塘倉自然是阿金家族的心腹之患，眼中之釘，欲排之而後快。與其針尖對麥芒，水火相熬煎，殃及寺院，倒不如自己乖巧一點，識相一點，趕緊回避一邊，使吉祥右旋寺保持表面團結，這有利於政教大業的升平昌盛。另外，讓他們家族嘗嘗治理安多政教大寺的甜酸苦辣，長長見識也好。

其實，這個主意他已經醞釀一兩個月了，苦於沒有一個說得過去的藉口。安果活佛的信，也是他從佛邸派出心腹去參尼寺，如此這般地吩咐後，安果活佛才緊急捎來信函的。

自從澤旺在靈童坐床典禮上宣布了他的三項承諾後，他就恍然明白，這個家族是當真的、有頭腦的，不是等閒之輩。他們舉家遷來是有目的、有打算的。自己在第一回合已經輸了。既然輸了，那就只能退後一步，然後再第二次交手，絕不能等著挨打，節節敗退，潰不成軍。

當然，他要激流勇退執意辭職，首先也是他已經厭煩了這種爭權奪利、你死我活、相互傾軋、爾虞我詐的緊張日子。佛門人講求四大皆空、五根清淨，何不主動遠離這是非之地，圖個安靜。再說，一時半夕，吉祥右旋寺也不會出什麼大事。

好好歇息休養一段日子再說吧。一直車軲轆轉般地忙寺院的事，忙佛邸的事，他已經有點精疲力盡，心力交瘁了，性格也變得煩躁火爆了。他請醫學院的高僧診過脈，說心臟負擔過重，再不歇息就會出事。這樣，他下定決心，鐵了心要跳出是非窩。

他計劃好，辭去攝政之職後，第一站到羌澤溫泉，泡他個十天半月的熱水浴。再在草灘上曬個一半月。早上喝濃香新鮮的犛雌牛奶茶，中午吃新酥油澆汁的蕨麻米飯，晚上吃隔了夜依然新鮮如剛剛宰殺的羯羊肋巴肉（**他知道老百姓保持夏宰羊肉新鮮不生蛆的辦法，那就是在羊的胴體上抹遍菜籽油，不漏一星空白，蒼蠅想叮也無處下嘴**）。

羊吃肋巴牛吃胸叉，這是牧人千百年來總結的吃手抓肉的訣竅。臨睡前，再喝一碗凝結得像石崖般的濃濃酸奶子。一天下來，要多愜意有多愜意，要多舒暢有多舒暢。

第二站，他才要到位於川西北阿壩草原的參尼寺去拜謁剃度師傅安果活佛。

安果活佛和歷世吉塘倉有緣，參尼寺院實際上是吉塘倉爲寺主的吉塘倉寺院，只因爲吉塘倉是吉祥右旋寺的首席金座活佛，得常年駐錫，故參尼寺由安果活佛實際主持。

說起安果活佛和吉塘倉的關係，還真是一段無法分割的佛緣，有著讓人擊掌驚嘆的一段故事。

三世吉塘倉不僅僅是一位首席金座活佛，還是蜚聲全藏區的著名詩人。他的格言詩《水喻》、《木喻》、《世故老人箴言》，像清泉流過教民的胸田，又像雪山屹立在信徒的心頭。他也是一個真正的佛法活動家，一輩子奔波四方，講經弘法，創建寺院。那一年他去阿壩，就是今天參尼寺坐落的草原舉辦灌頂大法會。灌頂場面人山人海，帳篷比河灘夏日的金蓮花還要稠密。

灌頂大法會持續了七天，七天中，他每天都眺見正前方那條有青森林的陰坡，陽坡是紅土芳草地的溝裏，有一人影在一刻不閒的蠕動。他形單影孤，一忽兒在紅土坎前刨著什麼，一忽兒在草坪前彎腰屈膝躬背地忙乎，有時又急急地走下坡去，揹著沈重的水桶爬上坡。

在坡的上端，一座小山包一天天被摞高。草原夏日的天氣是牛犢的脾氣，說變就變。這七天中，有時晴空無雲，中午能曬得你脫一層皮；有時暴雨飄潑，澆得人透體水漉漉的；有時黑雲狂風驟臨，能把帳篷橛子掀起。但不管是什麼天氣，那個人影從來沒有消失過，而且天一亮就出現在固定位置上，直到天黑才消失蹤影。三世吉塘倉的佛帳行宮正好對著那條溝的半坡，從早到晚，一掀帳門就可看見那人。

灌頂結束的那天下午，一場陣雨匆匆過後，天空出現了一道七彩長虹。一頭從佛帳頂上端端地搭過，另一頭直直地從對面那條溝上空掠過。三世吉塘倉一驚一喜，暗想這一頭和那一頭莫不是冥冥之中有一種說不清的緣分？他不由信步走過去，也沒有讓侍僧隨從跟著。

他見到了這個人影。原來是一位格魯派僧人，年紀大約有六十，黧黑的面孔由於缺乏營養和勞累過度，憔悴消瘦，泛起了魚鱗般的碎皮。縱橫交織的大小皺紋相疊相印，畫出了蒼老和衰竭。但那雙深陷在高眉骨裏的細長眼珠卻熠熠有神，迸射著熱情、執著、光彩，有著一股撼人的震懾力量。加上那直稜稜的鼻梁，長把梨般的下巴，兩邊微微凸起的顴骨，活顯出一副噶舉派祖師爺米拉日巴的臉盤，這個臉盤上刻滿了倔強、虔誠、堅韌不拔、鍥而不捨。

他正在忙碌地印刷著袖珍泥製的佛像「察察」。他身前身後的草坪上，有著一堆堆剛刨出的紅土，有著拌得細勻細勻、半乾半濕能凝成形狀的紅泥堆。上方是一尊尊等待曬乾的「察察」袖珍泥佛像，像柏樹林般密密地排列著，占了一大灘草地。而已經曬乾的則高高摞起，就是他遠遠看見的日日升高的山包。

直到他走近，老僧人才停下手頭的活，把銅製「察察」印模抱在懷中，躬腰問候：「活佛，您貴體安康？」

吉塘倉點點頭：「你知道我是活佛？那爲什麼不來悉聽法會講經？」

老僧人不卑不亢，稍稍抬高了聲嗓：「活佛灌頂講經，是在弘揚佛法，我印製察察佛像，也是弘揚佛法，殊途而同歸。多一個供奉三寶、積善積德者，佛門幸事，該皆大歡喜啊。」

吉塘倉一噎，不由讚許地應聲：「對！說的好！這七天我一直在關注著你。風雨無阻，寒暑不避，從早到晚，你一直在忙個不停，讓人欽佩又讓我納悶。我怎麼一直看不見你的住房、帳篷，還有燒茶煮飯的炊煙？莫非你是不食人間煙火的神佛化身？」

對方爽笑不已，這更使吉塘倉困惑不解。

「活佛，我領你看看我的仙宮瓊樓。」

兩人鑽進林中，未走十來步，吉塘倉一下瞠目結舌，被眼前的景況震驚了。這哪裡是人住的地方，簡直是獸巢鳥窩。一棵大樹根裏，用乾柴枝胡亂鋪了一條床鋪，上面是一張禿得露出光板的老羊皮。與其說禦寒取暖，還不如說它僅僅能抵擋潮氣而已。沒有蓋的被子，只在柴鋪上空的樹冠上掛了一幅有許多窟窿眼的褐衫，下起雨頂多遮住半個身子。

「你吃飯怎不見燒火冒煙的？」這是他心頭另一疑雲。

老僧人坦笑：「林裏燒火會傷害生靈的，我用涼水拌糌粑，過午不食。」

「那，你印製這麼多察察泥佛像，是爲了紀念或者超度親友的亡魂，還是了卻自己給佛許的心願？」三世吉塘倉盯住老僧人的臉，沈沈地追問。

「都不是。」對方搖搖頭，嘴角浮現起一抹幸福、激情的笑紋：「我要在這兒修座寺院，作爲對佛法僧的供養。」

「修寺？供養？」他驚詫地打量著老僧人。面對這樣一個衣衫襤褸，窮得身無分文，過著和野獸差不多生活的苦行僧，他一時不知說什麼才對。

落差太大了！震撼太大了！這正如一句諺語所說：「身子在地上爬動，念頭卻在天上飛翔」，太異想天開、想入非非了。修座寺院，供養佛法僧三寶，談何容易，簡直是天方夜譚！修寺起碼得修一座像模像樣的佛殿來供養佛祖，或者是格魯巴派的鼻祖宗喀巴大師。沒有佛殿寺院就沒有靈魂，沒有依託，沒有中心，就不叫藏傳佛教的寺院。除了佛殿，還得有經堂——僧眾誦經念佛的地方，也是法台講法的舞臺。不然也不能稱其爲寺院。這一殿一堂是寺院最起碼的公共設施，僅這兩項就得花多少財力人力！光一抱粗的木頭得堆幾間房子，更不用說石頭、砂土及其他材料。還有，再簡單的佛殿也得簡單裝飾，起碼得用油漆塗抹一遍，有的地方還得描金上彩一下。敬供的銅佛像、泥塑彩繪佛像是絕對少不了的，頂上下垂的錦緞寶幢傘蓋也是必備無疑，還有唐卡、堆繡、壁畫……到處都是花錢的窟窿啊。大略計算一下，少說也得數十萬銀元。你一個窮得清風裹身子的普通僧人，從哪裏籌集這麼多資金？他不以爲然地在心口長長吁了口氣。

老僧人沒有觀察到吉塘倉臉色的變化，還沈浸在自得和幸福之中：「我和師傅說好的，這輩子敬佛的人生得留個紀念碑。創建一座寺院當作紀念碑，作爲向佛法僧三寶表白虔誠心跡的象徵。」

「你師傅是誰？在哪兒？」

「安果，已經圓寂。他在拉薩哲蚌寺洛薩林學院學習過，是哲蚌寺的道仁巴博士生。」

「你呢？」

「我叫洛桑智華，是阿壩哥爾德聞思學院的道仁巴博士生。」

吉塘倉欣然地點點頭：「說說你爲什麼要在這兒建一座寺院。」

洛桑智華不加思索地回答道：「這座山形像個白傘蓋，透出吉祥八寶的氣息。要是在此寶山上修建一座修習密宗哲學的寺院，則會對當地教民遮蔽魔障、守護佛法、求得吉祥、平安有益。

我和師父是看準了這一點才立下誓願的。」

吉塘倉露出一絲笑容：「好，弘揚佛法，裨益教民，功德無量，只是，靠印製察察泥佛像是建不起一座寺院的呀！」

洛桑智化拍拍胸膛：「不怕！先印製十萬座三世察察佛像，修一間察察佛像供養地，算是寺院扎了根基立了樁。」

吉塘倉欣賞洛桑智華的執著、堅韌、虔誠，他沈吟了一下，問：「你一個人有能力完成這一理想？」

洛桑智華呵呵傻笑：「我完不成還有我的徒弟，有我的師兄師弟，幾輩子努力下去總會有希望的。」

吉塘倉用一種陌生、欽佩、敬仰的目光掃視洛桑智華的臉。這張蒼老憔悴的面孔在他眼裏變了樣，變成了一張充滿青春活力，有著激情、幸福、光彩的臉。他的眼眶發潮，心頭流過一股震顫全身的熱風。他再沒有說什麼問什麼，轉身急急走下坡去。

第二天，朝陽剛剛抹黃山尖，三世吉塘倉領著當地十二部落的頭人，齊齊來到洛桑智華的工地，讓他們看讓他們聽，然後宣布說，在這兒建座佛學俱喜善駐的寺院也是他的心願，他願作爲該寺的名譽寺主，讓洛桑智華實際主持，算作吉祥右旋寺的子寺，請各部落作爲施主，有錢出錢，有人出人，三年內建成俱喜善駐寺院，看大家有無不情願的。

幾秒鐘沈寂後，幾乎異口同聲地彙成雷鳴聲：「聽從活佛的安排。」

「好，那咱們回到佛帳，訂個詳細規則。洛桑智華，你跟著我走。」

吉塘倉與安果倉的佛緣就是這樣奇特地結下的，並延續至今。

不到第三年，一座精巧別致的寺院便出現在秀麗幽靜的山谷裏，一面是向陽的草坡，綠茵碧空，鮮花飄香；一面是茂密的青森林，鳥語不斷，松濤陣陣，真是學經坐禪修行的好地方，僧俗教民簡稱其爲參尼寺院，也就是修習禪院的意思。

三世吉塘倉從佛緣、從修行水準衡量，認爲安果高僧已經達到了佛的境界。也爲了管理吉祥右旋寺子寺方便，便與寺主堅貝央商議，決定把安果高僧追認爲一世安果倉活佛，洛桑智華爲二世安果倉，主持參尼寺院事務。

現在的是四世安果倉，是四世吉塘倉的剃度師傅，現年九十歲。老活佛執意要把參尼寺交回吉塘倉實際主持，自己不再轉世了，所以好多次派人捎信，要他儘早去辦接收手續，聽他交代。這次他要去參尼寺，除了了卻師傅的夙願，還想在川西北草地舒心愜意地待上幾個年頭。

第三站是去故鄉看看。阿爸阿媽已經病逝，剩下的長輩只有舅舅阿丹一人。舅舅是夏美八大部落的土司，如今也快近六十的人了，他每年來佛邸拜年進貢，都重複述說一個話題：臨近首曲黃河的故鄉草原，很多人聽說自己部落誕生過一位聲名顯赫的金座活佛，卻因各種原因無緣瞻仰尊容，聆聽教誨，成爲他們一生的極大遺憾。他們請求他阿丹轉達懇願，願有生之年能叩拜活佛。他吉塘倉曾經答應過，但一直未能兌現，這次正好前行，和故鄉的父老們見個面，爲他們灌頂講法、發放吉祥結，祈請佛祖保佑平安幸福。

他要做的第四件事是，依托參尼寺，在川西北的察爾科、嘉絨、阿壩草地、青海的果洛三部，蒙古前旗等地，廣泛舉辦法會，進行祈福禳災灌頂。這件事他思索了好些年，他暗暗下定決心，有生之年，要舉辦萬人以上的灌頂大法會十三次，超過歷任吉塘倉。當然，在積德弘法的背後，他還有著化緣、募捐供養的目的。

接迎靈童欠下佛父家的十兩黃金，至今沒有湊齊。佛父和佛兄幾次旁敲側擊、冷眉冷眼地催過幾次。

佛邸的庫銀也已空空。爲了吉祥右旋寺，吉塘倉左挪右墊，到處支付開支，把歷年的積存花得差不多了。聽洛哲講，賬面的錢還不夠一千白洋，而仁增的商隊還遠在印度加爾各答採買，遠水解不了近渴。

雖然表面裝得鎮靜大方，但他心裏急得冒煙，籌化著及早出來募化供養，積累一些資金。正好，借這個把西部安多藏區掃瞄一遍。

還有一個不能告人的，只能藏在心底的秘密，也是最重要的目的，就是借這次機會蹚蹚水，看自己的世界有多寬，能耐有多大。

他已經嗅出一股味道，那就是今後自己在吉祥右旋寺的日子不會有多好過的。在和佛父佛兄打了這麼長日子的交道後，他發現堅貝央家族的野心很大，也可以說是雄心勃勃。他們想在安多打出一統天下的家族局面，要把安多吉祥右旋寺當作康區理塘，想把自己在趙爾豐「改土歸流」鐵腕手段下未能實現的理想在安多付諸兌現。吉祥右旋寺也就不會是佛教聖地了，而是一塊政治基地——一切都得從他們家族的利益出發，以家族統治爲特色，以家族爲根本。

一統天下意味著絕對的號令、絕對的服從。不讓他參與寺院的管理，奪去攝政與總法台的政教地位，就是明證。如果現在不離開是非之地，將來說不定頭上還會扣上臭屎堆。寺主說出的話是神諭，教民只會遵崇不會質疑。山上滾下來的碎石渣，能擊倒磐石般的犛牛；天上落的蜿豆大的冰雹，能把三尺厚的屋頂穿透。堅貝央家族就是山上的碎石渣、天降的冰雹珠，而自己只能是犛牛和屋頂，天經地義的位置就這樣無情地擱在那兒，苦日子還在後頭。

三世吉塘倉在他的《水樹格言》中不是教誨過嗎——

「官長新來時雖然施點仁政，但隨後就有難以招架的差稅派征；樹雖然暫時能擋一會兒雨，但隨後就會落下大串的水滴。」

另一首詩說得更是絕妙：

「待在爛樹下面的人，日日夜夜不得安神；兇惡君長的下屬，經常擔心又受苦。」

是啊，與其「經常擔心受苦」，不如挪個地方另闢蹊徑看看。老百姓不是有句口頭禪嘛，「樹挪死，人挪活」，自己挪到川西北參尼寺院伸伸腿腳、試試能量，看結果如何。反正那塊地方至今還沒有「金座」級別的活佛；反正那兒的土司頭人來吉祥右旋寺首先要來佛邸拜見他，求他祈福賜祥，並多次請求他去草地講經弘法；反正參尼寺是他說了算，天高皇帝遠，自己可以恣情縱意地幹自己想幹的事；反正他是那塊土地的子孫，有著血濃於水的親情因緣；反正……

薩迦格言中，有一首不是如此告訴人們：

「說老實話也許出樓子，拐彎抹角可能有好處；筆直的路上可能遭劫，右旋的海螺反倒吉祥。」

爲了吉祥右旋寺的事業，爲了我吉塘倉的未來，還是像右旋海螺一樣，走截彎路，開拓新的世界吧。不管成功還是失敗，不管嫉恨還是排斥，誰也無法把我從吉祥右旋寺活佛序列中除名，我吉塘倉的血脈骨肉已經融進了吉祥右旋寺之中，是天經地義的首席活佛。吉祥右旋寺是我的退路。

他認準了要走這一條道，就沒有拖泥帶水，婆婆媽媽。他把佛邸的事稍作安排，與堅貝央惜別，與熟人一一打過招呼，登門告辭，就上路涉進了西邊草原腹心。他自己帶上洛哲和二個侍僧先去了羌澤溫泉，從羌澤溫泉沒有返回，直接去了參尼寺院。

按照自己的部署，他要大刀闊斧地施展雄心壯志。同時，也沒有忘了吉祥右旋寺。一隻眼睛瞪著前方，另一隻眼睛關注著後方。

佛邸管家隔個把月，派人或讓香客們捎來了信訊。吉祥右旋寺的現狀叫他欣慰，也叫他詫異。對外族抱有成見，發誓不與外族在一個碗裏拌糌粑、一棵樹下躲雨的佛父一家，卻與寧海軍的馬麒打得火熱，親若一家。佛父和馬麒結拜爲兄弟，佛兄澤旺和馬麒的二公子馬步芳也按漢人的禮儀互換金蘭，結爲拜把兄弟。

馬麒給靈童贈送了一對大騾子，給佛父家族成員一個不漏地贈送了水獺皮、狐皮、黑羔皮、錦緞、錦綢等貴重禮品。對佛父佛兄格外青睞，每人一匹馳名全藏區的青海湖雪青大走馬，配備了全套鞍具。鞍具很特別，也很珍貴很有名：銀釘銀鏤花嵌鑲的鞍子，景泰藍的銀蹬，「佳果」木特殊處理的鞍轎；連肚帶也是用染彩織出的三指寬帶不磨馬肚皮的粗棉線。這一套鞍具雍容華貴，起碼勝過兩匹雪青大走馬的價格。馬好鞍具美，人自然顯得瀟灑、精神，有氣派，到那裡都威風凜凜，高人一頭。佛父佛兄心中的得意洋洋就可想而知。

佛父佛兄代表堅貝央，還與達官貴人廣泛結交聯絡、稱兄道弟，尤其是權勢顯赫的漢、回上層。

在馬麒的安排下，佛父佛兄親自到三天里程以外的河州城去拜見河州鎮守使裴建准，還有常年駐在老家河州八坊的涼州鎮守使馬延勷、西軍幫統馬國良和馬鴻逵等等，送去的禮品也很貴重，有金鑄的佛像，鎏金的盤子、勺子，麝香、熊膽、鹿茸、川貝、藏紅花……佛兄又與馬延勷結成了拜把兄弟。而去河州的盤纏，派出的三十名寧海軍護送騎兵，一應開支都是馬麒負擔。河州城裏一時增添了許多熱鬧氣氛，說西康半藏半漢土話的佛父佛兄和隨從們，與說河州方言的漢民回民在酒樓上推杯交觥、猜拳行令。藏人渾厚悠長的西康民歌和河州回漢酒令的輕鬆活潑曲調，在河州城上空久久飄蕩，給河州城的人們帶來了一縷縷祥和、友誼、喜慶的氣氛。

佛父佛兄在回民開齋節時際，還趕了七天的路，騎著馬，跋山涉水來到湟水河畔的西寧城，專意去祝賀馬麒，把堅貝央寫有祝福經文的黃絲阿細哈達敬獻給馬麒。要知道，黃絲阿細哈達按藏人的禮節和藏傳佛教的習俗，只能是敬獻給皇帝和人活佛的專用品，但他們卻破例敬獻給了異教徒回回馬麒。

聽到這些消息，他並沒有惱怒氣憤，反倒感到心頭輕鬆安穩多了，他要的就是這個局面。和睦、和諧、和平、和氣、和祥是他一輩子的追求，是他理想的歸宿。不管誰主持吉祥右旋寺，只要僧俗能平靜無擾地誦經拜佛；只要長明燈的火苗不受冷風邪氣的吹刮；只要佛像前的淨水碗中不落塵埃髒土；只要大寺方周六字真言的瑪尼長廊裏經筒不停地轉動吱響；只要金瓦寺門口的燦火爐中一天二十四個時辰都燦火熊熊，燦煙裊娜，燦香彌漫；只要大經堂頂上法螺朝暮有規則地嗚響；只要集會誦經的僧人木碗中有奶茶，有漂著酥油汁的米粥，有巴掌大的酥油和白晃晃的銀元布施……他就心滿意足了，管誰在地方掌權，是漢人回回都無所謂。

披袈裟、誦佛經的人不就圖個佛法昌盛嗎。佛法是自己的靈魂，是生命的依存，對他來說，更是如此！有句諺語說得好：「孔雀吃進去的是毒花，羽屏卻豔麗無比；野牛啃的是枯草，雙角卻粗壯鋒利。」他還欽佩起佛父佛兄來，覺得他們會辦事，比自己靈活有本事，把自己想辦卻沒有來得及辦的和沒有想到的事都辦得很漂亮，說不定吉祥右旋寺會出現一個嶄新的面貌，佛事會更上一層樓。

但讓他困惑的是，佛父貢保頓珠在西康時，是那樣的仇恨外族人，一副誓不兩立的樣子，而如今在吉祥右旋寺，卻和馬麒家族打得火熱，不分你我。這究竟是怎麼一回事，難道原先說的是假話？或者現在是耍手腕，要籠絡軍政要人，把腳根站穩當？他弄不清楚，也就沒有往深裏去想。

當然，也有一些怨言傳了過來。金牧師的信中就充滿不高興和警告。他說堅貝央一家太傲慢、太缺乏眼光，根本不把他這個美國傳教士看在眼裏。他上門拜訪，被拒之門外，受盡冷落和尷尬。而寧海軍一個排長前去，卻前呼後應，簇擁上樓，不勝恭敬。寺中那些對基督教持偏見的年輕氣盛僧侶們，如今更加猖狂了，他上街有人盯著，故意在身前身後吐唾沫、跺腳、翹小姆指，甚至攔住要辯論。晚上有人用石塊砸大門，把屎拉到門檻根。有的熟人悄悄告訴他，佛父佛兄在西康時就憎恨基督教，私下傳出話要把基督教牧師從金鵬鎮趕出去，把兩座教堂交給穆斯林當牛羊屠宰場。

這封信在他心頭浮起一朵陰雲，但他只是苦笑了一下。自己能做什麼呢？佛父佛兄會聽他的勸告嗎？說不一定適得其反還產生疑慮，認爲他是想遙控大寺的風向，干涉他們的決策權威，結果使關係更僵了。所以他也就沒有回信金牧師，只是捎去了一布袋川貝、一布袋狼肚菌算作問候。

第二年、第三年傳來的消息就不太樂觀了，好像應了金牧師的那句預言：「吉祥右旋寺是鬥不過河州馬麒家族的。」佛父佛兄和馬麒的蜜月彷彿過去了，接下來便是你爭我鬥。那些消息讓在千里之外的首席金座活佛他也心緒煩亂，憂心忡忡，有點坐臥不安。

矛盾的引子，看來是佛父佛兄提出要馬麒把駐金鵬鎮的騎兵撤回去。聽說在西寧馬麒設的酒宴上，酒酣耳熱之際，佛父隨口說出的，說罷，還唱了一首意味深長的酒曲：

「當我紅斑猛虎下了山，可憐的浪狗該回窩了；當我英雄兒女長大了，你上門女婿該走開了。」

馬麒聽了哈哈一笑，眼裏掠過不悅，但嘴頭上卻大不咧咧調侃道：「佛父，現在我們都是民國政府的英雄兒女，哪有上門女婿啊。」至於撤兵的事，連提都不提，佛父佛兄只好悄悄收場，吃了個不軟不硬的閉門羹。

第二年，佛父貢保嘉措又派吉祥右旋寺總管家、他的弟弟俄旺，帶著厚禮前去拜見馬麒，鄭重提出寺主阿金在西康時，吉塘倉代表寺院和地方前來接迎，許諾下三件事，其中有一件就是寧海軍不在金鵬鎮駐兵。現在阿金坐床了，駐軍也該撤走了。

馬麒沒有正面回答，只是讓俄旺給他的拜把兄弟捎個話：「貓能嚇住的是老鼠，狗能阻擋的是野狼，吉塘倉能答應的只能是寺內教務。河水再大再寬，也在橋面之下；嘴巴再大再厚，也在鼻子之下，駐軍是國家的大事，寺院管到國家頭上，那會招人猜忌的。不要說地上奔馳的羚羊，就是六技威猛的斑虎，也管不了飛翔的雲雀。」

俄旺灰溜溜地回來，如實轉達了馬麒的捎話，貢保嘉旺和澤旺氣得鼻孔裏冒煙，眼窩裏噴火，粗話滿嘴地詛咒，但說千道萬還是無可奈何。從此再也不敢正面問馬麒提撤兵的事，第一個回合，佛父佛兄就這樣敗下陣了。宏偉計劃第一次受挫。

後來的情況越來越糟。馬麒在吉祥右旋寺教區內開始設茶糧局、稅局、鹽局、商號，想法設法搜刮民脂民膏，把老百姓壓榨得前胸貼後背，肚裏沒一點油水，不要說供養吉祥右旋寺的活佛、僧侶，連自己的肚皮都墊不飽。吉祥右旋寺像一棵大樹缺了水源的涵養，根根鬚鬚到枝枝葉葉，開始萎縮枯乾，財金捉襟見肘，拮据難堪。

佛父佛兄面對馬麒的所作所爲，奈何不得又生氣萬分，暗暗鼓動有的部落聚兵反抗，封鎖營盤，趕走駐兵，火燒稅局茶糧局和馬部的營房，引起了馬麒的惱火，種下了仇殺的禍根。雙方互不相讓，很多大大小小的摩擦接踵發生。

由於聽到的消息是零零碎碎，東一句西一句的，加之他很忙，事務紛繁，腦子裏也就沒有形成個完整的輪廓頭緒，但有一點令他十分氣憤，那就是馬麒竟給吉祥右旋寺的僧侶派槍款馬款，繳不起的得上交幾百元銀洋抵擋。沒有錢就捆綁吊打、關押拘禁，還搜查僧宅佛殿。

僧人是受供養的，現在卻要交槍捐馬捐等五花八門的苛捐雜稅，這在佛教二千五百多年的歷史上聞所未聞，從未有過。在信仰佛教的各個國家、地域也從來沒有聽說過的！難道馬麒給清真寺也派過槍捐馬捐嗎？給清真寺的阿訇鄉老也派過槍款馬款嗎？沒有！這不是宗教歧視、民族歧視嗎？

在這樣重大的是非面前，佛父佛兄敢挺身而出、直面抵制，這膽量、這魄力還真值得欽佩，應該受到讚揚！想到這，他的熱血也不由沸騰，眼裏冒出火花，恨不能插翅縱馬飛到吉祥右旋寺，直接找馬麒馬麟辯個明白，駁個痛快！

他讓參尼寺僧眾在喜金剛密宗學院誦經七天，念「破除邪穢經」和「大威德金剛經」，以幫助吉祥右旋寺衝開魔陣、擊碎邪惡、求得吉祥安寧。

冷靜下來後，他又覺得佛父佛兄做事欠通盤考慮，欠冷靜謹慎。在處置與寧海軍的關係，也就是與馬麒的關係方面，憑的是自己的情感好惡，憑想當然來想事行事。顯然偏執、自以爲是，沒有策略和戰術考慮，完全是那種山鄉僻野部落酋長頭人們的思維方式和處事辦法，腦子裏只有一根弦，只憑蠻力和直來直去，想一比一地解決問題。他們不知道吉祥右旋寺內外的情況有多麼複雜，各種縱的、橫的關係網是多麼的錯綜交織。

要明白，那是一張大網，彌漫著野心、狡詐和利益爭奪，處處有陷坑，處處有暗箭，絕不像宰一隻溫順的綿羊那樣輕便順利，你面對的是一群藏北高原的野犛牛啊！不僅得有膽量、勇氣和氣力，更重要的是還得有智慧、策略，群體的協調互動。不然，不要說獵到野犛牛，反而會被野犛牛粗壯鋒利的大角破膛開肚挑上天去，或者被烙鐵刷子般的舌頭舔得你頭顱成了蜂窩，面孔揭去了皮。

從一開始，他們的這一步棋就走錯了，讓馬麒看出了他們的用心，一下警覺起來。

太幼稚了！相互剛剛混了個面熟，相互的關係只是個利益需要的基礎，有什麼可信賴的。而人心隔著肚皮，你怎能就魯莽地提出要寧海軍撤出金鵬鎮的要求呢？這樣敏感的問題，你肚底裏想一想是能隨口說出來嗎？萬萬不能的。寧海軍鎮寧使的本錢是什麼？是軍隊！馬麒的權勢、財富從那裏來？也是軍隊！人家一輩子提著頭顱闖蕩天下，憑的就是軍隊！軍隊是他的命根子，是他的眼珠子，是他的心肝肺！你讓他撤兵，不就是摳他的眼珠子，摘他的心肝肺嗎？第一次張口就叫人家兵回西寧，讓出吉祥右旋寺教區的控制權，這不是摸老虎的尾巴、拔惡龍的鬍鬚、捅壞人的痔瘡嗎？這種舉動不單單是幼稚可笑，而且後果十分可怕。把睡著的獅子驚醒了，把肉味傳遞給了饞貓，是用棍子搗狗嘴。

太魯莽、太簡單了！真成了漢回嘲笑藏人的那句話：「番子的犛牛，只認一個帳房。」

馬麒後來的一連串嚴厲舉措，很可能是佛父佛兄提醒了他，也可能是他窺測到了佛父家族的企圖，先下手爲強，想把火種掐滅在萌芽狀態。

一粒火星能燒光百里草原，一顆石子能壓爛駿馬脊梁。在東部安多只要稍稍失誤，就會招惹來滅頂之災，殺身之禍。佛父佛兄太缺乏政治經驗了。馬麒、馬麟生來虎狼性，他們時時想著吞噬羊羔和牛犢，只要你給個縫，他們就會像蒼蠅般叮進去生蛆繁衍。你絕對不能給他們口實，絕對不能把睡眠中的他們吵醒驚起呀。

雖說寧海軍只是駐兵守防，維護治安，沒有行使行政稅收等等權利，但那不過是一種冠冕堂皇的宣言而已，一種唬弄人的說法而已，誰不知道當今中國是軍閥說了算！有槍桿子就有權，有權就下令，誰也管不著誰，文職政府只是個擺設。如果他以軍餉欠缺爲理由，大力設卡設局，收茶糧槍稅，派草款錢款，以各種名目收稅收捐，亂世社會中，誰能奈何得了他！所以，馬麒馬麟派捐攤稅也是意料中的事，你反抗只會招惹更大的災難。你不該去撥弄老虎嘴上的鬍鬚，自找苦頭。短眼光、小胸懷，急功近利，受害的是吉祥右旋區和數十萬教民啊！

真是愚蠢！也沒有想一想寧海軍駐防金鵬鎮是啥時代的事。不是這世堅貝央靈童坐床以後的事，是在四世堅貝央時就有的，是十多年前的事。大清崩潰，民國成立，一九一二年，馬麒提任了西寧鎮總兵，第二年又兼任青海蒙番宣慰使，其弟馬麟任寧海軍統領，規定駐防的地區就是吉祥右旋寺的金鵬鎮。

馬麒何等人呢？是同治年間跟隨犛牛溝阿訇馬占鰲造反的頭頭之一馬海晏的兒子。後隨馬占鰲招安，投誠了大清皇帝。馬麒十七歲中了武生，在其父軍中任哨官。馬海晏病故，子承父職。他不到二十歲就混跡於宦海官場之中，掙扎在風雲政界，什麼場面沒有見到？什麼人沒有打過交道？年少老成啊。

國民政府軍政要員來吉祥右旋寺做客、視察、參觀時，他曾巧妙地從側面問起馬麒的爲人品性。其中有人告訴他，馬麒文化不高，說話不多，平時沈靜寡言，小心翼翼，但城府很深，宦海經驗豐富，心中精明過人，善於觀言察色，隨機應變，不輕舉妄動，但一旦動起手來卻手狠手重，一定要把事情辦得順心如意。馬麒還善於使用知識份子，遇事需採取重大舉措，他集思廣益，多方籌算，所以很少有戰而不勝的。

與這樣精明老練的人打交道，你窮鄉僻壤西康小頭人的那點能耐能對付得了嗎？能抵擋得了嗎？他的心計、謀略、眼光就像青海湖一樣浩瀚深邃，而你們家族那土裏土氣、呆頭呆腦的樣子，讓人看去如一眼山溪，從表到底一覽無餘，你能鬥得過人家？何況馬麒手頭有著幾千訓練有素、武器精良的專業軍隊，你能趕走他？打勝他？簡直是羊羔和野狼抵角，杯水和野火較量！

失敗是肯定的，除非時來運轉，冥冥中有大威德金剛護法神保佑。

要是他在，決不會出現上面那個緊張情景的。十來年相安無事，就是因為他有自己的一套做法。四世堅貝央曾一再囑託他，寺院是根本，一切以吉祥右旋寺為中心、為基本點。辦任何事都要以保護寺院為重。吉祥右旋寺絕不能受到傷害。四世堅貝央用一首薩迦格言開導過他，這首格言詩這樣說道：

「即便是害己的敵手，有計謀也會變朋友；劇毒雖對身體有害，懂得調配就成良藥。」

他的策略從來是以柔克剛，以德化怨。他對寧海軍駐防的百八十人馬是這樣懷柔籠絡的：第一讓吃好。吃人的嘴軟，吃飽了不想家。這些兵娃子圖個啥？千里當兵，還不是為了吃喝。人生地不熟，全靠吃的糊住心。吉祥右旋寺是大寺，又位於安多富庶之地，要牛羊有牛羊，要酥油牛奶有酥油牛奶，要青稞糌粑有青稞糌粑，八十來張嘴算什麼！這些兵不是回族就是漢人，都吃的是清真飯。隔三間五，他派人不是送去一頭活犛犛牛，就是一隻活肥羯羊，讓他們請阿訇自己宰吃。

為了早上喝上奶茶，晚上喝到酸奶，他讓寺上管財務的吉哇從教民念超度經供養牛中，挑了六、七頭口輕的犏雌牛，交給金鵬鎮的藏人差民餵養，八成牛奶送到兵營中，一早一晚熬奶茶，熬奶粥，窩成酸奶子。犏雌牛屬兵營所有，放牧擠奶的都是寺院的差民，由寺院年終給報酬。酥油糌粑是不用說的，由佛邸負責，過一兩個月就送去一牛肚子酥油，兩毛口袋新磨的糌粑。官兵們個個吃得肚圓胳膊粗，腸子滿是油花花。調防時，一個個喪著臉不願離開金鵬鎮，叫馬麟看著感動得不知說啥好。

年輕人吃飽喝足有使不完的勁，找地方適當洩洩火也是正常的。他讓主管金鵬鎮的管家睜一隻眼閉一隻眼，男女情欲愛戀之類不要去多管，除非入室搶劫強姦的案件。他也要管家拐彎抹角地告訴駐防帶兵官，金鵬鎮的民俗是笑貧不笑娼，去嫖妓不能欠了錢。出現丟人現眼的事一旦揚出去，長官臉上也掛不住。給弟兄們交代明白，兜裏沒錢，夜天少串萶子。金鵬鎮有部分女人就是靠下身養家糊口過日子，不給錢，他們饒不了你。或許會當街揪住你要錢，或許會打上營門吵嚷，或許幾個女人聯合起來等候，在那個深巷候你，把你擱倒在地剝光褲子，往牛牛眼眼裏插草棍棍，疼死你。

這號笑話他聽得多了。當然，他也清楚，金鵬鎮上沒男人的女人多的是，有寡婦，有牧女農女，也有妓女，她們需要溫存，需要親暱，需要撫愛，需要滋潤。藏家女人自小就性開放，藏家社會在家的俗男又少，所以乾柴等著火點燃。

男歡女愛自古有，雙方都得到愉悅快樂，皆大歡喜，不足爲怪，人之常情。男女之間的這號事不存在種族、地域、部落、語言、信仰、地位的限制隔離，不需要提到那些高層次事上去想去處置。只要你是男人，我是女人就行，再不要往其他領域去拉扯，連佛教的護法神都有明妃，各種佛裏也有佛母。密宗還倡導雙修，在男歡女樂中，雙方均求得精神和肉體的極大愉悅興奮，何況凡夫俗子。

佛教並不反對男女媾合，只是抵制無限制的淫樂。所以，他一直認爲自己和雲超娜姆的愛情雖犯了格魯巴的戒律，但從佛教整體來講，並不是什麼犯禁的罪過，更不是見不得人的壞事，只不過是男女之間平常之事，它同樣神聖而值得尊重，是在創造幸福和快樂，創造人類美好的意境。它是人生的體驗，情感的釀就和結晶，不需要內疚和慚愧。他暗示說，誰若來告狀訴苦，就多開導幾句，順著來，大事化小，小事化無，輕描淡寫，不要往泉眼裏搗棍子攪渾水。

他知道馬麒的寧海軍大多是河州農區、山裏的窮苦子弟，爲了吃上飽飯、出人頭地，才出來當兵吃糧的。他們是吃五穀糧食和蔬菜水果長大的，他們家鄉天氣暖和地勢低，穿著單薄一點也能過得去，但到了吉祥右旋寺的地盤，那就大不一樣了，幾乎是高寒牧區。粗布棉襖再厚也擋不住風寒雪霜，而冬春又長達八九個月。

軍隊裏發的是統一的服裝，不會因爲你駐防藏區而添加衣物被褥。他讓自己的「神部」部落給佛邸供養了一批二毛羔皮，又動員金鵬鎮的回漢婆姨及裁縫們，給每個士兵縫了一件二毛羔皮鑲緞面的皮褂，給長官是皮筒子，另外給士兵二斤羊毛添褥子，給長官一個狗皮褥子。結果，駐軍高興得直呼大寺好，吉塘倉法台好！

實際上，道理很簡單，一切都是緣分，有緣分才能相聚一處。既然是緣分，就得和和氣氣來，就得用水把泥土黏合到一塊，就要能幫上忙的地方幫一把，佛門大慈大悲就說的這一點。寧海軍駐防吉祥右旋寺轄區是緣分，馬麟與四世堅貝央之間有緣分，有緣分就產生親情，心肺就能傾斜靠攏到一塊。所以，在他眼裏，緣分是無價之寶，是不竭財源。

他一生認準緣分，待人處事先掂掂有無緣分。沒有緣分便一刀兩斷，絕不往來；有緣分就主動接近，像窩酸奶一樣，把牛奶滾沸冷卻到適當溫度，再擱在燙熱合宜的土炕上捂起來，或者用皮襖、氈片包裹好，恰好時間揭開，就窩成石崖土坎般凝結的酸奶。既然能把液態的、流動的滾熱牛奶窩成固態的、凝聚成土崖似的酸奶子，人還有啥可說的。

窩酸奶、窩酸奶，關鍵在一個窩呀，在加溫和掌握溫度上。人也如此，處好關係就得加溫，掌握好溫度。還有，拿準揭開的時間，早了還未凝結，是一缸稀糊糊；晚了酸得能澀牙縫，咽不下去。煮沸牛奶的功夫也如此！藏人一般煮沸牛奶的鍋是銅鍋或者是生鐵鍋，傳熱不快散熱也慢，當灶火燒到牛奶像海湧般滾動時，就得趕緊把鍋端下來，擱在通風涼爽處，絕對不能等牛奶開水般煮沸得掀水花時才往下拔，那時牛奶已經煮焦了，會有一股焦腥味，窩出的酸奶不是滑潤清香味，而是滿嘴一股焦糌粑味。

作為總法台，他認為自己最根本的活就是加溫、掌握溫度。

駐軍要修營房，他給寺院所屬的近地林區，下達了砍伐成林木的指標，按匠人規劃的數目，直徑大小，不誤工時地送到工地上，這全是無償的，包括林民自費把木料送上門。夯圍牆也調集了吉祥右旋河中下游會夯牆的農民，幫了半個月工，讓馬麟少花了錢，還把工期提前了。馬麟在慶賀營房落成的宴會上，高興得笑瞇著眼說不出話，山羊鬍子簌簌抖動，直衝著他吉塘倉翹起兩個大姆指搖動。他黑黑透藍的眼珠子上迸射的光芒，述說了心中的激動和亢奮。兩個大姆指表示感謝，也表示敬佩，既表示友誼也表示信賴。

回民的閉齋月和開齋節，他是必備重禮親自去慰問去祝賀的，和清真寺的鄉老、阿訇敘談一番。那座聳立在金鵬鎮西面的清真寺，是他和四世堅貝央協商後批准了在金鵬鎮經商駐兵的回回教徒的申請，幫助出資出木料修起來的。過春節時，他讓商會的秧歌隊去駐軍慰問演出。逢到藏民的節日或寺院有活動，都不忘請他們的官長和代表來作客款待。

對馬麟，他從來不敢怠慢，雖然他知道他叫化子的歷史，但現在人家是國家派來的軍政要員，是代表國家的，理應恭恭敬敬，禮數周全。因此，逢年過節，他必派僧人往河州馬麟家送去厚禮，馬麒家族親戚有難處有喪事，只要他聽見了，就一定會表示表示意思。

他吉塘倉不相信人心捂不熱的，連石頭都能被太陽曬燙，肉做的人心還能永遠是冰凍的？漢人不是常說嘛：「人敬我一尺，我敬人一丈」。這話道出了這樣的一條真諦：人是需要尊重的，相互尊重才能達到和諧和睦。何況對回回。宋朝、元朝時，河州的居民基本上是蕃人後裔，只是後來世事變遷，伊斯蘭教形成勢力，很多藏人因各種原因皈依了伊斯蘭教，特別是馬麒家族的老窩扎藏溝、犛牛溝等。那扎藏地名就是藏語黃羊窩的意思，說明那地方在幾百年前牧草莽莽、黃羊成群，是游牧藏人的樂園，也說明那兒的土著居民是藏人。這些地名的保持說明雖然改變信仰改換了族別，但還未得及改換地名。既然時間這樣短，那藏漢，藏回後裔的兒孫血管裏，流的多一半肯定是藏人的血液：豪爽、直率、粗獷、講義氣、有感恩意識，和藏人在氣質上很接近。血液裏有了這些東西，不愁說不到一塊。

正由於如此，從民國二年寧海軍鎮守使駐兵吉祥右旋寺，駐軍和寺院從未有過衝突，一直相安無事，相輔相成，而現在……

他真佩服四世堅貝央！四世說過一句話，一直在他耳畔縈繞：「餵好一隻藏獒，能守護千隻綿羊，百頭犛牛。」是啊，一隻藏獒的作用都如此巨大，更不用說八十多條帶槍的漢子。籠絡好他們，他們就變成了守護寺院的好藏獒，威震一方的護法神。敵對部落不敢輕舉妄動率兵前來攻掠；強盜惡徒們也不敢打寺院的主意，真是有百利而無一害。愚蠢的傢伙們，糌粑吃到哪裡去了？只長肉不長心計。

有時候，他心頭也升起一絲幸災樂禍，感到開心、快感，會暗暗自語：貢保嘉措啊，這下你可知道天有多寬、水有多深、路有多彎了吧？知道空手攥拳有多大能耐了吧！你父子倆也嘗嘗操持偌大家業的苦頭。你以為阿金登上了寺主的寶座，一切就會順心如意、順理成章、理所當然，為所欲為了？一切就會開道讓路？你弄錯了，你完全弄錯了！吉祥右旋寺今天的政教局面，是歷世堅貝央，各級活佛各學院僧俗奮力踢蹬出來的，闖出的天下。不是上天賜與的，也不是佛祖恩典的。

為了今天的吉祥右旋寺，作為法台、攝政，我吉塘倉不知道耗費了多少心血汗水。操持這樣大的家業，不僅僅是管好寺院內部的事和教區百姓的事，而且還要搞好橫的關係。吉祥右旋寺的教區是安多藏區的東北面，不是西藏，也不是遠離四川政治中心的西康，不是活佛頭人說了算，達賴班禪、噶廈政府說了算，而是中央政府和各級官吏說了算！它地處漢藏交界，漢回交界，漢蒙交界，是中央直接管轄的地區，和其他民族打交道的多，而地方官員，中央代表中絕大多數是漢人、回人、蒙古人。只有和他們打好交道，才能算是中央政府的好百姓，才會得到中央的呵護、關照、扶持，寺院才會有望興旺發達。

下功夫要下在這一點上。這是關鍵，這是訣竅。要明白，他們可不是你的下屬活佛、僧侶、教民。不是你們說了算，而是他們說了算。所以得順著摸，得高高抬舉，得籠絡好。千萬不可倒行逆施！你貢保嘉措，你澤旺，雖然聰明絕頂，但就只會套我吉塘倉，整我吉塘倉。卻不道天外有天、樓外有樓。這下可好了，你們栽在了馬麒的手裏，活該！

但這種感覺一閃即逝，很快就過去了，馬上又覺得是一種罪過。佛門成佛的條件，不僅是自身覺悟，更重要的是幫人覺悟。在別人有危難的時際，不去消除災難，解除痛苦，反而幸災樂禍，發洩私怨，真是罪過啊！

他的心緒從此不安定了，一有空閒，腦子就飛到了吉祥右旋寺，擔憂起吉祥右旋寺來。他腦中浮現起佛父佛兄第一次請他返回吉祥右旋寺的情景……

正是中午時分，草原上空的太陽變成了一顆火球，炙熱的光芒烤得人臉上滋滋發響，連皮膚下的油脂都烤焦了，沒有一滴油珠滲出來，只剩下灼辣灼辣的疼痛，脖頸、手背都是如此。雖然頭頂有黃絲傘蓋在遮陽，胳膊、脖頸都用袈裟嚴嚴裹住了，但還是抵擋不住烈日的舔灼，皮膚下面生發出一陣一陣的燒疼。但他忍著，讓馬信韁向前，跟著接迎的騎隊走啊走。

管家洛哲幾次上前請示，是否找個蔭涼地方歇一歇。他都拒絕了。如此廣袤寬坦的草原，太陽像一遮無攔的洪水鋪天蓋地，你到那兒找個蔭涼之處？活佛一改行程，前頭接迎的上百人騎隊伍也得改變行程，後面送行的三五十人騎僧侶儀仗隊和川軍一個加強排，也得全折磨一陣子。費時費人還不一定有蔭涼之處。爲了我一個人，讓這麼多人騎受罪受累，這符合一個活佛的作爲嗎？退一步說，我一個人能避蔭遮涼，其他人呢？草原不是山區，那有斷崖土坎可爲幾百人投下蔭涼呢？還是掙扎著走吧，趕時間要緊。

的。

這一次，他是被邀請去瑪沁雪山腳下的果洛甘德草原，爲周邊藏、蒙信徒舉行時輪灌頂法會

灌頂是佛教中至爲重要的一項法事，灌頂講經即就是求得福果和獲得解脫之道。

它來源於古印度，在國王即位的隆重儀式上，國師以世界四大海之水，灌國王頭頂，表示授權並祝福，象徵國王擁有無限的聲譽和權勢，擁有四海般博大的智慧和能力。後來，佛教密宗借用這儀式作爲給弟子傳授密法的開頭曲。舉行過灌頂儀式，徒弟才有權修習所傳授的口訣。

灌頂有很多內容，有大灌頂，即給學徒頂上灌五瓶誓水儀式，還有清淨灌頂，祈福灌頂，大日如來灌頂，時輪灌頂，長壽灌頂，大威德金剛灌頂，大悲觀音灌頂等等。各種灌頂都有自己的灌頂本尊，即灌頂佛，往往以灌頂佛來命名灌頂的名字。若灌頂本尊是大威德金剛，則灌頂名稱就叫大威德金剛。任何一種灌頂都得首先確定某一本尊爲修學的對象，透過本尊獲得佛的全部智慧遺產，授予力量。象徵一種神通力注進心窩，永遠保留其間。

舉行時輪金剛灌頂就是爲了僧俗眾生在器世間，在世間獲得福果，求得解脫，完成從生起次弟到圓滿次弟①的過程。這次是他來阿壩參尼寺後舉行的首次時輪灌頂，所以，他準備了好長時間，老百姓聽到消息也等待了好長時間。聽接迎的頭人講述，從果洛各地，從河南蒙旗各地，從首曲黃河的然卜甲、巴倉、阿曲霍然等遠道而來的牧人很多很多，一家一家的已經紮下帳篷生起灶火等候。整個羚羊川有上千頂帳篷稠稠密密如花簇般地等待他的灌頂。他聽了很感動很亢奮，心頭湧起一股熱浪。

教民們是爲了什麼？單純的爲了看看我吉塘倉長的什麼相貌，聽聽我誦經祈福的聲音嗎？不

是！絕對不是！他們是奔著對佛祖的無限敬仰、無限信賴而來的；是爲了今後的祥和幸福、健康平安來的；是奔著吉塘倉這塊當過甘丹寺總法台金座活佛的招牌來的。川甘青交界這幾百萬平方公里的草地、山寨、林區、溝川，上百座藏傳佛教寺院中，至今還沒有出過一名金座活佛，金座活佛對他們是難得的，稀罕至尊的。能親眼目睹、親耳聆聽金座活佛的灌頂是福份啊。自己不能辜負他們的期望，不能讓他們久等。再說，他們把牛羊託付給別人照看，有的甚至把自家牲畜趕進一條曠溝裏野牧，冒著被狼吃、丟失、墜崖的可能於不顧，整個部落、氏族都跑幾天路程來灌頂聽經，不就是想著獲得巨大的來世幸福和心靈慰藉嗎？我吉塘倉應該早日圓了他們的夢！

他的頭有點昏，重甸甸暈沈沈的，脖子直向前墜，好幾次差點滾下馬鞍。這些天，他晚上常常做惡夢，有時夢見一條黑狗緊緊追趕他，險些被咬傷小腿；有時夢見吉祥右旋寺金瓦殿背後的溝中流淌下渾濁的黃泥，夾雜著馬糞羊糞疙瘩石，直直沖擊金瓦殿深紅的圍牆；有時又夢見在冰天雪地裏，他一個踽踽步行在冰河上，到處是黑烏烏的冰窟窿，嚇得他膽顫心驚，腿肚子發抖；有時又……常常醒來一身冷汗，根根頭髮都凝注下汗珠。

他預感到有什麼不幸將會降臨，但不知道是什麼不幸。他心裏嘀咕道：得趕不幸來臨之前把要幹的事幹完。緣分不分好壞，該來的就來了，你根本無法回避，只能超前。

快到個三岔路口時，他振作精神抬起頭，北邊小路上滾來的幾星黑影，遠遠撲進眼簾，在他們的身後，還緩緩移動著一簇黑影。

前面的黑影點點很快變成了絳紅色，馬背上是幾個縱馬疾馳的僧人。吉塘倉一驚，瞌睡頓時不見了蹤影。他警覺地注視著，但手中的馬鈫子卻沒有提起，仍鬆弛地抖動著，讓坐騎保持原有的速度前進。

走近了，他也看清楚了，三個僧人都是吉祥右旋寺的僧侶。一個是寺主堅貝央大師佛邸德央宮的侍僧，一個是總管家襄佐府的小頭目，另一個還是他佛邸的一位侍僧。他有點驚愕，不由勒住馬頭，等待他們走近。

三人在三、四十步遠滾鞍下馬，匆匆整理了一下袈裟，把右角搭在胳膊彎裏，快步跑過來。整個隊伍都停頓下了，面面相覷，不知所措。走在最前面的幾位頭人勒轉馬頭過來，看發生了什麼事。

三僧跪在吉塘倉馬前，恭敬而齊聲問候：「至尊活佛好？活佛辛苦了？」

吉塘倉點點頭：「你們好？你們辛苦了？」他沒有問他們幹啥來的，只用眼神在尋問。

德央宮的侍僧先站起來，從僧衣背心袍懷裏鄭重掏出一條黃絹哈達，雙手恭敬地捧過頭頂獻了上來：「這是堅貝央大師捎給至尊活佛的哈達，大師問候活佛平安，祝福你吉祥如意，心想事成！」

吉塘倉心頭滾過一縷熱流，看來至尊無比的堅貝央沒有忘掉我，還惦記著我。有至尊這句問候就足夠了，我吉塘倉永遠是大師下首忠誠的全座活佛。

「至尊活佛，總管家俄旺一行在後面攜帶著堅貝央饋贈您的禮品和信件來拜訪。我催催他們趕快過來拜見。」

吉塘倉心裏咚地一沈：「原來有事？」他腦海裏一時雲飛霧騰，緊張地思索揣猜。會是什麼事呢？是前來索要那當初欠下的十兩黃金，還是要阿壩方面起兵響應他們的反馬舉動？還是……

德央宮的侍僧變魔法般變出一隻法螺，掉轉頭衝著遠方黑影嗚嗚地吹了起來。洛哲想阻擋也沒來得及。

眾頭人和前後的人騎、僧隊都用疑惑、焦慮的目光探視吉塘倉。

洛哲不無矛盾地上前請示：「是前進還是停下來等候？」

吉塘倉望望天空。烈日如萬束針芒，刺目地眩暈。看看前後，一張張睏乏、疲憊的面孔茫然地望著他。他抿抿嘴，揮揮手：「前進！有事宿了營再說。」

僧俗隊伍又像一條蛇蟒向前蠕動，向著西邊的天際蠕動。一層厚重的鋁灰色雲絮也正在西天湧動、組合、凝聚。

那簇黑影加快了步伐，尾追而來。

一場暴雨過後，宿營地到處濕漉漉地沒處插腳。吉塘倉的心裏也濕漉漉的。

看了俄旺捎來的寺主堅貝央大師的信函，他的心緒十分煩亂，坐在帳房裏胸口憋得難受，便讓侍僧換了靴子，換了金牧師贈送的那雙絳紅色半高腰膠皮水靴。

這雙膠皮雨靴是稀罕品。金鵬鎮的人都感到奇怪，不可理解。蹬上它，不管水中泡多久，那裏面都不滲一點水珠，也泡不爛泡不軟。要是裏面套一件氈襪子，就像暖春，和靴外的雨水是兩重世界。由此，他聯想到這些藍眼睛、高鼻梁、黃頭髮的洋人不簡單，是怪人也是能人。他們弄出的東西便捷、輕巧、實用、耐久，人拿起來捨不得放下，用久了不忍心拋掉。這世俗社會，還真該跟洋人學學。

他踩著雨水坑走出行營，有兩個侍僧遠遠尾隨著他。他支開他倆，讓他倆到附近山崗上多揀些新蘑菇，晚餐熬羊肉蘑菇湯給行營人員解乏驅寒。

他獨自一人漫無目的地在濕草地上散步，他失去了平靜、恬淡的心情，胸口像一團粗糙牛毛被人攪來攪去，思緒隨著堅貝央的信函飄飛。

俄旺送來了蓋有堅貝央玉印的信件。信當然不是他的親筆信。靈童不過十歲，他的閱歷、涉世經驗、文字功底、執政能力都不可能達到信上所表達出的那種水準。信這樣寫道：

至尊剃度恩師、聲譽遠揚的金座法台吉塘倉無價之寶：

寺主堅貝央向至尊恩師叩拜了。願三寶佛法昌盛，吉祥右旋寺事業心想事成。

喜聞九世班禪借道蘭州前去北京，我及全家均欲前去朝拜，澤旺已前去聯絡打站。但我難能放心吉祥右旋寺教業，索知倉任總法台三年期滿，執意辭職前去坐禪修行，現寺中無棟梁可支撐大廈、無傘蓋可給眾僧投以蔭涼，想恩師作為甘丹總法台的金坐活佛之傳者，懷慈悲之憫心，發普度之法願，定當會返寺當總法台之位，使我無後顧之憂前去拜佛修學，使大寺日日沐浴於佛光之中。盼等。切速。

七月十六日

他仔仔細細地看了兩遍，想嗅出那鐵鏈條草書字體後面潛藏的意思，但半天沒有琢磨出來。感受的只是真誠、信賴，不可推卻的責任。不知道誰起草的文稿，但佛父佛兄肯定是主要策劃。字裏行間處處言真意切，句句懇切實在，擲地有聲，使他無法產生其他想法。尤其靈童堅貝央舉家去蘭州拜望九世班禪，是天經地義、難能可尋的好事。歷世堅貝央要朝拜班禪大師，得萬里迢迢先去西藏拉薩，然後轉道去後藏日喀則，在札什倫布寺拜見班禪大師。一路的辛苦艱難不用說，光開銷就得十幾二十萬兩白銀。這世堅貝央真是福氣不淺，十歲就有緣在家門口拜見班禪大師。看來，我吉塘倉選定的這位靈童將來前途無量啊！

草地初夏的傍晚是美麗的，尤其雨後初晴的傍晚更是魅力無窮。夕陽西斜，一改中午那潑辣灼熱的面孔，給綠色的大地抹上了一層柔媚的鵝黃，把草原妝扮得像一位含情脈脈又羞澀靦腆的牧羊少女。雨水清洗過的芳草一株株一簇簇清翠欲滴，嬌嫩萬般，可與上乘和闐碧玉見個高低。各種鮮花更是粉撲撲、亮晶晶，不染一點塵埃，猶如內地絲線繡出來的一般。整個大地都浸沈在嫵媚、和諧、純淨之中，空氣中飄蕩著蜂蜜般的芳香，吸一口又像飲進山泉水般清純、濕潤、爽人。放眼天邊，更是舒心悅目。而雨後的西邊天際，閃爍著一片松耳石藍，那天空就像山泉裏洗滌出的鑽石，純潔透明，彷彿從這一頭可以窺探到那一頭，無任何藏匿秘密的地方。

他胸口豁朗了許多，緊蹙的眉頭也鬆開了疙瘩。他喜歡雨後散步，除了雨後空氣新鮮濕潤，心境變好，最大體會就是雨後能啓發思路，從天氣的瞬息萬變可思索人生的辯證道理，悟出不少真諦。

他的思緒還是甩不開堅貝央的來信。他清楚，摳字眼摳不出信背後的種種事緒，當下需要的是理清思路，拿定主意不走彎路。

當然，需要弄清楚的是，我吉塘倉是吉祥右旋寺的活佛，是寺主堅貝央之下的首席金座活佛。我的根基非吉祥右旋寺莫屬，脫離了吉祥右旋寺，我吉塘倉就成了風中草葉，河面浮萍，沒有根基、沒有依靠，無一點影響了，也就談不上有作爲，只能落個身敗名裂的下場。背靠大樹好乘涼，何止背靠，吉塘倉就是吉祥右旋寺這棵大樹的一縷根鬚虬枝，一條枝幹樹葉。因此，寺主的意見也就是聖旨，是命令，只能遵從。雖然現在在遙遠的阿壩參尼寺，但得放明白，吉塘倉依然是吉祥右旋寺所屬的活佛，這是吉塘倉說話辦事的基點、原則。

但自己也不容易啊，從吉祥右旋寺出走，在參尼寺慘澹經營三年整，和各方面的關係剛剛理順，影響威望正在擴大。像這一次去果洛舉行時輪金剛灌頂大法會，四川軍政府楊森主席就派出一個連的騎兵護駕隨從，防止馬家軍搗亂，可見其厚愛。輕易拋棄這次機會，改變已定的主意，不要說對不起部落頭人們，就是楊主席那面也不好交代。如何好呢？……

琢磨著，他突然發現信中有很多破綻，需要仔細地推敲。首先需要推敲的是信中一再提到的總法台一職之事。

總法台一職雖然重要、顯赫，在吉祥右旋寺是由寺主委任級別較高、學識淵博的活佛擔任。但也可以說它是閒職、虛職，只起宏觀管理的作用，平時事情並不多。像吉祥右旋寺這樣規模宏大的寺院，總法台更輕鬆，具體事務都是下面僧官去實施。財務由「吉哇」負責；維持戒律和秩序的有「夏俄」；集會誦經時定音領誦的有「翁則」。各個學院有自己的法台，負責舉行各種佛事儀式、誦經活動、法會和紀念日，還主持講經辯經、考取學位等，而總法台只是舉行全寺性佛事活動時才忙碌幾天，平時多有閒暇。因此，總法台遲卸任十天半月也無所謂，根本影響不了大寺正常秩序。去蘭州拜見班禪也就一兩個月時間，索知倉有什麼等不及的，爲什麼要借此催我回去？

還有，即使索知倉執意辭職，吉祥右旋寺學者如雲，活佛成窩，有學識、有能耐、有影響力的活佛有的是，爲何不啓用他們？佛父佛兄不是一直在排斥我，讓我遠走高飛離開吉祥右旋寺嗎？怎麼現在又借佛主之名，催促我趕緊回去任總法台之職呢？莫非設下圈套讓我往裏鑽？這圈套又是什麼？

對，不能貿然應諾，更不能懵懵懂懂地返回吉祥右旋寺，弄清楚再決定下一步。再不能像接迎靈童那次，圖痛快允諾了三個條件，結果吃了大虧。

他返回營帳，營帳裏已經擠滿了客人，有來接迎的各部落首領，有護送的川軍連長，還有附近各藏傳佛教寺院的管家堪布。他們都是聽到消息後來打探動靜的，個個神情忐忑不安，齊刷刷地凝立著，看著他的臉色不說話。

他示意大家坐下，自己也落坐在黃緞台墊上，坦然地說道：「眾位一路辛苦了，爲了我吉塘倉，大夥受累不輕，我合掌致謝，祝福你們身心健康，吉祥如意！」

矮粗的中果洛阿什羌貢瑪部落的首領急著要說什麼，他壓壓手擋住了：

「我知道你們果洛人處於水深火熱之中，受盡了馬麒的欺凌。祈禱求福，解度果洛黑頭藏人於災難之海洋，是我吉塘倉神聖的職責。」

他沒有展開說明他會如何解度果洛教民的。實際上，他已經借這次大法會之際，趁有四川省主席楊森出面派軍隊護送的便利，讓仁增的商隊採購了果洛急需的物品，以幫助果洛藏人緩解馬家軍經濟封鎖帶來的生產物資的困難。具體採購什麼物資，他都親自寫出貨名，圈定數量，並徵求果洛香客的意見，然後交給仁增赴成都去買好，由馱隊運回。主要是鐵鍋、銅鍋、銅勺、鐵鍬、鐵鏟、鐵鏈，布料綢緞粗呢，粉條掛麵大米，茶葉鹽巴火柴、藏藥藏靴等等。

他還叮嚀仁增，商隊每個夥計都一律配備從印度、四川購進的長短槍各一枝，子彈一百發，到了果洛地盤後，全部悄悄出售掉，算是幫他們增添抵禦馬麒兵馬的一點力量。他還要求商隊在銷售貨物時，盡可能照顧牧民銀元缺少的困難，以物易物，多收購蟲草、鹿茸、麝香、熊膽、猞猁皮、狐皮、羊羔皮和其他獸皮，把這些土特產運到成都後出售，再採購草地需要的東西，盡力做到雙方都有利可圖。他也急著湊夠十兩黃金的欠債。

「大夥都知道了吉祥右旋寺至尊無上堅貝央上師來函的內容，我要告訴大家，我回不回吉祥右旋寺還未考慮好。」他一頓，掃掃眾人的臉，見每張臉上都湧出焦慮、茫然，「即使回，我也不會馬上返回，我要滿足教民的期望，讓時輪金剛灌頂大法會圓滿結束，爲首曲上下的黑頭藏人求得福果和解脫。」

滿帳漾起歡呼聲，人們的臉綻開了笑容。

「可我吉塘倉有一件心事今日想跟大夥挑明，那就是我舉辦這次灌頂，不僅僅是爲了來世幸福，還有著今生幸福圓滿的願望。眾生今世想幸福圓滿，首先得和睦和諧。大夥同時聚集於人間是緣分，有緣分就得搞好團結。連老百姓都知道三塊石頭能支起一鍋茶，三個指頭能撮起一坨土，我們這些上層人士還能不明白篝火能把寒冷驅散，團結會把敵人趕跑的道理？如果你們誠心尊重我吉塘倉，那我提議，當著佛帳中央的佛祖釋迦牟尼唐卡像，大家宣誓相互再不打冤家仗，不恃強凌弱霸佔別人草場，搶奪人家財物。面對外敵，像一母之子般同心，如一鷹之翅般協力，我們藏人內部再不能自相殘殺了。」

吉塘倉動情，嗓子吼得都有些沙啞。上面的動議是他臨時閃起的念頭，也是長期鬱積的心病，他最頭疼的就是部落仇殺搶掠。今天看眾頭人情緒亢奮熱烈，相互親近和睦，曾經有過的想法一下冒出腦門，便趁熱打鐵地提了出來。

他的建議一下得到了大家的贊成和擁護，歡呼著捋下頭上纏著的辮子，躬腰面對佛祖聖像，齊唰唰念誦發誓：

「至尊佛法僧三寶，至尊大威德金剛護法神，各路戰神、陽神、山神、保護神，從今天太陽落山時辰後，眾多星辰升空之前，我等黑頭藏人向您發誓，我們之中有誰如果今後無端挑起糾紛相互仇殺，請青天作證，口吐鮮血，心插利刃，雷擊腦門，身子遭鋸而死，屍骨收不到一塊。」

吉塘倉欣慰地笑了，親自為每個首領、每個作證僧人饋贈了吉祥結，還用淨水噴灑頭頂。

眾人歡歡喜喜告辭了。

客人們前腳出門，俄旺後腳就進帳了。

未等吉塘倉眼裏興奮的光芒消褪，俄旺就咄咄逼人地問道：「活佛，你不準備返回吉祥右旋寺？」臉上掛著掩飾不住的焦慮和不滿。

吉塘倉一笑，矜持地反問：「你聽誰說的？」

「你剛才不是給眾位頭領答應要把灌頂大法會舉辦完嗎？」

「灌頂大法會得花多少日子？」

俄旺吭哧了一下：「七天。」

「七天後呢？大法會結束後容我再考慮去與不去吉祥右旋寺，行嗎？」吉塘倉冷冷地說道。

俄旺噎了，眼珠子轉了轉，突然單膝跪地，兩隻手拽住吉塘倉袈裟的兩角，拖著哭調請求道：「至尊活佛，求求你馬上起身吧，寺主和佛父佛兄都急等著你去主持大寺教務，好去蘭州拜謁班禪大師，你不能耽擱啊！」

吉塘倉扶起俄旺，定定端詳著俄旺的臉。

俄旺比起西康時蒼老多了，也憔悴了些許。原先顯得略大的鼻頭在瘦臉上，如今變得更大更粗了，活像一坨蒜貼了上去。本來不太清朗的眼珠比以前渾濁多了，眼角還佈有一縷血絲，眼角也隆起了息肉。看來，這三年的優越生活環境，並沒有給俄旺帶來好心情，相反，他的心理壓力很大，日子過得很不順心。

吉塘倉還是神色平靜：「大管家，你是佛門之人，現在又是吉祥右旋寺的秘書長，你想想，作爲活佛，我想得最多的是什麼？是教民！是信仰！他們是我金眼魚泅游的大海，是我白胸雕翱翔的長空，是我吉塘倉生命的依存。我拋下他們走開，你說我對得起河曲那上萬等候我去灌頂的僧俗教民嗎？」

俄旺垂下頭不言語。

「我明白你的心情，我也知道你的爲人，你老實忠厚不講假話，今天算是我倆有緣分，你請坐。」吉塘倉讓俄旺坐在他對面的卡墊上，又吩咐侍僧上茶，上蘑菇羊肉湯麵片。

俄旺連吃了兩大碗蘑菇羊肉湯麵片，吃得頭上冒熱氣，脖頸上直擦汗，完了舔著唇緣讚嘆道：「這一路從未吃過這樣香的飯，託活佛你的福了。」

吉塘倉揩揩嘴：「吃得心滿意足就好，我也是好久沒有吃這樣香的飯了。」

兩人聊了些別後的相互情況，吉塘倉便打住話題，神秘兮兮地伸直脖子悄悄問道：「尊敬的大管家，你給我說實話，你們全家去蘭州，除了拜謁九世班禪，還有沒有其他打算？」

俄旺被突如其來的問題難住了，不會撒謊的臉上頓時窘迫尷尬，只吭哧不說話。

吉塘倉指指上首帳壁懸掛的一列唐卡金線佛像：「你看，除了佛祖，藏傳佛教三大法王都在凝視著我倆，作為持戒修行的比丘，我們總不能在法王面前講假話吧。」

三大法王是藏傳佛教創立階段，為佛教進入藏區開路護駕的三位吐蕃國王松贊干布、赤松德贊、熱巴巾。後人尊其為法王，供奉在寺院經堂護法殿裏。吉塘倉走到哪裡，都帶著三大法王的唐卡佛像，在臨時佈置的經堂行帳裏懸掛起來，一來提醒自己時刻銘記三位法王的良心用苦，勤勉上進，為藏傳佛教添加活力；二是為行帳增添莊穆、嚴肅的氣氛，呈現佛門的氣氛。

俄旺凝視三大法王的肖像，下嘴唇抖動了幾下：「現下這種情況，我們再也忍無可忍了，想透過拜謁班禪大師，請班禪大師發話，再向省府黨政頭領泣苦告狀，讓馬麒撤兵回西寧，吉祥右旋寺教區的政教事務全由寺院統管。」

吉塘倉沒有應聲，低下頭沈思，心頭翻江倒海似的有好多話要說。

「我們和馬麒誓不兩立，他們欺人太甚，綠草也烤出了火，石頭也壓出了縫。」俄旺滔滔不絕地傾訴起馬家兵的罪行，眼珠子迸出火星來。

吉塘倉靜靜地聽著，神情隨著俄旺的敘述變化，一陣兒悲哀，一陣兒憤怒，一陣眼眶裏冒火，一陣眸子裏又生起淚水。

俄旺說完了，吉塘倉還浸沈在其中，沒有回過神來。好一會兒，他才揉揉眼窩，囁嚅道：「大寺三千金黃僧衫僧侶們受罪了，受罪不淺啊。我雖然遠在阿壩參尼寺，但我的心卻時時牽著吉祥右旋寺，牽著佛主。」他頓住話頭，遲疑地掃著俄旺的臉問道：「可告狀這條路能走通嗎？」

俄旺投過來的是迷惘的目光，顯出底氣不足，吉凶難卜。

「我理解佛父佛兄的難處，但班禪大師是過路客，不是常留石。烏鴉再不好也是本地鳥，布穀再妙音也是遠走鳥。大師也有他的難處，不可能對馬麒有非常的舉動。即使他說了話，那話也不一定能鑽進馬麒的耳中。而向甘肅總督告狀，他能管束住馬麒的寧海軍嗎？難呀。還有，從來都是官官相護啊！」

俄旺吭哧，脖子一梗，倔聲倔氣地吼道：「我們康巴人寧願雪山獅子盤踞於銀峰上餓死，也不願像浪狗一樣靠看別人嘴臉混肚皮。」他停頓了一下，和緩了語氣：「我們全家已經商量好了，只有走告狀這條路了。再不行，就牛抵牛舉兵對抗硬對硬，不相信我們藏人死光沒有結果的。」

吉塘倉點點頭，看來也就這一條路可走了。但這樣一來，吉祥右旋寺會怎樣？馬家軍肯定會窮凶極惡地加以報復，吉祥右旋寺可是他的命根子，也是東部藏區信佛教民的命根子啊！他擰緊眉毛在帳內踱步。

俄旺猜揣出了吉塘倉的心事：「活佛，正是為了吉祥右旋寺，佛父佛兄才請你回去擔任總法台的。」

吉塘倉有點愕然：「我能保護得了吉祥右旋寺？」

俄旺興奮地搗蒜般點頭：「能！能！我們在堅貝央殿前會議上議過。」

「哦，大夥怎麼說？」這攪起了他的興趣，他還沒有想過自己究竟有多大能耐能保護得了偌大的吉祥右旋寺。

「大家說吉塘倉的人緣好，結交廣泛，尤其和馬麒家族認識的早，在四世堅貝央的時候就接濟過馬麟，世交有年代了。您對駐軍、對金鵬鎮的回回居民也仁義，沒有人不衝你豎大拇指的。」

吉塘倉哂笑：「不正是因為這些，有人把我說成親漢派，潑了很多髒水嗎？」

俄旺不好意思的搖頭說：「那是誤會，是眼窩子太淺的人說的話。」

「好，好，你往下說吧。」

「就憑上面這一點，如果活佛你當總法台，主持寺院教務，他們不敢怠慢你，也不會無禮於你，有什麼事情會和你商量著來，寺院有望不受損傷。」

吉塘倉不置可否地點點頭，沒有表態說什麼。他覺得殿前會議的成員們想得倒不錯，但馬麒馬麟會給他那麼大的面子嗎？他們太樂觀，往好處想的太多了。

「還有，憑活佛首席金座的聲譽、淵博的知識，主持寺院教務，真是德高望重，如須彌山般高大，僧俗教民無不口服心服。有你當總法台，對安定寺院人心、秩序，和佛事活動的順利進行都具有獅子吼佛般的震懾作用。迄今為止，吉祥右旋寺三千六百僧人，近百名活佛中，無人可與你媲美。在危難艱辛之際，唯吉塘倉活佛你才能挽狂瀾，舉九鼎。」俄旺突然跪在吉塘倉面前，鏗鏘有力地祈求道：「求求你了，活佛，你是一道石砌的長堤，洪水沖不垮，風雨吹不倒；你是一隻展翅高空的蒼鷹，蟲蛇都懼怕你。活佛，你是真佛的化身，會利眾利他，普度眾生的。拯救吉祥右旋寺是你的職責，求你別推辭，別遲疑了。」

話說到這個份上了，他還能說什麼呢？俄旺的一串動情懇求，燒得他心窩熱烘烘，甜絲絲的。既然全寺上下，包括堅貝央全家都有這種評價，面前就是火山冰河也得往裏跳。一個活佛，生來不就有著爲了覺悟他人、拯救靈魂的神聖使命嗎？何況俄旺如此苦苦乞求。雖然他對佛父佛兄玩弄政治手腕很爲反感，他們是把他吉塘倉看作股掌中的玩物，需要時尊奉爲金剛護法神供在神龕上，不需要時，又當作驅鬼的糌粑施食丸子「朶瑪」拋到曠野去。

他回去任總法台可能是個圈套，是把他往火爐子上烤。說不定會烤得身敗名裂，焦頭爛額，但這圈套不鑽能行嗎？爲了吉祥右旋寺的安寧昌盛，爲了教區內僧俗百姓安居樂業，信仰自由，哪怕需要赴湯蹈火、粉身碎骨，我吉塘倉也不能皺一下眉頭！

「我答應你，我願返回吉祥右旋寺任總法台。」吉塘倉拽起了俄旺，鄭重其事地告訴了自己的決定。

俄旺一下變成了另一個人，眼睛裏汪著淚水，瞳仁裏濺出欣喜若狂的火花，兩手猛地攥住了吉塘倉的胳膊：「明天，明天出發？」

吉塘倉搖搖頭：「不行。肯定不行！前面我不是說過了嗎？我不能辜負這塊地域僧俗教民的期望和厚愛。」

俄旺又洩了氣，鬆開兩手沮喪地望著吉塘倉等待下文。

「什麼時候回？如何回？容我今晚再想一想。白胸雕有十八種飛法，紅斑虎有六種技藝，有吃糌粑的肚子就得有想計謀的頭腦。你回去歇息吧，明天早上我給你回話。」他把侍僧喚進帳，讓給俄旺一行送去一桶酸奶，晚上飲了好解乏氣，睡個痛快酣暢。

他一夜沒有睡好，輾轉難眠，想了很久。

早晨喝茶時辰，俄旺來了。他如此這般地把想好的策略、步驟簡要地告訴了俄旺。

俄旺聽了高興得直搓手，連聲：「好，好，遵命，一定照辦。」滿臉是欽佩、敬仰，叩了三個頭轉身告辭。吉塘倉又給他們每人送了一條備好的、開了光的金剛吉祥結，保佑一路平安，無災無難。

時輪金剛大灌頂法會的最後一天，結合經文，吉塘倉向上萬聽眾講了安多首曲黃河一帶的政教形勢，其中特別點到了吉祥右旋寺教區的情況，要信眾們注目關心，要藏人一條心，不分部落、地域，不分手心手背，要拋棄過去的宿怨和糾紛，五指捏成拳，樹起天下藏人一條心、天下藏傳佛教信徒是一家人的意念，決不向糟蹋藏文化、壓制佛教信仰的人低頭，絕不向欺凌我藏人的惡魔低頭。大家要相互關照，相互聲援，不惜拿起刀槍拼搏抵制，佛法僧三寶會保佑你們，時輪金剛護法神在伴隨著你們。所有為佛教大業犧牲的勇士們，都會祈禱超度到香巴拉極樂世界。

他的講演得到了熱烈的回應，群情沸騰，同仇敵愾，紛紛表示要團結一心、共禦外道。他雖然沒有點出馬麒家族，但人人都明白活佛指的是哪股惡勢力。

大法會結束的下午，吉祥右旋寺第二撥祈請他回寺任總法台的隊伍到了，都是寺內清一色的各寺法台活佛、高僧代表，沒有一個穿皮襖的俗人，從他們口中，他得知堅貝央全家已經動身赴蘭州了。

這就是說，按他給俄旺佈置的辦法，他和佛父佛兄已經不見面，背靠背了。這樣馬麒想找他吉塘倉的碴就找不出，無法指責他與佛主家族串通一氣，背後搞鬼。他就可以理直氣壯的告訴馬麒，佛父佛兄與吉塘倉出任總法台不相干。

吉塘倉是應寺中全體活佛、高僧的執意邀請、懇切祈求下才返寺的。堅貝央家族派俄旺前來請他，他明確表態沒有答應。而寺院請他那是爲了佛門香火，與政治沒有關聯。這都是向馬麒傳遞一個訊息，那就是寺院是寺院，佛父佛兄是佛父佛兄，你不能尋找藉口傷害吉祥右旋寺。

臨動身前，他又給四川省楊森主席寫了一封信，請求他關注吉祥右旋寺教區的事態變化，以免引起川區藏人的動盪不安。

一路上，他給搭帳接迎的各部落頭領，重複闡述了灌頂大法會上的講話要點。

❖ ❖ ❖

①生起次弟、圓滿次弟——生圓二次弟，密乘無上部法修習的兩個次弟。

第十一章　膽顫心驚過獨木橋

腥風血雨之中，保護吉祥右旋寺成為他最根本的心願。他走出了三步棋：一是小心翼翼應承馬家軍歡心；二是嚴厲整肅內部，堵塞螻蟻之穴，紮牢籬笆牆根；三是湊集資金，悄悄支持佛父佛兄的義舉。

吉塘倉還是老樣子老姿勢不變，半個屁股貼在土壩上，身子向前傾出，出神地凝視著寺院的金瓦寺、大經堂，讓思緒隨意的翩飛。

朝陽越過吉祥右旋寺的中軸線，爬進了位於中軸線南側靠近河畔的他的佛邸。二樓板房油漆塗抹的紅窗櫺和橘黃木板牆，在陽光下，反射出紅黃交織的多彩光芒，彩虹般煞是好看。

在吉祥右旋寺內，只有四大金座活佛、八大堪布才有資格把自己的佛邸修成樓房，大門也可以修得高大，房門、窗櫺、板壁、屋內外可以彩繪和上油漆，而其他活佛卻不管學問再深、聲望再大，都是嚴格禁止的。交通工具也是有規定的：堅貝央出門，可以乘坐八抬黃轎，那是皇帝允許並賜予的；金座活佛和堪布，在離開寺較遠距離後，能乘坐規格較低的綠呢轎子；其他活佛則絕對不准乘坐轎子，只能乘馬而行。

吉祥右旋寺活佛的級別就是如此嚴格，上下尊卑猶如雪山和草地，一目瞭然，絕不混淆，違逆者則會嚴懲不貸，甚至會革去佛位的。

侍僧們已經開始清掃大院了。揚起的灰塵在陽光中乳騰騰、白茫茫的，好像一團雲絮在佛邸上空滯動。

洛哲匆匆走出大門，剛巧和巷道裏拐過來的一位僧人打了個照面，那個僧人很有禮貌地說著什麼，洛哲恭敬地打著諾。然後分手各走各的路了。洛哲四處張望，他猜出他在找自己，但沒有吭氣和沒有招手，他想保持這種心態靜靜地回想往事。

那是膽顫心驚的兩年光陰呀，是跛子過獨木橋，稍稍不注意不提防，就跌進驚濤駭浪之中。吉塘倉粉身碎骨不要緊，吉祥右旋寺被毀滅可是天大的罪惡啊。佛父佛兄意氣用事、血氣方剛反抗，失敗了可退到西康區，可大寺三千多佛僧卻能到哪裡去？他絞盡腦汁，黑頭髮裏有了白絲絲，鼻梁上出現橫紋，他振作精神鋪寬路子。

……

他沒有低調進入吉祥右旋寺，而是按常規大張聲勢地進入。等待卸任的總法台索知倉，把大寺各學院、秘書處樂隊、金鵬鎮商會、各族各界代表，寺直轄的八大俗民部落「神部」的頭人，還有駐軍長官，幾千人都吆喝到王府橋頭，隆重歡迎他返回吉祥右旋寺，再度擔綱大寺總法台。

在這之前，索知倉已經私下大量放風說，吉塘倉是他和六大學院的法台執意請來仕法台的，是看在他們的面子上才返回的。言下之意，自然是說吉塘倉任總法台與佛父佛兄毫無關係。

馬麟沒有出面，只派了一個排長領一排騎兵參加了歡迎儀式。

第二天他沒有休息，一早醒來就吩咐洛哲準備轎子，乘騎，叫侍僧們穿戴一新，準備去金鵬鎮拜訪馬麟。

洛哲不明白活佛又要用轎子，又要給那匹做爲專乘的雪青走馬準備鞍轡是什麼意思，來到臥室請示明白。

吉塘倉一笑：「有轎子而不坐轎子卻乘馬，是表示極大的尊敬，把自己降到臣屬老百姓的位置上了。讓馬幫統看了高興高興，看到他在我心目中的顯赫地位。去時這樣，但返回路上再坐轎穿過金鵬鎮大街，讓教民百姓知道我是金座活佛，是總法台。這不是方方面面都兼顧到了嘛！」

洛哲恍然明白。

吉塘倉又如此這般地吩咐了一番有關禮品事項。約一個時辰之後，他們起程了。

綠呢轎子在前面，由四個壯健青年僧人抬著，但看去仍顯得很沈。這綠呢轎子也是大清皇帝賜的。在吉祥右旋寺，只有四大金座活佛和皇帝冊封的「呼圖克圖」活佛才有資格乘坐綠呢頂蓋的轎子。他不坐而抬著轎子，是有意顯示自己的身分和地位。一行人招搖過市，不多久就到了金鵬鎮北側的騎營店。

院子裏早有兵士們列隊持槍歡迎。馬麟沒有下樓，在樓梯口等候著客人。

馬麟今天的打扮是典型的河州富紳，槍、劍、肩章、大蓋帽、漆皮馬靴一概除去，頭戴寬沿細絨面洋禮帽，留著八字鬍鬚，鼻梁上架一副濃茶色水晶鏡，身著青色緞面長袍，外套羽綾八團馬褂，足登厚底高腰牛皮靴子，笑容可掬地站在樓梯一側。

轎子裏變戲法般冒出一件件四川特產，一包一包地由佛邸侍僧先捧著送上樓梯，送到馬麟的客廳，堆放在八仙桌上下。

送禮畢，侍僧們下樓，吉塘倉才穩穩上去，向馬麟致禮。

馬麟有點誠惶誠恐地又是抱拳作揖又是伸手攙扶，一副感動至極的樣子：「活佛鞍馬勞頓千里，昨日才返回大寺，今日一大早又來我府上，我嘎羅不勝惶恐啊！」

吉塘倉緊緊捏住馬麟的雙手，真情洋溢激動地說道：「我們是老朋友囉，一日不見，如隔三秋。這世上金銀好找，知音難覓！在阿壩，我夢裏都夢見你。」他一頓，用厚重的手掌拍拍馬麟的手背：「再說，你是我的父母官，我是你卑賤的百姓；我是山坡上的小樹，你是天上的碧玉龍；我是草梢上的露珠，你是青海湖的波濤，我全仰仗你保護輔佑啊。」

說得馬麟喜笑顏開，心花怒放：「活佛過獎了，太客氣了，請裏面坐、坐！」

進了客廳，吉塘倉沒有落座，而是指著八仙桌上高高摞著的禮品，抽出三幅畫抖開，向馬麟介紹說：「這三幅是著名的蜀繡，四川頂極工藝，有百鳥朝鳳、有八馬駿圖、有平湖秋月，是四川省楊森主席饋贈給我的。他一直勸擋我返回吉祥右旋寺，說四川地盤上還沒有我這樣一位金座活佛，希望我在維持藏區社會和平、祥寧上多出點力。這次我返大寺，他專意派了一個騎兵連護送我到甘川邊境。」

馬麟「哦」了一聲，眼裏掠過驚異，很快又轉圜成欣喜，「太謝謝，太謝謝，活佛厚愛我了。」

「這三疋是絲綢，也是四川的名產品。五糧液、茅臺、劍南春這三樣酒都各湊了三瓶，取個三星高照的吉光，望馬幫統日後有個好前途。」他又指指其他幾樣罐罐簍簍裏的東西：「這些都是四川省的土特產，有窩窩茶、春尖茶，有辣子醬、番茄醬，有鵝肉鴨肉魚肉，榨菜各種各樣，都是清真的，請馬幫統和諸位弟兄開開胃長長見識。給鎮守使馬大人，我同樣備辦了一份禮品，改日準備派管家專意去西寧送禮，屆時請派兵護送。」

馬麟謝過，讓勤務兵把禮品撤了，再次請吉塘倉落座，吩咐副官招待好活佛的侍僧，並備齊飯宴款待吉塘倉活佛。

兩人寒喧一番，馬麟閃爍其詞地問起吉塘倉：「活佛你遠赴阿壩以後，吉祥右旋寺教區內發生了一些不愉快的事情，不知金座活佛聽說了沒有？」

吉塘倉點點頭，說：「斷斷續續地聽說了一些，不完整，我顧不上、也沒有興趣打探那些糌粑粥般黏黏糊糊扯不清的事兒。牙齒有嗑咬舌頭的時候，親兄弟之間也常有鬥嘴打仗的事，何況，你和你阿哥管著這樣一大攤子家業，出現婆婆兒媳憋個氣、鬧個彆扭，也是見怪不怪很平常。你說是不是？」

馬麟讚許道：「活佛看事就是不一般。高，高人一等。」

「再說，馬長官和你都是見過世面有文化的人，不能和藏人一般見識，更不能和平頭百姓嘔氣見高低。你清楚，漢人說西番的腸子是一根蔥，西番的肚子裏只有茶和糌粑，這是說我們藏人頭腦簡單，四肢發達。」

馬麟呵呵笑著，嘴頭卻打哈哈：「活佛說到哪裡去了？像活佛你，腦筋就好使得賽過神仙，又聰明又靈活。每次和你敘談，我就像喝八寶三炮臺蓋碗茶般爽心明眸，頭腦裏清醒了好多。」

吉塘倉急忙擺擺手：「我可說的是大實話。今天一來拜見地方長官，二來替我們那些野犛牛般的莽漢們道個歉。大人不記小人過，我想馬幫統的胸腔一定如廣闊無垠的草灘，上川里能跑開百匹馬，下川里能翺翔金翅鳥。」

馬麟搖搖手：「過獎了，活佛過獎了！我一個流浪漢成爲今天這樣子，還不是承蒙家族和親友的扶幫嗎！有什麼爲難事你就直說，憑我倆的交情，憑今天你這樣義氣厚愛，我不會讓你爲難的。」

吉塘倉笑笑，呷口蓋碗茶：「那就恕我直言，藏人有句諺語說得好：幸福的馬兒共同騎，苦難的包袱一起扛，你我交情一場緣分深，說過了頭，想你也不會生氣。我要說的就是梲捐款項。給國家上交稅捐是老百姓不容推卸、天經地義的職責，誰也沒有權力抗稅避稅。」

馬麟擊掌稱讚：「有活佛這句話，我心裏就踏實了。以後和大寺有什麼矛盾，咱們都可以坐到熱炕上，泡上蓋碗茶，慢慢商量。」

「請馬幫統放心，我吉塘倉擔任總法台一天，就不會干擾寧海軍的正常事務。我懂得寺院該擱在什麼位置上。」

「好，好，話說到這份上，請活佛往明裏說，我洗耳恭聽。」

「尊敬的馬大人，你知道不，我可憐的教民一生始終得交兩道稅。」

馬麟詫異，瞪大眼：「沒有，除了我們寧海軍，誰還敢偷偷再收什麼稅？你說出來，我馬上去殺他個屍首遍野、血流成河，片甲不留，連根端掉。」

吉塘倉哈哈一笑，用大拇指指自己的鼻梁：「我！」

「你？」馬麟臉上瞬間堆滿疑雲，接著放聲大笑，笑得眼角濺出淚花。「活佛，你真會開玩笑。玩笑，玩笑！你要是俗人，我會罰你三杯的，哈哈哈！」

吉塘倉一臉正經，輕輕地拍著巴掌，緩聲說道：「是真的，不是玩笑。」

馬麟止住笑，但還是不相信：「真的？新鮮，新鮮，你有軍隊嗎？有稅收官嗎？有收稅的機構嗎？有印章、票據嗎？」

吉塘倉一一搖頭。

「那你怎樣收稅？」

他指指心窩，又搗搗腦殼：「心上，信仰。」

馬麟又是滿眼困惑：「心上，信仰，還能收稅？」

吉塘倉堅定地點點頭：「能！這個稅就是心上收的稅，爲信仰交的稅。他覺得自己該交這份錢糧，什麼是稅？不就是給公家交錢糧東西嗎？在他們心中，寺院也是信仰聖地的公家。你想想，吉祥右旋寺三千多僧人活佛吃啥喝啥穿啥？還不是教民供養嗎？這不是變相的稅款捐賦嗎？」

馬麟不吭氣，默默沈思。

「寺院也和寧海軍一樣，佛殿得常年供奉酥油長明燈，得修繕房屋定期塑像上金，每當集會節日還得大規模供茶供飯。除了這各處的煨燦灶裏不能斷了糌粑和其他供品。算起來，水珠能匯成湖泊，灰塵能凝聚山丘，一年開支下來能嚇死人。這不全是教民的負擔？只不過他們是情願，主動供養的，不像政府的稅捐，是強迫徵收的。但他們的毛口袋只有那麼多糌粑。」

馬麟疑惑，若有所思地打量著吉塘倉的眼窩。

「一架羊肉分成三份，主人能吃上幾口肥肉？一碗糌粑捏成三撮，誰能飽得肚？你想想，魚獺只能大河裏泅游，而要想捕得魚獺，就得往溝渠裏灌水。」

馬麟打斷了吉塘倉的話：「你的話我聽明白了，說吧，你的意思是——」

吉塘倉：「咱地方就這點水土，這點物產，請把老百姓的捐稅減去一半。」

馬麟：「這事我不能做主，得請示阿哥，不過我同意你的道理，我會說服阿哥的。」

吉塘倉喜形於色，兩手合掌頂到腦門致謝。

「時候不早了，走，開宴！聽說你要來府上，我把金鵬鎮的頭面人物都請來作陪，給活佛接風洗塵。」

吉塘倉還想說什麼，但見馬麟有點不耐煩，便欲言又止，起身出了客廳。

大廳裏擺了四張方桌，金鵬鎮的頭面人物基本都到齊了。大多都昨天見過面，但這陣又紛紛湧上前，一邊問候吉塘倉活佛，一邊請活佛摩頂祝福。

金鵬鎮的民俗就是這樣，不分藏、漢、回、蒙古，逢上活佛還是阿訇，或者道長、牧師，都會伏身貼心地請他們按各自的宗教風俗予以祝福，給平民禳災祛邪。在他們看來，天下宗教的目的只有一個，那就是給天底下的人類帶來安寧幸福祥和健康，讓社會公平公道和諧，所以活佛也好，阿訇也好，都一樣，他們都認爲能給他們希望和幸福。

吉塘倉的桌面上除了馬麟，還有商會會長魯吾達嘎、基督教金牧師、金鵬鎮清真寺大阿訇達悟得等等貴賓。茶點是河州回民的茶點。八仙桌上，八盞八寶蓋碗茶，碗全是金絲鑲邊、藍龍繞飛的景德鎮上乘瓷品。裏面擱著上好的沏茶、寧夏枸杞子、唐汪川的杏脯、新疆的葡萄乾、四川的冰糖、甘肅永靖白塔寺的小紅棗等八樣珍品。滾沸的開花水泡進，一股清香味便彌漫在雕梁畫棟之間，吸一口便讓人心爽胸開、神思飄逸。

乾鮮水果也已經擺滿桌。正是七月瓜果上市的季節，有唐汪川的大節杏、大河家的冬果梨、薄皮核桃、蘭州安寧的桃，有河州的淩青、伏梨，岷縣的櫻桃，蘭州的金塔寺、金蛤蟆、醉瓜、大西瓜，琳琅滿目，色彩多樣，令滿座饞涎欲滴。按常規，客人們過目後便撤走了。

首先端上的是饃饃類。有蓮花般開花大素盤，有吉祥結般盤節迴旋的散子，有三角棗饃饃，油香燒鍋，還有油炸乾果薑片、龍、鳳、花、魚等等樣式，滿滿擺了一桌。這也是讓客人過過目，願意嘗新鮮的也可以掰下一點，但大多不動手。

這二道菜都屬於禮節性，說明主人準備的十分豐盛，樣樣佳肴都齊全，請客人隨意好了。到下面的才算真正開始上菜，客人們可以下筷子夾菜了。

先端來的是羊油糖包、玫瑰包子、豆沙包子，接著是河州黃蘿蔔澆汁發麵包子、韭菜包子、死麵灌湯羊肉包子，陪襯的有釀皮子、蕎粉、涼粉、甜醅。

客人們知道這是讓你開開胃，刺激一下食欲。也算當地習俗，先吃五穀白麵墊墊肚，然後才上正菜，真正的大菜還在後頭，所以大都隨便揀其中一兩樣表示表示，算墊個肚皮過過手續。

涼菜端上來了。羊舌頭片、羊脖子肉、牛頭肉、羊眼睛、肝片、肚絲、羊心片、醬牛肉，土門關的蕨菜，粉條拌豆芽，還有海蜇等珍稀的海鮮。

馬麟舉杯向客人們敬酒。酒是土門關沿線釀的青稞藏酒，醇香清洌，芬芳彌漫，也有河州的黃酒。

吉塘色、大阿匐達悟得、金牧師都以茶代酒，感謝馬幫統的款待。馬麟的祝酒辭開宗明義，言簡意賅。說今天的宴會是專為吉塘倉活佛舉辦的。請來的是河州城裏最好的廚師。在吉塘倉活佛未返寺任總法台之前，吉祥右旋寺和寧海軍之間發生了一些齟齬，不過親兄弟不記仇，那只是晴天裏下了幾滴雨點、綠地裏揚起幾星塵埃，過去了就過去了，不應妨礙我們共同建設吉祥右旋寺新家園。也希望在座的各位，今後為地方政教大業多添加些糖，少摻和些醋。

敬酒過三巡後，吉塘倉站起，以茶代酒，首先感謝馬幫統的盛情款待。說宴會使他沐浴到信賴、親切、友誼、祥寧，願佛法僧三寶保佑大家永遠生活在這種親兄弟般的氣氛之中，永遠遠離隔閡、仇視、誤會、戰爭、殘殺！

涼菜吃得差不多了，熱菜開始一道一道端了上來。

髮菜是頭道熱菜，取諧音「發財」，象徵大家四季發財。第二道是辣子雞，第三道是紅燒鯉魚，也是取個吉利，即財源茂盛，年年有餘。

第四道是河州回民宴席的重頭戲，就是手抓羊肉。一大盤高高摞起，全是肋骨肉。沒有剁斷，尺長條條的肋巴上，脂肪像凝結的奶酪打著顫顫，散發出肉香味。

西部人講究吃肥羊肋巴，有一句流傳很廣的俗話這樣說：「娶媳婦要娶姑娘；吃羊肉要吃肥肋巴。」配套手抓羊肉的，還有手工灌製的發子麵腸肉腸。大致做法和藏人的一模一樣，不同之處一是沒有血腸。穆斯林不吃牲畜的血，認為血是污穢的不能吃，在宰牲時，就讓血從脖頸裏流盡了，習俗中不灌血腸；二是煮出鍋後，又切成中指長的一截截，再在滾油平鍋裏煎個半焦黃，讓裏面的肉味、調味全溢出來。

手抓吃到半截，又上來了糖醋里脊、酸辣夾沙、燒三鮮。

羊肉以後登上席宴的是野味，以山珍為主。先是清蒸熊掌、鹿肉燉蟲草，下來是炒草芽野雞塊、黃羊肉、獐子肉、鴿肉燉木耳、鴿蛋洋粉、狼肚菌炒羚肉、丁子蘑菇炒肉絲。

吉塘倉忌食野物肉，只挾了些狼肚菌。他喜歡吃狼肚菌，狼肚菌有股特別的清香味能刺激人的味覺，嚼在嘴裏柔柔的好吃。林區的教民常給他捎些狼肚菌來，他府上一直儲備有狼肚菌。他除了炒著吃、燉著吃、煮著吃，還常常剁得碎碎的，和碎羊肉末、碎蔥末燴成湯，往糌粑捏成的小杯裏灌著吃，就是藏人稱謂的「辣子尕勺」，特別香，可口極了。

實際上，狼肚菌與狼的肚皮毫無關係，只是說這種菌類的樣子像狼肚，林中的百姓便把它起名為狼肚菌。據說狼肚菌特別不好採，只有雨後到青岡木的斷層面上才有希望尋覓上一兩朵。

最後是零零星星的炒蔬菜。有河州運上來的韭黃、番瓜、青菜等等。由於是馬螺馱子運上來的，顏色早不新鮮了，樣子也綿蔫蔫的，下筷的人很少。客人們早讓上面的各種肉撐飽了肚子，再說當地回、漢民的飲食習慣，從祖先血脈中傳承的就是吃肉不吃草（蔬菜），在他們眼中，肉就是菜，菜就是肉，和藏人一個口味。

馬麟今天多喝了幾杯，顯得很高興，談興也很濃，他請吉塘倉聊聊四川省楊森督辦如何款待的情況，要其他桌的客人也聽聽，開開眼界長長見識。

吉塘倉心中暗暗欣喜，這正是磕睡遇著了枕頭，乞丐逢上了有喪事的人家，今天他想要往外抖露的事兒就是這。

他沈吟了一下，理理思路，清清嗓子，謙和地講道：「我到參尼寺的第二個月，就接到楊督辦楊大人派專人專意送來的慰問信函和禮品。信中高抬我說，四川草地能迎來金座活佛，是藏人的福氣，也是全川人的福氣，他願爲弘揚佛法牽馬墜蹬，當好護法神。」

席上出現悉悉議論聲：

「堂堂川省大督辦，如此禮賢下士、弘揚佛法，真不簡單啊！」

「原來金座活佛名氣如此巨大，我們是身在海洋不知珊瑚貴重啊。」

「聽說這次六大學院法台前去邀請，跪在地上哭求三天三夜，活佛才答應回來的。」

「四川天府之國物產豐富，教民肥得淌油，聽說活佛舉辦灌頂大法會，供養的銀元像蝗蟲般飛來，牛和馬多得遮住了草灘，還有五十兩的銀元寶、漳臘煉製的漢金，管家忙了五大五夜才點清數字。」

「我們吉祥右旋地方，再也不能惹活佛生氣，活佛是如意寶，是搖錢樹，能給地方帶來瑞氣吉兆，招財進寶喲。」……

吉塘倉聽著，心裏像糖抹過沾沾自喜，他要的就是這效果，一他講楊森，就是想借楊督辦的牌子，借客人們的嘴巴，打黃牛驚黑牛，讓馬麟聽聽，明白吉塘倉在四川省的聲望影響，在金鵬鎮上層人士心目中的位置，今後與吉塘倉打交道得有個顧忌，三思而後行。

馬麟看樣子沒有想那麼多，從他眼中露出的驚訝羨慕和呵呵諂笑的樣子，吉塘倉能猜出馬麟感興趣的是他與楊森督辦的交情，羨慕吉塘倉攀上國民政府元老，堂堂四川省大主席的。或許，他還想透過吉塘倉今後結交楊森督辦的。

偏遠蠻荒地方的軍閥頭人都是這個樣子，狂妄自高又自卑萎瑣，總想高攀巴結。好吧，我就給你這個旗桿讓你往上爬，我要鎮住你，讓你瞭解我吉塘倉也是有靠山的，你整我就是打楊森督辦的面子。

「楊督辦楊大人隔半月一月就派人上門問候我，不是送來四川的錦繡絲絹，就是各種土特產食品，大米用騾子馱來，橘子堆了一房間，我臥室的家俱全換成了楠木和竹器的。我在參尼寺用的東西，全是楊督辦讓茂縣專員派人專程送來的。」

滿座又是一陣嘖嘖驚嘆，個個臉上堆滿羨慕和嚮往。

「就說去年秋天吧，楊督辦楊大人請我去成都做客。歡迎宴會上，且不說菜肴多豐盛，就是那名字、花樣讓人聽都未聽過，見都未見過。我們西北人可真是寡聞陋見啊。你們猜，那次來陪客的人有多少？三百多！大廳裏黑壓壓一大片擠得滿滿的。他們是些什麼人呢？全是四川省政府廳長以上的官員，軍人全是師長以上的大軍官。宴會還未結束，就有六十多人要當我的弟子。」

馬麟吃驚地問道：「你收了？全是大人物呀！」

吉塘倉坦然攤開手：「能不收嗎？楊督辦發話說，大活佛，給我一個面子吧，他們全是我手下的得力幹將呀！」

馬麟若有所思，默默不語。

吉塘倉依然興致勃勃，滔滔不絕地講述：「楊督辦讓我在峨嵋山萬年寺設壇場講經，全四川漢傳佛教、藏傳佛教的高僧大德幾乎都到了。楊督辦勸我常駐成都，陪他朝佛誦經，領略佛教深奧哲理，但我婉言謝絕了，成都雖然好，但太悶熱潮濕，吃飯、語言都不方便，在成都的日子裏，他就像親兄弟一般照顧我的起居，我倆簡直成了影子和身子的關係。」

馬麟站起身，高擎酒杯：「活佛功德無量、美譽遠揚，爲活佛的健康長壽乾杯！我先乾爲敬。」

他一飲而盡，陪客們也紛紛仿效，一乾而盡。

馬麟再次舉起酒杯，和吉塘倉舉起的蓋碗茶杯一碰：「以後若有機會，請活佛幫我引見引見楊督辦，多一個朋友多一條路嘛！」

吉塘倉很誠懇地應聲說：「馬大人的事就是我的事，朋友幫忙，唇齒相依。」

馬麟在副官陪同下去其他桌子敬酒。

吉塘倉趁機和達悟得大阿訇、金牧師低聲喧談起來。他首先問起金牧師，在西方基督教世界，牧師、神父、主教、修道院的修士，需要不需要給政府交稅納捐，支差支烏拉？

金牧師哈哈一笑：「我也想問聰慧透頂的活佛一句話：你覺得你們的各方神靈也是否應該給凡夫俗子們交稅支差？」

吉塘倉一怔，雙手合掌仰面祈天：「佛法僧三寶啊，褻瀆了。罪過啊，神靈是教民的靈魂、是幸福的主宰者，讓他們交稅支差，這不是天地顛倒，江河倒流嗎？會五雷轟頂的。」

「那就對了，我們是天使，代表上帝管理人們的靈魂，拯救俗民的靈魂。哪有問天使徵收稅賦的道理？那是罪孽啊，上帝會懲罰的。」他一頓，又補充了一句：「牧師、神父是受供養者，他們又不佔用你國家的草山河流森林，也不開設工廠牧場，耕種田地，哪來的物資給你交稅上捐？」

吉塘倉若有所思地點點頭，又轉過臉問達悟得阿匐：「大阿匐，你是從河州請過來的，知悉河州的情況。在河州，不管是回族掌權，還是漢民當官，要不要清真寺上稅交捐，給官府支差支烏拉？」

達悟得阿匐捋著銀鬚，頭搖得像波浪鼓：「沒有的事，阿匐是胡大的使者，清真寺是傳達穆聖旨意的神聖地方，誰敢長豹子膽上門收稅收捐，穆民會砸扁他的。」

吉塘倉矜持地笑了，抬起茶碗往上一舉，表示敬意：「我吉塘倉有一事想仰仗兩位祈請幫忙，不知肯答應不？」

達悟得阿匐爽快地點頭應承：「我們雖然教門不一樣，但都是勸人爲善，以善爲本，請活佛直言吧。」

吉塘倉的目光盯在金牧師臉上，金牧師的眸子中游動著深邃，詭秘：「你不張口我也猜出了大半，是不是請我們遊說馬幫統，以後不要給吉祥右旋寺派款派捐？」

吉塘倉歡欣地點點頭，心裏喊道：賊洋人，長毛子，肚子裏也滿是心眼的毛毛子。

「既然兩位大智大義的先生已經明瞭我吉塘倉的苦心，那我就法螺不吹二遍，請兩位方便時，能登馬幫統的大堂，替吉祥右旋寺說說好話，我不會忘了你們的情義的。按孫大總統的教誨，五族共和，信仰自由，民族平等，不應該有宗教歧視呀。」

兩人點頭應諾。

馬麟敬完酒回來了。吉塘倉站起，雙手捧著蓋碗子以茶代酒，再次向馬麟致謝。

最後一道菜也上桌了，是麵食類。有大滷麵、炒肉麵、紹子麵、羊肉麵，還有貓耳朵、刀扁食、珍珠粒。盛在小碗裏，用紅漆木盤一輪輪端上桌。油潑辣子、陳醋、蒜苗、香菜、醃韭菜、糖蒜一一另擱碟裏，誰需要什麼就自己端下來，不吃的，則不動筷連碗端下去。

吉塘倉由於心情爽快，連吃了兩碗大滷麵，吃得褲腰帶都緊繃繃的。

返回路上，他在轎子裏悠然悠然，心頭蕩漾著痛快和輕鬆，今天計劃要辦的兩件事都辦了，雖然結果還不一定，但六成把握有了。但不久，又有一絲不安隱隱湧上心頭。他喃喃自語：我今天主動攜重禮上門拜訪馬麟，與馬麟談笑風生，親如一家之事，說不定明天會傳遍整個吉祥右旋寺和金鵬鎮，那些譏視馬家軍人的，肯定會罵我吉塘倉認賊作父，阿諛奉承，不知羞恥，爲藏人丟臉抹黑，怨氣會更大。今天的事也肯定會傳進佛父佛兄的耳中，他們也肯定會生　肚子的怨恨，說吉塘倉親漢回愛漢回，與我們家族大相徑庭，背道而馳，是一堆狗白屎！

他慨嘆一聲：讓人去說吧！讓人怨恨吧！只要能保住吉祥右旋寺，保住佛僧尼安寧的生活，保佑教區百姓不吃點苦，我吉塘倉就是下地獄，進油鍋，歷經地獄八寒八熱二苦的煎熬，我也無怨無恨。

……

洛哲可能看見他了，撩起袈裟一角，使勁往山上揮舞。

他站起身，也用袈裟衣角撩了幾下，表示他看見了，他一切正常，請他放心好了。

他重新坐在草坎上。凝目掃瞄寺院全院，思路仍縈繞在剛才的回憶中。

從馬麟軍營返回的第二天起，他就馬不停蹄地巡視於六大學院之中。吉祥右旋寺的柔扎節，也就是七月勸法會的序幕已經拉開。他要利用這次特別的法會，展開一次整頓戒律，嚴肅寺規的動員會，把寺院的籬笆紮得緊緊，讓外面的狐狼野豬難於竄進，圈裏面的貓狗老鼠也逃不出去。他得設法給吉祥右旋寺塗上一層厚厚的鎏金水銀液，任雨水侵蝕不變色，風雪吹打不銹蝕，保個平安渡過時下的難關。

七月勸法會有個可利用的，就是貢保多吉與米拉日巴當眾公開辯論的機會，可以狠狠殺一殺歪風邪氣。

七月勸法會是格魯派始祖宗喀巴的弟子加洋卻傑首創的，目的是紀念護法神和法王。那一天，吉祥右旋寺遠近的教民蜂擁而至，除了聽六經弘法，主要是欣賞米拉日巴先哲勸法活報劇。

米拉日巴是藏傳佛教噶舉派的創世人。生於阿里拉堆貢塘的加阿雜地方，是十一世紀藏區分治時期的佛僧。他慕名瑪爾巴澤師的學問，前去求學修道，歷經六載，勤服勞役，極盡苦行，終得瑪爾巴之要道，重返阿里岡底斯山，隱跡山林中，採食蕁麻度日，專心修行弘法。其著作《道歌集》流傳全藏區，成爲大德圓滿者。米拉勸法是以米拉的悟道修行所獲得的認識，來啓迪那些野蠻未開化者、最後皈依佛教的活報劇。

柔扎節從六月二十九日開始，七月十五日結束，共十七天。

七月初八日，柔扎節進入了高潮，米拉勸法表演劇把法會推向高潮。

按照傳統，午刻時分，堅貝央大師和四大金座活佛「賽池」、八大「堪布」以及各等級的活佛，全部登上大經堂前殿二樓的前廊。前殿樓下前廊左側爲在職僧官的座席，右側爲一般高僧的座位。來自各地的僧俗觀眾則聚集在石板廣場前，圍成半圓圈。內層是本寺僧人，外層是俗民觀眾。場中央，面對前殿置兩把座椅，場之右側有執鑼、鼓者各一人，執鈸者二人，吹長筒號者人。在樂隊簡單的過門中，米拉勸法會開始了！

首先進入場地的是「阿雜然」。「阿雜然」在印度語中意爲遊方僧，是米拉日巴虔誠的信徒，也是忠誠的侍從。「阿雜然」年輕瀟灑、幹練精明，他身著印度瑜珈咒師式的服飾，頭戴螺紋帽、鬼面、有彩色鬍鬚，右臂繫紅色彩帶，手執黑白相間的六尺花棒，進場揮舞一陣，算是探路掃場。隨即另一位與他打扮相同的「阿雜然」引領兩頭白身綠鬃獅出場。他手執繡球和彩帶，逗著兩獅子翩翩起舞，向賢士聖哲獻花致意。

「阿雜然」和獅子舞罷，鼓鈸齊鳴，兩名「德合召端」（**土地主宰神**）出場。土地神頭戴黃色遮帽、白頸、白鬍鬚、手持旗幟、腰纏繩圈，繩圈上吊著三十來條黑白扭纏的短繩。他倆急速旋轉出場，腰上的繩條如花傘撐開。旋轉數圈後，即繞場撒青稞，象徵著未進食前先敬神，表白誠心。

這些都屬於打場程序。

打場完畢，身揹經匣的兩僧人出場爲米拉日巴誦經祝福。祝福完，又有兩名「阿雜然」出場，在場心擲果子和鮮花，意爲善果，以普度眾生。兩名土地神在「阿雜然」退場後，引著米拉日巴出場。米拉日巴身揹經卷，手持錫杖，繞場一周，然後坐在椅子上。

這時，兩名童子出場舞蹈，表演各種作踐幼蟲的動作。米拉日巴施法傳教，兩童子被調伏歸正。接著，反穿皮衣、頸掛念珠、腰別寶劍的獵夫貢保多吉出場（**兩人，一象徵真身，一表示靈魂）。貢保多吉追殺小鹿，追到了米拉日巴跟前。經過兩人激烈的辯論和米拉日巴苦心教化，獵夫貢保多吉終於醒悟，明白自己罪惡深重，只有皈依佛門才能解脫。他跪伏在米拉日巴膝前，從此結束了獵人的生涯。法會表演也就到此結束。

七月勸法法舞中最吸引教民的，就是獵人貢保多吉與米拉日巴之間的精彩辯論。

貢保多吉用搜集到手的寺中僧侶違背戒律、貪財撒謊、打架鬥毆、嫉妒猜疑的種種惡行做爲殺手鐧，來反駁米拉日巴的論點，而米拉日巴則從佛教根本宗旨、整體與個別、全局與局部等方面辯證分析，使貢保多吉無話可說，只能折服。

表演中，貢保多吉有淋漓盡致、隨意揭露寺中醜惡現象的權力，這無疑是一種鞭撻、一種警示，具有強烈的震懾力，使一些違規的僧人在眾人面前曝光，受到羞辱教訓，寺風因而得到整肅。而對教民們來說，貢保多吉的話就是揭秘，就是一次新聞發佈會，能聽到寺中不少內幕，吸引力自然巨大，也從內心更對高僧充滿敬仰。

他想借貢保多吉的嘴，把寺中現有的不正之風揭露於公，借僧俗教民的輿論壓力，把那些害群之馬狠狠處罰一下。

透過各學院的法台、紀律官「轄俄」，他很快搜集到了各學院中調皮搗蛋、違犯戒律、有不軌行爲的桀驁之徒之種種劣跡，他連夜整理，對照佛門戒律，一問一答，件件有著落，使反駁有力量。

貼著汽燈熾亮的光芒，他身前身後，左右兩面都堆滿了書，他不停地翻動佛門五部大倫中的經典《律宗論》，把手頭掌握的材料與《律宗論》中的二百五十三條戒規對照，找出依據和批判的理論，再參照《國王修身論》、《薩迦格言》、《米拉日巴道歌》、《水喻格言》、《木喻格言》、《世故老人箴言》等等，制定出米拉日巴或駁斥、或開啓、或勸誨、或教導的優美語言，深入淺出的哲理，朗朗上口的韻味。由於是公眾場所，就得通俗易懂，生動淺顯，一聽明白，深入肺腑，明瞭是非。另外，還得把握時間，緊湊有力，循序漸進，教理與典型緊密結合，個別整理與整體素質分得清楚。

他忙了半夜，先把寺中不軌僧侶的行爲歸納爲八大類：

一是不守教規寺規，自由散漫、吊兒郎噹、出外不請假、不學經、不參加集會和佛事活動，如喪家之犬、流竄之貓；

二是追求享受，貪圖錢財，揮霍浪費，出入茶館飯莊，說長道短，道聽塗說，製造流言蜚語，無中生有，破壞寺院與駐軍的關係；

三是去教民家薦經超度，開口天價，提出供養數額遠遠超過百姓承擔能力，嫌貧愛富，忘了僧人普度眾生的天職；

四是拉幫結團，搞宗派，相互嘔氣鬥毆，破壞寺院團結和正常秩序，在寺內外造成極壞影響；

五是賭博玩錢，爭強好勝，沈溺刺激，恃強欺弱，不尊重客商，猶如社會上的地痞流氓；

六是蔑視寺院制度，留宿俗客或婦女，污染寺院氣氛和環境，魚目混珠，良莠不分，爲外人誣衊、干擾、攻擊吉祥右旋寺造成口實；

七是不務正業，斂聚商客，放高利貸，倒買倒賣，牟取暴利；

八是爭風吃醋，崇尚淫樂，搞同性戀，傷風敗俗。

他重點抓了這八條普遍的、僧俗教民感興趣、又能引起公憤的現象，作爲貢保道吉向米拉日巴大師發難的子彈。但他心中想的卻不僅僅是解決這八大不正之風，而是給寺中那些偏執、高傲、輕狂的老少僧人一個嚴厲警告，狠狠一巴掌，嘴上套上籠頭和釵子，讓他們以後不要胡作胡爲，胡言亂語，胡說八道，給馬家軍造成口實，給寺院帶來尷尬難堪。

他下一步計劃還要懲治幾個桀驁不馴的頭頭。從阿壩回來的路上，他就想好了，既然擔綱總法台，既然前面的路膽顫心驚、如履薄冰，那就得狠下心踩扁幾顆絆腳石，把絆腳的沙粒石片抖落盡，倒進深淵急流讓捲個無影無蹤。

他爲米拉日巴設計的臺詞，以啓迪、開導、勸化貢保多吉爲主；以正面教育、闡述教義爲主。因爲貢保多吉皈歸佛教教理是法會活報劇的主題，是核心，自然也是目的，一切著眼於說服教育。

透過米拉日巴的嘴，他要告訴僧俗教民，佛教爲了令出家人證得解脫之果，制定有嚴格的戒律，總結有完整的理論。任何僧人，一旦持戒就得遠離七支。這七支是「非梵行」、「不與取」、「殺生」三支身惡行，「妄言」、「離間」、「粗惡語」、「綺語」四支語惡行。要堅定地樹立治學三大觀念。一是明瞭出家受戒後，不應虛度年日，應求聞思、勤修止觀等，每半月當誦《戒經》一次，對照檢查自己身心，看言行與二百五十三條戒規有無毀犯，常防備防備，不使毀犯；二是明白持戒僧人絕對不能殺生。三是僧人不得理物，不聚財，所得依利平分。還要讓觀眾明白持戒僧人應具備的條件及出家後如何恭敬大師、依從師長等日常生活規定等等。誰若違背戒律，誰就不是合格的僧侶。

佛經上說得很明白：「戒為無上菩提之本。」宗喀巴大師宗教改革的落腳點，就是嚴格戒律，所以他創立的教派叫格魯巴，即嚴格遵守戒律的教派。

他又從各種格言詩中尋找到了違戒僧人的言行違背人類道德，違背社會公德，違背信仰準則的哲理依據。這樣，從理論上、實踐上、從普通人的眼光、佛祖的教誨等四面八方編織起嚴密無縫的羅網，把一小撮害群之馬扣得緊緊的，使其他僧人寒噤而不敢妄為。

熬了一夜，總算弄完了。他顧不上打盹，一早叫侍僧把扮演貢保多吉和米拉日巴的僧人叫到佛邸小院，一遍又一遍地導演，直到滾瓜爛熟、口若懸河、運用自如為止，這時候，時辰已經斜陽西下。

他匆匆吃了一碗糌粑、酥油、乾奶酪三合一的「都瑪」糊糊，又起身乘馬往王府馳去。今年的七月勸法會這天，他要請河南親王出席觀禮，藉以彌補吉祥右旋寺與河南親王根本施主之間的裂痕。現在是非常時期，得把各方面的力量彙聚到吉祥右旋寺的旗下，團結對敵。他古塘倉想先下手為強，不能讓馬家軍占了上風。

吉祥右旋寺和河南親王本來親如一家，情同手足，不分彼此，雙方利益也一致，唇齒相依相輔相成，相互依託。說白了，沒有河南親王這個根本施主，就沒有吉祥右旋寺，而沒有吉祥右旋寺，河南親王也就沒有今天的權勢、地盤和安寧享受。

想當初，河南親王為了維持和鞏固自己的領地、政權、地位，專意去拉薩請來了堅貝央一世。在王府所在地的祈壽祝福法會上，河南親王給四世堅貝央贈獻特製的專用華麗蒙古包一頂，黃金鍛製曼陀羅一個，各種珠寶、用具、綢緞等五百件，馬牛四百匹（頭），羊上萬隻。在寺址確定爲吉祥右旋河灣後的開光儀式上，河南親王又奉獻能夠容納八百多人的特製巨型帳篷爲暫代大經堂，令教民中三百名青少年剃度入寺爲僧，還敬獻了僧會期間能給千位僧侶熬茶煮粥的一口大鐵鍋，其他物品如金、銀、綢、緞、馬、牛、羊等上萬件。

吉祥右旋寺開創時的家業、周轉資金、法器，都是河南親王打的基礎，包括寺址的地盤、種糧牧馬的佃戶，出家持戒的第一批僧侶，都是河南親王無償捐贈的。從這個意義上講，河南親王是吉祥右旋寺的大恩人，奠基者。

寺院最初的建築，也全依賴於河南親王的鼎力傾助。在建造八十根明柱規模的大經堂時，親王指示所轄境內卡加六族伐運木料，西倉、雙岔二部落十八絨族，還有其他部落拉運石料，從阿壩等地抽調石匠、泥水匠、木匠、銅匠、鐵匠、畫匠、砌石匠等工匠，半年時間就蓋起了雄宏壯觀的大經堂，使吉祥右旋寺鐵澆銅鑄般扎下了撼搖不動的根基。

但隨著時光的流逝，吉祥右旋寺聲譽的擴大，前來投靠寺院的部落越來越多，皈依的子寺也越來越多，吉祥右旋寺的政教兩業方面得到大發展，無論是供養，還是田地牧場、部落屬民，都不需要依恃河南親王了，兩者的聯繫漸漸淡泊、疏遠了。其中有缺乏遠見、不識明理的小人，鼠目寸光，在雙邊關係上斤斤計較，在雙方心底投下陰影。到了四世堅貝央時期，矛盾爆發了。

事情的引子是親王府新老管家因王府流動資金的移交手續而發生糾紛。僅僅是新老管家因公發生矛盾也好解決，複雜就複雜在親王府緊緊毗鄰在吉祥右旋寺旁邊，平時與寺院上層來往親密，兩位管家都與寺上的要人私交很深，利益、感情交織一起，一榮俱榮，一損俱損，有個風雲變化，完全應了有句諺語所說的「挨在肉上，痛在心上」。兩人告狀告到四世堅貝央殿前會議。

由於是親王府的事，堅貝央很重視，也很謹慎，根據調查的實際情況，在殿前會議上制定了解決協議。但老管家不服氣、不接受，到處奔走喊冤叫屈，蠱惑人心，鼓動自己親友和寺中的後臺鬧事，企圖擴大事端，推翻殿前會議的決定。四世堅貝央對老管家的做法十分惱火，二次召集殿前會議，決定逐出吉祥右旋地區。這位老管家也不示弱，仗著自己的氏族親友在寺院附近十三莊中的智嘎爾村，糾集多人，持槍拿劍、磨刀霍霍，揚言要衝進親王府，殺死新管家。

情勢危急，四世堅貝央在口頭勸諭，派人說合都不能使對方收斂的情況下，緊急調派阿木曲乎部落的武裝守衛親王府。雙方箭拔弩張、一觸即發，一場血腥殘殺就在眼前，但堅貝央沒有退縮，依然鋼口鐵牙不鬆口。他想到的是親王府在寺院近旁，萬一有個閃失傷害，他對不起根本施主啊，這又是尿泡打人，騷氣難聞，如何向親王屬下的部落教民交代？人家不會說你無能為力，連根本施主的親王府都保護不了，還如何去保護其他教民呢？還有，智嘎爾村屬於寺院直轄的「神部」十三莊之一，竟敢蔑視我堅貝央殿前會議的決定，蔑視我寺主堅貝央的權威、地位，不煞住他們的邪惡勢頭能行嗎？任其下去，我堅貝央今後臉面往那裏擱？

這場風波最終由寺內總法台、部分活佛出面調解平息。智嘎爾村的教民保證不使親王府受到侵擾損害，堅貝央也讓部落武裝撤了回去。

但調解並未使雙方心服口服，不滿情緒仍在蔓延。作為寺主，吉祥右旋寺最高等級的活佛，他只能從大局出發，從維護根本施主親王的聲譽、利益和正常秩序出發，不可能把注意力放在兩位管家品質、人緣、業務能力、資金交接中的特殊情況等枝節問題上。他沒有這個精力和時間。但那些調解人卻把事件的責任歸咎於新管家的人品、做法上，言下之意，是老管家受了委屈，新管家做了手腳，殿前會議不公道，矛頭隱隱指向堅貝央。

親王也不滿意，嫌寺院偏袒自己的「神部」智嘎爾村的刁民惡徒；調來部落武裝卻不去鎮壓老管家操縱的智嘎爾村；對倨傲自大、專權自主、把新王爺不放在眼裏、恣意花銷王府錢財的老管家沒有嚴厲懲處，而僅僅放逐出去。話頭也隱隱指向了堅貝央。親王還不顧堅貝央的勸告，上訴於西寧官府。這就把本來可以掐滅在袖筒裏的火種撒向了曠野。

在風雲變幻、雨雪交加的非常時期，堅貝央的叔叔，即吉祥右旋寺的直腸子總管卻不顧大局，也往火裏面潑油，冰上面撒霜。為支持老管家，竟一再堅請辭職，表示抗議殿前會議的決議。堅貝央反覆勸導無效，只得同意辭職，授命旺秀倉擔任總管。

這一來卻惹出了更大的麻煩，原來堅貝央叔叔不是為了辭職，而是執意要老管家恢復名譽。他私下煽動部分部落頭人並聚集教民代表，上堅貝央佛邸大門抗議，說如果解除總管的職務，他們就將脫離與吉祥右旋寺的隸屬關係。堅貝央再三說服，一再申明他處理這事是為了維護寺院和親王府的傳統關係，是尊重親王的決定和王府內部秩序，根本不存在親疏哪一方，但他的話他們聽不進去，弄得他焦頭爛額，十分傷心。

後來的事情更叫四世堅貝央傷透了心。

親王告狀的結果，西寧辦事大臣派官員專門來吉祥右旋寺辦案查處。這位官員剛愎自用，自以為是。為表現自己明鏡高懸、睿智過人，竟偏聽偏信，支持老管家一派。那些刁民惡徒更是氣焰囂張，竟然衝進親王府，縱火焚燒親王府，使親王府內的佛堂佛殿佛像佛器化爲烏有。四世堅貝央急忙派人勸解，又親自出面去勸攔，但那些人在大清官員的偏護下，有恃無恐、膽大妄爲、無所顧忌，一意孤行，根本不把他看在眼裏。而寺中傾向於老管家的那一夥僧侶，還幸災樂禍地結夥到堅貝央一世栽種的松樹林山坡，觀看河岸上那們官員槍殺所謂十八名「禍首」的場景。

堅貝央氣壞了，也傷透了心。他沒想到慈悲爲懷的吉祥右旋寺中，還有這樣一夥披著袈裟、戴著雞冠金帽，卻心硬如鐵，沒有憐憫仁慈之心，總想無中生非，推波助瀾，唯恐天下不亂的人面獸心之徒，他們竟敢公開違背佛門十善法，蔑視戒律，真是罪不可赦、魔鬼迷心、不可救藥啊。

他鐵下心要扳倒這個錯案、冤案。在親自擔任大寺總法台，講經弘法整頓戒律的同時，他借去青海講經弘法之機，親自跑到西寧拜會辦事大臣，詳細彙報案件的原委和焚燒親王府的來龍去脈，也直率的談到了所派官員查處中的錯誤，明確地提出了請求復查重新判決的願望。

他的要求受到陝甘總督和西寧大臣的高度重視，肯定他的舉措符合大清皇帝的法規和利益，徹底推翻了上次的裁決。官府將那些肇事生非、殺人放火，公開反對堅貝央的刁民惡徒強性召集起來，向堅貝央和親王賠情認罪、悔過自新。對那些殺人放火的，按藏區傳統法規，拘押並罰重額財物予以賠償。堅貝央把寺院總管也換成了華奔倉活佛。

這場風波表面上按堅貝央的意向得到了解決，但暗流並沒有停止活動。親王府只覺得有一絲慰藉，但並不認爲堅貝央真正爲他們報仇雪恨了。嫌堅貝央沒有殺一儆百，以血還血，而只拘押了幾個人，罰了一筆錢財而已。

事後，那些藏在暗處或站在明處的心懷叵測的人們，把仇恨的目光聚焦在王府新管家身上。恐嚇、襲擊、暗殺不斷，四處堵截，決意捕殺。新管家嚇得心驚肉跳，惶惶然如喪家之犬，晝不敢走路夜不敢寢，在四世堅貝央的保護下，他出走遠方，但其一名隨從還是難脫厄運，終被追殺喪命。一時僧俗人心波動，氣氛緊張，寺院籠罩於陰影之下。

這件事，四世堅貝明白寺院裏有重要人物在當後臺，暗中操縱挑唆。但他沒有確鑿的證據，不好公開指名道姓地揭露鞭撻。更重要的是，他不願因親王府的事而引發寺院內部公開分裂，導致上層活佛隊伍分崩離析，嚴重動盪，吉祥右旋寺的基礎受到撼動。那樣，佛門受到的傷害太大了。在他心目中，吉祥右旋寺是命根子，是一切，是靈魂。

他左思右想絞盡腦汁，終於和官府派來的漢官想出了一條計謀，不傷筋不動骨，但卻能敲山震虎。具體由官府官員在全寺僧眾大會上公告：

「吉祥右旋寺近年動盪不安，惡兆不斷，是寺中有人鬼迷心竅，妖魔纏身。此人久留，大家都會遭到不測，官府和堅貝央欲痛下決心，必將翦除。」

這番公告如驚雷狂飆，震動很大，他懷疑的那位活佛從此銷聲匿跡、痛改前非、回心轉意，再也不拉幫結派、撥弄是非了，還積極參加寺院的政教建設，贖回自己的罪行。但無論如何，親王與大寺的關係已經悄悄裂開了縫子，親王從此對吉祥右旋寺產生疑慮，抱有警覺。一朵陰雲忽濃忽淡，一直飄浮在親王和寺院的上空。

如果只是這場風波，過去了就過去了，歲月慢慢會填充了隙縫。尤其老親王去世，新親王晉位，沒有傷筋動骨的事，那陰雲也就會不知不覺中消散褪盡。

不巧的是，十五年後發生的事件，又把四世堅貝央和親王推向了矛盾的衝突顛峰。最後的結果是四世堅貝央憂憤之極，鬱悶成疾，病體加重，悻悻中離開人間，撒手而去。

這場衝突的始作俑者，實際上是馬家軍，四世堅貝央和親王都是受害者。罪魁禍首是兩軍統領馬安良。而堅貝央在馬安良官軍與親王之間兩頭受氣、吃盡苦頭、心力交瘁、悶氣怨火之中熬煎而死。

左宗棠將河州反清回軍收編爲馬旗三隊，以馬占鰲爲中旗督帶，馬安良、馬海晏爲副官。讓馬安良跟隨左右，出征青海、河西、新疆，剿滅造反回民。義和團興起之際，馬安良曾參加抵抗八國聯軍進犯北京之役，又護駕慈禧太后和光緒皇帝到西安。返京時，八國聯軍禁止馬家進京，清廷便讓馬安良任河州鎮馬隊三旗督帶，號稱「精銳西軍」。

河湟事變，回民造反，在清軍統帥董福祥指揮下，馬安良、馬海晏充作先鋒進行鎮壓。造反平息後，馬安良官運亨通，一直做到提督之職，權勢顯赫，成了地地道道的西北王。以後的馬麒父親馬海晏，就是被馬安良推薦爲清軍總兵銜補用副將，又提拔爲清軍花翎銜循化營參將。馬麒在辛亥革命期間，又被馬安良任命爲「精銳西軍」的幫統。

民國初年，內地各派軍閥相互混戰，爭權奪利，根本顧不上西北。袁世凱雖然位臨大總統，但手長袖子短，根本無力照料西北，只能給「精銳西軍」一夥給官賜委任狀，而無法給銀子給給養。馬安良一幫也就只能自籌軍備。他們乘機敲詐勒索、擴大勢力、橫徵暴斂。河南親王恰恰闖在了槍口上。導火線來自馬安良的進藏商隊被劫。

據吉塘倉後來聽說的事件始末，是馬安良入股或托辦的回商馱隊，在經過黃河兩岸果洛地區時，常被果洛藏族部落集體搶劫，馬安良早就窩了一肚子火，要找個理由狠狠收拾一頓。恰巧民國二年二月十一日至十六日，連續有世興錫商號和商人馬進良的商隊在黃河北岸喇家寺渡口被蒙族部落阿錯加、阿勒等人劫去貨物，押送人員也被殺傷。馬安良抓住這個辮子，派他的弟弟——循化營參將馬國良，兒子——精銳中營馬隊菅帶馬廷勷率兵到吉祥右旋寺查辦被劫案。查出是河南親王下屬牧人結夥作案。在案子已破並緝拿了罪犯後，重罰親王旗白銀三萬兩。馬麒還派出其弟馬麟率兵到黃河兩岸進剿，準備伺機進攻河南親王所屬部落。形勢萬分嚴重，充滿險惡。

四世堅貝央家族當時已與親王府結成姻親，他的兩個外侄女都嫁給了新親王華金英丹，一個是正房夫人，一個是偏房妃子，過去的裂痕已經抹平，親王和四世堅貝央來往頻繁，親如一家。但寺內部分活佛、僧侶，卻一直沒有忘記親王府事件給吉祥右旋寺帶來的傷痕，心頭結著疙瘩，沒有把親王與寺主堅貝央的聯姻看作是施主與寺院集體的關係，僅僅看作是兩個世俗家庭之間的私人關係。因此，當馬安良執意要吉祥右旋寺擔保限期付清罰銀，堅貝央成為當然的具體擔任人時，有人冷眼向望，甚至幸災樂禍。

他們眼裏沒有水，沒有看出馬安良這是一箭雙雕計，既是對親王和藏部落的一記重棍，也是向吉祥右旋寺搧來的一記耳光。都是下馬威，也是施展淫威的前奏曲。馬安良正是鑒於四世堅貝央與親王之間的雙重關係，為使罰銀儘快得手，才逼著堅貝央，也就是吉祥右旋寺整體「在冰川上跑馬，在火灘裏摔跤」，充當腹背都有刀矛的險惡角色。四世堅貝央為了寺院不受兵焚，親王的百姓不致血洗，懾於馬安良的淫威，只得忍辱負重答應下來，在親王和馬安良之間奔波。

令堅貝央萬萬沒有料到的是，親王言而無信，背叛諾言，不顧他的窘迫地位，把他逼進了狼狽不堪的旮旯裏，在限定的日子裏拖延不交罰銀，甚至賴在寺院身上。結果，馬安良的官兵來到寺院所屬的部落，耀武揚威，向教民施加壓力，不斷騷擾，甚至闖入民宅，搶掠財物，沒收私有武器。

很清楚，如果交不齊罰銀，他們下一步目的便是搶掠寺院，傷害活佛、僧人，把吉祥右旋寺投入災難的深淵之中。劫難迫在眉睫，不能等待拖延。萬般無奈的四世堅貝央，只有把求救的目光轉向寺內，由吉祥右旋寺相助籌付一定數額的罰銀。但當他在殿前議會上一提出，全場頓時譁然，炸了窩似的七嘴八舌，眾口一致反對。

本來，寺中活佛、僧侶就不同意由吉祥右旋寺充當擔保人。事實上，四世堅貝央因那層施主加姻親關係，不好直截了當地拒絕當擔保人，但他透過各種方式表達了自己推卻之意。在馬安良的官兵首次來寺中洽談親王罰款之時，他先引向親王瞭解案情，讓總管代表他去迎接官兵，予以招待，進行面商。次日，又在如意寶珠夏宮中設宴招待馬官良的代表「三大人」和帶兵官巴欽少爺，要求在處理案情時保證地方的穩定與和平。

顯然，這是在受到官兵威懾後表達的抗爭。第三日，他召集殿前會議，商議對策，原則上制訂了只調解不擔保的方針。會後，他又與馬安良派來的使者磋商，表明了只充當調解人，不充當擔保人的態度。但官方卻執意要吉祥右旋寺充當擔保人，不然就要對親王下屬各部落動硬的。

爲了扭轉這一趨勢，堅貝央又派了寺內得力活佛和僧官，速赴北京，攜帶豹皮、氆氌等重禮，帶上他親筆寫的書信，向當時的大總統袁世凱呈訴馬安良對吉祥右旋寺的不當意圖，但袁世凱只是回信撫慰了一番，對馬安良的做法未批評一句。

後來四世也想明白了，當時爲了維持大總統的寶座，袁世凱正在極力收編前清各地的軍事遺部，所以絕對不會招惹馬安良，對馬安良部做出任何強硬措施。知道了這一點，堅貝央的心情更沈重了，清楚了自己已經沒有誰可指望，只能靠自己的能力去撲滅這場可怕的火災。

沒有辦法，他又與一直待在寺中等待他表態擔當擔保人的官員交涉談判，並派出寺院總管去督促親王自籌罰銀。但親王空手而歸，一副生牛肉不怕嚼的賴皮樣子。堅貝央夾在中間，左右爲難，無法解脫。官兵又如狼似虎，施加壓力，咬住不放，天天催個不停，而親王那頭，又依賴寺院，擺出死豬不怕開水燙的架勢，梗著脖子，有股要錢沒一文，要命有一條的潑皮勁。他想哭哭不出聲，想發脾氣又無濟於事，眼淚花花子快要淹過心窩了。

他一時衝動，狠下心，把死馬當作活馬醫，自己作主與親主達成協議，先由寺院資助籌措白銀一萬兩代繳，以解親王燃眉之急。話是這樣說了，但殿前會議上一吐露，卻被與會的活佛、堪布、高僧、六大學院法台毫不留情地頂回來了。

就像舌頭長在一個人嘴裏似的，異口同聲說道：羊和狼不是一個圈裏的野牲、雀和鴿不是一個窩裏的鳥兒；過失太大，國王也難庇佑，罪孽太重，佛爺也難推託。親王的事由親王自負其責。壞人的陰影，濕木的濃煙，誰也沒法驅散盡。一個壞人可以危害上百個好人，一匹癩馬可以傳染上千匹好馬。決不能把地下滾著的石塊揣進懷，把青翠淌水的松枝塞進灶膛中。一句話，寺院不能替親王代交罰款。不管四世堅貝央如何苦口婆心地開導，大家就是不同意寺院資助罰銀的。

四世堅貝央一夜整整沒有合眼，牙根幾乎咬得出了血，眼窩黑青發腫，眼白上爬滿了橫七豎白的血絲。但不管怎麼樣，他還是決定要按自己的想法辦這件事。既然毛驢被趕到了冰灘上，那只能強打精神走下去，跌跌撞撞爬出冰面；既然在黑夜裏趕路，那就只能唱著曲吼著嗓伴著鬼影走向黎明。

他明白自己的處境，已經是鼻梁上跑馬，刀尖上跳舞，危險極了，但又沒有其他辦法，只能破財保命保地方安寧。事情還不能耽擱時日，如果天亮後不想法設法達到共識，那反對派的意見就會像狂風掠過，很快控制了全寺上下一致的輿論和頭腦。如果像水拌泥濕糊糊，雖然稀軟稀軟的，可成了疙瘩，就很難掰開掰碎。也像江河水看去溫順柔情，似綢似錦，但一旦決了堤，那就如狼如虎，齜牙咧嘴，吞噬一切，呼嘯千里。因此，得趕前趕前再趕前。

等不到天亮，他擬了一個名單，把寺內那些有影響有頭腦，懂得世俗社會，慧眼識世事，又通達靈活善於應變的高僧擴大到殿前會議上。讓侍僧大一亮就分頭去請，早茶就在殿前議事廳喝，邊喝邊議。

殿前擴大會議上，四世堅貝央絲毫沒有隱瞞自己憂焚如火的心情和內心的矛盾，他是含著眼淚傾吐了胸口的苦水。他淋漓盡致的坦誠，一下軟化了很多人，人們同情他，開始支持他。然後，他毫不掩飾、毫不樂觀地捅出了眼前的嚴竣形勢，以及馬安良借此岔口想搶掠寺院財產的險惡用心。

話到結尾處，他沈重地訴說，這件事不公道，是強姦人意，誰也心裏不痛快，但先哲薩迦班智達告訴我們：君子溫順護己又護人／小人蠻橫害己又害人／果樹結果利己又利人／朽木乾枯毀人又自焚。

他還提醒說：聰明人即使被人愚弄，也不會在大事上糊塗；螞蟻雖眼睛小小，卻比一些大眼睛走得還快。事情再明白不過，官方處罰親王三萬兩白銀，是罵女兒影射兒媳婦；是驚起野雞，射殺香獐。馬安良眼珠子盯的是吉祥右旋寺，所以強逼著我們要擔保。包括我在內，誰也難以接受。雖然我們家族和親王是親戚關係，但這和擔保是兩碼子事，車走車路，馬走馬路，寺院是寺院，親王是親王。可我們不擔保，馬安良不答應，硬碰硬地頂，吃虧的擺著是寺院。他們發兵搗毀寺院佛殿、佛堂，損失就不是一兩萬白銀的事，而是人財兩空，寺院能否存在都成大問題。與其那樣，我們不如像君子那樣，通過溫順姿態護己又護人，使寺院和活佛、僧侶不受傷害。所以，我以個人名義請求各位活佛、富裕僧侶及公私各方借支一萬兩，先把馬安良的官兵打發走，求得政教兩方面的平安。

與會者終於開竅了，權衡利害關係，大夥不得不承認堅貝央想得明智、冷靜，制定的方案是唯一可選擇的方案。很快，按堅貝央的建議，各佛邸、各富僧七拼八湊，湊足了一萬兩白銀先行代繳。爲了不讓寺院吃啞巴虧，堅貝央當場讓親王的代表出具印貼，言之鑿鑿地說定第二年正月付清。

按理說，這件事算圓滿結束了，堅貝央和吉祥右旋寺已經仁至義盡，大慈大悲，普度眾生了。親王應該欣喜若狂，心滿意足了。實話說，要不是堅貝央冒著風險傾力相助，他的身家、地位、權勢、財產都有翻個過的可能。堅貝央、吉祥右旋寺是親王天大的恩澤者。但結果，大大出人之意料的是，親王不領情，顯得麻木、冷淡。惹得吉祥右旋寺上上下下大動雷霆，惱怒不已，雙方的關係一下冰封霜蓋，降到了最冷。

衝突在第二年春天爆發。堅貝央因這事已經解決，便到青海湖畔去遊歷，想散散心舒展舒展筋骨。他走後不久，大寺總管催促親王還錢，親王卻理都不理，斜著眼睛瞪總管，彷彿不是他欠寺院的，而是寺院欠了他的錢財似的。總管氣得身子發抖，扭身就走了回去。

第二天，他命令寺院直屬「神部」阿木曲乎部落集兵出動，阻斷了親王屬下各部落的糧道商經，並劫掠華物，實施經濟封鎖。親王方面也不甘罷休，集兵蠢蠢欲動，雙方刀光劍影，殺聲四起，這就把臉面徹底撕了下來。根本施主成爲對手死敵，而靈魂的拯救者吉祥右旋寺，在俗人親王眼中卻成了惡魔妖怪，相互勢不兩立。原先與馬安良的怨恨，現在完全轉移爲親王和吉祥右旋寺之間的對立情緒。

遠在青海湖畔傳經弘法的四世堅貝央，聽到消息暗暗叫苦。他爲親王和大寺的行爲生氣，怪他們眼光短淺，憑意氣用事，把事情越鬧越大。捏好的酥油坨子不放陰冷處，反而搬到陽光火爐旁去烤，把好端端的酥油烤得到處溢流。

馬安良並不因寺院和親王鬧矛盾而罷休，反而以兩軍統領兼甘肅提督的名義，連連派人移文催促四世堅貝央，咬住堅貝央不放。堅貝央進退維谷，不得不親往親王草原行帳，與親王進行談判，好早日結了這樁本來不複雜的債務。但親王依然不冷不熱，不急不躁，敷衍塞責，舌頭底下滾來滾去就那句話：我沒法一次付清。

這又一次把堅貝央推進到萬般無奈的地步，他淚往肚子裏咽，像個受傷跛足的可憐牧犬，奔波於親王和馬安良之間。一面乞請馬安良寬宥延緩交納時間，一面敦促親王身體力行，立即下到部落中，按所屬戶口趕快攤派收齊罰銀。親王嘴頭上答應「好，好」，但一去就不見影蹤，連個捎話也沒有，好像塵土落進了大山，圓石滾在了大河一樣，完全消失了。

堅貝央氣急敗壞，也顧不得許多，他徑直找到親王藏身匿名的寺方，與其辯論，責備其不夠朋友，更不用說顧及親姻關係。親王竟與堅貝央吵了起來，氣得堅貝央差點昏了過去。幸虧隨行的其他活佛調解，堅貝央才慢慢平靜下來。他後悔早知今日，何必當初，弄得自己人前人後都不是人，這究竟是爲了什麼？還應該不應該相信根本施主親王？還應該不應該相信世界上有骨肉親緣這層血濃於水的感情紐帶？這樣活著在人世還有什麼意義？他沮喪極了，真想死去。但這件事不圓滿，他的世緣無法割斷，他還得把債務結了。

當憤憤不平、怨氣滿胸時，他甚至萌生對自己成爲轉世靈童的悔恨，他埋怨自己爲什麼不生成俗人，生成牧民，卻偏偏生成活佛胚子。當個活佛真累啊，尤其是寺主堅貝央佛位。從身體到心靈，從頭腦到四肢，都累得精疲力竭，心力憔悴呀。就算累是應該的，誰叫你是大慈大悲，普度眾生，指引和拯救靈魂的活佛呢？但現在這種累，是不能言狀，不能宣洩的累呀。

一個活佛有氣不能生氣，不能發怒，依然要保持和藹溫情的姿態，哪怕對方手中攥有棍棒、刀槍，哪怕對方把刀擱在脖子上也不能去殺生，不能以怨報怨，以牙還牙，只能把所有的氣憋在心中，把萬丈怨恨化解在體內各個器管上。這不是自己焚燒自己，自己煎熬自己嗎？這心靈的痛苦不亞於在煉獄裏走過一趟呀。

還有，活佛行爲的楷模，是實踐的楷模，必須言必行，行必果，承諾了的事就得有結果，叫對方滿意的結果，不然，你這個活佛在人們心目中，就不是真正意義的活佛了。就像給親王擔保這件事，既然已經給馬安良承諾了，就得有結果，那怕咬碎牙根，也只有往自己肚裏吞，不然無地自容，難以瞑目。

他硬著頭皮，與親王軟纏硬磨。又請來親王下屬部落中德高望重、富有影響力的高僧大德，老者智者，還搬來了幾位與吉祥右旋寺有聯繫的附近寺院的主持活佛，請他們從中勸導、撮合。最後雙方談好，到十月觀經法會時，由親王先付一萬銀兩，寺院的債務可往後拖一拖再還。堅貝央稍稍感到輕鬆了些，想這次親王臉皮再厚，也怕有所顧忌了。

但情況還是照舊，年輕的親王成了一塊捂不熱的石頭，仍然我行我素。到了限定時間，他大搖大擺返回王府，卻不到佛邸拜見四世堅貝央，而是派了個隨從送來九百五十兩銀子，說今年就這些，明年再看，能湊夠多少銀子他說不準。四世堅貝央氣得直翻眼珠。總管一怒之下把來人扣押於獄中。

真是應了俗話所說的，好漢怕懶漢，懶漢怕無賴。親王竟撒起潑皮，煽動部落刁民數百人，拿著打狗棒、火槍，還有長刀，蜂湧至寺中總管府邸，謾罵圍攻，大有決一雌雄，不來個屍橫血流、絕不罷休的樣子。寺中年輕僧侶們咽不下這口氣，也串聯著要收拾收拾親王派來的這夥氓流們。堅貝央怕事情鬧大，趕緊讓總管放了人退了銀子。

堅貝央已經絕望了，也拿不出什麼辦法來了。他把前前後後的情況如實稟報給馬安良，希望得到馬安良的諒解，解除擔保人的身分，馬安良直接與親王打交道，他們兩家自己解決。但馬安良卻不！仍命令吉祥右旋寺火速催繳，不然要興兵動武。吉祥右旋寺又一次被逼進死胡同，陷於絕境。寺內義憤填膺的部分僧眾，建議仿照西藏拉薩的三大寺，組織僧侶武裝對抗。堅貝央態度十分明朗地堅決否定了。

但聽到馬安良調集部隊、磨刀霍霍地準備進攻親王下屬部落和吉祥右旋寺，親王才恍然醒悟，明白了事態的嚴重性、危害性，他趕緊找到四世堅貝央面前，承認錯誤，答應在限定時間內交納罰銀。經堅貝央從中說合，馬安良最終沒有動兵。

歷時兩年的風波平息了，但傷透了心的四世堅貝央卻因這場風波，精神受到極大的折磨熬煎，身體一下垮了，五個月後與世長辭。四世堅貝央圓寂的一半原因，寺內外不少僧俗都看成是親王的緣故。雙方心靈上都留下了深深的裂痕，根本施主與福田的關係拉開了距離。

要不是大敵當前，他吉塘倉或許不太樂意邀請親王前去觀賞七月桑扎節的法舞和米拉日巴勸法活報劇。但今天，是非請不可的。哪怕親王不肯來，這個外交姿態是萬萬不能缺少的，這是做給雙方百姓看的，是向親王傳遞寺院的親近信號，表示寺院對根本施主的尊重、友誼，相互悠久歷史聯繫的重視。當然，也是給馬麟看的，讓他看到蒙藏聯盟力量的勢頭，不敢隨意輕舉妄動，塗炭生靈。

親王聽到侍僧先行通報，早在二門內的大院中心等候。見到他的身影，就急急迎上前來，雙手平捧著黃絲哈達，恭敬備至地躬身獻上：

「尊貴的總法台吉塘倉活佛，請接受我無比至誠的敬意，你的蒞臨讓我心花怒放，渾身輕爽。」

他接過哈達，翻手搭在親王脖頸上：「祝福親王身心爽快輕鬆，諸事吉祥如意，事業興旺發達。」

親王合掌致謝：「拜託佛法僧三寶保佑。」

兩人手搭手蹬上樓梯，走進二樓會客廳。

吉塘倉神情複雜地凝視著忙著招呼他的親王。他倆未見面也有好些年頭了。他返回大寺那天，親王府也派出了歡迎代表團，但親王沒有露面。

老了，歲月不饒人啊！矮胖的親王雖然還是那樣矮胖，前庭寬寬顯得富態，但那蒙古人特有的高高顴骨上，已經刻上了幾條稜角分明的皺紋，更不用說單眼皮的細長眸子尾有了三條延伸到耳廓的紋路。原來輕狂單純、天不怕地不怕的眼神如今變得深沈了、成熟了，看去有了點城府和思慮，自然，也由清澈變得有點渾濁。三十多歲的人比實際年齡老了七、八歲。他沒有時間閒聊，開門見山地道明了來意。

親王雙手合掌，一再表示感謝，很感慨地提起早期友好如一家的根本施主與福田的親密歷史，對自己處事輕率而引起的隔閡和誤會，也表示了歉意，特別感謝總法台親自上門專意邀請他參加法會的誠意。末了才說他最近身體不舒服，腸胃陣發性作疼，去了怕堅持不到結束，中途退場又會掃大家的興，說不定有些小人又會借機造謠挑撥，所以就不去了，請金座活佛見諒，並望告之大寺其他活佛和先哲們。為了表達對大寺教業的赤誠之情，對總法台的敬仰，我準備了一點微薄的供養，布施每位僧人一塊銀元，半斤酥油，一斤奶酪，一木碗人參果蕨麻。東西不多，但信仰無限。

吉塘倉代表寺院誠摯地感謝親王的供養。親王的決定正是他盤算或期待的最好、最理想的結果。雖然他決定邀請親王出席法會，但心頭還是嘀咕不已。親王如果答應來，則要高高安排在大門廊樓堅貝央座席的旁邊。有了與四世堅貝央那段不愉快的往事，不少僧人心中的疙瘩還沒有冰釋，看到親王高高在上，一定會不舒服不痛快，說不定會產生誤會，引起不必要的風浪。而如果親王冷冷拒絕他的邀請，不給他吉塘倉面子，那風聲傳出，不更引起寺內僧眾的反感與怨恨，加深了雙方的隔閡嗎？兩者都是他擔心的。現在好了，一切擔憂都雲消霧散不用去想了。更叫他感動和欣慰的是親王的姿態。

他對吉祥右旋寺七月勸法會的供養，不只是布施一點食品、銀元，而是傳達了與吉祥右旋寺和解的訊號，表達了願意重歸於好的親近心情，這才是天大的喜事。有了親王的這個姿態，吉祥右旋寺即使遇到天大的麻煩，起碼後院平安，不會腹背受敵。至於以後還會不會發生矛盾，那是以後的事，誰也無法預料，只要眼下和順和藹，他就心滿意足了。

吉塘倉樂顛顛地返回了佛邸。

法會很成功，貢保道吉和米拉日巴都表演得很出色，尤其答辯內容與以往相比，尖銳潑辣，切中時弊，有理有節，震動很大，反應不錯。僧俗上上下下交口稱讚。

法會結束後，他給六大學院安排了學習任務，要各學院暫停其他學業，一律溫習五部大論中的《律宗論》，要結合本寺的現狀實際，組織辯論，重點理解止持戒和作持戒。也就是說，懂得預防和制止各種非常規行爲和惡欲惡行，身口不作諸惡。懂得行善樂施、改邪歸正、棄惡從善，牢牢遵守沙彌五戒和比丘二百五十三條戒律。

他要通過這次整頓，使吉祥右旋寺所有活佛、僧侶的思想道德，言行舉行，都回到佛門規定的戒律之列。實行佛教要求的思維定勢、語言定勢、行爲定勢和生活定勢，形成合乎佛教教義和道德標準的心理定勢。塑造出高尚、脫俗、超凡的人格形象。

時間上他定為半個月。

對寺中那些桀驁之徒，他先擇選了八大部落的兩個頭頭、散夥中的三個搗蛋者，利用五個午間集會時間，把他們點名出列，首先宣布他們所違犯戒律的事實種種劣跡。訓令一個個捧道《周吉哇》①經文於頭頂，向著護方十五神和閻羅法王起誓，承認自己的行為違規了佛門教義。然後帶領全體僧眾到大經堂前的石板廣場，把違規者的僧衣剝去、全身赤裸，令其抱住粗大的經幡旗桿，由執戒僧人抱來一抱紅柳條子抽打屁股，一直到紅柳條子全部打斷為止。再給披上一件破爛氆氌褐衫裹身，在眾僧的嘲笑口哨聲中逐出寺院。

連續五天的整場，弄得其他刁僧頑徒們也個個心驚肉跳，雙腿發抖，兩眼無神，垂頭喪氣，不知道哪天會輪到自己。

寺內正氣占了上風，烏煙瘴氣一下消散，上上下下都嚴謹作風，注意戒律，人心都凝聚到一起，像鐵板般團結得漏不進一絲風。

忙完戒律整治，他抽空把金牧師請到如意寶珠別墅，倆人款敘離別之情後，他鄭重其事地請求金牧師以一個朋友的身分，在吉祥右旋寺逢到馬家官方刁難時，能從中斡旋說和，化解矛盾。他說得很直率，說今天的中國，軍閥之間誰也不怕誰，就怕洋人插手，連皇上都怕洋人，下面還有誰不怕呢！

金牧師一笑，回應說：作為朋友，你的事就是我的事，我決不推託敷衍，但教派歸教派，寺院歸寺院，不和私人感情摻和。

他矜持地也一笑了之，調侃道：「你我除了宗教和寺院，還能有什麼事？你說說。」金牧師一愣，倆人相視，不由會心地哈哈大笑。

他又馬不停蹄地跑到醫學院，與法台悄悄商議決定，醫學院所有年級，三天後自帶乾糧、帳篷、馱畜，分頭去首曲黃河、白龍江畔、松曲河兩岸採藥。重點採集折古賽頭、奧勒西等各種清熱退燒消炎止痛、接骨止血、外傷上需運用的藥物。在社會上大量收購麝香、熊膽、鹿茸、鹿血、娃娃魚等止血消火、治癒槍傷的動物藥料。要比平時的規模大出三、四倍，各種丸劑、粉劑、湯劑得在年底準備足。爲此，他還讓醫學院吉哇去從大寺銀庫中領取五百元銀洋，作爲採購珍貴藥材的資金。

他向醫學院法台說了實情，說佛父佛兄這次攜佛主到蘭州，名義是拜謁班禪大師，實際是去告狀打官司，想扳倒馬麒，恢復吉祥右旋寺的政教大權。

扳倒馬麒不容易，可能要引起戰爭。藏人沒有訓練、武器又差，所以肯定吃虧的是藏軍。雖然我不贊成用過激的手段去幹條件不成熟的事，但我們還是要傾力支持。手心手背都是肉，天下藏人是一家，努力把死亡降低到最小程度是我們大家有的希望。出家人能力有限，要做的也就是誦經念佛，祈求佛祖保佑，禳災祛邪，再就用藥來延長藏人的壽命，減少他們的痛苦。

他也懂醫學。藏傳佛教十大知識學科中，醫學是重要一支。按要求，一個活佛在主持寺院總務之前，得掌握十大學科知識的精髓，這樣才算全知俱善的博士，在知識層次方面達到了活佛境界。他受過正規訓練，所以醫學方面也算精通。他和法台把這一階段的製藥範圍框定在創傷一科中了。

藏醫把創傷分爲八大類型，分別爲皮膚擦傷、肌膚剖傷、肌膚截傷、深裂損傷、不全斷裂、完全斷裂、破碎損傷、管狀損傷。這八類創傷各有各的要害、各有各的症狀表現，所需藥物也就不一樣。他與法台商量列了個需用配藥的藥料成份單子，作爲這一次行動的內容，或採摘或購買。內服以瓦葦爲主藥加倍，配以蛙背石、矛頭石、鈣質結核、石砂、鐮形棘豆、能膽、木賊草、白石棉、藍石棉等。外敷的則用血竭、紅花、石灰華、制硼砂、熊膽、蛙背石、鐮形棘豆、石朱砂，共同磨成細末，撒於患部。

發炎血熱出黃水階段，需要用的藥宜犀牛角、鹿角、紫檀香、白檀香、金色河子、石灰華紅花、肉豆蔻白雲香、草決明黃葵子、花丹熊膽、織錦緞灰、貝齒炭、黑蒿灰、文官木、白糖，共研成細末，用紅耳鼠兔糞膏煎汁送服。

對槍傷刀傷後發生癘熱、內熱、膿血黃水，如何採用飲食療法，外治傷法，以及生活起居禁忌，也都進行了安排。

吉塘倉要求法台列一個業務骨幹的名單。這些醫僧必須身強力壯、頭腦靈活、悟性很好，又有外科處理經驗。等採藥配藥之後，對他們要集中進行訓練，做到對八種創傷的臨床處理熟練自如，快捷有效。到了非常時期，好鋼用到刀刃上，他們說不定得脫下僧服，穿上俗裝，到與馬麒軍隊作戰的藏軍聯盟中去當醫生。

他不放心，又叮嚀法台，在採藥製藥數目完成後，全學院集中學習外科臨床方面的知識，以治療創傷爲重點，打一次知識功底的攻堅戰。

直到把醫學院佈置完畢，他才鬆了一口氣，兩隻耳朵高高翹起，一隻聽蘭州方面的消息，一隻聽寺內外的風聲雨聲……

洛哲順著陡坡爬上緩坡。吉塘倉目光凝視氣喘吁吁向上爬坡的洛哲，思路卻依然泅游於回憶的曠野上。

那兩年是他一生中最難熬的日子啊，用度日如年、心急如焚來描述一點也不過份。兩年來，他沒有睡過一場囫圇覺，一顆心整天懸在半空，再累再疲憊也是閉著一隻眼睜著一隻眼。他怕出事，怕飛來橫禍殃及吉祥右旋寺。

斷斷續續的消息有時讓他心驚肉跳，夜裏有做不完的惡夢，有時又讓他欣喜鼓舞，升起信心。

佛父佛兄在蘭州向甘肅總督陸洪濤控告馬麒，調解馬麒與吉祥右旋寺之間矛盾的事沒有獲得預期結果。他們從蘭州返回後，沒有來吉祥右旋寺，而是到離開馬麒軍隊控制的美爾寺院，組成反馬司令部，調遷寺屬各部落，集兵近萬人，在仁井草原與馬麒的援軍展開了一場血戰，先勝後敗，倉惶潰退。

馬麒的寧海軍衝進寺中要燒殺搶掠。他奮身前去，辯理爭執，敦請馬麟出面說明吉祥右旋寺是吉祥右旋寺，堅貝央和佛父佛兄的舉動是個人行爲，和寺院沒有關係。寧海軍占不住理由，就把堅貝央佛邸和佛主家族的財物掃了個精光，對寺院和佛僧沒有傷害一根毫毛。

這件事輿論譁然，大多僧俗感恩戴德，認爲是吉塘倉拯救了吉祥右旋寺，也有人卻不以爲然，說吉塘倉是親漢派，所以面子大，馬麒馬麟看得起他。不管別人說好說壞，他都一直是捏著一把汗，膽戰心驚的，唯恐寺院受傷害，毀與譽他顧不上去過問。

佛父佛兄堅決不低頭，依然集兵對抗，又上訴省府和中央告狀。結果雪上加霜，又遭寧海軍的偷襲，傷亡慘重，只得向川邊首曲黃河的銀角灘撤去。打仗打不贏，便組織告狀團由澤旺率領，去蘭州告狀，想透過造輿論搞倒馬麒。這一著自然無法扳倒馬麒，馬麒對參與起兵的各部落迫害更厲害了，草原上空翻騰著烏雲，吉祥右旋寺教區彌漫著黑暗和恐懼，處於前途難卜的最艱難時期。

他啓動了應急措施。先由他親自主持六大學院僧眾於大經堂，每天早午兩次集會誦念平安禳災方面的頌經，祈求佛法僧三寶賜予和平、安寧、解除惡魔手中的血腥之劍，給吉祥右旋寺教區內外撒灑陽光、春風、香花。第二項則是醫學院醫僧傾巢出動，以化布施爲名，帶上大量藥品器械，到起兵部落醫治創傷，儘量減少藏人的傷亡。對外稱是青海塔爾寺、隆務寺的遊僧，不暴露是吉祥右旋寺的，以防止寧海軍發現後，說寺院和佛父佛兄串通一氣，火上加油，遷怒於寺院。

第三項舉措是組織以監察官「夏俄」爲首的緝查隊，由各學院選出二至三人參與，二十四小時巡邏。山門和各巷道都派緝查隊員値班把防，誰要出外，須有他總法台親自簽字的條子才行。這也是爲了防止那些調皮搗蛋，專弄是非、不顧大局的小僧徒出外尋釁鬧事，給寧海軍造成口實，借機打擊吉祥右旋寺。他得防患於未然，關嚴帳門釘牢橛子，不讓賊狗鑽牧帳吃酥油喝鮮奶、叨走羊腿子。

他清楚佛父佛兄走的是一條孤注一擲的道路，無法預測勝利還是失敗。如果不是天意，沒有貴人相助，成功的可能性很渺茫，甚至說，一開始就是一著十分冒險的棋子，是佛父佛兄憑意氣、由性格進行的一場羊與狼的較量。十之八九是要失敗的。

他沒有機會勸阻，即使在寺想勸阻也勸阻不了。雙方都急紅了眼，鐵塊砸石頭，直撞火花，恨不得吞了對方。誰能勸得他們罷休欲望。要責怪先得遷責馬麒，殺人越貨，斂財無度，連穿袈裟的僧侶、活佛都不放過，是人嗎？但馬麒能勸說過來嗎？他搖搖頭。他是針尖上削鐵，狼窩裏奪肉的貪財之徒，只有利益是他的生命，除了利益，他能聽誰的話？他露出牙齒不嘗幾口血腥會善罷干休？

最根本還是，藏軍是打不贏馬麒的寧海軍的。寧海軍被大清皇帝嘉譽為精銳西軍。他以馬麒家族子弟兵為骨幹，以回族、穆斯林、家鄉人為主組成，全是騎兵，配備有機關槍、迫擊炮等重型武器。他們是經過現代嚴格軍事訓練的專業軍人，只管打仗，不用考慮後勤輜重。他們身經百戰，和洋人交過手，鎮壓過造反的回民軍，一個個驍勇強悍，縱橫天下。而烏合之眾，散兵遊勇式的遠古藏人牧民，怎能是他們的對手呢？哪怕你勇敢一百倍，體魄健壯一百倍，地形熟悉一百倍，氣候適應一百倍，但你能敵過彈如雨淋的機關槍子？敵得過能削平小山頭的迫炮彈嗎？還有那天降冰雹般的手榴彈，以及又長又鋒利又便捷的騎兵砍刀？在他們面前，藏人不成了砧板上的軟肉，一盆盆血水。佛法僧三寶只能指引靈魂而不能阻擋子彈，護身符只能避邪袪鬼，而無法不讓炮彈落地。狼一旦裝備上了獠牙爪齒，那就橫行無忌呀。

他不能見死不救。堅貝央是他主持認定並接迎來的佛主靈童，吉祥右旋寺的興衰存於他一身，佛父佛兄哪怕有多大失誤，也是為了堅貝央的政教大業，為了吉祥右旋寺的興旺，為了教區幾十萬藏人的自尊自由而去冒這個險的，在這生死存亡之際，決不能因為個人的恩恩怨怨而迷失了大方向，成了整個佛門、寺院、教民的罪人。他不是那種鼠目寸光、斤斤計較的小人。

他通知仁增，先悄悄給佛主堅貝央送去三萬塊銀洋，需要什麼物資隨時就近供應。在佛父佛兄流浪期間，商隊利潤的一半饋贈給他們，作爲反馬活動的經費。但一切都得單線聯繫，不得洩漏消息，防止寧海軍抓住把柄危害寺院。

真是佛法僧三寶保佑，天不滅吉祥右旋寺。真是吉祥右旋寺積了功德，有不淺的福份。碰上了國民軍要剪除馬麒軍閥勢力。佛父佛兄也算遇到了貴人，遇到了國民軍司令、甘肅軍務督辦馮玉祥，遇到了馮玉祥麾下的共產黨人宣俠父。是他救了大駕幫了大忙，逢凶化吉，驅散了烏雲，趕走了黑暗，讓吉祥右旋寺和佛父佛兄見到了陽光春風。

佛父佛兄陪伴佛主返寺時，寧海軍已全部撤回西寧。臨撤前，馬麟從河州來到金鵬鎮，他帶上禮品前去探望。臨告別，馬麟突然冒出一句話：「別看這澤旺尕娃得意，過上十年咱再看誰是兒子娃！」他的脊梁上一下滲出冷汗，他用陌生的目光足足盯了好一陣。他未想到馬麟的心這樣深、這樣毒。

後來，他把這話說給佛兄澤旺，澤旺也愣了好一陣，眼裏湧過一抹複雜的神色。

❖ ❖ ❖

①周吉哇——藏傳佛教中祭祀護方十五神和閻羅。

第十二章　風雨見眞心

風雨磨難中見真心。尕司令造反軍如冰雹前的烏雲籠罩一般，吉祥右旋寺面臨滅頂災難。堅貝央一句話，使吉塘倉下決心生死置之度外。

洛哲上氣不接下氣地爬到原上，想說話卻累得只顫動嘴皮出不了聲，停立原地只翻眼珠。

吉塘倉一看他有點緊張的神情，心裏突地一跳，他以爲雲超娜姆的病情發生突變了，急忙站起迎上前去。

洛哲氣喘未定：「大師——大師——派——派人——」

吉塘倉扶住洛哲，讓他坐在草地上歇一歇。只要不是雲超娜姆的病情，他什麼也不在乎，堅貝央縱使有事，也不會是什麼大事，佛父佛兄壟斷了大事決策權，輪不到他吉塘倉發表意見操那份閒心，現在吉祥右旋寺成了佛父佛兄的天下了。

「大師派人來請，請你，有要事商量。」洛哲換過氣，急急稟報。

他心裏一喜一驚，喜的是堅貝央還沒有忘掉我這個剃度師傅，有事常請他吉塘倉去商議，表達內心的尊重和信賴。驚的是又發生什麼要事了，一大早就派人請他過去。他已經成了救星，這個家族有解決不了的問題就會請他去，難啃的骨頭總是擱給他。但堅貝央好像和佛父佛兄不一樣。管他哩，去了就知道是啥事的。

當他袈裟齊整地來到堅貝央佛邸時，管家已經在樓梯口等候他，佛主站在德陽廈二樓欄杆前，只穿著背心和筒裙，沒有穿袈裟，赤著胳膊招手表示歡迎。

上樓梯時，他問佛邸管家，還有請其他佛僧嗎？

管家搖搖頭：「就佛主一個。佛主今天情緒很好，可能想找你隨便聊聊。」

他上到樓上，堅貝央在樓梯口等著他。他嚇了一跳。堂堂吉祥右旋寺寺主活佛、對他下面的活佛、高僧，他從來沒有給予過這樣的禮遇啊。他受寵若驚地急忙右膝著地要跪拜，堅貝央一把拽起他，佯嗔道：「你是我請來的貴客，這樣做不是讓我難堪嗎？」

兩人相視一笑，肩並肩手拉手相攜走向西北角的客廳，吉塘倉心頭漾過一絲一絲的暖意，剛才山頭上想到的不愉快往事早已煙消霧散。

佛主的會客廳不像一般活佛的客廳小窗單門扇，小眉小眼的，而是像省城官僚大宦人家寬敞明亮。是雙扇。朝陽的東、南方向的窗戶全鑲著蘭州拉來的玻璃，窗戶又寬又高，幾乎像個落地窗，窗格間隔很大，採光很好。只在牆腳二尺高砌了青磚，而青磚裏外都用冷杉松木板包嵌。清油日日擦拭過的板牆，透出松木鵝黃色的原色，明快、輕爽、舒適。東、南方向的玻璃窗從早到晚陽光燦爛，暖如春風。

又由於寺主的佛邸德陽宮位於寺院西坡上，比大經堂、辯經場還要高出十幾丈，是大寺的制高點，加上玻璃的透明無遮，坐在窗前，全寺每個角落都一覽無餘，全收進眼簾之中，有什麼動靜或異常情況都瞭如指掌。真有點高屋建瓴，虎踞龍盤，勢如破竹的天使氣勢。

他瀏覽著宮廳的擺設。任誰也難能相信這是吉祥右旋寺寺主，最高活佛的會客廳，倒感覺是在省城蘭州或是國都南京。靠窗是一個又寬又長的寫字檯。黑油漆油得整個烏亮烏亮，像座黑金雕塑，擺在桌子最裏面的不是長條藏文經典，而是排列整齊的漢文現代印刷書籍。正中央擱著一本打開了的又厚又大的詞典，旁邊是一本巴掌大但並不薄的漢字字典。從內地買來的藍墨水瓶和一隻派克金筆尖鋼筆放置在右邊，看不見藏式銅缽墨水瓶，也沒有削得尖溜尖溜的蘸筆式竹筆放在右手手頭。寫字檯靠右擱著的是羊胃囊般的圓球搭在支架上，可手撥轉動。

金牧師曾經告訴過他，說這叫地球儀，人類居住的世界形狀就是這樣子。他曾不以為然地反駁過，說佛經寫得很明白，世界是以須彌山為中心的一種世界，山頂上有帝釋天①，四面山腰為四大天王天，周圍有七香海、七金山。第七金山外有鐵圍山所圍繞的鹹海，鹹海四周是四大部洲，也就是東勝身洲、南瞻部洲、西牛貨洲、北俱盧洲。金牧師則搬出哥白尼的太陽學說，兩人常辯得不亦樂乎，誰也說服不了誰。

年輕的堅貝央在顯目位置擱個地球儀幹啥用？他好奇地走過去撫摩地球儀，還好玩地撥拉了一下。地球儀像個滑膩的玻璃蛋，滴溜溜轉動起來。他看到那些標示地名的漢字印刷體下面有堅貝央填上去的藏文正楷字。他草草掃了一下，是沒有詞義的地名。他納悶了：「這地球儀還有用處？」

「有用處！天下事就像毛繩織出來的犛帳篷，一根繩斷了，其他扣網就跟著散了架，漏雨灌風是小事，說不定中心傾斜，整個帳篷都會坍塌。藏傳佛教近代常常吃虧，就是我們沒有嗅出世界的風向。」堅貝央興致勃勃地解釋說。吉塘倉心頭咯登一震，若有所悟地點點頭。

「我真想飛出這閣樓，到全世界周遊一遍。」堅貝央感慨地補充了一句。

吉塘倉笑了笑，以爲是說說笑話而已，不以爲然地回過頭掃了一眼堅貝央，卻看到堅貝央一臉正經，眼神堅毅有神。

吉塘倉一愣，心情一下複雜，不知提什麼話頭爲好，只得繼續隨意瀏覽會客廳。會客廳真變了！不是未去拉薩朝佛深造前的樣子。裏面的陳設全換成了洋式、西藏式、漢式三樣混合體，說不出是哪種風格占了上風。裏牆兩側貼了兩張羊皮大的地圖，從圖樣他能猜出兩個半球的是世界地圖，那個圖內像公雞樣的是中國地圖。另一面牆板上釘了許多釘子，掛有照相機、望遠鏡、帆包挎包，自己編製的藏曆表等等。

令他驚訝困惑的，是牆上還掛有一把精巧漂亮的裝鞘劍，一枝衝鋒槍。這可是殺生的凶器啊！西藏地方政府頒佈的法規中，之所以把鐵匠劃入黑骨頭的賤民夥，就是鐵匠冶煉製造的鐵器能成爲銳利無比的殺人工具。

他半是驚異半是疑慮地審視堅貝央。

堅貝央臉上沒有表情，但厚嘴皮裏卻鏗鏘有力地吐出一串震撼心肺的話語：

「要不是國民軍的劍和槍，我堅貝央與這座樓斷了緣分；要不是馬麒的劍和槍，我堅貝央也不會流浪三年載。這世界，有些事可以不聞不說，但不能回避不幹。魔和妖霧還得用金剛杵來戳來捅，用法輪去撞去碾，用傘蓋去擋去遮。你是金座活佛，是有名氣的詩人、散文家，你說說我的想法對不對？」

吉塘倉瞠目結舌，站在原地一動不動。堅貝央的提問太突然太現實，也太哲理性。對這個問題他有過感覺，但沒有往深裏思考過。平常，滿腦子全是教義、戒律，人們稱他爲社會活動家，但社會上見多不怪的現象他卻很少去追究探詢，眼光一直盯在佛寺佛僧裏，寺外的世俗規律幾乎視而不見、視而不聞、視而不思。可堅貝央他卻一眼看透世俗事萬千表象下面的本質，看得遠，看事不一般，真不簡單啊！現在他已不是以前那個只會瞪大眼探詢世事的小堅貝央。他從尷尬轉圜爲欣喜，連連點頭表示贊同。

他又目光滴溜溜地轉動，往套間裏張望。套間靠裏中央是一張大床，而不是土坯石板砌的火炕，據說這張床可軟可硬，全是彈簧織成網撐起的。床的兩頭是兩張精巧的三角桌。右面擱著外國產的留聲機，留聲機大張著口，針頭音臂高高伸出。旁邊是一摞烏黑發亮的唱片；東牆角三角桌上是一座長方形收音機，用上等柏香木裝嵌，落口大方又不失精湊巧妙。

他一直覺得這個小木匣很新奇，很深奧。就憑把螺旋開關一扭，什麼海岸對面的消息，喜馬拉雅山那邊的歌舞，高鼻子藍眼睛紅洋人、白洋人的話語全都收進來了，傳出去了。還有說的唱的、彈的拉的，哭的笑的，只要世上出聲的東西，那匣子中全都有。

自從他聽過這小匣子的聲音後，心間就開始暗暗嘀咕，這世界上除了佛祖、三世佛、十方護法神以外，還可能有種神通無比不可捉摸的一種力量，不然，這神奇的匣子誰能創造出來，誰能駕馭得了。看來，世界上除了佛教教義能說清楚的，還有很多說不清楚、道不明白的物象啊。怪不得堅貝央如此睿智聰明，有小匣子整日給他灌注智慧和知識，給他拓展眼界、磨礪眼力，他不聰明才是怪事。

他收回目光，眸子又快速地掃了掃客廳。客廳四面鋪設的不是西藏卡墊，而是漢地運來的沙發，他在成都楊森主席的客廳裏見過的那種真牛皮沙發。屁股坐進去忽閃忽閃的，整個身子彷彿掉進羊毛堆裏般舒暢。坐時不需要像坐卡墊般盤腿窩著，而可以翹腿垂足、挺胸昂首，左右流盼轉動，要多自在有多自在，要多愜意就有多愜意。

茶几卻是藏式的，長有六尺餘，寬約三尺，兩側客人都方便。紫檀香木雕成，桌面漆得能映出人的五官眉毛，中間鏤有獅、虎、龍、大象、天馬等吉祥動物。周邊上首是吉祥八清淨，即八寶圖案輪、螺、傘、蓋、花、罐、魚、花。下首是七珍寶，有劍、虎皮、坐墊、供佛水、袈裟、佛殿和輪子。右面雕鏤的是五甘露，即盤或碗中盛滿的蜂蜜、石蜜、乳酪、酥油，左面是五穀，有稻米、大麥、小麥、綠豆、芝麻。雖然桌面上覆有小姆指粗的厚玻璃板，但一個個栩栩如生，勃勃生機，呼之欲來，呵之躍動，精巧得和真的一模一樣。它們好像隨時準備著要從玻璃板下面鑽出來、跳起來似的。

幾本雜誌雜亂地撩在茶几上，有的合頁，有的翻開，是螞蟻般他認不出的字體，但他知道那是英文，是大海那邊十分遙遠一個國度的人運用的文字。翻開的書頁上有照片，有人有風景，煞是好看。他知道這些書全是金牧師拿來讓堅貝央翻閱的。堅貝央在跟金牧師學照相，學英文。金牧師也是堅貝央的好朋友，隔三間五他就過來了，好像這兒不是藏傳佛教寺院，而是他基督教的教堂教區似的，他串門就像走親戚般自由自在。

「請尊師隨意坐吧，今天就咱師徒倆，不會有外人干擾的。」堅貝央一邊倒茶一邊解釋。

吉塘倉疑惑地望著堅貝央年輕的臉。

堅貝央猜出了吉塘倉眼神後面藏著的意思。一笑，打了個響指揮揮手，眼裏浮起自嘲：「都走了，我解放了，阿哥昨天去蘭州了，阿爸咳嗽感冒躺在王府村家中，阿叔去林區巡察有無賊人偷砍寺院林地。看眼神行事的日子真難熬啊，我煩透了。」

吉塘倉心裏又是咯登一沈，下意識地把剛貼到唇邊的茶碗又擱在茶几上。他腦海裏飛快閃過一朵疑雲。寺主這句話是什麼意思？是真實情緒的流露，還是故作姿態地探試他？還是他們家族內部真的出現了矛盾，想找個同盟軍強化自己的資本？他猜不透，真猜不透！

西康人的腦瓜不像安多人那樣簡單，多了幾個計謀的槽槽，有七拐八彎好幾道，所以這嘴巴還是焊牢了好。當然，他心裏也有桿秤，知道堅貝央和佛父佛兄不一樣，就像一句古老的諺語所說的：「烏鴉雲雀貓頭鷹，雖然棲在同一棵樹上，但各自想的心事不一樣：烏鴉盼的是那裏能啃食到屍骨肉；雲雀盼的是黎明蒞臨唱晨曲；貓頭鷹盼的是黑夜快快來。」堅貝央生來與普通人不一般，他有自己的見地、自己的志向，說出來的話一句一個坑，有誠信可信賴。他做事坦然公道真誠，待人也是如此，不是那種需要時把你供奉爲護法金剛神，不需要時把你視爲污穢邪惡之物、拋得遠遠的小人小眼光。對堅貝央的人品素質，他相信自己的眼光沒有錯，但他畢竟和佛父佛兄是一家人啊，即使再有矛盾，也是血濃於水，骨頭斷了連著筋。他抿緊嘴還是沒有吭氣。

堅貝央意味深長地摳了一眼吉塘倉：「我知道你心裏想的啥，但俗話說，一個窩裏的雛雀有花的、白的、黑的，更何況一個家庭。五個指頭有長短，我們弟兄們的稟性更是不一樣。師傅，我要坦誠的告訴你一句話：吉祥右旋寺是穿袈裟、戴金冠帽的僧人的吉祥右旋寺，而不是穿皮襖留長髮的俗人的吉祥右旋寺。」

像針戳、鐵錘砸過，吉塘倉心頭強烈地震顫了一下，一股熱流從丹田忽地湧上胸口，流向腦門頂，連眼眶都開始發潮。這話正是十來年中一直憋在他心中的一句話，想不到堅貝央說出了口。他激動得想站起來抱住堅貝央傾吐心底漚著的許多話，但他忍住了，直呆呆望著堅貝央傻笑。

「咱師徒倆先別忙著發牢騷，我給你帶來了幾件禮品，請你看看。」堅貝央旋風般走進裏屋，手拎懷抱著幾樣東西出來。

「你看，這是緬甸翡翠打製的鼻煙盒。」堅貝央把一隻精巧玲瓏、碧綠如水波的鼻煙盒托在掌中，遞到吉塘倉眼皮下，讓他欣賞鑒別。

吸鼻煙是藏傳佛教僧侶活佛時尚的習俗，也是雪域老人老媼們生活的一部分。鼻煙由曬乾碾成粉末的煙葉，摻和進山上「蘇魯」枝的綿細灰燼而成。味道很濃烈很嗆人，誘得人噴嚏不斷。吸鼻煙能通氣提神，消除疲憊，清醒頭腦。聽說大清皇帝在時，皇親國戚和京城八旗貴族都把吸鼻煙當作時髦，人人都隨身揣著個鼻煙盒。他有吸鼻煙的習慣，也就愛屋及烏，特別喜歡收藏各種精巧的鼻煙盒。

「這是噶廈政府一位噶倫送給我的，說是家傳之寶，有五百多年歷史。」

吉塘倉誠惶誠恐地接過，愛不釋手地摩挲著，觀賞著。

「這是克什米爾的藏紅花，對婦女生血滋補有特別的效果。」堅貝央把一個鐵製筒子推到吉塘倉面前：「這是我派管家從印度人開的商店裏買來的，是正宗貨。」

一聽這話，他眼前馬上閃現出雲超娜姆失血的慘白面孔，太好了，正用得著。他兩手下意識地按緊了鐵筒。

還有這個，堅貝央旋開了一個表面繪有冒熱汽牛奶的硬殼筒子：「這是保溫筒，熱茶熱飯都能盛。什麼熱食物只要擱進去，旋好蓋，過幾個時辰再拿出來，依然是原來的熱度。吃著舒心放心，它是咱高寒雪域的太陽神啊。」

吉塘倉欣喜地端詳保溫杯，又提起環子杯搖了搖，試了試。他已經想好了保溫筒的用處，拿保溫杯每天給雲超娜姆送燉好的蟲草羊肉湯、川貝羊肉湯、蜂蜜紅棗羹，讓自己有機會用實際行動表達內心的情意。

他要張口表示感謝，堅貝央用手勢攔住了。他神秘地把手往袍裏插去：「師傅，你閉住眼伸出胳膊來，我還有一件禮品送給你。」

吉塘倉又好笑又感動，覺得堅貝央今天如此調皮純情開心，彷彿回到了孩童時代，說明他把自己當作一家人了，當作知己朋友看待，沒有把他當成外人。他腸子裏熱呼呼的，胸口微微起伏，心頭的隔閡一下化作氣泡消散。他聽話地閉上眼睛扭過頭，兩條手臂平伸出去，什麼也不去想、不去猜。

一條冰滲滲、滑溜溜的帶子爬上左胳膊腕，並啪地一下卡緊了。他猜出是一隻手表，可這隻手表不像是一般的表。它重甸甸的勝過一般表。這是什麼表呢？

「可以睜開眼睛嗎？」他故意咬字拖調地問道。

「可以，睜吧。」

吉塘倉看到自己手腕上戴著一隻懷表般大的黑面銀殼手表，表面不同位置鑲著大小不均的圓圈圈，分別有幾種針頭密密麻麻地在走動晃擺，整個表厚重富態，又藏著一種神秘、深邃。

「這是最貴重、最新款的瑞士勞力士手表，多高的天空也不停止走動，再深的海底也能聽到它的喀嚓聲。摔在石塊上也不出故障。我花了八百大洋，托人從印度加爾各答買來專意送師傅作爲紀念的。」

吉塘倉心頭喜水蕩漾，眼角浸出淚花，嘴裏卻一個勁囁吶：「禮重了，禮重了……」

「師傅恩重如山，不是您尋訪認定，我哪能坐在堅貝央這個位置上；不是你苦心周旋，馬麒、馬麟不會放過吉祥右旋寺；不是你使盡解數，尕司令的造反隊伍早一把火燒光了吉祥右旋寺；不是你資助十萬銀元，五年前我堅貝央去拉薩學習深造、朝香拜佛的願望就成了泡影。師傅的恩情我銘記在心，只恨平時難以報答。」堅貝央說得激動了，眸子上蒙了一層水花。

吉塘倉眼角噙著淚珠嘩地掉了下來。臉上肌肉抽搐顫動著，他顫顫抖抖要站起來，卻被堅貝央輕輕按了下去。

「我今天請師傅過來，除了饋贈禮品，表達敬意，還有一件事想求你幫忙。」

吉塘倉用手背揩去淚痕，昂起頭平靜地問道：「說吧，什麼事？」

「寫個劇本，創立咱安多藏區的藏戲劇種。」

「劇本？」他爲難了，尷尬地搓開雙手思索。他會寫傳、散文、論文、公文，但劇本卻從未寫過。平常也只是看過一些戲，有衛藏地區的阿姐娜姆戲，有去內蒙、山西、西安、蘭州看過的幾場秦腔、京戲。除此以外，什麼是戲他一概不知，更不用說嘗試寫過劇本。堅貝央今天把一道想起都未曾想過的難題擺在了他面前，他不敢抬頭，不知道該如何面對堅貝央充滿期待、充滿希望的那雙大眼睛。

「我知道為難師傅了，我把全寺所有的活佛、高僧都用心秤掂了一遍，唯有吉塘倉活佛能勝任這吉祥右旋寺開天闢地第一業舉。」堅貝央很鄭重地說道。

吉塘倉困惑不解地探視著堅貝央。

「吉塘倉活佛系統有著文學傳統，享譽中外，能寫能說，又見過世面，懂得人情世故，寫出來才能打動人心。」堅貝央的目光誠懇、執著，有點咄咄逼人，擺出非叫他答應不可的架勢。

吉塘倉沒有辦法推卻，但他心裏無底，老虎吃天無處下爪，他還是怔怔望著堅貝央發愣。

「師傅想知道我為什麼異想天開地要搞什麼劇本，搞什麼安多藏戲嗎？我還是剛才那句話：吉祥右旋寺是穿袈裟、戴金冠帽佛僧的吉祥右旋寺，不是穿皮襖、揹刀槍的俗人的吉祥右旋寺。要振寺院的威風，揚寺院的名氣，光靠講經念佛不行，要通過藝術的翅膀，把我們的心氣、精神，要說的話全傳揚出去，化作教民靈魂的照明燈、方向針。要讓吉祥右旋寺和堅貝央、讓三千名活佛高僧雄踞他們胸坎的中央、彌漫他們頭腦的每根神經。」

吉塘倉若有所悟地點點頭，這會兒他才明白堅貝央的苦心所在。這是一場較量。但不是刀槍子彈的較量，口舌的辯論，而是另一形式的嚴竣較量。目的就是把吉祥右旋寺失去的政教大權從穿皮襖、揹刀槍的俗人手中奪回來。至於這俗人是誰，他和堅貝央心照不宣，心裏很清楚。

「好，我接受大師的委託。」他堅毅地直視堅貝央的目光：「你要我寫什麼？」

「松贊干布！」

「松贊干布？吐蕃開國明君？為什麼不搞佛經故事，偏要寫一個世俗帝王？」

「不！他身上有著政教兩業的光輝，既統一了大藏區王國，又引進了佛經佛僧，佛法僧三寶終於在雪域扎下了根柢。這個功德、這個佛業，正是我堅貝央學習的楷模，也是所有黑頭藏人僧俗追求的志向。我想透過這樣一齣戲，把大家的心凝聚在松贊干布的麾下，一掃萎靡不振之氣、散漫分裂之風。」

吉塘倉亢奮地笑了，他站起身拽住堅貝央的手腕，在對方手背拍了拍：「你請我來，原來不是爲了饋贈從拉薩拿來的禮品，而是要給我套籠頭上馱子呀。我上當了，上當了。」

兩人會心相視一笑，手握得更緊了。

午飯準備得豐盛又獨特，沒有傳統的藏式套餐。也就是說，沒有捏死麵灌湯羊肉包子，沒有煮手抓羊肉，沒有盛蓋澆酥油汁的人參果米飯，更沒有端燴菜和酸奶。他倆步入餐廳時，桌面上已經擺有幾碟小菜，有油炸花生米、煮紅棗、蕨菜料、腰果。後面端上桌的是蘭州特產百合泥、安多林區產的燉熊掌、狼肚菌、丁字蘑菇妙羊肉片，過油蕨麻豬肉，最後是印度風味的咖喱牛肉米飯。

吃罷飯，吉塘倉準備告辭回佛邸，堅貝央又把他婉請到客廳裏，端上來冬果梨、黑皮軟梨、葡萄乾等果品請他品嘗。

「師傅，您還記得民國十七年，河州尕司令造反侵擾咱吉祥右旋寺的事嗎？」吉塘倉點點頭，臉呼地陰了下來。怎能不記得，那是他一生中最爲恐懼，最爲黑暗的一段時間，至今想起來都頭皮發怵、腦門子滲出冷氣。要不是在前有堅貝央一句鏗鏘有力又滿懷深情的挽留話語，他那時可能早在參尼寺專心修禪，或是去了羌澤溫泉陪伴雲超娜姆，避開了那場黑風妖霧。

「就你那句話，害得我現在一想起來還心驚肉跳，常做惡夢。」

堅貝央自得地笑了，謙恭地站起，雙手合掌，躬腰曲背擺出要叩頭的樣子：「那我給師傅叩三個等身頭，贖回我的罪過。」

吉塘倉佯嗔地把堅貝央拽到沙發上坐下，「馬兒跑遠了，灰塵淌起了，過去的事已經過去了，那也是命裏注定有這樣一次劫難啊。」

堅貝央慨嘆一聲：「我們家族對不起你呀，佛父佛兄不該拋下你偷偷溜走，我年小不拿事，想派人給你通個氣，好有個心理準備，佛父佛兄卻不答應，說漏了風，一家人誰也跑不出去，我只好跟著他們逃走。這件事一直像個鐵疙瘩壓在我的心窩裏。我心裏清楚，你是衝著我那句話留下來，再當了一屆總法台的。」

「你還記得你那句話？」

「記得。請允許我再誦念一遍：師傅，你忍心拋下我走？你不能再送我一程？」

「你那句話揪得我心根發痛，眼淚花子泡滿胸腔。既然我尋訪認定你為四世堅貝央的轉世靈童，既然我是你的剃度師傅，這就是前世已定的緣分，後世的際遇，我得為你負責到底。不然我早撂挑子走了。」他動情了，聲嗓激動得有點打顫。

他永遠忘不了那段往事……

馬麒的寧海軍撤走了，堅貝央和佛父佛兄凱旋而歸。他組織了大規模的歡迎儀式，動員了全寺僧眾，金鵬鎮各族居民，周邊神部十三莊教民，走出寺外十幾里路，一路排列隆重接迎。

堅貝央年紀小，又坐在轎子裏，他沒有看見他的表情是什麼，但他看見了佛父佛兄的表情。父子倆騎在高頭大馬上，趾高氣揚、目空一切。尤其是澤旺臉上掛滿了勝利者驕狂得意、不可一世的矜笑。見了他，也只是禮節性地在馬背上躬躬腰，合掌打個招呼而已，沒有像所有教民那樣謙卑地接受他饋贈的哈達並搭在脖頸上。真可惜了那條精細漂亮、綿長寬幅的阿細哈達。

佛父在馬上接過哈達後，還搭在了脖頸上，而澤旺接過哈達後，便讓親兵收拾進袍懷裏，看也不看他一眼，繼續和省政府派來的漢官用生澀的漢話說說笑笑，指指點點，有時向歡迎的隊列喊一兩聲吉祥如意、心想事成一類的話。他受到了冷遇，陷入尷尬，心頭的氣一咕嘟一咕嘟地往外冒。

哼，要不是我吉塘倉慘澹經營，苦心維持，還能保存下來這吉祥右旋寺嗎？如果窩巢被敵人端了，即使你是金翅大鵬，也不如一隻螞蟻，照樣流落失所、無家可歸。即使你取得了多大的勝利，你也失去了立腳的坑，扎根的窩。你能重新修建這樣宏偉壯觀的大寺名刹嗎？能聚集這麼多高僧大德和活佛們嗎？你能刻印收藏這麼多經典語文獻、佛畫唐卡嗎？不能！絕對不可能！那是幾代人、幾百年僧俗教民積累奮鬥的結晶，是各種善緣、機遇的堆砌！而不是一次仗打出來的，一口氣吹出來的。沒有了吉祥右旋寺，你澤旺本事再大，也是刺瞎了雙眼的大象，扳了利爪的老虎！

更讓他惱火的是，佛父佛兄竟敢違忤神聖寺院的規定，作爲俗人教民不在山門前下馬，而是揚長縱馬，直到佛邸二門才下馬。

接下來是各種慶功活動、宴會、酒席、講演報告，頒獎賜賞等等的。吉塘倉請了病假，歇在佛邸裏一概謝客。見了佛父佛兄那神態，他小肚眼裏就脹氣，就覺得心頭冤得很、悶得慌。

那股熱鬧勁散了以後，他來到堅貝央佛邸，向少年堅貝央請假，辭去總法台之職，說阿壩參尼寺那邊有很多事需要他去處理，四川楊森主席也來函請他去川西北講經弘法，再說，身體也不太舒服，想到深山幽林的古刹中坐禪休養一段時間。

堅貝央沒有說話，佛父佛兄卻在一旁搶先開了口，說了一大套溢美之詞，褒獎他艱難時期維持吉祥右旋寺法輪不停轉動，僧俗教民平安，資助抗馬活動的功德。接著表示理解請呈的舉動，應該允許吉塘倉隨自己的心意自由活動。言下之意是同意吉塘倉辭去總法台之職。

說罷，兩人同時說：「就這樣定了。」

「不！」堅貝央突然冒出個不字，語調堅定有力，雙眼炯炯逼人。

三人都驚住了，不知道才十歲過點的轉世靈童要說什麼、幹什麼。

堅貝央從法座上躍起，赤著腳片噔噔跑過來拽住吉塘倉的手搖動：「師傅，你忍心拋下我走？你不能再送我一程？」聲音執著堅決，帶著淒婉的告求。

這一喊一拽，把他的心喊碎了、搖碎了。他那遠走高飛的計劃被這一喊喊吹了。佛父佛兄見堅貝央當場發了話，也不得不幫腔挽留吉塘倉。

吉塘倉只好又幹了一任總法台。

結果，逢上了那場突如奇來的黑雨冰雹，他和寺院差點葬身於兵焚火海中。

事件過去十來年了，寺主堅貝央又提起來，這是爲了什麼？他疑慮地盯著堅貝央。

「我寫自傳的事，寺內不是吵得沸沸揚揚的嗎？其實，我要寫的不是自傳，是大寺在我五世堅貝央親政時期的大事記。我們藏傳佛教活佛高僧寫傳，都只記佛業上自己的所作所爲和功德業績，卻漏了世俗世界的大事，怕勾起塵緣，怕給後世造成禍患，引發仇殺。實際上弄錯了，把首末顛倒了。我們消彌貪嗔、愚昧、無恥、仇殺，我們播種憐憫、善良、公道，我們實施大慈大悲、普度眾生，那一樣與世俗世界沒有聯繫！我們是莊稼，世俗社會是土地；我們是飛鳥，世俗世界是大樹。師傅，你說我的話有無道理？」

吉塘倉贊同地點頭，他佩服堅貝央的口才和思辯能力，感到欣慰。

「那次尕司令竄擾吉祥右旋寺，是大寺歷史上有數的一件大事，我們絕對不能忘卻。歷史是一面鏡子。聰明人吃虧只在一次。它會映照指導我們今後的路子。」

「對，得明白這事理。」吉塘倉感嘆地應和。

「那就請師傅幫幫忙，給我整理一份事件回憶錄，行吧？」

吉塘倉爽快地點點頭，即使堅貝央忘卻了這次事件，他也早有心思要把這段歷史寫進他的自傳中。

堅貝央一直把他送到了大門口。拐過牆角時，他回頭看了一眼，見堅貝央還在大門口凝視著他的背影。他的眼眶一熱，眸子變得模糊。

只平平靜靜過了一年的安寧日子，河州方向就冒起了硝煙，響起隆隆的炮聲。他的心又懸了起來，嗓子眼開始發乾發澀。河州與吉祥右旋寺同飲一河水，花開兩岸香，地理上毗鄰，是唇齒相依的關係。從河州溯吉祥右旋河上行，一馬站就到了吉祥右旋寺的教區。河州放個屁，吉祥右旋寺教區會臭半片天。

炮聲是由馬仲英的造反大軍引起的。這支造反大軍由「西北討逆軍總司令部」統率，司令是馬仲英，馬仲英當時年才十七歲，部下和追隨者尊稱其爲尕司令。

馬仲英與他不僅認識，而且熟悉他，曾領他到寺內玩過，也給他送過禮品。是他的小朋友。有一次逗著他玩叩雞蛋輸贏遊戲，馬仲英贏了十個雞蛋，當場蘸鹽吃了下去，把他嚇了一跳，怕肚子會脹破。他爺爺馬海淵卻不在乎，還誇耀說，在犛牛溝時，十歲的馬仲英一口氣吃過十三顆雞蛋，過後熱炕上一睡，第二天照常活蹦亂跳。馬仲英少年時就機靈，腦子好，長得也五官端正，相貌清秀，不像個軍人莽夫的胚胎，倒像個秀才文人的料子。

一年前，馬仲英和他爺爺馬海淵，還作爲寧海軍的帶兵官駐防在金鵬鎮，他們常來常往，彼此交情不淺。

馬仲英的爺爺馬海淵，和馬麒馬麟的父親馬海晏是親親的親兄弟。馬海淵因行七，人們尊稱爲「七太爺」。辛亥革命後，在其侄子、幫統馬麒手下當管帶。馬麒升任爲寧海軍鎮守使後，又在寧海軍當分統，主要在金鵬鎮駐防。

馬麟多不管事，常在河州老家休閒，駐軍的帶兵官常年是馬海淵，即七太爺。七太爺只有一個兒子，叫馬保，也稱呼爲九保。這個九保，吉塘倉也見過，神經有毛病，反應遲鈍，官兵們背地裏起了個綽號叫「憨憨九保」。伯父馬海晏曾想提拔這個先天不足的侄子，透過私交，推薦到綏遠都統馬福祥屬下馬鴻逵混成旅當了幾天的騎兵隊長，但憨憨九保一犯病就什麼事也顧不了，還盡鬧笑話，沒一點權威和心計，只得打發回來。

七太爺也沒輒了，就讓回去在藏溝務家。兒子看來沒治，希望不大，馬海淵把孫子就看得特別重，兩個孫子中，尤其馬仲英和他爸不像是一個模子裏鑄出的，聰明、能幹、有抱負、能吃苦，所以十歲剛出頭，馬海淵就把他領到自己身邊朝夕相伴，手把手教治軍執政的訣竅。

在吉祥右旋寺轄區駐軍的日子裏，他記得馬仲英不叫馬仲英，叫馬步芳，和馬步芳、馬步青是一個血統中的平行輩份，都是步字輩。至於爲什麼改成馬仲英的，他後來才知道。從金鵬鎮撤到西寧後，馬步芳仗勢欺人，瞧不起馬步美，他常受白眼冷落，就像寄人屋檐下的叫花子。馬步美受不了這個氣，一氣之下改名爲馬仲美。

馬仲英造反起事的原因他也清楚，一句話，就是衝國民軍來的。國民軍馮玉祥率部進入甘肅，矛頭直指馬麒家族的軍閥統治，馬麒家族的地盤搖搖欲墜。作爲侄子的馬仲英見叔伯兄弟們嚇得惶惶然不可終日，沒有一個敢拋了烏紗帽起來造反對抗。少年氣盛的他，不管天高地厚，風雲變幻，私自和幾位盟友扯起了造反大旗，前來國民軍的重鎮河州挑戰爭強。河州是回族聚居地域，又是他們馬麒家族的老窩，國民軍的苛捐雜稅也多，惹惱了河州百姓的怨氣。所以跟隨的人不少。

如果僅僅是馬仲英的造反舉動，他也不會過多擔憂。老交情在，不愁不給面子。何況他也是喝吉祥右旋河水長大的，在金鵬鎮有很多朋友，絕不會翻臉傷害寺院的。但現在，他的造反隊伍裏還有其他馬姓頭頭，他一人能左右得了嗎？其中一人還是大人物的後代，是馬占鰲的嫡系長孫馬廷賢。

馬廷賢是涼州鎮守使馬廷勷的弟弟，任旅長。原先和國民軍關係很好。後帶著一師人馬投奔了馬仲英，成了尕司令舉足輕重的副手。他和吉祥右旋寺僅僅一面之交，沒有多少深情厚誼，一旦率軍過來，恐怕凶多吉少。尤其聽說馬廷賢被劫、馬仲英大動肝火、竄入藏區、氣勢洶洶要報復的消息，他的心一下縮得緊緊。原來，馬仲英、馬廷賢在河州圍城失敗後，潰退向臨潭、岷縣，轉向隴西。從臨潭起程時，馬廷賢帶家眷和少數衛士在殿後跟進。

行至卓尼阿科洛，被當地藏人行劫，搶去了資財和眷屬，馬廷賢隻身逃走。馬仲英正在氣頭上，一下怒火中燒，統兵殺回藏區，火燒了有五百年歷史的卓尼名刹禪定寺，殺了許多藏人僧俗，又對阿科洛部落大肆燒殺。然後突然洪水般捲向吉祥右旋寺，來了個當頭一棒措手不及。

右祥右旋寺的富庶無人不知，一直令軍閥土匪垂涎欲滴。而馬廷賢又懷著對藏人仇視的心理，這雙重原因使他想斬草除根，殺搶個盡光。這樣，他怎能不擔憂寺院的命運前途呢？

最初，他還有幾分僥倖，想澤旺會保護好吉祥右旋寺的。因爲他已經是省政府任命的吉祥右旋寺教區番兵保安司令，有權有槍有人馬。下轄三個民團，士兵的槍、馬、糧自備，下馬爲民，上馬爲兵。另外有專業的保安大隊一百五十人，手槍隊三十多人，都武器精良，受過訓練，能拼殺一兩個時辰。

作爲總法台，他當時想到的就是緊急下令全寺，禁止佛、僧出寺，禁止留宿教民，禁止相互串門，禁止舞刀弄槍，一律閉門謝客，坐禪念佛，發生任何事情都要平靜、冷靜，不得騷動。他給自己制定的任務就是關嚴山門，防止惹事生非，保護好寺院正常秩序。

事態的變化，完全出乎他的意料，連想像都難想像到。

尕司令的隊伍蝗蟲般四面八方從天而降。由於熟悉地形，他分路進溝，佔領了象背上的林坡，堵住了往熱貢方向的幾條溝口，鋼炮架在了曼荼羅塬上，大經堂、佛邸、金瓦寺全在鋼炮的射程以內。他的司令部紮在了金鵬鎮上。為了顯示殺氣、抖抖威風，馬廷賢放火燒了曼荼羅塬上的修禪寺。從寺中和金鵬鎮仰望，高高原上濃煙滾滾，火星亂濺就像半空中烏雲在燃燒，天地一下浸泡成灰濛濛，陰颼颼，令人駭目窒悶。

一萬多人的隊伍，幾千匹戰馬、馱馬，把吉祥右旋河狹長的川溝塞得水泄不通。到處是白晃晃的圓頂號帽，到處是一張張絡腮鬍子臉盤，到處是劃破空中的呼嘯飛彈，到處是河州回民的鄉音腔調。僧俗教民一個個屏聲凝氣，不管漢、回、藏人，誰也不敢出門一步。只有家家院中的煨㶽台劈哩啪啦，松枝燃燒，㶽火旺盛，㶽煙濃濃，持續不斷，伴之的是低低的中音誦經禱告聲。

澤旺的騎兵團和手槍隊沒有放一槍就惶惶然躲進了寺院，拋下省保安大隊的一百多人留給了馬仲英的隊伍塾牙縫。可憐的保安大隊離鄉背井，舉目無親，只得據守寺西南幾座簡陋的碉堡做垂死抵抗。結果全被馬仲英手下的悍將兵痞捏了包子，屍體拖到河南岸的漢人城隍廟中陳列，讓市民參觀過目。

馬廷賢執意要報仇雪恨，火燒寺院，掠空財物，但被馬仲英勸住了。馬廷賢派人到寺主佛邸提出要跟澤旺見面談判。言下之意，澤旺不夠朋友不夠義氣，很不滿意澤旺的舉動。因為澤旺和他的哥哥馬廷勷是結拜兄弟，和他也很熟悉。前兩年澤旺反對馬麒統治吉祥右旋寺時，他和阿哥都支持過澤旺，拿出錢財槍械資助他。

第一次告狀沒有成功，堅貝央全家不返吉祥右旋寺，怕馬麒報復。在他們家族困難之際，是他和阿哥挽留，供養他們，在河州過了個舒舒坦坦、平平坦坦的新年，因爲河州是他兄弟倆的防區。現在他有難，流浪奔波到藏區，你澤旺如果避嫌躲開，爲的是不給官府把柄，這我馬廷賢也理解，但你澤旺恩將仇報，千不該萬不該，不該率兵阻擊我們，拿我們當仇人看待。我們是借路過吉祥右旋寺，而不是與你們爭鬥什麼。這無情無義之舉，你一定要出面向我馬廷賢說個明白，有個交代。除了賠情道歉，還得籌集一筆糧草錢。

他也抱著希望，盼著澤旺出面談判，和平解決這突然襲來的風暴。

澤旺答應第二天走出寺院佛邸，與馬廷賢見面。

馬仲英撤走了佈在各路口、各山崗上的部隊，全軍集中在金鵬鎮上，等待第二天的談判。

夜半三更，澤旺和佛父佛叔保護著堅貝央，悄悄走出寺院南門，逃向了吉祥右旋寺上游的腹心草原，不知去了何地。

天近黎明，洛哲跑來告訴說，寺主的佛邸已經人去室空，找不見一個拿事的人。他驚得一下從被窩裏跳起來，臉色唰地蒼白，雙腳打顫直不起身，渾身冷汗唰唰落下一層又滲出一層。腦門像被重棍擊了一下，又像用什麼抽空了似的，空蕩蕩地嗡嗡作響，什麼也想不起，什麼也沒有，直呆呆蹴在炕上動彈不了。

可能他的樣子很是可怕，洛哲慌慌張張地抓起供在佛龕前的淨水碗往他臉上潑去，連潑了三碗。要潑第四碗時，他抬胳膊攔住了。

洛哲咚地跪在地板上，急急叩了三個頭，顫聲吶語道：「罪過，罪過，我以爲活佛靈魂出竅，不省人事了……」

吉塘倉依然定定蹴在炕上不動彈，只有嘴皮在打著哆嗦，像是自言自語。又像是衝洛哲發問：「他們怎能這樣，他們不要大寺了……」

洛哲滿臉淚水，又一次跪在地上：「天上沒有太陽的時候，只有靠星星指路，堅貝央不在，全寺三千僧眾只有指望你把大夥領出地獄，吉祥右旋寺也只有你能拯救眾僧於苦海之中。我求求你了，至尊至慧的活佛。」

他沒有說話，示意洛哲拿把香爐點著，用香柏碎枝薰薰臥室，也薰薰他昏脹的頭腦。空氣中瀰漫著香柏的特殊嗆人氣味，臥室裏飄著縷縷香柏燃燒後散發的藍煙，他的頭腦漸漸出現了圖像。他真想放開嘴巴，淋漓酣暢地痛罵澤旺一頓，洩洩心頭的無名之火。但罵能頂什麼用，不過耗費時間，煽起僧眾不滿情緒，播下窩裏鬥的苗子罷了。

眼下火燒眉毛，消實滅火最爲要緊。他思索片刻，先讓洛哲馬上派佛邸的侍僧分頭去各佛邸、各學院，首先通報各位活佛、僧官、法台，告訴寺主及佛父佛叔佛兄怕受到傷害，爲防萬一而出走遠去。要大家誦經祈禱寺主一行平安順利。第二點則是大家嚴守戒律，不准出門遊蕩串門，不准在街巷三三兩兩聚眾議事，不准把任何鐵器兵器放在隨手注目之處；如果造反隊伍闖進宅屋搜查財物，不得怒目相視，不得爭吵打架，不得斤斤計較財物損失，只准閉目坐禪，念經拜佛，耳不聞外界喜怒哀罵聲，眼不觀群魔亂舞相，保持六根清淨，心淨如鏡，不提供任何藉口，那怕槍口對準胸膛。佛法僧三寶以人爲本，有佛有僧就有法，佛僧不滅教義永存。

他要洛哲親自去辦的事是找大寺司庫，看金庫裏有多少金子、銀元寶、銀洋，按手續提出三分之二，以備急用。馬仲英是奔財而來，唯有財物消災免禍。如果談判有希望，他情願把這些金銀元寶獻給尕司令。留得青山在，不愁沒柴燒。如果他們執意要殺僧洗劫財物，則想方設法把它們埋在安全地方，一旦僥倖逃脫，以後重建吉祥右旋寺可作墊底。不管結局如何，不能放在顯眼注目的秘書處金庫裏。

他親自到自己佛邸的庫房裏，查看還有什麼特別的禮品可以打點。

他匆匆備辦了一些貴重禮品，按馬仲英和馬廷賢的愛好稟性，分頭打包，上搭哈達。

他想了想，又返回書房，面向佛龕叩了三個等身頭。兩側分別是五世達賴喇嘛和六世班禪。他佛龕裏的主佛像是藏傳佛教格魯巴創始者宗喀巴大師的半身像。他欽佩他們在發展藏傳佛教事業中披荊斬棘、不怕艱險、破除萬難的創業精神，一直以他們為榜樣，相信他們會保佑他成功，所以選擇為主供佛尊。他心裏禱告，願三位至尊大師輔佐讓他平安回來。他為三位至尊大師叩過頭，又供上了淨水碗。

十幾位活佛、高僧、學院法台聽到消息，匆匆趕到佛邸探聽消息。澤旺和寺主出走的消息，對他們同樣是晴天霹靂、五雷轟頂，一個個目瞪口呆，不知所措，都喪魂失魄地來向他吉塘倉討主意。看到吉塘倉隻身要闖尕司令的造反軍中，他們又齊唰唰跪在大門前，擋住了吉塘倉的路，有的拉住了他的裙襬，有的抱住了他的腿，聲淚俱下，七嘴八舌泣勸道：

「總法台，你萬萬不能去，他們是一夥餓紅了眼的狼，你去就是鮮肉送進狼嘴，強盜逢上商隊，有去無還……」

「他們不該拋下我們自己逃走。」

「活佛，要死要活，咱們一起捆著等，你不能先走啊。」

「總法台，與其伸著脖子讓人家宰，不如咱學拉薩三大寺的樣子，武裝僧眾，拼死抵抗，讓他們不得好活！」……

吉塘倉胸口激情澎湃，思緒萬千，酸甜苦辣五味俱全，眼窩子泛起潮濕。他抬頭看看天色，天邊四周已經透亮，寺倚的金翅山尖被一朵烏雲遮蔽，遠方看得見的光蓋雪山也半腰纏著霧，灰濛濛、陰沈沈的，不像九月天的天氣。他深深呼口氣，壓住了心頭的各種心緒，鎮定地開導大家：

「我謝謝大家了。但時辰不等人，要不了多長時間，尕司令就會知道澤旺司令一家出走的消息，會惱羞成怒，拿寺院和佛僧開刀。火種要在袖筒裏撲滅，防洪要在水未臨近前築堤。我趕前一步，說不一定還有消災避禍的希望。」

他頓頓，壓下眼角的淚水，聲音發顫，有點悽愴地扶起身前跪著的一位活佛，「大家別這樣，佛門之人都知曉人生無常，視死如歸。我們來到人世，就是實施慈悲，普度眾生，求得涅槃。還是回各自的崗位，按我傳諭的要求去辦，這樣，我就放心多了。讓開，快讓開。」他心一狠，跨上坐騎，揚鞭馳去。

身後傳來低低的啜泣聲，就像親人們送亡人去天葬場天葬一般。他的心碎了，心兒在流血。這一去不知能否回來。如果尕司令遷怒於他，如果馬廷賢咬住牙口要毀滅寺院，那自己只有一個死字，以死相拼。死就死吧，只要盡到心就行了。結果如何，那是天意。只能隨天意了。

一走出寺院高大寬廣的山門，氣氛就忽地變成了另番樣子。機槍步槍從壕坑裏伸出黑黝黝的大口，對準了所有進入寺門的僧俗。寺背的金翅山上，穿各種服飾的人提槍提刀，提棍紅纓在運動，像螞蟻在暴風雨來臨前搬窩回巢。沿著轉經路，沿著河岸都是戴號帽、提刀槍的青壯男人湧來湧去，鬧哄哄猶如黑壓壓烏鴉群在昏暮夕陽中飛東飛西，聒叫聚集。看來是尕司令的造反軍隊調動佈置包圍寺院的隊伍。

有個大塊頭，滿臉橫肉包在絡腮鬍子中的中年漢跑過來攔住了馬頭，問他是誰，幹什麼去。告訴說已經有令封鎖吉祥右旋寺，不准任何人出入。

「我是金座活佛吉塘倉，寺院總法台，去拜會老朋友尕司令和馬師長。」吉塘倉在馬上謙恭地回話。

中年漢子口氣緩和了些許，但要他和隨從們下馬接受檢查。

吉塘倉只是下馬，讓那些污穢之徒在身上摸來捏去，心頭卻絲絲悲哀掠過。活到這個份上，會落到如此地步，真讓他心沈如鐵。

檢查完畢，當官模樣的大鬍子才允許他們出行，但派了幾個兵娃娃領路監管。

金鵬鎮上人來人往，但不是居民，而是沒有統一服裝但手擎肩扛各式兵器的造反官兵。居民很少，有也是神色緊張、心事忡忡的回族居民。他們見吉塘倉過來，強顏歡笑地恭迎搭訕。

吉塘倉躬身低語求他們辦件事，要他們去告訴達悟德阿訇、魯吾達嘎會長、金牧師，請他們能否來尕司令處幫忙說些話。澤旺一家已出走，寺院的擔子全在他吉塘倉肩上。他們答應得很爽快，轉身便急急傳信走了。

尕司令的司令部設在舊街清真寺南側的一幢兩層木樓上，門口戒備森嚴、哨兵層層，服裝也整齊，都斜挎二十粒駁殼槍。吉塘倉一行讓等著通報回話後才准進去。他的心忐忑不安，懸到喉嚨口。見那些虎視眈眈的哨兵瞪眼監視，他真怕他們會變成老虎惡狼，撲過來吃了他們，他更怕尕司令把他拒之門外，遭遇殺身之災。短短半個時辰，他彷彿熬了一天一夜。

還好，回話來了。說請吉塘倉上樓拜見馬仲英和馬廷賢。

他長長吁了一口氣，釋然地用手撫摩了幾下胸口，邊跟衛兵登上樓梯，邊有條不亂地整整袈裟，腦海裏車軲轆般急速地轉動著對策，設想著會遇到什麼難題。

還算客氣，馬仲英見他跨進客廳，站起身往前走了兩步：「活佛，歡迎歡迎，謝謝您來看望我。」在一側的馬廷賢在躺椅上欠欠屁股，皮笑肉不笑地打個哼哈算打過招呼了。他和吉塘倉是初次見面，談不上交情。

馬仲英個子長高了，肩膀也寬展了，配上那件德國皮夾克衫，漆皮馬靴，比一年前要英俊、威嚴多了，但風雲歲月也給他留下了痕跡，膚色粗糙臉上土蒼蒼，疲憊之態顯於眼中，眸子上帶著幾縷茫然。

吉塘倉獻上哈達，衛兵接過遞給了馬仲英、馬廷賢。馬廷賢呶呶嘴，讓衛兵把哈達擱在一邊的桌子上，馬仲英卻雙手鄭重地接過，又莊重地搭在了面前的茶几上。

吉塘倉嗅出了不同的味道，心中滋生出些許信心。看來馬仲英雖當上了造反軍的尕司令，但對藏人習俗，對佛教並無惡意，也善解人意，懂得尊重藏傳佛教上層人士，看樣子他不是找碴來的。而那個馬廷賢卻明顯抱有敵對態度，一眼就能看出充滿復仇情緒，是專意衝吉祥右旋寺來的，因此，這場交鋒要分清敵友，區別對待，分化瓦解，爭取尕司令，重點對付馬廷賢。

「司令，師長，您倆是我們吉祥右旋寺的貴客、稀客，平時請都請不到，這次路過，打老遠來，不容易，作為大寺總法台，我刻意請倆位到寺中作客。尕司令熟悉寺中情況，到如意寶珠別墅去怎樣？那兒鳥語花香，那兒有鹿有孔雀有棕熊等珍禽異獸，現在正值九月羯羊肉最肥的季節。」

馬廷賢打斷了他的話：「不說這麼多廢話，你來幹什麼？」說著站起身，一手攥住了馬刀刀柄，一手按在了二十粒盒子炮木匣上。

「送禮，看老朋友，結識新朋友。」他鎮鎮神，平靜地回答：「上禮——」

侍僧捧著黃絹裹著的禮品遞上。

吉塘倉鄭重地打開第一個包裹，裏面是黑晶晶發亮的水貉皮褂子，上面擺著六錠五十兩的銀元寶：「偏僻藏區，沒有什麼寶貝可贈，這點禮品雖然寒酸，不成敬意，但請司令看在老朋友的面子上，不要嫌少。」

馬仲英喜形於色，雙手接過，把褂子輕輕抖開，水貉毛毫瞬時細綿綿、稠密密地垂倒下去，柔軟輕鬆，上了一層亮漆般，比上乘蜀錦還光滑、細膩、輕薄。

吉塘倉又打開第二個包裹。同樣是用黃絹莊重地包得嚴嚴實實。打開後，是一件虎黃色的猞猁皮褂子，上面同樣擱著六錠五十兩的銀元寶：「這是給馬師長的禮物，不成敬意，請師座笑納。」

馬廷賢眯縫著的眼皮閃出一道光亮，不等衛兵傳遞，他自己伸出手拎過猞猁褂子，仔細端詳起來。

「這兩件皮褂子是四川省楊森主席饋贈我的，我穿不出去，正好給兩位大人表表心跡。」他點破褂子的來源，弦外之音是要他倆明白他的背景。

馬仲英笑笑：「吉塘倉活佛，你還是那樣豪爽大度，與人爲善啊。請坐，請喝茶。」

他剛剛落座，端起三炮臺茶碗想飲一口，山門口那位駱腮鬍子大漢急匆匆登上樓，喊聲報告，隨之衝他惡狠狠瞪了一眼。

「報告司令，澤旺和佛父佛叔，裹脅寺主堅貝央夜半潛逃，不知去向。」

馬仲英臉上的笑容忽地變成怒容，眼裏佈滿冰霜，死死地盯著吉塘倉。

馬廷賢啪地一拍桌子跳起，殺氣騰騰地吼道：「捆起來，我就知道你來者不善，善者不來。你們勾結好了來蒙人耳目，拖延時辰，欺騙我倆是呆子啊。」

衛兵們如狼似虎，欲撲上來掀倒他。他冷笑一聲，大聲叱問：「馬師長，你就這樣一點氣度？你還像個老虎的皮子、好漢的後代嗎？衝著一個手無寸鐵的出家人發威風，算本事？要是你先人馬占鰲馬大阿訇在世，見了都羞死人了。」

馬仲英用眼神制止馬廷賢。

馬廷賢臉上紅一陣白一陣，嘴皮氣得打顫：「好，好，有屁就放，有話就說，看完了我如何整治你。」

吉塘倉狠下心了，也豁出來了。哪怕去死，他也要把話說清楚。道理上不能讓他們占上風，但又不能耍酒瘋般胡攪蠻纏，胡說八道，必須冷冷靜靜，有根有據，用溫火來燒熔冰塊，用和風來吹散陰霾，用智慧來驅散愚昧，用文明開化野蠻。

「回藏民族都通一個道理，那就是狗不咬拉屎的，官不打送禮的，佛不拒供養者。我是以私人交情和寺院總法台的身分來拜訪兩位大人的，與澤旺出走沒有一點關係。」

馬仲英懷疑地：「你不知澤旺裹脅寺主逃走？」

吉塘倉毫不遲疑地堅定地點點頭：「我來之前才聽說。」

馬廷賢斜著眼角陰笑道：「澤旺背信棄義不講交情，這樣做反而火上澆油，你不怕遷怒於你，招來殺身之禍？」

「怕！我也是血肉之軀、骨頭搭架，生命只有一次，去了揀不回來，誰不怕殺身之禍。但我得說清楚，澤旺家族歸澤旺家族，我吉塘倉是吉塘倉，回漢民下棋不是講車走車路，馬走馬路嗎？為什麼把澤旺家族的賬要算在我吉塘倉的身上？」

馬廷賢噎了，抬眼探視馬仲英的臉色。

吉塘倉：「我再一次申明，我不代表澤旺，我只代表我自己，代表寺院。澤旺司令惹了你們，國民軍惹了你們，但吉祥右旋寺沒有惹你們，佛僧沒有罪過。」他頓頓，直視馬仲英。

「尕司令清楚，我和澤旺一家有矛盾，相互見不得，他的事讓我挨板子公平嗎？公道嗎？再說，他是俗家我是佛家，你們俗界的恩恩怨怨，應該你們之間去解決。你說，我的話沒有道理嗎？」

馬仲英抿住嘴不說，只是沈吟，但臉上依然如冰霜一般。

馬廷賢卻胸膛一起一伏，吊起的眼珠裏射出冷光，眉毛微微聳起。他鼻哼一聲，銼著牙低低吼道：

「好你一個能言善辯的雲雀兒，要不是看在司令的面子上，我早剁了你這個紅蘿蔔！什麼佛家俗家，不是寺主堅貝央，不是吉祥右旋寺，他能當上國民軍的保安司令，他能號令幾十萬番子起兵反抗？他背靠的就是吉祥右旋寺。他的基地就是吉祥右旋寺，他早晚是我們的禍害。不除掉他，我心裏永遠是一塊病。司令，下令吧，我率尕娃們燒了這個寺，讓澤旺他腳下沒有立足地，身子沒有恃靠的山，變成一團青煙，讓風吹個東飄西搖。」

馬仲英擰著眉毛沒有表態，但臉上的殺氣卻在聚集。

吉塘倉騰地跪地，淚流滿面：「不能啊，求求兩位大人。馬師長，你要什麼我都儘量想辦法，但千萬不能燒寺院，殺僧人，搶法器呀。藏人的寺院和清真寺一樣，是藏人的心肝寶貝，是靈魂寄託之地，仇可解不能結啊。想你馬師長的爺爺馬占鰲阿訇英雄一世，佔據河州稱王稱霸十來年，勢力多大多顯赫，他卻未曾派一兵一卒來打擾過吉祥右旋寺，也未向吉祥右旋寺索要過一文銅錢。尕司令在金鵬鎮一住七年，和七太爺一起從未向我瞪過眼吹過鬍子。兩方面好得像親兄弟一樣。司令可以捂著胸口回想回想那些日子。馬師長，你是英雄的子孫，老虎的皮子，決不會幹出先人不想幹的事。」

「我管不了那麼多，我現在是造反將軍，成了流寇，活個痛快，過一天算一天。」

吉塘倉兀地站起，梗著脖子大聲道：「即使你燒了寺院，也只不過圖了個痛快，有何利益可得？灰燼你搬不走，鎏金佛像你挪不動，僧人的血肉也沒有用處。你還是現在這樣子，一無所得，只不過落個惡名遺臭萬年，成了青史上的罪人。」

「你敢罵我，我先宰了你！」馬廷賢氣得吼了起來。

屋內氣氛瞬時緊張。只要一根火柴甩過去就會燒起沖天大火，燒掉一切。

樓梯口響起一股嘈雜的腳步聲，一夥人氣急敗壞地衝了進來。

衝進來的是達悟得大阿訇、魯吾達嘎會長、金牧師，還有七八個銀鬚抖閃，號帽戴得端端正正的回族耄耋。

見是一幫年長耄耋，馬仲英、馬廷賢驚異地站起身，臉擠笑容，左手按胸，躬腰問候：「色拉目。」

老人們禮節性地回應了一聲「色拉目」，便瞪眼生氣地盯著馬仲英、馬廷賢。

達悟得阿訇首先發難，他氣得雪白鬍鬚顫抖，臉色鐵青，低聲吼道：「要宰人你就先宰了我，不能宰吉塘倉活佛。」

幾位老人跟著喊道：「要宰就宰我們，不能宰吉塘倉活佛。」

馬仲英、馬廷賢大張眼，不知所措，馬廷賢結結巴巴問道：「爲什麼？各位耄耋這是怎了，我們與他們異教異族不是一個團體啊。」

「爲什麼？爲了我們的婆娘娃娃有口飯吃，有件衣穿，能活得下去。」魯吾達嘎搶先回答。

達悟得阿訇又接上了話：「尕司令，馬師長，你們是明白人，不是榆木疙瘩。你們就沒有想想，金鵬鎮八百戶回漢商家，靠誰掙錢發財養家糊口，除了吉祥右旋寺，誰能幫我們？」

阿訇語氣沈沈，意味深長地衝馬廷賢講道：「你還記得你爺爺當年在河州起事，打的什麼旗號？是保教救民呀。要保伊斯蘭教，要救老百姓於水深火熱之中。今天，不管你倆是黑虎將軍還是西北聯盟軍，是贏是輸，你們是流水，總要遠走高飛的，而我們是石頭，要一代一代生活在金鵬鎮。你們燒了藏民的寺，我們伊斯蘭的清真寺能保得了嗎？同樣會被藏民燒個殆盡，殺個乾淨。你們保教救民不是反害了我們嗎？即使藏人不燒不殺，我們能到哪裡要一口飯吃，找一個洞避雨？不是等於你們害了教門、害了穆民嗎？要想明，得倒過來想。我七十歲的阿訇求求你們了。索菲有，我的尕司令，我是看著你長大的，給大阿訇給點面子吧！」

老人們通地跪了下來痛哭流涕，七嘴八舌地請求：「我們人活幾輩，是吉祥右旋寺餵養我們長大的，寺院不能燒啊。」「燒寺院殺佛僧倒不如先殺了我們。這回藏仇殺的口子一開，你們一走，不是藏民殺了我們，就是我們自己活活等著餓死。」

金牧師這陣才插進來啓口，他先胸口劃了十字：

「上帝保佑諸位靈魂安寧。司令和師長這次路過金鵬鎮，本來就沒有殺生取財的意願。但人言說得好，兵馬未動，糧秣先行。盤纏肯定是要的，何況兩位貴人的家底這樣大，一萬多兵丁要吃要穿。我就不繞來拐去說了，請你倆開個價吧，我美利堅合眾國福音堂牧師願當仲裁人。至於你們和澤旺之間的恩怨，不是不報，而是時候不到，等有機會再報吧，上帝會給機會的。尕司令，我知道你也懂藏語，當地藏人不是有這樣一句諺語：不要為了揀地上的石塊，反倒把袍懷中揣的乾糧丟了。我想我們應該坐下來，平心靜氣地談談需要多少錢糧。寺院、金鵬鎮各乂該攤多少。」

馬廷賢無話可說，臉色無奈，好像懂得了點事理，情緒也平靜了許多。苦笑著請人家隨意坐，叫衛兵上茶伺候，中午在司令部用餐。他的手勢也點到了吉塘倉，眼神中透出點友善。

馬仲英衝吉塘倉笑笑，算是和解：「活佛別生氣，馬副總司令的口氣是硬了點，但他也是有氣沒處洩。跟澤旺明明說好今天會談，他卻出逃了，這不是小瞧人嗎？再大的官也不打上門客，這不是尿泡打人，不疼但騷氣難聞嗎？」

吉塘倉機械地笑笑，他哪有心思去生氣去計較，剛才驚嚇得脊背濕透了，心肝五臟都滲出冷氣，現下壓在頭上的磨盤卸了，心兒落到了實處，雙腿像灌了鉛般釘在地動彈不得，一門心思想的是寺院出多少錢款才能擺脫這險境。

馬廷賢提出三十萬銀元，一百兩黃金，外加八十匹駿馬。

金牧師、達悟得阿匐、魯吾達嘎會長與馬仲英、馬廷賢談判。吉塘倉縮著脖子瞇著眼，在一旁似在打盹又似在聆聽。他不敢冒出一句，也不敢出粗氣表露內心的情緒，擔心惹了兩位司令，引起情緒變動，風向倒轉。可他的耳朵卻高高豎起，捕捉半懂半不懂的河州方言，猜揣錢款定數，不時把右手指頭伸進金牧師袖筒裏，用手勢數目表達自己能接受或希望談成的數目。

不到中午，談判結束，達成協議，是二十萬銀元，六十兩黃金，五十匹駿馬。取的是漢回吉祥數的諧音，即滿堂大喜，六六大順，五子登魁。說定寺院出十五萬銀元、五十兩黃金、駿馬由寺院全部負擔。剩下的五萬銀元和十兩黃金，由商會資助擔保，時間限定為三天之內。擔保人為金牧師、達悟得阿匐，三天後，收到錢糧馬匹的西北同盟軍得馬上撤出吉祥右旋寺教區。

……

前前後後的經過就是如此。

他連夜作了回憶筆記。主要寫了事件的前因後果，至於自己精神的驚嚇，肉體的消耗，吉塘倉佛邸拿出的錢財，他只是輕描淡寫，一筆帶過。誰叫自己是首席金座活佛呢？誰讓自己當時擔任總法台？是首席金座活佛就得承擔責任，就得付出犧牲，世上萬物都一樣，有得就有失！

❖ ❖ ❖

①帝釋天——天帝，佛教護法神之一，居須彌山頂之善見城。

第十三章　是緣分扯不斷

吉祥右旋寺是他倆的生命，緣分由此延伸相續。編導安多流派的藏戲《松贊干布》。他嘔心瀝血，不辭辛勞。兩心相印，創辦青少年僧侶學校，五指攥成拳，重整吉祥右旋寺天下；無價之寶的情人雲超娜母隕落在他的懷抱，是緣分扯不斷……

與堅貝央談過話後，吉塘倉像換了一個人似的，心境大不一樣了。走路腳下生風，臉上時常掛著笑容，說話辦事不像快六十的人，倒像個三四十的壯年漢，連洛哲也發生困惑，不時側目瞟瞟活佛，不知道寺主給活佛灌了什麼頂，讓活佛如此青春蓬勃，如此精神亢奮。

吉塘倉亢奮，是因爲他現在知道了堅貝央的心思和志向。堅貝央和他想到一處了。這是堅貝央親政後第一次向他敞開心懷，感嘆人生，這怎能不使他感動！不純粹是感動，重要的是他和堅貝央心心相印，息息相通，他覺得有奔頭了、能使上勁了。

亢奮的另一原因，是他爲堅貝央的成熟高興歡欣。堅貝央這次去西藏拜佛，真是沒有白去。學到的不僅僅是佛學知識，還有拉薩政治風雲的經驗教訓和治理政教大業的方面，從中受到教育和啓迪，知道了藏傳佛教政教大業發展與失敗的訣竅，明白了吉祥右旋寺要走自己的道路。

寺主說的好啊，吉祥右旋寺是吉祥右旋寺的天下，是穿袈裟、戴金冠帽佛僧的吉祥右旋寺，不是穿皮襖、挎刀槍的俗人的吉祥右旋寺。他要把吉祥右旋寺大權從佛父佛兄手中奪過來，讓寺院從他們的陰影中解脫出來，這真是寺院新生之光、幸福之光、希望之光，是他吉塘倉二十多年來心裏憋著的氣，也是他終生的志向。現在好了，堅貝央想通了。想到了與吉塘倉的心境擰到一塊了，他怎能不歡喜雀躍，綳著勁往前衝？

堅貝央以創立東藏藏戲爲切入點，抓輿論、抓藝術，選定松贊干布爲第一齣劇目，真是一著妙棋。攏人先要攏人心，辦大事要先聲奪人。堅貝央想得真深、看得真遠。他還不正面去惹誰，讓你啞巴吃黃連，有苦沒法訴。這步棋高啊，也至關重要，一定要走好。這步棋走好了，可以算是這場鬥爭旗開得勝了！

事情是好事情，但操作起來卻很難吶。他從來沒有寫過劇本，也未看到過寫劇本方面的論文和人家寫出的劇本，藏戲方面的知識，也是在拉薩學習深造時，到羅布林卡雪頓節上看那幾齣「阿姐娜姆」劇目演出時得知的。它們是師傅，是參考範本。但安多的藏戲應該和西藏的有區別吧。應該有區別。不想那麼多，先想劇本。他壓住翻滾的心緒，關門醞釀劇本。

他的小院門環裏插了一束香柏枝，表示自己在閉關坐禪，謝絕一切來客。有事只讓洛哲一人進屋通報，每天的茶飯也是洛哲一個人送進送出。

他獨自一人構思提綱，先查閱各種文獻資料，把松贊干布的偉大業績理個一清二楚，然後提煉梳理，考慮寫成什麼樣的松贊干布。從那些方面側重塑松贊干布的形象。

冬日的陽光懶洋洋地照在過道走廊裏，他倚著欄杆曬太陽散心，目光凝注著小院當庭栽種的丁香樹、櫻桃樹。

這幾棵樹上的綠葉已經落盡，剩下的枝枝桿桿像芨芨草做的笤帚亂紮著頭梢。他弄不明白，爲什麼到春天，這乾癟、瘦削，沒有一點生氣和魅力的丁香枝怎麼會散發出濃郁的香氣，會結出雲絮般的白花：那櫻桃樹更是不可思議，竟能在這乾枝條上結出玲瓏噴香的、紅瑪瑙般的晶瑩櫻桃來。

這櫻桃從何而來？這香氣從何而來？追根究柢，肯定是樹枝骨子裏蘊藏、孕育著香氣，孕育著櫻桃的種子。寫赫赫松贊干布的一生業績也應該拋開花蕾和綠葉，先找出骨子裏的香氣，骨子裏的櫻桃。這骨子是什麼？又在哪裡？

松贊干布最大的歷史功績是統一青藏高原各部，建立了吐蕃帝國，把雅礱河谷的藏部族變成了大一統的藏民族；把山南的小藏區變成了整個雪域大藏區。這都是透過武力和計謀征服的，屬於武功範疇，寫這方面的題材顯然不是堅貝央的初衷，堅貝央想要展示的是松贊干布作爲法王的大功大德。那麼，這齣戲的核心內容就應該定格在法王二字上。松贊干布既是世俗帝王，又是佛教的護法神。他是如何傳播佛法的？在文化方面又有何不同凡響、頂天立地的建樹？對！應該抓住這一點，有了這方面的故事，全劇就有靈魂就有綱目了。他興奮地轉身回屋，疾筆寫下上述心得。

這部戲還不能搞成俗人之間的矛盾衝突。松贊干布至尊至能、至高無上，沒有人是他的對手，他能征服一切，戰勝一切。他又居高臨下，戰無不勝，是中心的中心，因此，劇情應該是他的傳奇故事，是他弘揚佛法的作爲。這樣，劇情就從他恩威並舉、從尼泊爾迎娶來尺尊公主、尺尊公主帶來佛祖銅像和佛經開始。以派祿東贊去大唐迎聘文成公主爲中心，祿東贊在長安五破難題，在三百美女中找出文成公主，聘親成功，在藏漢關係史上不僅留下一段經久不衰的佳話，還把大唐的佛教經典迎到吐蕃，隨著文成公主十二歲佛祖等身佛像的到來，佛教在雪域大地才傳播開來。

當然，尼泊爾公主、文成公主與松贊干布的婚姻，是外力硬性撮合的，不像我和雲超娜姆的戀情那樣深長篤遠，他們不可能有發自骨縫裏的情感，只不過是一種政治、宗教的需要，是一種工具，頂多相互仰慕而已。作爲少年女子，正是多情善感的年華，讓她們告別父母、離井背鄉、遠走異域，其情感世界掀起的波瀾想有多高就有多高。悲哀、悲慘、悲傷……得把人生悲情寫足寫好，把人情刻劃得淋漓盡致，教民才會看得有色有聲，全身心地投入，戲劇才會發揮到潛移默化的作用。還要讓倆位公主高尚的情操，偉大的志向，細膩的情感充分展示。以兩位公主爲榜樣，引導僧俗教民對佛無限虔誠、無限信賴，以解脫人生的苦難，讓佛永遠伴隨你的靈魂。

再寫什麼呢？

寫松贊干布爲翻譯浩繁的佛經經典，派吞米桑布札去印度學習，創造藏文字的那段故事。這也是具有歷史里程碑意義的偉績。吞米桑布札創製藏文字回來，松贊干布又潛心學習，用行政法律推廣，並設譯經場譯經，使雪域大地從此沐浴於佛光，走向文明，有了藏傳佛教今天的鼎盛時代。

這些成就是開天闢地、頂天立地的功德，應該以歌舞歡慶的激情場面來襯托，而海洋般藏族歌舞應該有自己的地位。每件功德圓滿事件的末尾插進民間歌舞表演，也表達了觀眾敬仰佛業的歡欣心情。

在語言上儘量用教民能聽懂的通俗語言演唱道白，但還得防止大量引用地方方言，令外地香客看不懂，影響了戲的穿透能力。

還有什麼呢……

列出提綱，他跑去與堅貝央商量，徵求堅貝央的意見。

每寫出一幕，他都要和堅貝央一字一句、一段一段地斟酌推敲，進一步修改完善，再進入下一幕。

整個劇的初稿完成後，堅貝央要他召集幾位有文學修養，有政治眼光的活佛高僧座談研討、反覆琢磨，把劇本搞得盡善盡美，拍手稱快。

……

一個月的時光如風掠過。這期間，吉塘倉的情緒大起大落，有幾天心神不安，如魂出竅。那是他的構思在那個地方受了阻；有幾天他又春風滿面，自個兒哼著民間小調自娛自樂，或反覆吟誦劇中歌詞道白，有時還自得地擊掌，哈哈大笑。這自然是他激情如潮，下筆有神，縱橫馳騁之時；有幾天他又閉門謝客，不見蹤影，只許管家洛哲一人進出他的臥室。顯而易見，這是吉塘倉在冥思苦想，攀登創作高峰。

這一月多中，他活動程序中固定不變的，就是隔三天要趁夜幕去探望雲超娜姆。

雲超娜姆的病情不見好轉，從脈跳到臉色都越來越糟糕。他料到老天爺留給雲超娜姆的日子不多了。他便儘量撫慰心愛的人兒，每次用堅貝央贈的保溫筒，盛上由廚師專意做的好吃的，讓雲超娜姆品嘗滋補，還把一摞銀元交到扎西手中，讓扎西拎上保溫筒，每天一早一晚去金鵬鎮回漢民開的菜館、麵館，揀阿媽愛吃的菜和麵，現炒現燴、燙燙熱熱地盛回來讓阿媽吃。

他把劇情進展、情節設計也都講給雲超娜姆聽，請雲超娜姆談看法、提意見。雲超娜姆也顯得很高興，情緒振奮地要他講戲後面的故事和他想表達的意思，然後饒有興致地講述她的意見和建議，特別強調她是站在一個俗人、一個教民的角度看待劇情設計的，僅供參考而已。可吉塘倉聽了大開茅塞，啓迪不小，從中嗅到了觀眾普遍反應的意見，返回小院鑽進書房連夜趕緊修改。雲超娜姆成了他的知音，也成了他劇作的第一讀者、第一觀眾。

劇本快要定稿時，雲超娜姆不行了。他忙了這頭忙那頭，耽擱了些日子，到後來，他乾脆把劇本擱了下來。

他和雲超娜姆商量，想派人送她回到羌澤老家去，但雲超娜姆卻不願回去，流著淚抓住吉塘倉手掌說：「我一路馬背顛簸，恐怕到不了羌澤老家就成了陰間的人，老家也沒有可惦掛的人兒。而且見到那山那水，更會回憶起我倆相戀相親的往事。眷戀太深，靈魂就難以脫離軀體，也就到不了中陰天。那我不就成了遊蕩鬼，你忍心嗎？你肯定不希望我的靈魂成為無家可歸的鬼魂。」

她一說得激動，氣便喘吁吁，額頭眼窩都沁出了汗珠，也咳嗽個不停，痰裏吐出縷縷血絲。吉塘倉又是用毛巾揩汗，又是輕輕捶打脊背，又是擦嘴角的涎水，連聲答應：「不去老家了，就在這兒好好養著，有我在妳放心好了。」

聽了這話，雲超娜姆眼裏迸射出異彩，臉頰飛起紅雲，伸出枯瘦如柴的手，抖抖索索在吉塘倉臉上摩挲來摩挲去：

「你不知道我心窩裏汪著的幸福之水有多深，我能在你身邊閉上眼睛，我死在吉祥福地的右旋寺旁，我的靈魂是多麼的安寧。活佛，我會在六道輪迴中重返人間，願來世我們有緣成爲一家。」

吉塘倉的眼淚唰地掉了下來，嘴皮顫動，不知說什麼好。他只是把雲超娜姆的頭緊緊摟在胸前。

「你走吧，我不願意你把我死時的相貌留在腦中。」雲超娜姆推開了吉塘倉。

吉塘倉痛苦地立在病榻前，欲走不能，欲坐不行，他真想陪著她走完這人生的最後一截路，也好讓自己的心靈沒有遺憾，沒有牽掛。

雲超娜姆慘笑：「我理解你的心情。這樣吧，你幫我幹三件事，算了卻了我一生最後的一點心事。」

吉塘倉聖徒般定定凝立，眼裏湧動真情、虔誠、莊嚴。

「第一件事，請你出頭露面，請全體僧眾爲我薦經超度，費用得你開支，我母子倆已經沒錢了。」

吉塘倉想都未想地爽快點了頭。

「第二件，我的首飾、胸飾、手飾、腰飾，是阿爸阿媽在我上頭成人禮儀上贈送的，還有我的禮服，我讓扎西全部供養給你，請你用它刻印一部甘珠爾大藏經，送給我們羌澤寺院收藏。也算是我對故鄉的一點紀念。」

吉塘倉同樣想都沒想地點了頭。

雲超娜姆遲疑了一下，皺皺眉頭：「還有一件事本來不想麻煩您，但我閉眼時肯定會牽掛的，與其如此，還不如說出來好。」

「說吧，全說出來，我會盡最大力量去辦好。」

「我死後最不放心的便是扎西。我們的兒子老大不小了，出息不大但老實本份，我走了，他在羌澤也沒有多少親戚，我放心不下他今後的生活。我想把羌澤的牛羊家產全賣了，讓他在金鵬鎮幹件小買賣，吃口輕鬆飯。諸事你得多操點心，你能答應我嗎？」

「我答應妳。」

「我不想讓他出家為僧，我要他娶妻生子，繁衍子孫，你也答應嗎？」

「我以佛法僧的名義起誓，我將傾盡全力讓兒子幸福。」

雲超娜姆幸福地閉上眼睛，有氣無力地揮揮手，示意他快走！

下了樓梯，他鑽進房東家。扎西和房東正在房中烤火，見他進來，忙起身恭迎。

他手按在扎西肩頭上，深情地望著憂鬱覆蓋了臉龐的兒子：「孩子，萬一阿媽走了西天，別難過、別悲傷過度了。人生是命運，是緣分，是活佛是皇帝都有這麼一天，每個人的路都是前生因緣所定。要明白這一點。好了，陪阿媽去聊聊天吧。」

使走了扎西，他鄭重其事地向房東提出，請他盡心盡力，一旦雲超娜姆走向陰間，喪事全權辦理，要當成自己的骨肉料理，至於所有費用，均由我吉塘倉擔負，我還會重謝你的。扎西以後的生活也由我安排，你就不用操心了。他讓洛哲先留下三百塊銀元讓房東墊用。房東歡天喜地地致謝不已。

第二天晨曦初露，扎西跑來報喪，並送來供養金和衣物，請吉塘倉擔當阿媽靈魂的枕前經懺師。吉塘倉立馬跨上馬背，帶上佛邸侍僧中念經念的好的五位，急急走進雲超娜姆寄宿的人家。

他盤膝坐在雲超娜姆的枕前，無限悲哀地凝視著自己至愛至戀的情人，心頭湧起浪花萬朵、思緒千般。

雲超娜姆的臉神卻異常平靜，眼角掛著幸福、滿足、無牽無掛的微笑，彷彿不是去中陰接受淨羅法王的審問裁定，而是去聖地聖湖朝香旅遊似的，帶著無限的憧憬、期望。連頭髮都梳得光光，領口的鈕釦也繫得緊緊，身上換了素淨的長袍、大襟襯衣，一切首飾、胸飾、手飾都摘下來擱在枕旁桌上，就像是知悉涅槃時辰似的。

對於雲超娜姆，他相信她沒有罪孽可需要洗滌，也不存在有什麼邪氣要消除的，他認爲她需要的只是靈魂不受鬼魔的驚嚇干擾，因此選擇了幾部祈禱平安、嚮往圓滿、請求保護的經文，主要有《三世福》、《菩提修行道》、《白傘蓋度母》。誦念其中關鍵段落就行。

他不想多待，待在身邊，他的心裏就湧上一咕嘟一咕嘟的悲酸，頭裏就發懵發暈，眼窩裏湧出一串串淚水。他得趁自己還能掌握住情緒的時候趕緊離開，不然很難收拾場面，讓人笑話。

他留下五位侍僧住家誦念超度經，輪班念夠三個晝夜不歇息。直到送葬那天，他還接見了王府村長老會三位成員，說亡人是他的遠房親戚，這兒沒有親人，孤苦伶仃，請他們幫忙全力出葬。

有吉塘倉活佛的叮嚀，王府村上下都熱情很高，喪事辦得順利隆重，天葬時禿鷲落得很多，啃得乾乾淨淨，連頭髮也沒有遺落，吉塘倉的心算徹底落地踏實了。

他耽心堅貝央責怪他好些天未稟報劇本進展情況，延誤了時間，正想前去做些解釋，堅貝央卻派人前來請他過去，但地點不在堅貝央佛邸，而是郊外傍河的如意寶珠別墅。他腦子打個閃，冬日無花無景，冰凍雪封，冷風颼颼，約到別墅去有啥神秘事情？但他馬上打住了奇思疑慮。寺主有請，只能趕快過去，別的事不屬於自己管。

吉塘倉帶著兩位侍僧，騎馬風風火火趕到了如意寶珠別墅花苑。

雖然時令已經快是農曆二月了，但位於青藏高原東部邊緣的吉祥右旋寺河谷，依然一片冰雪世界，寒氣襲人。太陽不過是一種象徵，一種擺設罷了，沒有一絲熱氣，沒有一星威力，慘淡得像個沒有洗淨的銀盤。吉祥寶珠別墅花苑裏更是顯得蒼涼淒惶。枯黃的草叢上蒙著一層灰塵，發黑的花桿蔫搭著脖頸，沒有一點生氣。園裏殘雪斑駁，黑一塊白一塊，就像長了癬疙瘩的一條癩皮狗。一陣陣冷風吹過，掠起爛草敗葉，在空中打旋吹出淒切的哨音。

他一眼看見堅貝央峙立在西北角的熊柵欄前，正在觀賞那頭白龍江林區教民供養的高大肥壯棕熊。

他走過去，還未到跟前，背對他的堅貝央沒有轉過身打招呼，卻突兀地向他拋過來一句問話：「你說說，如果沒有這鐵柵欄，這頭棕熊是啥樣？」

他一怔，接過話：「牠會自由遨遊於自己想去的任何地方，誰也無法阻攔。牠力大無窮，沒有任何敵對勢力能戰勝牠，牠會走進森林稱霸稱王。當然，牠是沒有過份的欲望和野心的，只要有食品，能睡覺，曬上太陽就心滿意足了。」

堅貝央擊掌稱快，轉過身，意味深長地一笑：「上師，你能猜出我此時的心境嗎？」

吉塘倉心頭咚地一下，似乎有什麼感覺，可又未理出頭緒，分別聞出堅貝央話中有話，有難言苦衷。他觀賞棕熊，有感而發，莫非是指他如今的處境？他心頭有幾分預猜，但這話他絕對不能說，出口的話太敏感，太難於把握了。骨頭斷了連著筋，手心手背都是肉。他們父子之間、兄弟之間畢竟血濃於水，自家內訌可以，但絕對不允許外人從中說三道四的。

他裝作糊塗，憨憨地搖了搖頭。

堅貝央有點失望，抿抿嘴，揮揮手：「走，上樓去談。」

上了二樓的會客廳，侍僧們已擺好茶點添好茶。羊糞火在嗡嗡歡叫，鐵皮爐子散發出強烈的熱力，熬著松州大茶的銅茶壺在爐子上打著口哨沸滾。廳內暖融融，溫度和暑天差不多少。堅貝央示退了侍僧，倆人便脫了袈裟。吉塘倉才發現堅貝央貼身穿的是件褐紅色的馬褲，呢馬甲還是夾的。撩起筒裙後，下身露出打到小腿肚的寬鬆褲筒，腳上蹬的是虎黃色半腰棉毛馬靴。他有些驚訝，不知說什麼好，直呆呆盯著這身打扮。

堅貝央看出他心頭的疑團，哈哈一笑：

「不行？出格了？十里不同俗，一條溝有一種方言。印度有印度的情況，雪域藏區有雪域藏區的情況，不然怎叫藏傳佛教？有些穿戴習俗和教義沒有聯繫，是當地物產、氣候、地理捏塑出的。不可拘泥過去，因此需要變革。不變革就沒有出路，保守陳規陋習則意味著走向衰亡。」

堅貝央侃侃而談，吉塘倉靜靜聽著，不時點頭表示稱讚。他聽著很新穎很舒心。有的道理他也曾有感悟，但有的他則根本沒有思考過。所以有的話他沒有應和，只是表示饒有興致，等候堅貝央繼續講下去。

堅貝央話鋒一轉，提出了一個他根本沒有想過的問題：「你知道我阿哥澤旺官運亨通的奧秘是什麼？」

他瞠目懵然，滿臉迷茫。這個問題，他真的想都未想過。他的心思整日不是花在吉祥右旋寺的教務上，就是教區教民的福樂災禍方面，再不就是雲超娜姆的病情。至於澤旺如何發跡的，他很少想過，想也就是他伸長胳膊染指大寺政教大事，做事有些霸道等等具體事宜。更遠的他確實沒有想過。至於官運亨通不亨通，他認爲是俗人們的俗事，不值得去想。怪事，今天把他急急叫到這裏，難道是爲了討論這個話題？不可思議，他的腦海警覺地活躍起來。

「師傅，我悟來悟去才悟明白，阿哥澤旺事業有成，奧秘在這兒——」他用右食指壓住嘴唇。

吉塘倉墜入十里雲霧，還是不知所云，雙眼湧滿疑雲。

「他懂漢語，會漢文，能跟蔣委員長搭上話，和中央要員能交流，有很多漢族朋友。」堅貝央拖長語調緩緩講道。

吉塘倉若有啓迪，有點醒悟地點點頭。

「懂漢語漢文，就能知道吉祥右旋寺以外的國內國際大事，就能審時度勢，知道如何跟著時代走。吉祥右旋寺政教大業也只有跟上時代才不迷路，才會有前途。」堅貝央無限感慨。

這一說，好像攪起了他心底沈澱多年的一些感覺，聯想到了很多往事。他有同感地連連點頭，又期待地等著堅貝央往下說什麼。

「你看到了什麼，沒有看到形勢很嚴竣嗎？吉祥右旋寺的牆根已經被人挖開了窟窿，冷風冷雪已經灌進了神聖的吉祥右旋寺。」堅貝央臉色一下陰鬱沈重下來，快要下起毛毛雨了。

吉塘倉覺得有點突然，他迷惘地搖搖頭。

「人家成立金鵬鎮藏民學校是為了啥？是為了培養能通曉漢語藏語的人才，將來能當縣長、鄉長，甚至派任為頭人。如果一條線串到底，到那時候，教民百姓全掌握在俗官手中，成了俗官掌中的糌粑撮子，誰來供養我們？誰聽我們調遣？誰聽寺院的管轄？沒有部落和教民的控制權，吉祥右旋寺不就成了殼裏空的軟蛋，成了沒有根鬚的乾樹枝？」堅貝央說著說著，激動地站起身，背搭著手，陰沈著臉踱著步。沈重的馬靴聲壓得樓板吱吱呀呀呻吟，吐出的字沈沈有力，如滾雷撥過地面。

像是誰狠狠撥拉了一下心弦，吉塘倉身子忽地猛烈震動，他也差點跳了起來。寺主說的對呀，說的入木三分。我吉塘倉就怎麼沒有看到、沒有想到？這是事關吉祥右旋寺生死前途的大事。事態的嚴重性不亞於與馬麒鬥爭，不亞於與尕司令的造反軍周旋，豈能等閒視之。

想到這，他渾身像被狂風鼓漲，血液如羊糞火燒烤，連眼珠子都泛起血紅：

「大師，說吧，我們披袈裟的佛僧該怎麼辦？你說得對，任其下去，寺院不就成了俗人的衣服首飾，想穿就穿、想脫就脫，這和金鵬鎮賣身的塔哇婆姨有何區別，你我還不是成了人家手中的工具，需要時擺在佛龕上，不需要時拋在門背後，有何尊嚴、自由、主權可言？」

堅貝央臉色稍稍開朗，他坐回卡墊上，呷呷熱茶，又拎起茶壺往吉塘倉碗裏添了點：「我請師傅過來，就是商量這件事，先達成共識。我們不能像那頭棕熊，叫人家用柵欄圈囚起來，縱使有萬斤力量也無可奈何，只能聽之任之。」

吉塘倉撓撓頭，苦笑著嘆息：「我腦中一片霧，還未看見彩虹升起。」

「我有個主意。既然他的手能抓，我們的腳就能踢；既然他有吞食骨頭的禿鷲胃，那我們就該有咽下羊羔的蛇蟒肚。咱也辦個現代的學校和他扳扳手勁。」

「扳手勁？辦學校？」他的心弦又震顫了一下。藏傳佛教寺院辦學校，活佛辦學校，這是前所未有、聞說未聞的事啊。他大張眼，半是驚疑半是茫然地盯著堅貝央。

堅貝央年輕的臉上泛著亮彩，眼射堅毅光芒：

「沒有想到吧。前人沒有想到幹過的，我們這一代得敢想、敢幹出來。想一想，吉祥右祥寺歷史上有過這樣的情況嗎？寺主的阿爸阿哥反客爲主、喧賓奪主，從附屬者變爲主導者，要操縱寺院，讓寺主成爲泥塑的施食，供在桌面聽憑他們擺佈。這種特殊形式的內訌說出來沒人相信，取而代之的危急形勢，善良的教民、糊塗的佛僧們往往視而不見，想都不去想。可我能不想嗎？我能視而不見嗎？不，我不是糊塗蟲，也不是睜眼瞎子，更不想做自欺欺人的隱士仙者。我是我們家族的成員，但更是吉祥右旋寺的寺主，大寺是我的生命，是我的根本，我的肩頭上扛有三千六百多佛僧，有吉祥右旋寺的未來，有幾十萬教民，有上百座子寺，我是康巴熱血漢子，我不會這樣任其下去。」

吉塘倉的情緒平定了，他被堅貝央慷慨激昂的講演征服了，也感動了，他捧著茶碗，恭敬地問道：「您想辦個什麼樣的學校？」

「僧人學校。」

「僧人學校?藏傳佛教寺院本身就是僧人學校呀。」他納悶地反問。

「不一樣!這個學校除了學習佛學五部大論，主要學習政治、地理、歷史，甚至軍事，要學現代知識。要聘請漢人學者當老師，學漢語。」

「學漢語?爲什麼?」這又讓他納悶，寺院僧人學漢語漢文爲了啥，這在藏傳佛教寺院中又是從未有過的事。

「我不是告訴你了嗎?阿哥澤旺成功的奧秘之一是會漢語漢文，爲了方便與中央的聯繫，與地方官員的交流，讓藏傳佛教走出去，讓吉祥右旋寺走出去，我們再也不能灶連炕一個煙囪裏冒氣，而是一個爐膛裏燒三個鍋。」

吉塘倉釋然，信服地點點頭，又不無憂慮地提出:「學員從那裏來?招什麼樣的合適?」

「學員?咱們手中擁有上萬名僧人，還愁選不出百八十個聰明透頂的少年僧人。」

「這樣說來，至尊大師已經有了周密的計劃?」

堅貝央點點頭:「從我回到吉祥右旋寺那天起，我就一直考慮這個事。在拉薩，聽聞了十三世達賴喇嘛與中央政府發生的齟齬。我一直在想，要是十三世達賴喇嘛和隨從官員懂漢文漢語，不就可以直接向皇帝稟報情況?不就避開了有人從中作梗的弊病?藏人漢人的情感交流、文化聯繫不就更直接更方便了?沒有了誤會也就少了摩擦。」堅貝央壓低聲:「要不了多少年，我們培養的僧人管理人才就能派上用場。他們既能內部管理佛僧寺院，對外能控制教區教民。對上可與政府直接打交道，對下又用現代社會的一套治理教區。左右縱橫，東西馳騁，不愁吉祥右旋寺沒有希望。」

「學校畢業後，如何安頓他們？」

「有的到各神部部落去當頭人，有的到直屬和附屬寺院去當特派員，有的充實到我的八十衛士、隨從之中；有的去當各學院法台助理、僧戒官、財務官。就像片石擊湖水，一波大過一波，要不了十年八年，我不相信局勢不在我們股掌之中。民國政府不是講究民主嗎？寺院裏有這麼多人才脫穎而出，又是出家僧人，有信仰、有情操、有本事、有知識，學識都優秀，教民不擁護他們還會擁護誰？還愁選票不到手，還愁當不了專員、縣長、保長、鄉長？師傅，你就等著看金蓮花錦簇成團吧。黃河、洮河、白龍江、黑河、吉祥右旋河流域，到時候全是我們的天下啊。」

吉塘倉受到了濃濃的感染，幸福得醉眯闔眼，過了片刻才睜開眸子，雙手合掌：「佛法僧三寶啊，願夢寐以求的大善事早日蒞臨我吉祥右旋寺頭頂。」他頓了頓：「大師，你要我幹什麼，儘管吩咐吧。」

「我要你幹兩件事，一是選拔八十名腦子靈活、手腳便利、家庭殷實、口齒伶俐、能言善辯的青少年僧人。記住，年齡在十五至十八歲之間，不能再高也不能放低。我不熟悉寺中僧侶情況，你是總法台，可以號令六大學院法台，請他們推薦，你一個個面試，當場決定取捨。主要在顯宗聞思學院中挑選。」

吉塘倉吐出心中疑雲：「就說選拔的是僧人學校的學員？」

他有些擔憂。寺中突然冒出一個青少年僧人學校？會引起什麼反應呢？肯定要掀起軒然大波，引發人心震動。尤其那些活佛、高僧、超凡脫俗的書呆子們，首先會群起而攻之，認爲破壞了藏傳佛教學習傳承教育制度，是把僧人引向世俗化，等等。反正他們能找出種種理由，會引經據典、旁徵博引，有十頭犛牛馱不完的理由，而且一條條一個個冠冕堂皇，誰也休想駁倒它、說服它。他們一個個冥頑如盤石，比挖山還難。弄不好，他們會在集會上發難；會在學員中散播不滿情緒；會在辯經場上發表他們的偏頗觀點；會把寺院上下人心攪得亂哄哄；會用似是而非，道聽塗說的一些事把寺主堅貝央、把他總法台吉塘倉搞臭。要知道，一個實施現代教育方式的青少年僧人學校，它撼動的是上千年藏傳佛教寺院傳承教育的根基啊。

堅貝央沒有察覺他心頭的憂慮，依然亢奮地回話道：「就這樣說！直來直去，我辦事向來青石頭上砸坑坑，松木板上釘釘子，圖個乾脆爽快。」

吉塘倉沒有吭氣應聲，沈吟了片刻。他知道堅貝央年輕氣盛，康巴人又多熱血漢子，說一不二，一條直腸子貫到底。他現在又在興頭上，從西藏回來，他雄心勃勃，躊躇滿懷，想把自己總結、醞釀的理想和要辦的大事串起來付諸實踐。這個時候，你不能挫了他的銳氣。吉祥右旋寺未來的燦爛前景，靠的就是這股銳氣。但他又不能不開導，便婉轉地說道：

「是不是先不宣布僧人學校的事，就說是在挑選松贊干布劇目的演員。讚美法王的輝煌功德，皆大歡喜，無人不稱讚的，沒人會反對。」

堅貝央先是一怔，但很快明白了吉塘倉話中的意思。他爽快地點點頭：「也好，別讓有人攪渾了水，迷住了大夥的視線。」

「我想以僧人藏戲團為牌子，先遮掩僧人學校的門面。僧侶藏劇團可搞成長期的，半專業化，誰也不會說閒話的，至於各種課程設置，各種訓練的進行，都可以說成是提高演員文化素質、表演素質。等到生水燒成奶茶了，硬柴變成灰燼了，到時候再正式宣布也不遲，當然，那時候保守勢力仍然會攻擊的，不過勢頭不會那樣猛烈洶湧。」

「我要說的第二件事，就是如何堵住那些老僧老活佛的嘴，我才識淺薄、學問不深，辯不過他們。我請求師傅代我受過。」

吉塘倉遲疑地點點頭。事情總會傳出去，包子有破漏的時候，一場辯論肯定是不可避免的。那些老僧老活佛，發難是肯定的。他們的嘴不好擋。

與他們辯論，並想法說服他們，可不是一件輕而易舉的事。首先，你得好好溫習《因明論》，熟練掌握辯論方法，學會尋找對方邏輯推理中的毛病，然後抓住一點，不及其餘，全面進攻，使對方來不及整理思路，調整陣腳，慌了手足，全線崩潰。其次要攻讀好《中論部》，指出提問者已經陷入兩極極端之見，是以偏概全，是以一般代替了特殊，而沒有在事物現象中找出最基本、最正常的中道，而後制人。同時，《般若》、《中道》都可以拿來以勢壓人，打亂對方的思路，規定對方的思維方式，好以逸待勞、居高臨下，逐個擊破。

高屋建瓴的是《俱舍論》，它是佛教最高最精粹的認識論和宇宙觀，明辨是非黑白，從中汲取真理，達到思想上的純淨。除此之外，還得熟稔藏傳佛教的歷史，轉折時期的重要人和事件，能有理有據，有典型作證，叫對方無話可說。

應該把事情看得嚴重點，這樣有備無患，技高一籌。那些書呆子老僧侶在公開場合，可不管你是總法台還是金座活佛，爲了表明他們觀點的正確、學識的淵博，他們會口若懸河、滔滔不絕，咄咄逼人地要你當場回答他們的提問與疑團，會當場與你辯個臉紅耳赤，讓聽眾把黑青稞黃酥油弄個一清二楚，會讓你難堪下不了臺。

這還算是小事，最讓人擔憂的是，一旦他們占了上風，整個寺院的風向就扭過去了，僧侶學校就會土崩瓦解，站不住根基而解散，那樣，堅貝央漚心瀝血的改革就一朝瓦解，蕩然無存，堅貝央和他吉塘倉期望的吉祥右旋寺前景就化爲煙雲、渺茫無際。

難對付的是藏傳佛教內部這幫榆木疙瘩啊。

雖然答應了堅貝央的請求，但他心中無底，難操勝券。他硬著頭皮告辭回佛邸準備。回去後，他鑽進了書房，搬來一摞又一摞五部大論和有關書籍，整日整夜地翻閱、摘錄，把思考的結果寫在筆記本上，鑽在被窩裏反覆斟酌。

果然，一年後，灌湯包子的皮破了，包著的餡汁淌出來了，一場論戰公開化。在傳昭新年①毛蘭姆大法會經論答辯會上，寺中那幾個老朽在辯經廣場上，當著數千僧人，突然公開向他這個主持辯經的總法台發難了。發難符合程序，是選擇總法台規定釋難解疑的時辰。

第一個站起來的是白髮蒼蒼、鬍鬚塗銀的一位高僧。他認識他，他曾擔任過密宗學院法台，獲得過「拉仁巴」②格西學位。他的提問看去很平和，但是卻一針見血、直中要害。

「請問大法台，諸法皆有常規，是否是真諦？」

「諸法有常規，但常規又隨時間空間在變化，如印度僧人穿薄紗袈裟，而我們藏地僧人卻穿毛織的氆氌，甚至皮背心皮筒裙。不變的是心中的信仰、袈裟的顏色和披法，這是諸法有規的本質體現，它也符合佛門『諸行無常，諸法無我』的教義昭示。佛經上指的無常，是說宇宙一切現象，都是此生彼生、此滅彼滅的相對的互存關係，其間沒有恆常的存在。所以任何現象，也是無常的，刹那生刹那滅。」

他清楚這是爲他設下的圈套，簡單地說有或沒有，都會成爲口實，借機批判辦僧人學校是錯誤的，要求取消。理不正，名難立。只能辯證地取捨對答。對方抿抿嘴，乾笑了笑，尷尬地坐回了原處。

接著，一位瘦瘦的、黧黑臉盤上刻滿皺紋的耄耋站了起來，他雖然身子桿細弱得像個芨芨草桿，但聲音卻洪亮清晰，猶如鼓點螺鳴。他記起來了，他曾任過大經堂的領誦師，學識扎實，口碑很好。

「佛祖說過，人生若苦海，在六道輪迴中，如車輪沒有始終，一直轉個沒完沒了，一切衆生永遠升沈於天、人、阿修羅戰神、地獄、鬼、畜生六道中。由於業果，一世和一世的輪迴不一樣，生死輪迴沒有休歇，始終是苦的。佛經還指出：有漏必苦，漏指的就是人生的煩惱。拿人來說吧，人生有八苦；生苦、老苦、病苦、死苦、愛別離苦、怨憎會苦、所求不得苦、五取蘊苦，總之，有吃不完的苦在等待你，在折磨你，終生在貪、嗔、癡、傲慢、猶疑、惡見中滾爬。既然如此，寺主和堅貝央爲什麼要辦起青少年僧人學校，引導他們走向世俗社會、灌輸世俗社會歪道邪見呢？老僧以爲，這種做法違背了佛祖的初衷，違背了佛門教義，是大逆不道的。」

全場譁然，一陣兒又靜闐無聲，連呼吸聲都聽得清清楚楚，一個個大瞪眼張望著講經台中央的他。

吉塘倉的呼吸也一時粗重，心速加快，不捂耳廓也能聽得出來咚咚地心跳。他明白這些目光背後的心思、意圖、眼睛裏要說的話語，明白這個時刻的嚴峻性。這是分水嶺啊，也是三岔口。誰能辯過誰，誰就是僧眾的偶像，僧眾就會跟著誰走。僧人學校能否辦下去，也就在此一舉。不過，這道坎子他已經做了些準備，心中還是有底氣的。

他沒有馬上搭腔，先鎮鎮神，清清嗓，然後微笑著啓齒回答：

「這個疑題正是我今天想要宣講的內容，高僧們提出的每個論點有自己的道理，在佛門教義上也有根有據，但老先生對五部大論的中道研究還欠些火候，尤其結合實際略顯偏頗。佛祖教誨人生苦諦僅僅是四大真理中一項，它也只是爲了鋪墊其他三大真理。佛教是幹什麼的？不是就苦論苦的，苦是客觀不容爭辯，是尋找出世間苦的原因，闡述消滅世間苦的必要性、可能性，以及教誨如何消除世間苦的種種方法。四諦中後三條，才是佛祖的良苦用心，是佛教神聖的責任、最後的目的。這就是說，我們不是爲苦而來，而是爲了普度眾生，仁慈爲懷來到人間的。

我不知道這位高僧想過沒有，我們持戒僧人肩負的神聖使命是什麼？很簡單，不就是幫助人們超越苦海，渡過苦海？從這個意義上講，我們必須入俗，而不是出俗脫俗。我們僧人要想成佛，進入不用輪迴的佛境界，除了自己覺悟，還得平等普遍地幫助別人覺悟，使自覺覺他的智慧和功行都達到最高最圓滿的境地才行，既然如此，你脫離眾生能行嗎？不染塵世你如何覺悟眾生？」

他停頓了一下，眼睛掃過滿廣場黑鴉鴉的僧侶，見大家聽得入神專心，有的點頭頷首，有的用眼神相互交換看法，也有的低聲談著什麼，但都顯得信服、恭敬，連提問的黑瘦高僧也張著嘴巴、瞪大眼出神聆聽。

「佛法僧三寶中，佛陀是佛寶，是我們的靈魂、統帥；法寶是教義，是理論體系，是思想規範。可佛在二千五百年前就離我們而去，法是存在於思想中的一種道理，二者都是虛的，空泛的，唯有僧寶直到今天依然實實在在，能看得見、摸得著。也唯有僧侶能完成佛祖的理想追求，完成法寶的傳播弘揚使命，幫助大千世界芸芸眾生去斷除內心煩惱，求得解脫。僧寶能引導眾生在現世止惡行善，在來世獲得安樂幸福。

想想吧，我們承擔的使命是多麼的神聖，多麼的重大，多麼的實在！如果我們不引導僧侶進入世俗社會，我們能完成佛祖的理想嗎？能弘揚佛法嗎？那要我們僧侶有啥用？僧寶也不就成了一星塵埃、一滴雨珠、一道彩虹、一朵野花嗎？它對眾生不是毫無用處了嗎？還有，我們學經誦經是爲了什麼？我們鑽研十明學問、晉升學位又是爲了什麼？我們供養膜拜佛、菩薩、護法神又是爲了什麼？如果獨善其身，那我們算大乘佛教嗎？」

他一連串問了十幾個爲什麼，一個比一個深，一個比一個緊，問得全場呼吸凝固，大眼瞪著小眼。

完了又追問道：「大家沒有忘記我們大乘佛教的宗旨吧？我們的宗旨是大慈大悲，普度眾生！要讓人們從煩惱的彼岸到達覺悟的彼岸。現在，我請大家朗誦《六度經》。」

廣場上瞬時泛起男中音嗡嗡的誦經聲，像波濤之聲傳向四方，又似大海之波拍打沙岸。

讓眾僧念誦《六度經》，是他臨機一動瞬間湧上心梢的念頭，也可以算是心血來潮。讓大夥集體急誦《六度經》，有助於把僧眾的注意力吸引到他剛才的論點、論述上，並由此產生共鳴，進而凝聚成大家的統一意識，也就是說，把大家統一到他的麾下，跟著他走，由抵觸變爲擁護，由冷漠轉為熱情。

《六度經》講的第一是布施，以物質利益施以大眾的財施，包括身外的財物和自身的頭目手足、甚至生命；保護大眾的安全，使眾生免去恐懼驚駭的無畏施；以弘揚真理傳播佛教，讓他人覺悟的法施。

第二是持戒，即防止一切惡行。修集一切善行和繞益有情，也就是一切為了利益眾生。

第三是為了利眾，甘於忍受毀罵打擊以及饑寒等苦，決不放棄救度眾生的志願。

第四是精進，毫不懈怠地努力於自度度他，自覺覺他的事業。

第五是禪定，第六是自覺覺他而修禪定和智慧。

抓住了《六度經》，也就抓住了所有皈依佛門的信徒之思想、行動，更是抓住了僧侶們應該奮鬥的方向，擦亮了他們的眼睛。

等眾僧誦罷，他又溫和地講道：

「各位高僧大德、各年級的高材生，我想你們一定記得《僧阿含經》記載的佛陀指出轉輪王統治時期那段經文。佛陀說過，到那時候，世界上土地平整，如鏡子般清明，穀物豐饒，遍地生長著甘美果樹，時氣和適，四時順節，人身康樂，少病少惱；富足如意，食不患苦；欲大小便時，地自然開，事已復合，金銀珍寶散在各地，與瓦石同在；人民不分種族大小，一律平等，皆同一意，相見欣如故交，說話親善友好，語言大同，交流如溪水。佛祖指出的這個理想世界，也就是我們披袈裟、戴金冠帽的僧侶盼望的『莊嚴國土、利樂有情』啊。我們如何讓眾生進入『利樂有情』世界呢？」他頓了頓，掃視了一下廣場，把大家的目光吸引過來。

「現在我講講爲什麼要建立青少年僧人學校，原因是什麼？我知道大家不理解、不明白，疑慮團團。但大家不要以爲堅貝央大師是閒著沒事亂折騰，辦僧校多此一舉。我實話實說地告訴你們，辦青少年僧人學校正是爲了你們。」

場上出現輕微的騷動，人們眸子中半是驚疑半是困惑，視線全聚集在他身上。

「大家想一想，我們吉祥右旋寺三千多活佛、僧人，一天不吃飯行不？八十多佛殿，一天不點酥油長明燈行不？一天不煨燊行不？我們靠誰供養？誰都清楚，天上不會撒下酥油糌粑，我們是靠教區教民供養。想一想吧，沒有他們，我們空肚赤身，還能弘揚佛法普度眾生嗎？」

廣場上一大片頭顱埋了下去，就是那位老經頭也斜著腦瓜、垂著首，臉色茫然地陷入了深深的憂思之中。人們的眼中佈滿了迷惘、困惑和不安。

「如果沒有供養部落，沒有教民布施，我們的吉祥右旋寺會變成怎樣子呢？我不說大家也明白，部落、教民是我們的生命，是根本。管理教民，管理部落，與外界聯繫交流，又離不開我們僧侶中的年輕一代。辦僧人學校就是爲了寺院僧佛的根本利益、後繼有人，我們吉祥右旋寺長遠繁榮，要不然，我們會被外在勢力擠垮、擠向衰落。事情的發展趨勢不知你們想到了沒有？堅貝央和我吉塘倉的話你們相信不？」

廣場上沈默了片刻，好像商量過似的，突然沈雷般轟然滾過驚天動地的回應：「相信——」

吉塘倉心頭抖了一抖，眼睛有點潮濕，他深深吸口氣，又一字一句地闡明利害關係，把話往透裏、往明裏說了個淋漓盡致。辯經會到後面，再也沒有僧侶提出質詢。

來。

回到書房，他的身子癱了，雙腿沈得邁不開步子。坐在卡墊上整整喝了兩大壺奶茶才歇過神來。

他指了指頭髮叢中的汗珠，汗珠子還沒有蒸發乾淨，手指縫裏濕津津的。他暗暗慶幸，幸虧兩位老朽提的都較正統，好接上話順理成章發揮反駁。要是碰上刁鑽之徒，他提出的問題奸詐、模稜兩可，難於捉摸，那說不定是另外一種難堪尷尬局面。

吉塘倉心裏有數，那些保守的高僧當場不再吭氣，並不意味著他們口服心服，心悅誠服，只意味著辯論場上未占上風而已。他們的思維已成定式，他們的觀念根深蒂固，很難動搖。在他們看來，穿了袈裟進了寺院，僧侶再要參與俗事，那就是孽根未除、沈溺苦海、不務正業，屬於鞭撻討伐之列的。作爲僧侶的神聖淨土，寺院更是如此。它應該而且必須完全是一塊與世俗隔絕的淨土。誰要把寺院和世俗世界攪和在一塊，誰就是大逆不道，誰就是佛門最大的叛徒。

作爲衛道士，他們就會和你沒個完的。在他們心中，只有念佛成佛這一唯一目標，其他的都是歪門邪道。他心頭冷笑了一下，自語道：這些人啊，看去超俗脫俗，純淨高尚，實際是最大的自私自利者，他們陽奉陰違，把佛祖大慈大悲、普度眾生的偉大理想拋之於腦後，他們才是最可怕的叛逆者，是門縫裏刮進的嗆腦風，是土炕上蹦躂的跳蚤，說不定什麼時候會反撲過來占了上風。那樣，堅貝央的心血夙願就付諸東流了，寺中有識之士的努力也會土崩瓦解，吉祥右旋寺的前途也就撲朔迷離，江河日下了。

可怕啊，這夥貌似聰明，實際愚鈍之徒！但他們並不難對付，最可怕的是他們身後有佛叔俄旺總管家、有佛兄澤旺、有佛弟旺秀倉活佛，他們各自麾下都有一夥追隨者，這才是最難對付、最沒有把握戰勝的對手，這才是令他憂心忡忡的心病，所以，那一晚上，他直到後半夜才闔上眼。

第二天一大早他就醒過來了。雖然眼泡惺忪澀重，但腦子卻像玻璃球般亮晃晃。昨日石板廣場上發生的事情，歷歷在目，縈繞充斥，驅之不散，依然讓他害怕，而澤旺那次的冷言冷語也浮上眼前。看樣子，寺內外反對創辦僧侶學校的人，把賬全記在了他身上。

那是南京政府教育部派員祝賀青少年僧侶學校開學典禮的當日，澤旺衝他使的臉色。

正是秋高氣爽的好日子，陽光燦爛、長空碧澄，暖風挾著河谷裏的草香花香吹過來，讓人的腦子暈乎乎、懶慵慵、醉迷迷的，渾身有說不出的愜意。如意寶珠別墅園裏一片喜氣洋洋，人聲熙攘，到處是穿袈裟、穿中山裝的身影在晃動。

青少年僧侶學校的校舍暫借在如意寶珠園中。這是堅貝央的主意。他曾經徵求過他的意見，他也舉雙手表示贊成。在校址選定上，他和堅貝央都有共同的考慮：僧侶學校應儘量拉開和大寺的距離，以免受到保守勢力干擾影響，同時作爲現代學校，遠離喧鬧鎭子，也能穩定有序地開展文化知識的傳授，學員們有個良好的學習環境，有利於情緒和注意力的集中。

當然，堅貝央把學校擱在他的如意寶珠別墅，是有著一層特別的意思在其中，那就是權威性。至高無上的權威性，如意寶珠別墅象徵著堅貝央，堅貝央就是吉祥右旋寺政教無上的絕對權威。有堅貝央主持，誰敢說三道四非議？誰敢跳出來無所忌憚搗亂？有如意寶珠別墅作爲校舍，僧侶學校就有了金字招牌，尙方寶劍，什麼毒蟲惡蛇都不怕。

作爲學校的教務長，實際是常務校長的他，那天負責在大門口迎接來賓。

僧侶學校開業本來不準備搞典禮，他和堅貝央都怕大張旗鼓地張揚這件事。怕引起刺激，引起寺中一部分人的強烈反應。他倆都知道，開天闢地第一次辦正規現代僧校，對藏傳佛教寺院的震動是很大的，其中有否定傳統教育之嫌，所以越不伸張越好。但是，有一次在蒙藏委員會任職的活佛來吉祥右旋寺視察，閒聊時，堅貝央不留神說漏了嘴，把這件事捅了出去。

這位活佛也是新潮改革派，更是一位熱心人。他回到南京，不僅向蒙藏委員會彙報了這件事，還向教育部通報了僧人學校的情況。有媒體聽到風聲，前去採訪，他專門召開了一次新聞發佈會，對堅貝央大師的現代意識、現代生活、改革的宏圖大略大加讚賞好評，一下轟動了京城，大報小報都予刊載，呼籲各方支持。

教育部聞風而動，立馬通過保安司令部的電臺給堅貝央發來電報，表態支持，提出三點建議：一、僧校可歸入國立職業學校序列；二、教育部可每年撥出一定的經費，並免費供應儀器、教科書；三、教育部可動員高素質的國語、英語教員來邊地吉祥右旋寺任教。

是澤旺親自送來電報的，來時喜洋洋樂融融，高興地連聲誇獎弟弟有腦子了，跟上時代步伐了，在國民政府掛上號了。當時，恰巧吉塘倉也在寺主佛邸裏，正與堅貝央審核確定學員的名單。澤旺很難得地衝他一笑，表示肯定也表示感謝，好像是這件事他幫堅貝央幫得對、幫得好、幫到了點子上，鼓勵他幫下去。

由於國民政府的教育部、蒙藏委員會的吆喝和派員前來祝賀，省上要員也紛紛前來，鄰區及縣上的就更不用說了，客人一串一簇的，住滿了澤旺開辦的安多大旅社。開業慶典自然不能不搞得隆重熱烈，因此慶典活動也就成爲大寺、金鵬鎮、保安司令部、十三神莊的大事。

澤旺陪著國府客人們姍姍來遲，進大門時，吉塘倉一一敬獻哈達表示歡迎，輪到澤旺時，澤旺陰冷的目光重重摳了他一眼，用手撥開了哈達，拒絕了他的敬意。

澤旺的手槍隊雄赳赳、氣昂昂地尾隨澤旺跨進了大門，吉塘倉被晾在一旁。他怔怔發呆，半天沒有回過神來，腦中閃來閃去的還是澤旺陰冷的目光。難道、難道他知道了這座學校的深層用意？

慶典會由吉塘倉主持，堅貝央致辭。堅貝央的致辭很低調，只強調讓青少年僧人拓展知識領域，開闊眼界，跟上時代，與時俱進地弘揚佛教教義，但來賓的賀辭發言中，卻有透過培養僧侶現代人才，出現治國治政棟梁，建立並管理推動東部藏區現代民主秩序，政教合一的和諧社會等等高論。吉塘倉注意到澤旺的臉色一直陰沈緊繃，偶而笑一笑，也是皮笑肉不笑，純粹是敷衍應付。

輪到澤旺代表保安司令部講話，他開宗明義、意味深長地說道：「既然學校的姓名是僧侶，那就不能忘了僧侶的根本宗旨，即嚴戒律，不染塵事，超凡脫俗，不聞不管世俗的風風雨雨，不參與教區俗權。我希望你們成爲有現代知識的讀書人，隱居師。」

吉塘倉心頭一悸，脊背骨滲過一道寒氣。他聞到了一股嗆心肺的硝煙味，一種隱隱約約的殺氣襲來。他看見堅貝央也抽抽鼻頭皺皺眉，眼角抹上了一層陰雲。看來堅貝央和他是同一心態，即澤旺已經嗅出了他們創辦青少年僧侶學校的長遠目的，從現在起，他就開始想堵住這座學校的去路，用教義教規捆住年輕僧侶們的腦瓜，讓他們繼續走老路。想不到剛開張，射手就擺開了拳腳，他不由心情沈甸甸的。

慶典會倒很熱鬧，學員們演出了自創的安多藏戲「南木特」劇《松贊干布》中文成公主淚別唐太宗的片段；十三莊的男女少年跳起了鍋莊舞，唱起了酒曲；堅貝央的鄉親碌堂莊的漢子們，又是弦子舞又是「拜嘎爾」表演唱。都歡欣雀躍，笑語歌聲不斷。唯有吉塘倉憂喜交集，放不開情緒，興趣到不了最高點。

慶典活動的壓軸節目是宴會。宴會在容納上百人的大花帳中舉行。主客頻頻推盞碰杯，主人以茶代酒，互祝吉祥如意。客人邀請主人表演節目，以助歡慶氣氛。

堅貝央那天十分高興，他以茶代酒，主動自彈自唱了一首六世達賴倉央嘉措的抒情詩，歌詞是那首膾炙人口的《活著絕不分離》：「情意滲入了心底／能否結成伴侶／回答是除非死別／活著絕不分離。」贏得了滿堂歡呼，唯有澤旺沒有拍手，用古怪的目光遠遠斜視著堅貝央，而堅貝央卻看都不看一眼澤旺，彷佛忘記了澤旺在場似的。

雖說堅貝央的龍頭琴只是彈唱了一首愛情抒情詩，但吉塘倉也從中嗅出了他堅定不移的信念，矢志不渝的毅力和樂觀爽朗的情緒，他也受到感動、受到鼓舞，於是自告奮勇地朗誦了一首三世吉塘倉的哲理詩，作為對堅貝央彈唱的呼應：

「只要持續不斷地努力／什麼事都能做出成績／那江河緩緩地流淌／能繞遍廣闊的地方。」

他的朗誦同樣博得了大家的掌聲，但他的眼角餘光也收進了澤旺不屑一顧的冷笑聲。

輪到澤旺了，他也爽快地接過酒碗，自得地先清清嗓，然後脫口唱出一首西康「諧」體民歌，歌詞看來也是經過斟酌、有所針對的：「朗朗晴天烈日／以為無所不敵／不知烏雲聚攏／就要吞噬太陽。」他端著酒碗，旋步唱到吉塘倉身前，陰陽怪氣地瞪了一眼。

吉塘倉心裏打個冷噤，一股陰風波過全身，他也凜然地回瞪澤仁，但澤仁轉身返回了座席。從席上回來，他的心頭就壓上了一塊石頭，凝滯著一朵陰雲，搬不走，拂不去。他一個人兒在臥室時，常不由自主地思想。是的，澤仁和寺內那些老僧遲早會聚攏烏雲，發出霹靂，企圖轟擊他吉塘倉一個粉身粹骨。他們會把對堅貝央的不滿怨恨全撒在他身上，會毫不留情、毫不手軟地掐死他，卡死他的事業。他現在是走在了獨木橋上，不能退，不能搖晃，只能瞪著眼咬著牙往前走。

但他也不後悔。他怕什麼！真理猶如潔白佛塔，鐵火霹靂也難摧垮。自己的一生要想功德圓滿，也像碧玉珊瑚一樣得磨啊磨，得磨出光芒來，像那高頭大馬壓呀壓，得壓出走勢來。想一想自然界，那布穀悠揚的妙曲中，沒有過對春日天長的怨言嗎？青龍撼空的簫音裏，從不說霹靂引著餓鬼在遊蕩。自己這一生也算活得有質量、有名氣，提起來有人敬仰，摸著看是一筆無價財富。

當然，是不是操之過急了？如俗話所說的：「使勁太猛刀會半腰中間裂，硬度太強弓會上層裂，走得太多馬駒失腳力。」但毛色最純的馬，身上也有雜毛；品質最好的人，身上也有缺點。再說，人生苦短，一個活佛涉入政教大業的振興，更是機不可失，時不再來。乾草沾不住露水，死者無人去議論。既然堅貝央大師這樣看重自己，那自己就應該豁出來幹，何況幹的事業是自己認準了的光明正大的事業，有益於佛業、有益於自己功德圓滿之事業，有什麼可憂慮愁悄的。煙往高處飄，水往低處流，萬物規律就是如此。哪怕身敗名裂，也應該在所不辭。

雖然道理上他能說服自己，但心情總是忐忑不定，明朗不起來，身子骨也無法輕輕爽爽地去應付教學上大量的事務。他怕干擾堅貝央，給寺主增加壓力，就把這些憂慮壓在心底想捂死，但越積越厚，反倒憋得常常喘不出氣，肝部隱隱作痛。

❖ ❖ ❖

①傳昭新年——昭係蒙語，法會之意。在新年之初舉行的法會，以祈願幸福平安吉祥爲根本，故呼傳昭新年毛蘭姆。

②拉仁巴——藏傳佛教最高學位，意即在拉薩大昭寺新年傳昭時，全藏僧眾雲集中獲得格西學位。拉仁巴級別的學位每年只限六、七名。

第十四章 活佛另闢疆土

吉塘倉下四川，實施自己一石三鳥的計劃；攻心為上，佛門鏟煙禁煙有自己的法子。從此，山高皇帝遠的嘉茂察瓦絨鴉片絕了跡；煙民紛紛建寺塑佛，籌劃、選址、開光，忙個不亦樂乎。

等學校一應事計都有了規矩，走上了正常道路，已經是半年後了。

有一天，他被堅貝央邀去喝午茶、聊天，趁勢將心頭的憂慮坦誠地傾吐出來，特別把澤旺對他的冷淡、冷目，自己的感覺，一五一十地端了出來。

堅貝央聽了，不動聲色，只是冷冷地一笑，很坦然地安慰說：「別想那麼多，有我堅貝央在，他動不了你一根毫毛。」他一頓，呷口茶又慨嘆道：「他以爲他是天上飛的大鵬，地上跑的雄獅？哼，要是剝去吉祥右旋寺這張聲名顯赫的虎皮，他不過是個西康的流浪漢、短尾巴的地老鼠。你想想，他憑什麼當上國民政府的少將保安司令，還不是吉祥右旋寺和堅貝央的聲望？爲什麼有那麼多政要大員與他親善往來，還不是衝著吉祥右旋寺的廣大教區和幾十萬教民。我們才是根基、才是樹幹，明白嗎？」

吉塘倉心田豁地一亮，渾身輕爽了許多，眼珠子也一下明朗睿利了。是啊，自己擔憂什麼，有吉祥右旋寺這棵大樹當背靠，自己怕什麼？有堅貝央撐腰，怕什麼？是他澤旺需要吉祥右旋寺和堅貝央當虎皮扯大旗，而不是吉祥右旋寺需要澤旺來當虎皮扯大旗，要說作用，也是互助互利，至於關係，那是相互需要、相互利用，而不是我們有求，澤旺什麼時候也占不了上風。只要僧人學校畢業生一屆連一屆，不愁吉祥右旋寺的天下不是我們的。

「您來得正好，我有件事正在犯難，想跟你商量商量，這事說大也大說小也小，但除了你，還沒有那位活佛能辦得成的。我至今拿不定主意，吉祥右旋寺離不開你，我堅貝央也離不開你呀。」

吉塘倉如墜十里雲霧，辨不出東西南北、山巒河川，他弄不清楚堅貝央說的是哪件事，又有什麼事竟能使堅貝央大師左右為難拿不定主意，也不知道這可大可小的事還非得他吉塘倉出面才成。他大睜著眼，凝視堅貝央矛盾的臉。

「你先看看這份電報。」堅貝央遞過來一張紙，紙上的電文已經譯成了藏文草寫體，內容大致是說：

「川省嘉茂察瓦絨一帶，近年已成為鴉片種植基地，大量鴉片流入川渝地區，為害非淺，而且有向南京、上海等東南繁華地帶輸出的勢頭，給國民健康帶來嚴重危害，也給抗戰兵源帶來嚴重危害。考慮到嘉茂察瓦絨的藏民同為我中華民族大家庭兄弟，在這抗日戰爭艱辛時期，更應珍惜同胞手足之情，相互精誠團結友愛才對，不該兵戈相見，積怨愈深，故懇望吉祥右旋寺堅貝央大師以佛法為本，播仁慈之雨，吹和睦之風，普度眾生於苦海之中，讓嘉茂察瓦絨我同胞擺脫貪欲、癡迷、嗔惡之邪魔，重新回歸仁愛祥和寬厚之彼岸。另悉大寺吉塘倉活佛在川西北頗具聲望，教民信仰甚深，能否請他去開化愚鈍煙民，剷除鴉片毒害。敬乞。」

發報人是四川省主席張群，國民政府行政院禁煙委員會主任王仲會。

「張群主席是你的老朋友，國民政府的元老，他有事求你，我也不好阻攔，這個主意你自己定，當然，我也有我的想法。」堅貝央閃爍其詞，眼裏藏有深邃的笑紋。

吉塘倉沒有吭氣，埋頭深思，也沒有觀察堅貝央的臉色變化，過了好一會，他咬仕下嘴唇，斬釘截鐵地說道：「這個渾水我們不能蹚。」

堅貝央眉毛飛快地跳了跳，驚異地問道：「為什麼？張群主席不是把道理講的很明白嗎？」

吉塘倉還是未抬頭，他沈重地吁口長氣搖搖頭：「道理是這樣，但利益之爭卻難用道理來解決，嘉茂察瓦絨的教民，不論是土司還是老百姓，都嘗到了種鴉片的甜頭，鴉片是他們發財的如意寶珠，是根本利益。斷了財路，他們會不氣紅眼？」

堅貝央埋下頭思忖。

「如果惹惱了他們，他們不供養吉祥右旋寺，中斷供施關係，那我們就很悲慘，很令人傷心了。這個後果不堪設想。」

堅貝央咬著下唇不言語。

「還有，這是官府與地方的衝突，完全是塵俗之事，如果我們跳進去，弄不好還生罪孽。」

堅貝央咂巴了一下嘴皮，無奈地嘆口氣：「這正如俗話所說的，高了會傷了叔叔的頭，低了又傷著叔叔的馬，高低都不好下手。但我尊重師傅的意見，我這就回信婉拒。」

吉塘倉蹙蹙眉，用手示意：「慢，待我再想想。」

堅貝央歡欣地笑了：「好，請師傅斟酌，道理歸道理，有大利益也有小利益，而吉祥右旋寺的利益才是最根本的。說實話，眼下我們太需要川省張群主席這樣的大樹當背靠，需要在川西北草地拓展我們的教區。其中的利害關係，我不說你也能掂出份量。」後面的話壓得很重，幾乎是一字一字的吐出來的。

吉塘倉心一跳，半是驚異半是疑惑地瞟了瞟堅貝央火辣辣的眸子，默默站起身告辭出門。

吉塘倉又是一宿未眠，早上醒來，他趕過去視察晨誦集會情況。

僧人們一簇簇、一團團，冒著黎明的凜冽寒氣，裹著袈裟蒙住半個頭，從南面、北面、東面魚貫往大經堂走來，在廊殿裏脫了靴，赤腳跨進經堂大殿，個個神態安詳，虔誠專一，浸沈在對佛國理想世界的幸福嚮往。

他又爬上大經堂頂的平臺，走到前簷法輪和野鹿跟前，親暱地摩挲銅塑。野鹿上有幾點青斑，青斑是彈洞痕跡，是當年尕司令的造反軍從對面山上向鹿銅塑射殺玩耍時，擊穿了銅皮留下的斑跡。雖然法輪和兩隻鹿的塑身上這兒那兒有這樣幾顆青斑，但絲毫未妨礙整個法輪的莊嚴肅穆，金碧輝煌。從法輪後面能鳥瞰到整座寺院井然有序、錯落有致的僧宅；各學院的經堂、佛殿、法苑林卡、辯經場等等，壯觀宏大，氣勢磅礡，叫人亢奮不已。

他心頭感嘆道：來之不易啊。堅貝央說得太好了，吉祥右旋寺的利益才是最根本。

昨天晚上他想了很多，想來想去，總是離不開吉祥右旋寺和吉塘倉。道理很簡單很明白，兩者是山和樹的關係，沒有山，再好的柏樹也無處生根；沒有樹，再高的山也光禿禿無人觀賞、沒有聲名。同樣也是魚水關係，魚兒離不開水，水也不能沒有魚。所以堅貝央說得好，最根本的是吉祥右旋寺事業的昌盛。水漲船頭高，木秀鳳凰棲。有了吉祥右旋寺的興旺，才會有我吉塘倉和眾佛僧的幸福圓滿。他最後痛苦地作出了抉擇：去！去嘉茂察瓦絨！

他決定去嘉茂察瓦絨鏟毒，不是礙於堅貝央的面子，也不是給老朋友張群主席助一臂之力，而是爲了吉祥右旋寺，爲了自己。

吉祥右旋寺靠的是教區、教民的供養。它周邊的各寺院都在爭奪教區和教民，互相拆牆腳，所以教區相互插手很厲害。吉祥右旋寺雖然後來居上，但教區也是零零碎碎的，身前身後的教區都已經被別的寺院切割，無法拉過來，唯有往川西北和青海果洛一帶發展。因爲那兒還沒有一座頗具勢力的大中型寺院，可以說是一片空白，因此，吉祥右旋寺發展的空間最有希望的，只有那塊地區。

在這點上，他和堅貝央多次研討過，認識也是一致的。如果事情順當，自己去能剷除大煙，那嘉茂察瓦絨也就有可能成爲吉祥右旋寺名符其實的教區。不管成功或是失敗，這塊硬骨頭一定得啃，看來這渾水不跳是不行了。如果成功了，則功德無量。當然，督促他去嘉茂察瓦絨的原由中最重要的，還有張群主席這條線。這條線不僅不能丟棄，還得拽緊。因爲吉祥右旋寺的背後，有馬麒的兒子馬步芳——青海省主席在磨刀霍霍，妄圖捲土重來。

東北面是河州鎮守使馬廷勷，同樣與吉祥右旋寺貌合心不合、伺機想控制吉祥右旋寺。東南面呢？有洮岷保安司令部和俱善寺，他們也對吉祥右旋寺不懷好意。要想扎住根，就得有個大威德金剛護法神般的硬靠山，而作爲國民政府陪都所在省的主席張群，足以勝任大威德金剛護法神的重任。抗衡小小的馬步芳遊刃有餘，其他的對手更不在話下。張群現在來函要求幫忙，這正是與張群建立親密私人關係的好機會，也是靠攏國民政府的好機會，「繩子一旦斷了，滔滔江河就難能渡過」，古人這句諺語真是切中要害啊。

還有一個不可告人的秘密，是昨夜他苦思冥想、最傷腦筋、也最後讓他痛下決心的原因，那就是他得為自己留條後路。他想得最多的是這一點，像蟲咬齧著他的心尖，讓他心頭不是滋味。

他已經嗅出了吉祥右旋寺內那股保守的經卷派衝他噴出的惡臭味，嗅出了澤旺對他的偏見、仇視和不懷好意。「一百個朋友嫌少，一個敵人嫌多」，現在，明裏暗裏的對手已經不是一個，而是十幾、幾十、甚至上百了，形成了一股反他的勢力。一旦有什麼風雲變幻，那邪火會燒死自己，那暴風會刮走自己。處境之險惡，他心底已經一清二楚。雖然目前與堅貝央志向一致，情趣相同，有什麼事堅貝央給擋著遮著，有什麼困難堅貝央在支撐，堅貝央這棵大樹，在為他打傘驅風雨，他不須擔憂受怕，可一旦這棵大樹與自己產生了分歧，有了矛盾，或者大樹夭折了，那自己還能再去靠誰遮風擋雨？

在吉祥右旋寺裏，自己不成了孤家寡人嗎？只能單槍匹馬了。到那時候，要多慘就有多慘。得提前尋好窩找個坑，有個後退的路呀。

除了務好參尼寺，這次也算是一個難得的機會，可擴展教區，擴大教民，獨樹一幟，形成我吉塘倉的政教天下。壞事不就變成了好事？再說，這次由我吉塘倉親自出面，消彌這個毒瘤，在張群主席心目中，不就成了川西北藏區最有權威的法王？他不能不仰仗我吉塘倉管理川西北，他會更加傾心地信任我、支持我。而有了張群主席這樣勢強的官府當靠山，當保護傘，我吉塘倉還用怕誰？真是一舉兩得，一石三鳥啊！不能猶豫，不能遲疑，就這樣定了。他的胸前豁然開朗，心口鋪滿了燦爛陽光。

第二天他去回覆了堅貝央，並請堅貝央給川省張群主席回電，等他到了阿壩參尼寺後，再具體聯繫商議方案步驟。這幾天，他心頭還丟棄不下藏戲《松贊干布》和僧校教務方面的事項。便又向堅貝央詳細表述了自己的意見。在原有想法的基礎上，又建議藏戲《松贊干布》在表演、服飾、道白、唱腔及伴奏音樂諸多方面形成東部安多藏區的風格，藝術上獨樹一幟，形成自己的體系，不跟衛藏「阿姐娜姆」劇種雷同。具體從這幾個方面入手：

一、是舞臺表演，而不是廣場演出。安多藏劇問世於二十世紀，必須得超越遠古廣場戲，要有社會進步、時代前進、藝術精深的氣息和烙印，顯示藏戲藝術也在與時俱進、不斷發展。爲此宗旨，要有大幕、背景幕布，要有樂隊伴奏。要有文字劇本爲依據，不可是民間表演唱式的草班子。

二、表演程序要民間化，唱詞道白、手腳招式都能讓教民看懂看明白，還喜聞樂見。

三、增強民間歌舞，把劇、舞、歌三位一體，增強對教民的感染力。

對僧校的建設，他也談了以下幾點：

一、加強課文背誦功夫，堅持藏傳佛教教育的優點和特長，教學模式不跟著新潮學校走。唯有強記硬背，才會消化成自在的知識永遠印在腦中，記得牢用得上。

二、完全封閉式管理，不與大寺僧侶發生聯繫，排除傳統保守勢力的影響干擾，每月只准假出校一天。

三、加強紀律，不准學員向外吐露學什麼課程，誰在教授等等教學機密，以免引起誤解和摩擦，帶來不必要的麻煩。

……

驚蟄那一天，他從吉祥右旋寺正式起程前往參尼寺，佛邸裏的大部份侍僧也跟隨他去，隊伍頗具規模，二三十人騎，黃、紅、綠的傘蓋、經幡組成了儀仗隊，快馬急步向南滾湧而去。

農曆三月的成都平原已經很暖和了。對於從川西北高寒草原來的吉塘倉一夥，豈止是暖和，而且是酷熱難耐、滿頭滿脖頸滿脊背都濕漉漉的，襠裏好像澆了水似的汗淋淋。身上也像有無數小蟲在啃咬，散發出的臭氣連自己都薰得難受。從草地穿來的皮襖皮褲皮帽皮靴，凡是帶毛的或者是皮件，全都扒拉了淨光塞在了衣櫃裏，全換上了張群主席專意配備的輕紗薄棉的襯衣長褲和長衫，身子每天還要用涼水沖淋一遍，但還是擋不住汗珠外冒，渾身躁熱。

他們一夥是以川西北草地僧俗各界慰問抗戰將士代表團的名義來到成都的，是吉塘倉鼓動組織的，也是他暗地裏用電報與川省政府商量溝通好的鑄煙方案的重要一環。

他從吉祥右旋寺這回到了參尼寺後，一字不提鑄煙的事，也告誡隨從不准洩漏此行目的一言半句。集中全寺僧眾，集體閉關誦經七天，祈禱抗戰將士平安、祝福抗戰早日勝利。作爲寺主、法台，他向僧俗聽眾講解了抗戰的意義、抗戰的形勢，血濃於水的同胞之情，號召教民有錢有物的捐錢捐物，沒有錢物的，隨口不忘誦念金剛六字真經，請金剛護法神呵護內地抗戰將士。

由於他離開川西北草地好些年了，牧民聽到金座活佛又返回參尼寺的消息，遠近的牧民、農民，嘉茂察瓦絨一帶的山民扶老攜幼，結伴成夥，從幾天十幾天的路上趕來請他摩頂祝福、賜吉祥結，並獻上自己積攢的供養物品。能受到金座活佛的摩頂加持，是他們終生的願望。一時間，參尼寺前的灘上，河川裏都紮滿了大大小小各色帳篷，人頭攢動，炊煙裊裊，香客扭成了毛線疙瘩，各地的頭人土官大都全家來膜拜。

集會結束的下午，他請土官頭人吃飯，宴會期間，他倡議組織慰問團去成都慰問抗戰將士，大夥都舉雙手贊成，當場就分攤了慰問的物品數量、品質。牧區部落按自己的經濟實力貢獻戰馬、牛皮、羊皮、羔皮、酥油、奶酪、人參果、肉乾等等土產。農區和山區則以珍貴藥材爲主，要求捐獻麝香、蟲草、熊膽、鹿茸、鹿腎三寶、貝母、秦艽等等，另外能籌集到隔潮防濕的獐子皮、熊皮、麂皮、狍鹿皮、山羊皮也更好。

慰問團很快收到省政府的回電，表示讚許和邀請，各大報紙都作了報導，對抗日將士鼓勵很大，在輿論上帶來了全國不分地域，不分民族齊心抗日的亢奮氣氛。

慰問團受到了熱烈歡迎和盛情款待。省府請他們參觀了成都各大名勝古蹟和遊覽場地，參觀了陸軍實彈對抗操練的場景、炮兵防空演習，還到軍用機場上看了半天戰鬥機的空戰表演。轉夠了，歇好了，大夥都著急地想回到草原上涼快涼快。但吉塘倉最後又安排了一個參觀項目，就是到漢民普通人家去看看，到最低層百姓圈中轉轉看他們是如何生活的。活佛的話是聖旨，他們自然不敢違忤，只有服從的份。

在嚮導的引領下，他們先到了鹽市口一家煙館。幽暗的巷道，簡陋的一條條大炕，一字兒躺著許多中青年男人。一個個身子單薄得像草原上冬日的芨芨草，真怕風一吹就不得不倒伏在地。

臉上灰濛濛的沒有一絲血氣，眼窩像抽去了肉，黑咕隆咚的和骷髏一個樣，看去怪嚇人。顴骨突出，皮子緊貼著骨頭，擱在炕上像一條條僵屍，只有嘴唇在蠕動、鼻孔在抽氣。看見他們進來，他們連脖子都不轉一轉，只是全身蜷縮，煙槍攥得緊緊，身子僵硬不動，全然視世界上的一切都無所謂，唯有煙槍才是生命所在的樣子。

一陣小孩的尖厲哭泣聲和女人的號啕聲交織著從門口撕心扯肺地傳來，他們聞聲過去。原來是一個煙客和他的媳婦、兒子正在打架。媳婦從背後抱住了男人的腰，兒子趴在地抱住了父親的大腿，母子倆死活不讓煙客跨進門檻。那煙客起先掙扎，不多久，臉色變了，眼中神經質地射出凶光，兩頰閃動著猙獰，他惡狠狠地轉過身子，衝媳婦頭上幾記重拳，又一腳踢翻了兒子，瘋了般氣急敗壞衝進了煙館。

他們中有人耐不住性子，準備跑過去擰住煙客好好教訓一番，吉塘倉用眼神制止了。他請嚮導兼翻譯問問這女人，到底發生了什麼事，女人一把眼淚一把鼻涕地告訴他們說：

「他家在南門城牆根，有一間鋪面兼住家，男人是個剃頭匠，過去的日子雖然清貧但安寧，糊飽肚子不成問題，可自從男人沾染上鴉片有了癮，從此什麼也不在心，什麼也不去努力，一門心思想著抽大煙。家裏值錢的東西賣光了，連剃頭工具也給人頂了債。剛才，他又把全家三口唯一避風躲雨的店鋪也賣了出去，跑來抽大煙，你們想想，我母子從此再也無家可歸，只有流浪街頭、風宿露餐了。這不，你們看見了我們追上來乞求他把房宅贖回來，他卻如此對待我母子倆。各位客官你們不知道，染上毒癮的人，心會變得秤砣般冰冷僵硬，比豺狼還兇殘無情。該天殺雷劈的，不知道是誰在種植鴉片這殺人不見血的東西，我恨不得咬他幾口解解恨。」

那女人說到心痛處又哭號起來，引得六七歲的兒子也眼淚汪汪抽泣不已。吉塘倉掏出三塊白洋，讓母子倆暫且找個地方住下，他又好言好語地勸慰了幾句。吉塘倉用眼角的餘光掃掃同夥，見有幾個土司默默低下了頭。

他們一行在沈悶難堪中度過了一下午。走訪過的幾家煙民，情況大致一樣，不是家徒四壁就是蓬頭垢面，人不像人，家不像家，和狗窩差不了多少。

嚮導還告訴他們，軍隊中也有人開始抽大煙，大大削弱了抗戰的戰鬥力和意志。

到成都後的高興勁讓最後一天的悲酸凄慘沖淡了，回返草地的路上，大家都提不起勁，言語也很少。分手時，嘉茂察瓦絨的幾位土司聯名獻上哈達，懇求吉塘倉到他們那兒舉行灌頂大法會，說教民們居住山野，腦子愚鈍，習性刁頑，寡聞陋見，加之山高水長，道路嶇崎，生活貧寒，幾乎難以聽到佛的真言勸誨，這次金座佛蒞臨，實在是一次千載難逢的機會，請吉塘倉一定開恩准許。

吉塘倉慨然應允。實際上，就算不請他，他也準備去嘉茂察瓦絨舉辦法會，這是他這次神聖使命的關鍵環節。臨離開成都前，張群主席曾專門請他去吃飯，拜託他一定盡力勸說藏民根絕種煙、鏟除國民生活中的這顆毒瘤，爲此，還供養五千銀元、十個金條作爲鏟煙活動的經費補充。

法會的日期定在了釋迦牟尼圓寂成道紀念日，農曆四月中旬十四、十五日的前三天。

吉塘倉回到寺中，召集有各級格西學位的高僧大德者，如此這般地安排了一番，又組織寺院的法舞法樂隊伍，提前進行了練習。他領著包括儀仗隊、領誦師、高僧大德、法舞法樂表演的僧侶隊伍，浩浩蕩蕩到了嘉茂察瓦絨灌頂場地。

灌頂場設在大渡河松崗地方。這兒氣候濕潤溫熱，四月天正是百花盛開，芳草遍野的季節，景色迷人，但看到遠遠近近，到處盛開怒放的大煙花時，他心裏一陣陣沈重難過，眼裏不由罩上了愁容。雖然四方教民香客來得很多，人山人海，還有的從遠道甘孜章格爾、丹巴而來，擠得小小的松崗水泄不通，但他眼裏的憂鬱卻沒有消褪多少。

他舉行的法會是金剛鬘灌頂。灌頂活動很成功，贏得的聲譽很好。到了最後一天，便是最後也是最核心的一項，即給僧俗舉行淨水灌頂儀式。灌頂前，他慷慨激昂地進行了一次演說，從三個方面予以闡述。第一層意思是金剛鬘灌頂的意義。他告訴大家，金剛鬘灌頂就是賦予所有信徒金剛法力，能破除障礙，戰勝六根本煩惱。六根本煩惱中的第一毒就是貪婪，貪財貪物，不講道德，損人利己。授了金剛鬘灌頂，就要自覺地、立竿見影地抵制錢財的誘惑，不取不義之財。

第二層意思是，作爲嘉茂察瓦絨的教民，我們這兒有什麼妖瘴陰霾需要破除，應該手擱心窩仔細想一想。信仰佛門教義，就要克服私欲，剷除貪心，只有利他才能利己，覺悟成佛。否則，口是心非，口蜜腹劍，三面兩刀，違背教義，會墜入十八層地獄鉸舌頭下油鍋的。

第三層意思則直入主題，切中要害，他神色嚴厲地斥責道：今天你們跪在佛祖面前叩頭膜拜，想通過誦經摩頂，供養佛僧洗滌罪惡，求得來世的幸福。但你們看看你們背後左右的滿山遍野開放的紅花白紅，那些花是指引通往幸福的源泉呢？還是點燃的罪惡火把？你們想過沒有？這些美麗的花朵，很快會變成發黑的毒丸，流向內地，讓美滿家庭妻離子散，讓富裕人家貧窮如洗，讓健壯小夥變成三月乏羔，讓抗日勇士扣不動扳機，讓整個國家變成一匹瘦骨伶仃的老馬。罪孽有多大，你們自個掂一掂就明白。我們去成都參觀慰問，見到的比我說的還悲慘淒切，各位土司說說，是不是這麼一回事？

那幾位頭人抬起頭，衝眾人點點頭，高呼道：「活佛說得極是，我們有罪啊！」

台下的香客們頭垂得低低的，滿臉愧色。

「國民政府是禁止種鴉片的，誰種誰犯法，犯了法輕則罰款進監獄，重了還要殺頭的。我們連續種了好幾年，好些人家發財了，可內地卻遭殃了。你們不聽政府的勸告制止，一意孤行，想怎樣就怎樣，這不是公然和政府作對嗎？和政府作對會是什麼結果，大家還不清楚，大小金川造反的結局怎樣，大家忘了嗎？為了眼前頭一點點錢財，難道想讓嘉茂察瓦絨人重蹈大小金川造反的悲劇，弄個血流成河、屍骨遍野、寡婦孤兒成堆、遊魂無家可歸、四處鬼哭狼嚎的局面嗎？有吃糌粑的肚子，你們就應該有想事情的腦子，不能是一夥不辨方向的轉頭羊。國民政府要派兵收拾你們，是我吉塘倉勸住了。飛機大炮的厲害，我想大家都聽說了吧，飛機上掉下一顆蛋，會讓我們一座村莊全成了灰燼。大炮射出來一顆炸彈，會劈掉半座山峰。我告訴省政府張群主席，藏民是信佛的，他們以仁慈為本、普度眾生、善良樸實，眼下是一時糊塗，財迷心竅，只要撥去陰翳，他們仍會佛性為根，回頭轉意，做政府的好百姓的。」

他一頓，提高嗓門說：

「話是這樣說了，但事情還得你們抉擇。現在，我作為金座活佛，作為傳授金剛鬘灌頂的至尊上師，鄭重地問你們一件事，請四方香客，披金子般袈裟的僧俗教民自己拿主意，你們是真心實意信仰佛門，接受金剛鬘灌頂，剷除大煙煙苗，作一名善良、仁慈、不傷害他人的信徒呢？還是繼續種植大煙，謀財害民，違背教義，做一個不人道不地道的罪人？」

他停住話頭，銳利的目光掃過會場。

幾萬人頭都仰望著他，山谷中的空氣幾乎凝固靜止，連山雀的叫聲也聽不見。

「我不準備給那些對教義陽奉陰違，對佛祖口是心非的欺誑之士舉行灌頂，我不喜歡褻瀆神聖教義的教民。請你們在心頭默默向佛法僧三寶起誓，誰要當第一類人，就留下來，我會把佛的力量加持灌頂給你，誰要做第二類人，那就退席離去，佛不會與沾滿罪惡欲望的人為友的。請你們思索吧，難道為了一時的快樂舒適，願意換取終生的還有來世的痛苦？六道輪迴毫不留情。」

全場死般靜寂，沒有一個人起身離去，也沒有一個人發出異議，哪怕喉嚨口滾動那麼一兩句含糊不清的話語也聽不出，只有少數幾個人相互探視、交換心聲、求得共識。

突然，彷彿商量好了似的，天崩地裂，齊聲發出吶喊：「我們鑊煙——，我們鑊煙——，我們鑊煙——。」四面環山回應，經久不息，就像是群山在吶喊，大渡河水在吶喊，松林在吶喊，石崖在吶喊，滿山滿野的鳥獸在吶喊。宏大的聲音震得樹葉簌簌抖動，鮮花笑得前仰後合。

吉塘倉心花怒放，他抑制不住地綻開笑容，推開了一臉的嚴肅莊重。

他把肥厚的手掌往空中一劃，法螺般吼道：「金剛鬘灌頂儀式現在開始……」

全場歡呼，教民們依次魚貫排隊，虔誠地躬腰走過法座面前，接受灌頂：由專門僧人把活佛加持過的聖水高擎頭上灌頂，然後吉塘倉摩頂祝福，賜吉祥金剛結……

法會結束後，吉塘倉把帶來的高僧分成幾組，和土司們一起到各村寨去誦經祛邪求平安，有重點地登門說服督促。不出十日，盛開在山嶺、溝渠、河灘裏的大煙，全被山民鑊得乾乾淨淨，連那股香味也蕩滌得乾乾淨淨。山民們把大煙花當成邪氣妖魔，男女老少都上田，不僅連根拔掉，還架起乾柴，燒了個透徹，不讓鬼魂飄散開去。

對於鏟掉煙苗後生活確有困難的，吉塘倉用張群主席提供的五千元銀元和法會期間得到的供養中，抽取了一部分布施，一再告訴他們這是省府張主席和吉祥右旋寺布施的，要感恩就感恩他們。

鏟煙禁煙計劃如期勝利實現！

第十五章　沒有不散的筵席

吉塘倉化怨解仇，美倉土司和參尼寺為檀越關係，不願臥榻之旁有異己存在，卻引起堅貝央的不快。教練機墜入首曲泥淖，澤旺索賠三十萬銀洋，吉塘倉拍案斥責。雇用共產黨員貢卻乎為翻譯，澤旺追捕，吉塘倉難堪不已。沒有不散的筵席，金座活佛迫於危境，淒涼遠走參尼寺……

吉塘倉在川西北耽擱了大半年光陰，回到吉祥右旋寺已臨近農曆新年。

這半年他馬不停蹄，衣不卸甲，到處奔波，忙得腰帶往裏縮進了一拳手。灌頂大法會之後，整個大渡河流域掀起了修寺修佛塔的熱潮，人們對幸福的追求更加熾烈，更加直接。經過大法會，教民們明白了生命在三世之間，即前世、今世、來世三世互相之間的關係轉換。前世的造化善惡決定你今世的福樂禍難，而今世的積善積德，信佛誦經，又帶來來世的幸福圓滿。遵照佛祖教誨的以善行事，以善待人，充滿正義、憐憫、公道，善有善報，到時會報，在六道輪迴中，起碼能輪迴到人間，獲得人身，享受人之樂趣幸福。

山裡人想通了，開竅了，明白了自已爲來世幹點啥，他便風急火燎地行動起來了。他們清楚了，自己的事得自己料理，未來的路得自己去修行。人們把他吉塘倉看成鎮山之寶，鎮川之寶，帶來圓滿幸福的如意寶珠。看成千載難逢的瑞兆。他們人活多少輩，信教上千年，可第一次見到金座活佛的面，聆聽金座活佛的教誨，真是不勝榮幸啊。東家拽西家扯，這家上午請，那家中午在等候，晚飯排起了隊，就像冰糖棒棒，稀罕得每個人都想舔一口，嘗嘗甜，過個癮。

串門誦經祈福倒好應付。到每家，先在院內誦幾句吉祥經文，再把主方準備好盛在碗盤裏的青稞籽呵氣加持撒向四方，這象徵著活佛已經對這座莊院、這個大家加持開光，禳災驅邪，賜予了幸福和神力。

進屋也耽擱不了多長時辰。奶茶只喝一口，手抓肉只切一小塊嘗一嘗，侍僧拌好的酥油糌粑只吃一小撮，便起身告辭到另一家。如此流水車軲轆般轉動，一個時辰能走六、七家。剩下的食品呢？每一樣只吃一點點，是不是浪費呢？或者是他吉塘倉故作排場，像皇帝老子一頓吃上百種菜，有的嘗一嘗，有的連筷子都不動一動，最後全倒進馬桶泔水裏了，姿意奢侈呢？不！這是他有意安排的。按慣例說，他再餓也不能狼吞虎咽，一掃而光。這裏面是有講究的。

作爲藏傳佛教的活佛，既然是佛的化身，那他代表的就是佛，是佛來到凡間塵世拯救芸芸眾生。因此，活佛穿過的衣服、吃過的殘食剩羹，用過的器具東西，都蘊含著佛的加持、神力，都有呵護輔佑您平安無事，吉祥如意的功能。所以這也就是活佛的衣物在活佛圓寂後不能拋棄、不能焚燒、不能送人，而須裝入塔藏，或埋在即將新建的佛殿佛堂四角、中心地下，或裝藏於山頂要隘的山神駐錫處插箭垛前的原因。

對於吃食更是如此！活佛吃剩的，尤其是赫赫有名的吉祥右旋寺首席金座活佛吃剩的食品，人們更是視爲最最稀罕的佛的恩賜，佛的神力加持，是神聖的佛食佛餐。吉塘倉走後，那碗剩茶，一小部分會馬上盛進淨水銅盞裏供奉在佛龕前，剩餘的會先讓家中老人飲一口，老人們按輩份再按男女性別，恭恭敬敬、虔誠無比地飲上一口，當然是象徵性的，進入嗓子眼的只會是一縷涓涓細流。再下來是兒孫們，從最小年齡開始，不管輩份不管性別，由他們的母親端著碗餵他們，小心翼翼地，即不讓撒濺在地，又不讓大口飲進，依然是象徵性地飲一小口。最後才輪到男主人和女主人，女主人嘴中嚼到的可能是茶渣，但就這已經讓全家歡欣雀躍，心滿意足了。

至於糌粑、手抓牛羊肉、人參果蓋澆米飯等等金座活佛吃剩的食品，仍然由男主人、女主人分配給全家所有成員。包括家中出的，或有隱士修士當尼姑的，都會留下一份。能吃到活佛吃過的飯食，是一種福分，一種幸運，無上榮光。它能幫助你延年益壽，家道平安，化凶爲吉，能給你帶來幸福、富裕、興旺、順利。

令他感到最累最傷腦筋的是選址看風水。這次灌頂大法會，煽起了人們的信仰烈火，土官頭人們紛紛出頭吆喝集資，大的計劃修建寺院，建立信佛中心，小的則想在村莊中心修起佛殿，供養三世佛。殷實人家想在村頭村前建座佛塔，讓老少都有轉佛塔、誦六字真經的地方，自己也算積累了善業功德，表達了對佛的虔誠信仰之心跡，將來有個好的輪迴。家境次一點的準備在溪水上架座水轉經輪，在山尖風大處搭築風轉經輪。這些都請他選址拍板決定。而這原本是本土宗教巫師幹的活，但教民卻要藏傳佛教活佛來承擔。

看風水、選寺址本來不是活佛的事，佛教是不過問今世世俗瑣事煩惱的，它只管拯救靈魂，指引靈魂，爲來世六道輪迴服務。但老百姓卻執意要勘察風水，讓你決定風水好壞。佛教也就只能順應潮流，隨鄉入俗，承擔起看風水的職責，要不這樣，老百姓就不信仰你，不跟隨你。沒有了教民，佛教也就成了無根之草、無源之水、一個空殼子了。

老百姓千百年苦苦思索，爲什麼同住一個村莊，同在一個太陽下，飲的也是同一條河，卻爲什麼有的人家祥和平安、人丁興旺、財源茂盛，有的人家卻禍連災踵、家道貧衰、江河日下？最遠古的人類想來想去，最後把原因追究到住宅上，認定住宅基地周圍的山川、地貌、風向、水流之形態，可能爲這家招來福氣或者災禍。風水好則受益，風水壞則遭殃。當時的人們不知道土地的結構和質量的差異，只認準了土地的異象，把好的風水看作是吉地，有生氣之地。如果住在這樣的吉地上，就可以長壽、富貴、繁榮、家道興旺，而如果住在了凶煞之地，則帶來不幸、貧窮和病疫。大自然可以賜福於人，也可以嫁禍於人，可以決定人的命運，所以他們把選擇房址風水看作生活的第一，最基本的要素。

選擇私家房宅的風水如此重要，那爲一方教民禳災祈福的寺址選擇勘定就更不用說了，更是神聖無比的事了。難得金座活佛到嘉茂察瓦絨來，這是千載難逢的好機會，選個好風水的寺址、塔址、轉經輪址，就非屬他決定不可。因此才出現請求選址的人排成了一串串長隊的壯觀現象，定好的日子有兩月長。

實際上，藏傳佛教從最古老的元老派寧瑪巴起，也一直崇尚卜卦占算，看風水、驅鬼逐邪等等巫術祭祀，到最年輕的實力派格魯巴，此風尚並未消退，只不過不登大雅之堂，不作爲正經事算計而已。不管哪個寺的活佛，哪種級別的活佛，都相信這一套，都會這一套，即使是達賴喇嘛，遇到重大事情難以取捨，也要請乃瓊跳神唱符水，讓神靈現身指點。幾乎每個活佛、高僧都收藏有這方面的讀物，都熟穩在心，心到手到，動用自如。

這本《卜算要訣》是地下流動的黑書，沒列入佛經之列，但它是他們的必讀書，常用書。卜算是當一位活佛或成爲高僧後的每個僧侶必須具備的基本功，因爲教民有事就拿上供養登上門來了。靈魂拯救和來世轉生對他們來說太遙遠了，他們並不急著問個究竟，而眼前今世的煩惱卻太多了，揪心的事一個接一個，大到舉家平安、牛羊興旺、莊稼豐收，小到出門會不會遇上強盜，有沒有鬼魂尾隨，碰不碰炸雷洪水或者虎豹餓狼，小兒子的哭泣是不是有精靈的邪氣在纏擾，老奶奶的咳嗽是否意味著有災難將侵襲，那條拴著的牧犬後半夜嚎叫得厲害，是不是也看見屋內有什麼污穢之物在傷害著一家子，等等云云，什麼難題怪題都有，都要求你卜算以後能解釋明白，並指點迷津。

如果你說不出道理，或者吞吞吐吐，模稜兩可，他的失望就會傳播給其他教民，他們就會另找其他活佛或者高僧去卜算，總之，要想方設法冰釋去心頭的疑團和恐懼憂鬱，抱回一團希望或欣慰，讓身子骨輕鬆下來。而你呢？從此門庭冷落、無人上門，少了供養，缺了威信不說，能不能在當地待住都成問題。說不定流言蜚語泛起，除了你本身聽不到，幾乎整個教區都在你背後搗指頭，說你沒有佛力神力，沒有預見性，是個假活佛、假高僧，給教民什麼忙也幫不了。到了那一步，你就什麼也不是了，就算倒楣透頂了。

當然，活佛高僧大都是人夥中的尖子，都是頭腦發達，眼力睿銳，通達四方的精英之士，決不會把自己弄到如此尷尬窘迫、丟人現眼的地步，他們從初諳塵世起，就開始私下學習，摸索卜算看風水這些小把戲的方法，並付諸實踐，不斷積累，過個十年八年，他們就已經是道中行家裏手了。

其實，看風水要比卜算測定其他事要簡單得多，也沒有多少風險。一來，風水是個固定不變的死東西，它不會熱蒸現賣地兌現出什麼結果；二來，風水是個宏觀性的模糊物，萬一有什麼不測，也可以找出其他理由搪塞，拿什麼原因來替代；三來，風水跨越的時空很長，可能是人老幾代的事，新的矛盾風波早替代了舊的矛盾風波，某一天歷史鏈條上某個鏈子斷了，人們也只會就事論事去判斷分析，決不會歸究到風水上，除非災難禍害一件連一件。這種特殊現象的機率極爲稀罕，即使有了，也可以轉移話題，不去責難風水，只說好的風水地脈受到了妖魔鬼怪、精靈邪氣的衝擊侵襲，被削弱沖淡了，發揮不了作用，如此而已罷了。

第四呢？風水是個當時當地磁場上的平衡點，只要被論證是對方心悅誠服，人們的心理也就得到了極大的安慰，以後的事或者其他事的發生則就另當別論。具體事具體分析具體處理，人們絕不會想入非非地硬把事情和風水勾連一起。

活佛、高僧們都心裏清楚，教民們既然信仰藏傳佛教，那他頭腦中扎下的根，就是藏傳佛教的價值取向和審美情趣，順著這根竿爬，風水也就能說得透透徹徹，明明白白。

寺址的風水選擇，首先是採陽削陰。陽氣上升，萬物興盛，陰氣爲主，一切走向衰亡黯淡，因此，要把寺院擱在陰光燦爛、採光充足，且時間較長的臺地和平灘中，要接近河床，或坐西朝東，或坐西北面東南。土質要乾燥，地基以砂、石顆粒灰土岩爲最好，這類砂石堅固耐磨又抗震黏結好，能保得寺院百年千年不坍塌。

附近有泉水或者小溪流水，是不可缺少的另一必備條件。水質要純淨，因爲這水源不僅活佛、僧侶們飲用，還要每天供奉在佛祖及其他佛的塑像前。水質要是污穢渾濁不清，那是對佛的褻瀆不敬，會遭到護法神的懲治。爲此，水源一定要清，還得充足，春秋夏冬一年四季都有水，這說明地氣旺，地脈硬，風水好。如果四周或者附近有片青松林、柏樹坡，那更是理想不過的，活活襯托出這片風水的幽靜美麗。

避風也是不能忽視的另一選擇條件。寺院不能對著溝口，禁忌來風撲面。這不僅僅是保暖，而是爲了防止風水外流，福氣洩漏，寺院衰落。最好寺院對面寬廣處有一座屏風式的平緩山灣，既擋住了高原凜冽的山風，又遮住了佛僧們的視線，使大家不被塵俗雜事攪擾視線，攪亂心緒，難於靜心安神攻讀佛學，坐禪修行。

至於地勢走向，《卜算要訣》中說得很清楚，山與風息息相聯、唇齒相依，山神的氣息是風，群山連綿，猶如人體脈絡，又像龍在飛舞，山就是氣象，就是龍脈，好風水能助萬物變化，可使草木欣欣，花粉傳播，萬物鬱鬱蔥蔥，一派繁旺，而壞風水則能毀壞草原田地，掀翻房宅帳篷，捲走牛羊財物。寺院的風水是按藏傳佛教的吉祥物來按圖索驥的。首先是風馬符紙上的四個瑞祥獸來象徵。

藏族信仰以天爲陽，鵬爲飛禽，故右方又表示天界；左上方的玉龍稱天龍，實際上是地龍的變化，居地下，主繁衍，性陰，表示大地。左右陰陽的結合產生了作爲生命的馬，有了生命，就產生了靈魂。至於風馬中的獅虎，戰神儀式文中明確地說明：戰神「右肩上有獅子俯臥、左肩上有老虎跳躍」，左右位置正好與風馬標誌的相同。

如果簡單一點的說，你選擇的寺址、佛塔地基，背倚的山勢像大鵬展翅，像雄獅昂立，像斑虎回眸吼嘯，像碧龍在翱飛長天，那就再理想不過了。再如果，視野所及之處面對的是一座似人象揹負如意寶珠的蔥蔥青山，山腳蜿蜒流淌的是猶如吉祥右旋海螺般清澈河水，那就不用說有多圓滿多完美的。吉祥右旋寺就是根據這一風水決定在山灣裏興建的。風水好，才逢凶化吉，陰轉晴天，不斷得到發展興旺。

八吉祥圖案也是選擇勘定寺址的可參考依據。如果你著意的地方能沾上其中一個祥物的樣子，那就算是好風水，可以確定下來，不會有人犯疑禁忌的。

藏傳佛教的八吉祥圖案主要指這八種：

輪　輪就是法輪，像圓形車輪一樣。象徵著佛法永不熄滅，像輪子一樣旋轉不停，也就是說佛法不停留在某人某地一處，而是到處傳播。法輪一般都製成八根輻條，以象徵釋迦一生傳教的八件大事。在寺廟的層頂正中往往都安裝著銅製鎏金的法輪，左右各有一伸頸伏臥的金鹿，這是象徵釋迦在鹿野苑（今印度比哈爾幫巴那拉斯城西北十公里處）初轉法輪，首次說法。

白海螺　法會上吹奏的一種樂器。海螺吹出的聲音悠遠渾厚，穿透力強，象徵佛法遠播，不可阻擋。小的法螺還作爲佛像、佛塔腹內的裝藏之物。白海螺外殼上的自然生長螺紋必須是自左向右旋，按順時針方向的稱爲仙螺。

白傘　傘在古代印度本來是貴族和皇室的象徵，是貴族們出行時的儀仗器具，後來被佛教採用，象徵著遮蔽魔障、守護佛法，因此也是吉祥清淨之物。

蓋　所謂蓋即是幢，也叫尊勝幢，它不像傘那樣可以曲張，而是呈圓柱形。幢本來是古代印度的軍旗，佛教用來代表解脫煩惱、得到覺悟的象徵。藏傳佛教中認爲它是「戒」、「定」、

「慧」、解脫、大悲、緣起和脫離偏見的象徵。

花 花即蓮花，以白蓮花最爲高貴，作爲高尙純潔的象徵。

罐 罐就是水罐，藏傳佛教中平時所用的是（木巴）瓶形，即長頸長口瓶。淨瓶是密宗修法灌頂時的法器之一。藏傳佛教中的瓶裝淨水，象徵甘露，瓶口插有孔雀翎或生有如意樹，象徵著吉祥清淨和財運。

魚 八吉祥中的一般爲雙魚形。因爲魚在水裏能自由游泳，自在生長，故用魚來代表得到解脫、堅固、活潑。

盤長（吉祥結）「萬字不斷」是個「卍」字，但組織成盤曲的，沒有開頭和結尾圖案。用它來表示佛法迴環貫徹，求無障礙。

另外，在擁有向陽避風好水質的基礎上，山勢地勢若像密宗中的以下法器，同樣也可納入好風水中：

金剛杵 金剛杵梵語叫伐折羅，原來是古印度的兵器之一，後來被密宗吸收爲法器。佛教密宗用其代表堅固、鋒利之智，可斷煩惱，除惡魔，因此它是代表佛智的，有不性、空性、真知、智慧等等含義。

金剛橛 它原來也是兵器，後被密宗吸收爲法器。有一尖狀刃頭，但手把上因用途不同而裝飾不一樣。有的手柄端是佛頭，也有的是觀音菩薩像，觀音頭上又戴五骷髏冠。最上端又有一馬頭，都有忿怒、降服等意思。

金剛鈴 金剛鈴的外形類似手鈴，也是修法時所用的法器。柄端有佛頭、觀音或五股金剛杵形。五股杵形的稱爲五鑽鈴。它的用處是驚覺諸尊，警悟有情。在和金剛杵一起使用時，這些法器有陰陽的含義。一般以金剛杵表陽性，以金剛鈴表陰性，有陰陽和合的意思。

月刀 月刀像古代的兵器斧，它也是修法用的法器。柄瑞是金剛杵形，下有斧狀的刀身和刃口。這個法器多爲佛母用，修法時，佛母左手持嘎巴拉碗①，右手即持月刀。按密宗的說法，這也是斷貪、嗔、癡、疑、惡見等六種根本煩惱的標誌和象徵。

鉤刀 鉤刀也是密宗法器，外形和金剛杵類似，只不過另一端呈尖鉤狀，中部按有一長柄。鉤刀是表如來的吸引力，或說是召攝，將修習者或魔障勾召到佛智上來。

斧鉞 斧鉞是把月刀和金剛橛交叉組合而成的法器，端部爲佛頭或金剛杵形，它的意義也是守護佛法，脫離輪迴，割斷煩惱等魔障。

山勢地勢不可能按佛僧教民頭腦中的理想圖案來出現，因此，只要有那麼一點相似處就行了，全憑活佛點撥描畫，說得栩栩如生，則教民們只有點頭認可了。

他前前後後忙碌了兩個月，直到草頭結穗季節才得以脫身。山民們依依不捨地挽留他，土官和教民們把將要興建的寺院奉獻給他，請求他當名譽寺主，開光典禮時，一定要返回主持開光。他一一答應了他們的心願，表示他接受所有願當他教區內教民的要求，佛僧教民都皆大歡喜，送了一溝又一溝，供養的物資一馱又一馱，隊伍有三五里長，一直送到刷經寺的山梁上，他才堅辭，要他們回去。

他在繁花似錦的芳草灘上紮帳歇息了三天。畢竟是在草原上長大的，而吉祥右旋寺的視野也開闊，周邊又是廣袤的大草原，從小習慣了草原的地域，而不太適應嘉茂察瓦絨高山深谷、氣候悶熱濕漉的環境。雖然嘉茂察瓦絨有著與其他藏區不一般的青山綠水，花草樹木，稱得上鳥語花香，鶯歌燕舞、流溪潺潺，溫暖如春，但那狹窄的地面，夾峙的高山危峰，只有一條溜溜的藍天白雲，不到中午不見升起、不到下午就落下的太陽，這些總讓他感到胸口憋得慌，脹得難受，渾身骨頭癢癢，彷彿生了鏽、結了痂，有蛆蟲在骨節縫裏盤窩。

來到草地上，天高雲淡，一覽無餘，心曠神怡，全身骨節都舒展得咯崩崩脆響，說不盡的愜意。他一下午頭枕在鮮花叢中，瞇眼仰視藍天，藍天藍得閃爍光芒，比松耳石還碧綠，他彷彿到了天外仙境。

三天之中，他讓隨從們放開馱牛和乘騎的轠繩，叫牛馬漫步恣意啃草吃青，夜裏也不用找回來，讓牠們盡情享受芳草露液，鮮花香汁，好早日長膘長力氣。而他和洛哲，幾個心腹侍僧，關在佛爺行帳裏，專意清點並核對供養物及數量。此行雖然辛苦，甚至有點擔驚受怕，但得到的供養卻很豐碩，數目很多，品種也浩繁，讓吉塘倉興奮得抑不住感情，笑紋一直掛在嘴角。

大渡河流域盛產沙金，有片片金也有粒粒金，還有各種形狀的塊金。供養品中很多是沙金。有的用麻布包著，有的盛在山羊皮袋裏，也有的是山羊毛絨織的條狀筒帶中。土司、頭人、寺院主持供養的，大都外面用黃綢包裹得嚴實，裏面用經文紙工工整整地書寫著自己的名字、地域、官職、全家老小的名字，這意味著誦經超度時得一一念到這些施主的大名，算是記入了功德簿。

絕大多數都無名無字，那是普通教民們的供養，他們沒有那麼多小心眼，也私心不重，胸懷坦蕩蕩。在他們看來，佛祖如中天行日，普照大地，對每個教民的心境行為都看得清清楚楚，他公平公道公正，誰供養了什麼，用不著說用不著記，現世佛釋迦牟尼和來世佛強巴都記著一筆賬，到時候會有報應的。

他們把沙金分類歸到不同的皮袋裏。吉塘倉計劃好了，質好的沙金用特殊工藝處理好後，準備留作鎏金用。他要在參尼寺建座彌勒佛殿和釋迦牟尼佛殿，就坐落在大經堂兩側，像大鵬的翅膀左右呵護著大經堂。兩座佛殿頂都採用漢式兩脊飛簷翹角，上面覆以鎏金瓦，金碧輝煌，富麗無比，說不盡的光彩。

他要把參尼寺打造成川西北藏傳佛教信仰的中心，要刻意妝扮一番。參尼寺是他的後院，他得給自己留後路。這兒拓展前景廣闊，左邊是阿壩草地，連著果洛、色達等江河源的大片草原，那兒沒有一位資歷、學識可跟他金座活佛媲美較勁的活佛，也沒有一座寺院的聲望勝過參尼寺的。而右邊嘉茂察瓦絨的各條溝中，更是空曠遼闊，蒼茫一片，唯有仰他吉塘倉爲馬首，天時地利太好了。

人和也占全了。張群主席和川省各政要更瞧得起他，土官頭人們更是把他看成了頭頂的天空。往南發展的空間可以延伸到西康的甘孜、雲南的迪慶，西藏的昌都。成都平原也能發展很多信徒和寺廟，雅安一帶更樂觀，發展大有天地！他得首先經營好參尼寺，要抓好這個機遇，一旦需要，就可以開闢一方世界，樹起自己的旗幟，號令川西北的藏傳佛教政教大業。

次一點的沙金，他準備冶煉後，鑄造成鍍金的佛像燈盞淨水碗、金剛杵、金剛鈴等等法器。再有多餘的，就請金匠熔化鍛成二兩重的金條，與社會上層人士交流溝通時使用，商隊上印度加爾各答下內地武漢、南京購賣物資也用得著。他掂了掂，這一次少說也有十五斤沙金的供養。

數量最多的供養是銀錠，足足有三百來斤，其中銀元也不少。大小金川有銀礦，土司們和財主大多擁有自己的銀礦。會自己冶煉粗糙的銀錠。供養中有五十兩的銀元寶，也有十兩十五兩的銀坨坨，當地相互交易大多用這種自製的銀錠換算。

這些銀錠在大地方當然不能進入市場，但吉塘倉早給它派好了用場。吉祥右旋寺南旁的王府村，有幾位內地來的銀匠，專門打造鏤製婦女和男人們需要的裝飾。給女人們打製銀戒指、銀鐲子、銀佛龕、銀盾、銀碗、銀奶勺、銀腰牌、銀耳環、銀針線包等等首飾、背飾、胸飾、腰飾等等，給男人們打造鑲銀羚羊角煙鍋，鑲銀鼻煙盒，鏤銀的刀柄、槍身、佛龕盒等等，在藏區，銀子的用處最廣大。一塊銀元一般是七錢銀子，他以七錢五的淨重折銀元賣給銀匠們，銀匠們肯定樂於接受。讓他們兌換銀元給他，這不又是一筆白花花的銀元是什麼！

其他東西也在帳中央堆了一大堆，珍貴的有熊膽、麝香、鹿茸、鹿心血、鹿腎三寶，熊掌、熊皮、虎皮、雲豹皮、猞猁皮、水獺皮、黃羊皮、鹿皮、狍鹿皮、狐皮等各種珍貴皮張，還有數不過來的貝母、蟲草、雪蓮。

這些供養雖然貴重，平時很難搜尋買到，但對寺院來說，沒有多大用場，然而對於成都平原的大官厚爵，太太小姐來說，他們卻是很難能有。如果拿它們作爲禮品饋贈給他們，那一定會極其稀罕，歡喜無比。

麝香是消炎止血的最好藥品；熊膽對肝、對眼疾、對消腫除痛有特殊功能；鹿茸、鹿心血是滋補、治心臟病的佳物；鹿腎三寶是男人生命力得以旺盛的重要營養滋補品。那熊掌更是上等宴席中的上等菜。至於各類皮張，做皮褥隔潮防濕，做皮墊平添許多威風，做皮夾克結實輕柔不打折，做裘衣綿軟光滑、漂亮瀟灑，尤其是年輕女性們穿著特別的嫵媚好看。

他讓人用上等柏木釘了木箱子，又叫隨從中的畫匠藝僧給箱子描了金線，上了紅油漆，畫了吉祥八寶彩繪，裏面墊上羊毛、麝香絨，再往裏擱禮品，每一件禮品都用黃絹包裹，意味著來自佛門活佛、高僧大德的禮品。

張群主席的禮品是每樣六個。取漢俗中六六大順的意思。他感謝張群的知遇之恩，也想透過聯絡張群，抬高自己在川西北的聲望，鞏固自己今後的地位，像漢人成語中所說的「拉虎皮扯大旗」。生活在世俗社會中，再聰明再能耐大的活佛，也不能脫離世俗社會，這是真諦，誰心裏也有本賬，超凡脫俗只不過說說而已。

三月裏去成都，他曾向張群主席要了一幅墨寶，他不識漢字，但別人說那一串字是「佛陀再世仁慈無比川省大幸」。他又感動又欣喜，讓裱糊匠裱糊得華貴莊重，一直掛在書房中。一面是佛龕，一面是張群的字帖，有客來必介紹一番。

其他朋友他也不怠慢，按需要交際的程度，友情的深淺，有的各樣三份，有的兩份，最少的也湊夠一份，包裹裝箱，連茂縣專員、阿壩特派員也不忘送一份。去成都送禮的，他央請雜谷腦土司和墨窪土官代勞，他倆和成都軍政要員都有來往，門路較熟，代爲送禮，又是首席金座活佛的禮品，這是討人喜歡的差事，又是爲佛門積德，何樂而不爲，他們欣然答應了。

吉塘倉在參尼寺又耽擱了三個來月的時辰。到參尼寺一次很不容易，他必須把事辦踏實了才心安。

他首先忙於彌勒佛殿和釋迦佛殿的殿址選擇。第一步是卜算方位，選擇吉利地址，第二步是劃線勘定，第三步裝藏寶貝，或五金或五穀，或法器或經卷。第四步才是破土砌石。他請來了阿壩草地最好的石匠負責砌牆。誦經加持開工後，他又到鄰近的果洛地盤、黑水流域，松潘、若爾蓋草地進行了三次灌頂大法會，還為這幾個地方的頭人土司和其家人舉行了無量壽佛和白度母的長壽灌頂，他們和教民們也供養了五十兩的銀質曼荼羅七、八個，還有如意鉤，各種銀器，上千塊銀元，漳臘金條十來條，其他物資不勝枚舉。

這期間，茂縣專員送來了省政府對他鏟煙禁毒的嘉獎電令，高度嘉獎他的仁慈舉動和不朽貢獻。說蔣委員長十分賞識活佛的遠見卓識，邀請活佛在適當時候來重慶晤面，共話佛門普度眾生之根本。

張群回贈的禮物有三十疋蜀錦、十擔峨嵋山魔芋、三大簍臭豆腐。另外有三十桿漆得透藍的新嶄嶄、黃油抹得亮晃晃的長槍，每桿配了一百發子彈，箱子都未撬開，是從兵工廠直接運過來的。信上說，這些槍彈請用作護寺保民的武器。信上還告訴他，嘉獎令已同時發往吉祥右旋寺和保安司令部。

禁煙委員會王仲會主任的來信，更是熱情洋溢，讚美褒獎之詞比比皆是。說活佛禁煙是創了佛門參政之首，是活菩薩拯救眾生度過苦海，達到幸福彼岸，民主化成功的嘗試。說他們準備把吉塘倉安排為禁煙委員會副主任之職，並推薦為蒙藏委員會委員，說活佛的業績已透過媒體廣為傳頌。為了嘉獎活佛鏟煙禁煙的業績，禁煙委員會決定嘉獎一萬元銀洋，十疋英國馬褲呢。

他心裏樂開了花，但臉上還是保持冷靜，他款待使者並贈以厚禮；給雜谷腦土司和墨窪土司每人一疋蜀錦、半疋馬褲呢表示謝意，兩人歡天喜地告辭走了。

這些禮品都好辦，用到哪個方面都挺有面子，唯獨槍和子彈，讓他犯難費腦筋，不知道該怎樣用好。槍彈是鐵器銳器，明擺著是殺生的工具，擱在寺院裏，於佛理於情理於輿論都不合適，容易引起誤會和非議，對他吉塘倉與參尼寺院都不利。那麼，留給仁增的商隊用也不太合適。商隊商隊，以商爲主，平時也就十幾二十個僧俗，如果每人斜揹一桿新嶄嶄的「七九」鋼槍，那僧人不像僧人，百姓不像百姓，倒像哪個土官頭人或大商戶的武裝商隊，這不是把吉塘倉佛邸經商的面孔完全暴露在光天化日之下了嗎？還有，明目張膽地揹鋼槍騎大馬走草地經商，這不是猶如高高挑起鮮肉讓狼眼饞嗎？不是給強盜發出信號，引誘他們來搶槍、搶馱子嗎？在強盜和勇士眼裏，槍比金子銀子還珍貴，比生命還要緊，有了槍，就有了老虎的膽子、大鵬的翅膀，狗熊的巴掌，出生入死，所向無敵，來去自由。看來，把新槍交給商隊則大大失策，揀地上的石頭，丟懷揣的乾糧。

那，這槍彈怎處理好？賣掉？賣掉倒是一筆白花花的銀子。會有人捨得出大錢，收入也可觀，但社會上若傳揚開吉塘倉在賣槍彈，不是赤裸裸地給自己臉上抹灰抹屎，作踐自己嗎？這事還不像仁增的商隊偷偷摸摸販槍販子彈，即使外人知道了，也推在仁增身上不了了之，現在是活佛自己在明目張膽地幹，誰也遮掩不了。

這批槍彈是作爲四川省主席的獎品直接饋贈給他吉塘倉的，世人皆知，草地牧民大眼小眼地盯著這批槍彈，如果賣出去的消息一捅開，那人們的輿論就都對準了他，他的聲譽、品質、威望也就一落千丈了。這種事是虧本買賣，萬萬做不得。再說，要讓張群主席聽進耳，不僅會小瞧自己，說不定從此不相來往，這損失要比三十桿鋼槍、三百桿鋼槍不知要大多少倍。這事是頂頂要不得，也不敢去想。

唉，這讓人煩惱、讓人不知所措的三十桿鋼槍該怎辦才好，好事情反倒成了我的心病，給胸口蒙上了一層陰雲。

後半夜睡不著，他翻起身披衣走到陽臺上，漫無目的地瀏覽天空的星辰。

進入仲秋的草原夜空，即使有半彎月亮，那星辰也比內地繁稠得多，燦爛得多，亮堂得多。繁密的星星，猶如牧人黧黑面孔上鑲嵌的一排排細瓷般潔白整齊的牙齒熠熠閃光，也似湖水裏漾起的小水花，閃閃爍爍的跳動著銀色的細點。涼風拌著醉人的花香與草香，似醇清的青稞酒撲鼻而來。前半夜，草原下了一場暴雨，這陣早已雨過天晴，但透過那朦朧月光托起，透過蒸騰縹緲的乳霧，看得清眼前的草叫雨水洗得青翠水綠，一灘灘汪水銀盤般閃著光芒，那肥大草葉和粗重花蕾上停留的水珠也發出點點爍光。

他深深吸了一口氣，腦子冷靜了許多。他信目往西邊望去。遠方深黛靛藍的夜空，爬伏著一座座高低不平卻連綿相接的山脈，一直伸向黃河首曲岸畔。黑蒼蒼、厚沈沈的像一堵高牆堵住了西去的路。他頭腦裏忽地一閃。那山腳下屹立的，不就是麥倉土官道吉華貢的官寨嗎？道吉華貢的官寨離參尼寺只有一天的馬程，近在咫尺，但卻不是參尼寺的正式教區，教民中有對參尼寺供養膜拜的，對他吉塘倉也很敬仰，但道吉華貢對他卻很冷淡，不要說叩頭行禮，連一般的聯絡拜訪都沒有過一次，還不時阻撓教民前來參加參尼寺的法會，不讓部落民眾集體給參尼寺供經供飯布施。對屬於參尼寺教區的教民部落，他也採取敵視態度，時不時挑釁搶掠 、耍耍威風來點霸氣。爲了抗衡吉祥右旋寺的影響，他動員全阿壩部落頭人捐資出勞力，在官寨旁邊新建了格爾冬寺，正加緊擴展中。

枕頭旁邊有個側目相視的強大對手，一直是他的心病。過去他不太在意，因爲參尼寺在川西北草地上是很普通的一座藏傳佛教寺院，是專門研習佛教哲學的、與世無爭、近乎於禪院的寺院，但現在不同了，由於他吉塘倉擔任參尼寺的寺主，參尼寺已經在川西北聲名遐爾、威望四揚。他吉塘倉也執意要把參尼寺建成自己事業發展的基地，成爲川西北藏傳佛教的中心。這樣，胳肘窩下有一隻兇獒虎視眈眈對抗他、仇視他，他吉塘倉無論如何也痛快不起來，舒心不起來。他得時時側著身子警覺地站立，注視對方一舉一動，並隨時迎擊對方的不軌行爲。然而兩虎相鬥必有一傷，不管誰受傷，教民教業都會有大的損失，這是他吉塘倉不想看到的場面，不希望有的結局。

當然，他明白，道吉華貢的這一切都不是衝著他來的，是與吉祥右旋寺過不去。

吉祥右旋寺與道吉華貢世襲的麥倉土官，積怨久遠，早在堅貝央二世時期就有衝突。道吉華貢家族要擴充勢力，想把上下阿壩各部落都統轄在他中阿壩麥倉土官麾下，而吉祥右旋寺則透過修建寺院，調解糾紛，插手阿壩地區，把好些部落拉到了吉祥右旋寺教區範圍，雙方由此演繹了很多恩恩怨怨的風波。

由於他不是寺主，所以具體情況他也懶得去深入瞭解研究，他也未參與過具體事情的處理，只是聽聽而已。對歷史，他一直看得很淡。過去了的事已經如煙如雲逝去，誰能捕抓回來，能追究出那煙是誰家帳篷上冒出的，那雲是那塊湖泊裏升起的？即使追究出來，又能有什麼意義、什麼價值。一切都是緣分啊，此有則彼有，此生則彼生；此無則彼無，此滅則彼滅，一切現象是在某種相互依存的關係中存在，沒有一個現象是絕對存在的。這世界上沒有絕對的對，也沒有絕對的錯，錯中有對，對中有錯，只能視情況而定。眼下，在川西北草原上，在首曲黃河的流域，參尼寺和麥倉土官共同生存於這方土地，這是緣分，也是上蒼安排。是緣分，按佛經上說的，那就是共同生存、共同繁榮，相互的關係原則只能是和睦、和氣、和諧。一句話，和爲貴，和爲上。緣分是很難改變的。

如何達到和諧，當然是禮尙往來，化怨爲愛，解仇爲鄰，化敵爲友。冤家宜解不宜結。對，咱就在解字上做文章。但能解開對方心頭的疙瘩嗎？他的思路忽然跳躍到了前半夜那場罕見的暴風雨上。

那真是一場少見的暴風雨。天上不見一顆星星，野地潑了一重濃墨。先是狂飆驟至、黑沈沈如鍋底墨灰般的天地一下攪得翻了底。接著，濃黑雲塊在天際像千軍萬馬揚開鐵蹄踏過，一團團飛也似地疾馳聚攏，壓得低低的，像沈甸甸的鐵坨壓在腦門頂，又像黑蟒的巨口張著，稍不小心就會吞了你似的。狂風把經幡撕得嘩啦啦呻吟哭泣，發出鼓點般急促沈重的淒厲掙扎聲。大經堂四周轉經廊裏的瑪尼經輪也被狂風拽搡得滴溜溜打轉，一陣順時鐘方向，一陣逆時鐘方向，身不由己，東搖西擺，中軸發出的吱吱聲尖厲脆弱，彷佛在乞求上蒼說：我快支持不住了，我要崩潰了，快繞了我吧。至於那些平房頂上栽的金蓮、芍藥、八瓣梅等鮮花，其命運和寺院周邊、巷道、僧舍左右長著的野草一樣，沒有一點反抗能力，齊齊倒伏在地直不起腰。草原在狂風的捆綁下，成了餓狼嘴邊的小羊羔。

緊接著是雷鳴電閃。一道道閃電如火龍，不時地把墨黑的夜空劃破，給大地瞬間刺目眩暈的慘光。來不及細細思想，震人心弦的炸雷，便在頭頂猛烈地炸開，撼人心根，耳廓抖顫。那強悍的波光，又彷彿在你脊梁上抽打了一鞭，又好像從你腳底地下滾動。吉塘倉隔著窗櫺也感到驚悸害怕。只一剎那間，雨點便由稀疏幾點轉化爲密密麻麻的稠雨。風絞急雨，雨珠像箭桿一般斜射過來，像圓石砸地。拇指大的雨點劈哩啪啦地往地潑灑，像鞭子一樣抽打著草原。雷聲又不時地四周炸開，整個草原顫動打顫，要天崩地裂似的。

吉塘倉心根緊縮，胸口提晃。他鎮住神，怔怔地從小玻璃窗往外靜靜瞭望。灰茫茫一片，看不見雨絲，但能感覺到水潑一般的嘩嘩聲如洪峰、如松濤震天動地地壓過來，壓得他喘不過氣來。他和參尼寺就像飄泊在洶湧大海中顛波起伏的一葉輕舟，不知什麼時候就傾翻下沈。

但也就那麼不到半個時辰的功夫，閃電飛遁向了西天，雷聲也隨著越走越遠，只留下隱隱約約的震顫。雨點有氣無力，稀稀拉拉，很快消聲遁去。而東方半邊天中綻開了一道裂縫，露出幽藍的亮光，幾顆星星玩迷藏似的跳出來衝著草原笑嘻嘻鳥瞰。一陣兒，裂縫擴大成半邊墨藍天際，星星也不是十幾、幾十來顆，而是亮晶晶一大片，稠疏有致、璀燦熠光，綴滿了霄空。還有月亮，也被簇擁出來，露出半邊害羞而緋紅的面龐。

月色嫵媚，星光嫵媚，草原嫵媚。大地恬靜，山野恬靜，夜天恬靜，彷彿什麼都未曾發生過似的，彷彿一切從來都是這樣嫵媚、恬靜似的。

是啊，草原上從來都是如此。來得率直劇烈，走得也率直乾脆。誰能相信上半夜有過那樣一場天崩地裂的暴風雨呢！事象的變化就這樣富有戲劇性，顛過來倒過去最普遍不過。

既然大自然的衝突化解得如此痛快迅疾，人類還有什麼矛盾疙瘩不能化解呢？

土官頭人們不是特別喜歡好槍好刀嗎？何不用這三十桿鋼槍去化解與道吉華貢之間的怨恨？他的心尖跳動了一下，胸前豁亮寬廣多了。有這些好槍彈，不愁道吉華貢不化怨爲愛，不眉開眼笑，不心花怒放的。

但他又皺皺眉，這鋼槍如何巧妙地、體面地送到道吉華貢之手，這得有座橋啊。這橋在那裏？如何搭造這座橋？吉塘倉又陷入了苦思冥想之中。

真還算有緣分。吉塘倉正在苦惱無計可施之時，機會上門來了。

早上他誦完經，出屋在佛邸二樓平頂上散心漫步，見一位四十來歲的中年僧人在佛邸門口走來走去，不停地搓手張望，那神色分明是欲進又不敢進，欲走又不甘心，兩難窘急之中。他招呼他進院，問有什麼爲難之事。

「我是道吉華貢的表弟，叫達爾吉，我姨姨昨夜病逝，一早派人找我，委託我尋位活佛當他阿媽的枕前導魂活佛，另外再找幾位高僧去念超度經。」

吉塘倉心頭怦地一動，但他嘴上漫不經心地說道：「土官官寨旁邊不是有格爾德寺院嗎？怎麼捨近求遠地跑到參尼寺請枕前導魂活佛和超度僧人呢？」

達爾吉吭吭哧哧地回答：「可能，可能是，寺太小，名氣不大，看不上眼吧。」

吉塘倉恍然明白地點點頭，沈吟了一下，用調侃的口氣反問：「如果我去，你表哥會不會看上眼？」

達爾吉通地跪在大院中央，整整架裟衝吉塘倉連叩三個頭，興奮得顫聲報告：「這正是我徘徊佛邸門前的原因。我姨姨臨終前留下遺囑，說她有福氣，吉塘倉在阿壩，希望首席金座活佛能成爲她的枕前導魂活佛。表哥是個孝子，想讓阿媽靈魂得到安寧，阿媽最後一件心事也能兌現，但又怕請不到你，便讓我拐個彎探探您的口氣。」

吉塘倉喜湧心梢，但臉上不顯山不顯水。他佯裝權衡考慮，沈吟了好一會，才啓齒道：「好吧，看在老人家一片虔誠信仰的份上，我就擔任她的枕前導魂活佛。」

達爾吉歡天喜地蹬蹬蹬上樓，尾隨吉塘倉恭恭敬敬進了客廳。商量好諸多事項，他讓達爾吉馬上動身去官寨回話土官道吉華貢，說趕明天正午陽氣未消退之前，他會領著高僧前來亡人枕前超度導魂。同時，他已讓參尼寺全體僧眾即日起集會誦讀「度亡經」，祈禱老太太靈魂平安進入中陰世界，獲得「三善趣」②輪迴。

第二天黎明時分，冒著濃濃厚重的夜幕，一行人出發了。他精選了七名年富力強能熬夜、連續十二個時辰也能堅持誦經的飽學之士，加上二名侍僧，共十人，快馬加鞭馳向西天腹心草場。

這是一天的行程，但他得半天趕到，所以乘騎全選的是膘肥體壯、個頭高大、身板頎長的河曲喬科馬。這種馬四蹄跨度大，有耐力，能大跑大顛，兩步勝過其他馬的三大步，但牠的缺陷是人騎在背上，顛簸得難受，容易磨破屁股。有經驗的人，一般只貼鞍背半個屁股，半個屁股懸著，半懸半實，這樣雖然免了屁股磨爛出血之苦，但人更難受，顛得渾身困乏，腰板會散架，下馬時僵硬成一塊木板，不知道身子骨還是不是自己的。

吉塘倉平時出門騎的是走馬，走馬騎著平穩舒服，很少有顛簸的感覺。但今天趕路要緊，只能要速度，因此他顧不了顛簸難受。要是正午以前趕不到亡人枕前，則亡魂就有可能被陰氣包圍，無法出竅，也就難以走進中陰世界。這就辜負了道吉華貢的一片苦心，更重要的是第一次與道吉華貢見面，如果不能實踐諾言，那不是怠慢、輕視人家嗎？也不是顯出自己沒有誠信嗎？沒有誠信可言，你如何化怨解仇，化敵為友？沒有誠實與信賴做基石，談何友誼大廈的構建？他一直把信用看得很重，看作自己人格、價值的體現。

當他和一行人騎熱汽蒸騰、大汗淋漓地趕到官寨時，接行的人們全都感動地匍伏在地，道吉華貢眼噙熱淚，趴在吉塘倉馬前連叩了三個等身頭才站起攙扶活佛下馬。站在樓頂平臺上的官寨衛隊的漢子們，也歡呼著沖天鳴槍三聲，表示最誠摯的敬禮，最熱烈的歡迎。

按照儀式進行完亡人的枕前導魂諸項事務，吉塘倉累得幾乎癱了，急著想找個地方躺一會兒。但看到道吉華貢臉色為難尷尬，他知道他有事求他。什麼事呢？

隔著窗子，他看見院子裏人影幢幢，黑壓壓一片，其中老人居多，婦女居多。老人們的銀髮在顫動、拐棍在哆嗦，小孩被大人牽手排隊成長蛇盤曲。都手中捧著哈達、垂身躬腰等著他摩頂賜福。他舔舔乾澀的嘴角，喝了幾口熱奶茶，什麼也沒有說，走下樓梯坐在已經佈置好的高臺法墊上摩頂，賜吉祥結……

夜裏，他和道吉華貢又談了很久，越談越投機，越談越相見恨晚，就如久別重逢的朋友無話不談。

……

「一七」之後，道吉華貢領著家族主要成員，還有麥倉土官下屬各部落大小頭人前來參尼寺，一是為阿媽供經供飯超度，二是回訪致謝。

除了儀仗隊法樂歡迎，全寺僧眾夾道等候，各種佳肴盛情款待，吉塘倉還當著各部落頭人的面，把鋼槍、子彈抬上廳當場攤開。宣布說他把張群主席贈送的三十桿「七九」新鋼槍、三千發黃晶晶子彈轉贈道吉華貢土官，表示我吉塘倉、參尼寺全體僧眾的敬意和誠心，也祝福我們阿壩草原僧俗團結和睦，寺院和土官攜手興旺。

道吉華貢可能想都未想到會有這樣的喜事，想不到天上還會落下這樣一大塊冰糖疙瘩來。當吉塘倉宣布完畢，笑眯眯向他致意時，他卻騰地從卡墊上跳了起來，傻楞楞地掃視滿座，有點不相信地木然問：「給我的？真的送我的？」

他迫不及待地抓起一枝，又抓了一把子彈，拉開槍栓，推上子彈，一推一拉，亮錚錚的子彈噌地跳出，落在了地毯上。他清醒了！喜形於色，仰天哈哈大笑，又突然收住笑聲，衝著大小頭人一字一句地說道：

「從今以後，參尼寺和格爾冬寺一樣，是我麥倉土官麾下教民們必須供養的寺院。上至我土官，下至叫花子，都要聽從吉塘倉活佛的教誨，都要想方設法為參尼寺施飯供奉。寺院兩座佛殿的土木石頭建築工程，我麥倉土官無償保了，算作我阿媽超度亡魂的供養。你們以後也得隔個一兩年給寺院大法會供一次布施。」說罷，他才伏地向吉塘倉叩了三個等身頭。

全場歡呼雀躍，相互興奮地點頭相告，誦念六字真經。

吉塘倉走下席位，親手扶起矮胖粗壯的道吉華貢，什麼也沒有說，只是攥住道吉華貢的手高高舉起，向眾人示意。

客人們離開參尼寺回返時，吉塘倉給道吉華貢饋贈了一匹蜀錦、一匹馬褲呢衣料，還有嘉茂察瓦絨頭人供養的「姜高」木製的鞍子一副，銀釵子一條，銀蹬一對。其他大小頭人和道吉華貢家庭成員，也都有一件長衫的蜀錦衣料、馬褲呢衣料，還有一些從成都買回來的手鐲、家用器具等的禮品。

吉塘倉只興奮了幾天，好心緒又被一件意外之事沖淡了，還惹起了一串串煩惱怨氣。

從麥倉土官家返回進入參尼寺邊時，他就發現東北面山彎根，紮了幾頂黑牛毛帳篷。過去那片是空曠之地。他以爲是哪塊草地上的牧民遠道前來拜謁他首席金座活佛的，或是參尼寺教區內教民來拜佛朝香的，或者是有病人前來治病療養。他沒有在意，寺院邊上出現幾頂黑帳篷、白帳篷，那是最平常的事，佛僧都司空見慣。就像大海海面，有時遼闊一片，有時候卻船帆如織、舟楫不時划過一樣。

但過了十來天，他見那幾頂黑帳篷依然孤零零地停留在那兒，帳前也只有幾頭犛牛栓在檔繩上，進進出出的有老人、小孩，也有年輕的牧羊漢和中年婦女。他們沒有拜謁他，也未聽說給寺院供經供飯的，更不像求醫看病的。他們出沒於僧宅，佛殿側旁的廚房，往寺院邊的灰堆上揹灰倒垃圾，給廚房劈茶捆鞭麻梢枝。他們是幹什麼的？從哪裏來的？爲什麼快一個月了依然滯留在寺畔？好奇心使他派了個侍僧，把這幾家的長老叫到了佛邸客廳裏。

長老衣衫襤褸、蓬頭垢面、滿頭白髮。給他叩頭之間就已經淚流滿臉、嗓音哽咽：「至尊活佛，我心中的太陽，我鄙賤牧人慚愧啊，我窮得連條哈達都無法給你供奉，我羞於前來見您的尊容。」說罷泣不成聲。

吉塘倉心頭一驚，脫口問道：「聽您口音，您老是喬科人？」

喬科是首曲黃河灣內的濕草地的稱呼，有曼爾瑪、采爾瑪、齊哈瑪三大部落。沼澤濕地主要集中在曼爾瑪的夏季草場，是黃河水漲時倒灌進草原河汊平灘後形成的濕地。因為有濕地，人們稱呼他們為喬科三部落。喬科三大部落都是吉祥右旋寺的教區，屬甘肅管轄。他熟悉那邊的口音，喬科人常上他的佛邸叩頭摩頂。他們有難，應該投奔吉祥右旋寺才對啊，怎麼跑到川西北的參尼寺來了？一團疑雲浮過他胸口。他盯住老者，期待著他往下說。

老者聽吉塘倉和藹地一問，淚珠子又濺開了。他痛苦流涕地哀嘆道：「全是那隻鐵鳥害的，害得我們負債累累，家破人亡，流離失所，像一個沒娘的孤兒，沒根基的草籽，漂泊天涯，受盡磨難。」

吉塘倉聽了懵頭轉向，稀裏糊塗，不知所云。什麼鐵鳥？世上還有鐵鳥這種怪物？他可聞所未聞。他大瞪眼：「什麼鐵鳥？哪來的鐵鳥？什麼樣子？」

老者嗅出吉塘倉未聽明白鐵鳥是什麼東西，忙揩揩淚珠鎮定了嗓音：「就是經常在天上飛來飛去嗡嗡響，屁股後面拖著一道白雲，如果從空中屙下蛋來，那蛋能把地捅個大窟窿，把幾十幾百個人炸得不見四肢、不見腦殼的那種鐵鳥。」

吉塘倉才聽明白，原來老者說的鐵鳥實際指飛機，是轟炸機或者戰鬥機。他苦笑了一下，又不明白地追問：「是哪隻鐵鳥屙蛋炸了喬科部落？」

這種可能性不是說不存在，抗日戰爭期間，那可惡如豺狼的日本鬼子說不一定派飛機轟炸草原腹心。手心手背連著肉，中華民族一家人，日本人爲了動搖人心，破壞團結，可能派飛機遠端轟炸首曲黃河，以瓦解中華民族的鬥志。

老者頭搖得像乞漢手中的牛戶胛骨：「不是屙蛋炸我們，而是它自己一頭栽進了沼澤灘。」哦，原來是這樣一回事。他估摸是自己方面的飛機出了事，他知道，除了日本飛機，省城蘭州附近還有自己人的軍用飛機場。那是中國和蘇聯援華抗戰的飛行員聯合訓練的基地，從那兒起飛的飛機常常掠過吉祥右旋寺上空飛向遠方，看樣子，這架飛機是訓練中栽進沼澤灘的。

「人呢？飛行員是死是活？」他最關心的是飛行員的生命安全，人是世間萬物中最爲至尊最爲珍貴的東西，佛門以人爲本，以人爲尊，只要人平安無事就是不幸中之大幸。

老者搖搖頭：「沒有見到人。起先把我們嚇了一大跳，從未見到過這樣巨大的飛鳥。喬科草原也從未出現過這樣的事。我們膽戰心驚地跑去觀看，鐵鳥的半個頭鑽進了泥淖裏，從碎了的玻璃罩裏能看得見內裏的一切，漂著積水的前後小屋中，不見人的一點影子。」

吉塘倉的心踏實了大半。「飛機失控，掉進沼澤中，沒有傷著帳篷、人畜，哪來你們家破人亡、流離失所的災難？」他不解地追問。

老者眼眶裏又湧滿了淚珠：「誰能想到這鐵鳥的影子這樣黑啊！我們看著稀罕好奇，又是掉進爛泥淖沼澤灘的，沒人主。全部落男人們合計著，用犛牛把鐵鳥從沼澤裏拽拉到了乾灘上。它整整拽斷了我們十條上等好牛皮繩啊，累得牛喘粗氣人趴地。拽到乾灘上後，大夥一哄而上，揀裏面好玩的東西拿回帳去。有用刀子撬開割下的，有用石頭砸斷成片片的。活佛，你知道我們喬科草原缺的是鐵器，而鐵鳥上的東西比鐵還輕薄、柔硬、光滑、漂亮，做臉盆、盤子、勺子、鏟子，啥都行。所以都爭著搶著砸、割、拽，恨不能全部占爲己有。」

吉塘倉暗暗叫苦，這麼珍貴有用的軍用飛機，落在了這樣一幫沒有文化、沒有眼光的愚昧之眾手中，它可遭了大殃，變成了一文不值的破碎家什了。真可惜，真痛心啊。他想起了吉祥右旋寺轄區一個商業小鎮上曾經發生的故事。

小鎮上有戶富商，專門經營藏區珍貴藥材的盜賣盜買。有一年，三個毛賊趁主人一家去寺院觀賞法舞的空隙，大白天鑽進去偷盜，沒有找到銀元、金條等值錢的東西，只瞅見一罈了紅糖和一條塞在房梁椽間的布袋。他們想高高架在梁柱間的那布袋，裏面擱的肯定是好東西，便小心翼翼地取下打開，一看卻是一袋子桔紅色的碎草。

他們不甘心，手擱進袋中摸來摸去摸了個透，可除了草還是草，什麼也沒有。三人大失所望，賊頭惡狠狠倒提起布袋，把碎草全倒在地上，憤憤踩了兩腳又不解恨地唾了幾口：「這些有錢人真嗇皮，一把亂草都捨不得丟，裝在布袋還架在梁上，哼，我叫你嗇皮。」

他抖空布袋，招呼兩幫手把那罈紅糖全裝進布袋揚長而去。

富商回屋發現家被盜，號啕大哭，接著又破涕大笑。他是看見地上拋著的那堆碎草才轉悲爲喜的。他興奮地捧起一把紅草，用臉摩挲著，噙淚喃喃：「佛法僧三寶在上，蒼天保佑我了，我沒有破財，我有活路了。我發誓願，爲未來佛強巴供養一千盞酥油長明燈。」

原來，盜賊倒在地上的那袋桔紅色碎草，不是什麼草，而是稀奇難得的克什米爾藏紅花。克什米爾藏紅花是藏醫、內地中醫藥材中珍貴無比、藥效奇特的野生藥用植物。在通經活血、健胃補腎等等方面都有神奇的藥效。尤其治療婦科破血補血養身更是難得的珍貴藥材。真正藏紅花的產地，在今印度和巴基斯坦爭奪的克什米爾地區。那兒的雪深谷，海拔垂直落差兩、三千米，雨水充沛，陽光悶熱，水流湍急，獨特的地理和氣候孕育了獨特的藏紅花。由於藏紅花是由西藏傳進內地的，所以漢語稱其爲藏紅花，而藏語稱其爲「戈爾肯」。

喬科人幹的正是那三個盜賊所幹的蠢事。

吉塘倉還是不明白，幹了蠢事就幹了，過了也就過了，馬已經揚蹄，灰塵也撒向了四方，那飛機上的東西又不吃人啃牲畜，怎麼會弄得家破人亡，流離失所呢？難道俄國飛機的所有零件都附有符咒、神力，會噴灑魔力邪氣，讓喬科人畜病倒死亡？他疑惑萬分地凝注老者：「那些鐵器、玻璃上有殺氣？你們就沒有在帳門口煨堆火，給那些不該拿來的東西驅驅邪氣晦氣殺氣？」

老者苦笑搖頭：「不是瘟疫病災，也不是天降暴風雪，是吉祥右旋寺佛兄澤旺司令。」

吉塘倉以爲聽錯了，沒有表態，仍然用疑惑的目光死死盯住老者。

「我要是冤枉澤旺司令，就讓霹靂劈死我，讓我吐血而死，全家族得痲瘋病。」長老還要賭咒發誓，他用手勢攔住了。現在他聽清楚了，老者說的就是佛兄澤旺。罪魁禍首就是澤旺。但他還是弄不明白，飛機墜落和澤旺有什麼關係？他們澤旺家族不會有飛機啊！他怎麼跑到喬科興師問罪。他鼓勵老者詳細講述事情的原委。

「澤旺司令騎著大馬，揹著盒子槍，帶著三四十位藏軍衛士來了，他們還有幾門小鋼炮。在距離飛機墜落十五、六天光景後，他們一行就到了喬科草原。頭人把我們各戶的男人漢召集到一塊，請澤旺司令訓話。我們都知道澤旺司令是寺主堅貝央大師的哥哥，當的是國家政府封的保安司令，權大氣大，是蒼天之下的青龍。

會場上，他威風凜凜、氣勢洶洶，身後站著的全是一溜青長袍、白襯衣、頭扣圓禮帽的年輕藏家漢，肩上一右一左交叉橫挎長槍、短槍，幾門鋼炮架在最前面。他沒有說話，先讓炮手衝著對面的石崖放了幾炮。那炮聲像炸雷，能震得耳朵裏嗡嗡發響。石崖上濺開的碎石，飛起來十幾尺高，像冰雹一樣撒向四方，奶桶粗的松樹被劈成兩半，露出白花花的樹根。大家一時嚇呆了，人活幾輩從未見過這樣威猛厲害的槍彈啊。接著又是一種叉子槍式的短、粗厚重的長槍，一梭子射進去，只聽見炒青稞爆響般的『噠噠噠』聲，鮮花、綠草像被大砍刀劈了似的，齊刷刷割倒了一大片，比剪子還鋒利，據說這槍名叫機槍。」

吉塘倉納悶了，澤旺這是玩啥鬼名堂，喬科是吉祥右旋寺的教區教民，有什麼話可以好好說，嚇唬他們幹啥？

「以後呢？」他沈靜地問道。

「放完槍炮，他才拿出一張紙，臉色冰冷如霜地宣布說：這是省政府的公示，我念給大夥聽聽。

喬科部落民眾，在我抗日戰爭進入關鍵時期，不思爲國獻力捐款，卻恣意搶掠墜落軍用飛機，給國家造成巨大損失，其行爲已觸犯了抗戰緊急法令，理應受到嚴厲制裁，但念其偏遠愚昧之鄉，胸界閉塞，特免去法律責任，按戰爭物資法罰款條例著其加倍賠償，以馬、牛、羊頂抵，具體責成澤旺司令全權處理。

會場上頓時出現了騷動，大小頭人和漢子們都顯得憤憤不平。」

吉塘倉也認爲飛機是自己墜進沼澤地的，不是喬科人打落的。它又沒有人主，要不然也不會落在沼澤灘。落在沼澤灘裏，它不就是一堆廢鐵嗎？如果它的機器本身沒有毛病，它會在天上待不住掉進沼澤灘嗎？責任在飛機自身，怎麼推到了喬科老百姓的頭上？當然，喬科人懵懵懂懂，貪圖小便宜，把飛機砸成了片片，切割成塊塊，犯下了不可掩蓋的過失，但也不能用戰爭緊急法來制裁懲罰呀。頭人們不知道什麼叫緊急戰爭法，但從宣讀的文件中能嗅出那是一盤力大無比的石磨，什麼東西進了它的磨眼，都會弄得粉身碎骨，化成細末。所以，都豎起頭髮根，感覺到問題的嚴重性。但是，畢竟是飛機掉在了喬科人的濕地上，他們並未沾過省政府的什麼甜頭，爲什麼要挨整受罰？

「看到群情憤憤不平，澤旺向衛士們使了個眼色。那些荷槍實彈，如狼似虎的衛士們迅速展開，把會場包圍了起來，槍口對準了每張憤怒的面孔，這一下弄得我們緊張、恐懼、不安，但又火上澆油，心火熾燃，更加氣憤。心想：我們沒有偷沒有搶沒有殺人，更沒有造反叛亂，只不過魯莽地把拋在沼澤中無人收拾的墜落飛鳥弄得支離破碎罷了，說過失，也就是個失物未還，占爲己有而已。爲什麼要這樣殺氣騰騰，如見殺父兇手似的對待我們。

可能佛兄也想到了，一旦開槍殺人，這幾百公里方圓的喬科灘中，他們幾十人也無法脫身，會成爲喬科牧民憤怒的槍靶子、案板上的肉醬。因此，便又口氣軟了。他鬆弛開繃著的臉神，綻出一絲陰鷙的微笑：

『大夥不要激動，不要生氣，我也是奉省政府的命令，做做樣子而已。我們都是藏人，藏人向著藏人，手掌不分內掌外掌，我不會幹出對不起喬科三部落的事。但事情總得有個交代吧？請您們聆聽如日升天的吉祥右旋寺寺主堅貝央大師的教誨。』

一聽說有堅貝央大師的聖諭，我們全體都垂下頭解開辮子俯首聆聽。至尊的上師教誨，是我們靈魂的燈塔，行動的指南，他掌管決定著我們的未來。

澤仁鄭重地從懷裏掏出一封長條藏紙展開，一字一句、鏗鏘有聲地念道：

『喬科三部落的教民們，我堅貝央提醒你們，你們闖了大禍積了罪孽。雖然你們是無意的，只是一時的衝動和魯莽，但現在是國難時期，抗日戰爭急需軍用物資，飛機是寶中之寶，極為珍貴。雖然墜落在你們那兒的那架飛機可能是一架出了毛病的飛機，但它還是抗戰的寶貝，就像一個人眼睛瞎了，不等於他的五臟六腑、七竅四肢都是殘廢的，飛機上的其他零件都可用到其他飛機上去，所以你們的魯莽舉辦和貪小便宜行為，帶來了不可彌補的損失，對抗日戰爭神聖事業犯下了罪孽，需要用全部身心和財產恕罪悔過，向國家表達你們的誠心。佛法僧三寶至上，你們會受點委屈損失點財產，但這一切都是身外之物，附身之財，不可看重。拯救靈魂和美好來世才是最重要的，來世你們一定會有好的報應的，佛法僧三寶保佑你們。』

聽堅貝央大師這樣吩咐，我們大家想也沒有想，齊聲呼應『遵命——』既然主管來世命運的上師這樣教誨，那還有什麼可懷疑、可動搖的？大師承諾『來世你們一定會有好的報應的』，那還有什麼可遲疑的？一生辛勞、一生積攢，不就是為了求個來世好報應嘛！只要來世好，吃點虧算什麼。

就這樣，佛兄澤旺要我們當場向著佛祖發誓賭咒，堅決接受罰款，傾家蕩產在所不惜，為抗戰事業願意獻出一切，甚至生命。

給我們的罰款是按卅萬白洋來折算的。據澤旺司令說，那種飛機非常貴非常貴，一架要三十萬銀元才能買到手。」

吉塘倉的心梢猛跳了一下，他的腦壁中兀地閃現出他在成都軍用機場上參觀時問過的話。那次他也是初次見飛機。他覺得神奇、好奇，便問陪同的空軍軍官，一架飛機值多少銀元？對方告訴說，最貴的也不上十萬。現在澤旺借這個機會，卻要罰牧民三十萬，太不把教民當人看了。他的胸口湧上憤懣，神情嚴峻地聽老者繼續往下說。

「按戶攤派。有銀元出銀元，沒有銀元就以牲畜折算。一匹騸馬折八十元，一頭犛牛二十元，一隻羊算五塊大洋。這樣一罰，許多人家走上了傾家蕩產的道路。活佛，全喬科草原現下有牲畜的人家只剩下五、六成，好些窮人和我們這幾家一樣，到處流浪乞討、艱難度日。罰走了全部牲畜，屬於我們的只有一雙肩膀一條身影。」

吉塘倉憐憫地望著老者，兩片厚嘴唇抿得緊緊，胸口翻騰波浪，又酸澀又苦辛，他有很多感慨、很多話語要吐出，但面對可憐的老者，他什麼也沒有說。不是無話可說，而是不能說。畢竟他是吉祥右旋寺的首席金座活佛，畢竟他和寺主堅貝央大師和佛兄都是一個林中的鳥兒。但回去後，一定要把這件事當面鼓、對面鑼地跟堅貝央、跟澤旺說個明白。這種事只能幹一次，再不能搞兩次、三次。這不是砍掉樹幹、毀了森林、趕走百鳥嗎？不是瞎老鼠挖洞啃光草原餓死馬牛羊三畜嗎？搞窮搞光了教民，誰來供養你活佛？誰來供養吉祥右旋寺？誰會加入吉祥右旋寺教區之內？教民們是圖著安寧、幸福、興旺、健康才來奔你的。

他叫來寺院總管，要他給每戶數齊三至五頭雌犛牛，二三十隻綿羊，另外給每戶十塊銀元，讓他們就在參尼寺旁邊的草場上放牧，在寺中打些雜活，起碼把肚子墊飽，把孩子們拉拔大。

他是趕年前返回吉祥右旋寺的。作爲沒有卸任的總法台，籌備年初的毛蘭姆祈禱大法會是他牽心掛肚的大事，所以他趕著回來了。雖說路過老家夏美部落耽擱了幾天，但也沒有耽誤行程。舅舅阿丹作爲夏美部落的頭人，在頭人行帳的冬窩子規劃了一座寺院，一直等著他路過開光奠基。他爲開土奠基舉行了開光儀式。舅舅阿丹當著僧俗人眾宣布說這座寺院是獻給首席金座活佛的，這座寺的寺主也是首席金座活佛吉塘倉。他爽然答應下來。

第二天上午，他備齊禮品，先去拜謁堅貝央。

堅貝央態度熱情，拿出四川省、甘肅省軍政單位發電的鏤煙嘉獎令讓他看，誇獎他鏤煙有功、辦事得力，爲吉祥右旋寺擴大了影響，抬高了聲望。

吉塘倉興致勃勃地談到了嘉茂察瓦絨各地掀起興建寺院熱潮的訊息，堅貝央插話問：「他們都願歸屬吉祥右旋寺？當我們的子寺？」

吉塘倉語噎。歸屬權的事，那些土官頭人沒有提起過，他自己也沒有向他們暗示過，這是一個疏忽。當時怎麼沒有想到這事，可能是高興得昏過了頭。他暗暗責備自己，錯失了這樣一個良機。他見堅貝央的大眼睛咄咄逼人地盯看自己，尷尬地搖搖頭：「不知道。我沒有問過。」

「那他們沒有說他們的寺院掛靠誰？請哪個活佛當寺主？」堅貝央又追問。

吉塘倉老老實實地稟報道：「他們請求我當寺主，說寺院建成後，要我去主持開光典禮。」

「噢，是這樣，這多半年你是這樣。」吉塘倉看到堅貝央的臉色急劇變化，由晴朗化爲陰鬱，由純樸變得複雜，由坦蕩變爲不自然，由客氣尊敬化爲警覺不滿，他的心也隨之收縮懸起，慚愧之情油然而生。雖然堅貝央沒有說出「是這樣」的具體內容是什麼，但從語氣、臉色，他分明聽出是嚴厲的責備，是說他爲自己撈資本、撈聲譽、撈勢力，而把吉祥右旋寺的利益擱置腦後。

他誠惶誠恐地解釋說：「我會說服他們加入吉祥右旋寺的教區，讓那些小寺成爲我們的子寺。」

堅貝央不置可否地重重盯了他一眼，掉過頭，用一種冷漠的音調問道：「聽說四川省張群主席很賞識你，饋贈了一批好槍好彈？」

吉塘倉恭恭敬敬地回答：「是的，是新嶄嶄的七九步槍，共三十桿，每枝配備了一百發新嶄嶄的子彈。」他嘴上應聲，心頭卻叫苦，這不是濕柴下面點火，冷炕上鋪石板嗎？是雪上加霜，烈日下炙烤。他明白寺主這是明知故問，是找碴，看來，他的耳目已經伸到他的鼻子底下了。

「能不能拿來讓我開開眼界？」

「我已經贈給了麥倉土官道吉華貢。」他遲疑了一下，補充說：「那些槍彈是殺人工具，留在身邊沒用處，或許還會帶來禍害。我就順水人情就近轉贈給了俗官。」

堅貝央哼了一聲，冷冷一笑：「你忘了他是吉祥右旋寺的仇敵？你就不怕他用這些槍彈來殺戮我們吉祥右旋寺的僧俗教民？」

他一怔，瞟了瞟堅貝央冷竣得掛著一層冰霜的臉神，遲疑了半晌囁嚅道：「世上沒有化不開的冰雪，燒不裂的石頭。我們佛門之人不就是爲了化解仇恨愚昧、增進和睦、友誼才來到人間的嗎？我想他道吉華貢即使是一張乾牛皮，也會被佛的仁慈之心泡軟的。」

堅貝央的眉頭皺了皺，額頭上的抬頭紋抖動了一下。他沈默片刻，語氣軟和了些許：「我們佛門人士可以這樣想，這樣解釋，可他們世俗人士卻不這樣想。澤旺司令聽到這消息，暴跳如雷地跑到我面前大發雷霆，說他和佛父在拼著命爲吉祥右旋寺打天下，爭地盤，吉塘倉卻與仇人談笑風生搞友誼，還把那麼多好的槍彈白手送給道吉華貢。說吉塘倉吃裏扒外，認敵爲友，爲自己打地盤。等等云云，有的話還比這要難聽。」

吉塘倉臉色紅脹，眼珠子冒出。他一生氣就這樣，腦門子上湧血，臉盤整個發紅發脹；眼珠子濺火，往外凸了出來，胸口像海濤般急劇起伏，手腳四肢也抖得厲害。連嘴唇也打起了哆嗦：「讓他說，什麼臭話屎話他願冒就放開冒去。我要對得起這身袈裟。」他忿忿然一甩袈裟往外走。

走到門口，吉塘倉猛地想起自己來的目的還沒有完成，便掉轉頭問道：「你們爲什麼要讓喬科教民賠那麼多？好多人家流離失所淪爲乞丐，佛門之人爲什麼不能仁慈爲懷？」

堅貝央厭惡地抽抽鼻子，不耐煩地揮揮手：「那是我與佛兄商量好的，不狠狠整治整治上個厲害的火炙，他們就不知道自己在哪層天上生活，不知道會給吉祥右旋寺惹出多大的禍端來。以後凡是與教務無關的事，你這個總法台，首席金座活佛就不要過問了。」

吉塘倉身上瞬間涼颼颼的，雙腳像凍僵了似的鉛重鉛重。又彷彿有人用重錘砸了一下心尖，心尖痛得跳蹦子打哆嗦。他萬萬沒想到堅貝央會說出這樣的話，會用這樣冷漠的口氣與他說話。難道、難道他以前的面孔是僞裝出來的？難道知音已變爲路人？難道他再也不信任我了？難道他是利用我，而今我的利用價值已經完了？看來這半年多他們家族已經達成默契，抱成一團了。他吉塘倉已被視作圈子外的異己力量了。一腔悲哀升上喉口，升上眼窩，他強力壓住了，只是用陌生的目光重重瞥了瞥堅貝央，手按住隱隱作疼的肝部，急急走出屋去。

堅貝央送到會客廳門口，雙腳沒有跨出門檻，只是禮節地說了聲：「慢走——」

吉塘倉寒心了，他的脊背分是感到了那道目光的寒氣。

第二天一早，吉塘倉佛邸的內務管家拉開大門時，發現兩邊門環上有東西，一邊被人扣了一泡狗屎，麻黑麻黑的又臭又醜；一邊掛了半截馬尾巴。惡作劇者用心一目瞭然，很清楚，說吉塘倉的品德爲人如狗屎，說吉塘倉沒有立場、沒有主心骨，東搖西擺如馬尾巴。

洛哲一面吩咐侍僧趕緊清除，一面一溜小跑，嘴裏詛咒這號不敢見人的小丑，罵他們該交給閻羅法王扔進油鍋甩上刀山，受盡十八層地獄之苦。

洛哲拜見吉塘倉，一時吃驚得說不出話來。一夜功夫，上師蒼老了許多，黑髮中突然冒出了許多白髮，把頭抹成了亂糟糟的，就像烏鴉在新地板上撒下了屎點。眼窩陷進去一指甲深，黑青黑青的發灰發黯，眼白卻交織血絲，黑洞洞的像個骷髏眼。寬廣的前庭也不顯得寬廣了，平添了兩道深深的橫紋，像平整的草原上踩出的兩條牛道羊徑，醜陋又不和諧，讓人痛心難過。本來光滑紅潤的臉龐也黯然失色，像塗了一層黃土似的，灰沈沈、黃巴巴，沒有一點精神，看去老了一圈，顴骨都凸現了出來。嘴皮有些發青，稍稍下翻的下嘴唇墜得更厲害了，也鬆弛了。看樣子，他一整夜沒有闔眼。

總之，整個人像換了個模樣，神情木訥、呆板、遲鈍。中午、晚上送進去的飯一口未動，原模原樣地擱在炕上長几桌面上。

洛哲心情矛盾地講述，吉塘倉聽了臉色微微發白，發青眼窩動了幾下，半晌沒有說話，說話時卻出奇的平靜，大出洛哲的意料：

「讓他們去鬧吧，青山不因雷雨風暴而改變形狀，大雁也不因四季交替而改變行程路線，日月星辰會告訴我們的坦蕩赤心，漫漫時間會述說我們的偉岸品質。洛哲，以後我們就夾著尾巴活人，兩耳只聞佛經，雙眼不掃世塵。記住，晚開門，早鎖門，少和僧俗交往。」

洛哲不明白地眨巴眼睛：「活佛，吉塘倉佛邸從沒有受過這樣大的侮辱，你是首席金座活佛，又是總法台，這口氣我們不能這樣悄悄咽下，我讓僧戒長官查一查是誰幹的。」

吉塘倉攔住洛哲，苦笑道：「當洪流淹沒田莊時，你不可能追究出、分辨出淹沒莊稼的那股洪水是哪條溝裏流淌出來的。即使查出來又能頂啥用，他們是一股洪流啊。洛哲，相信你從我昨天上午回佛邸的臉神中看出了什麼。你想想今天早晨的這事，黑白牛毛不一樣，但擰成的是一條繩子。有些事我會慢慢告訴你的。我們吉塘倉佛邸從今往後，上至我，下至侍僧廚役，都要學習米拉日巴高僧苦行苦修的作風。」

這是他經過一夜痛苦思考，爲自己和佛邸人員制定的今後做人辦事的方針。他發現自己過去想的單純了點，幼稚了點，超俗了點。自以爲聰明過人，卻未想到人家一直在尋縫下蛆，在青石板上釘橛子，要把吉塘倉攆出吉祥右旋寺政教核心圈子，實現阿金家族對寺院爲所欲爲的專制統治，對教區無所顧忌的專制統治。沒想到啊，沒想到堅貝央也成了這樣子。

洛哲梗著脖子不離去：「與其癩狗般看人臉色過日子，還不如雄獅般走向雪山踞傲四方。我們在川西北已經創下了地盤，有教區，也有子寺，有供養部落，也有四川軍政當後靠。可以縱橫左右，騰躍前後，獨樹一幟，何不自成政教天下。」洛哲的聲音變了，憤懣中有著哽咽。

「住口！不許胡說。」吉塘倉聲色俱厲，嗓門壓得低低的叱斥道。

他的臉上肌肉抽搐，嘴皮顫動：「難道你想看到吉祥右旋寺上層鬧矛盾搞分裂的可悲局面？難道你願意讓這幾代佛僧辛辛苦苦搭建的佛業大廈因抽去頂梁柱而坍塌嗎？我們辛辛苦苦操勞的一切，不就是砌築吉祥右旋寺牆基牢靠結實嗎？爲了這個大業，我們得忍辱負重、得顧全大局。羊群看頭羊，馬群看兒馬。吉祥右旋寺唯有堅貝央至尊至大至高，我在大師麾下任首席金座活佛，這是我倆前世修下的緣分。緣分是天意，不能隨意扯斷，誰扯斷誰就積下了罪孽。再說，我做的事也有欠考慮的地方，給他們造成了誤會，有了口實。有幾句閒話，幾件煩事，我們也得承受，既然想吃腐肉爛骨頭，就得有禿鷲化石咬鐵的胃囊；既然想牽烈馬，就得放長韁繩任其折騰。俗話說，穿衣新錦緞好，交人老朋友好。不到萬不得已，我們絕不能離開吉祥右旋寺。」

他放緩口氣，貼著洛哲的耳朵，如此這般地吩咐了一番，洛哲黑青的臉上才浮上了一抹陽光，頻頻點頭打諾離開了書房。

一夜痛苦的抉擇，他已經想好了對策，制定了具體方針——決不離開吉祥右旋寺。

他發現自己的張狂得意造成的失誤，引起了澤旺家族的警覺和戒備，開始實施限制舉措。還是幼稚啊，幼稚就幼稚在忽視了人類的一個基本法則，即人類是透過血緣關係伸展搭建的社會網路。人類生活中，血緣是情親中最直接、最密切、最左右一切的力量。血濃於水。他就很少想過堅貝央和澤旺是吃一個母親胸前奶頭長大的，這個根本問題，他倆即使相互之間有利益衝突、性格衝突、思想衝突，但遇到家族利益，他們就會一蹴而起，拋下前嫌、五指捏成拳頭，共同對外。在他們大腦的深層次，一榮俱榮，一損俱損是天生的，是根深蒂固的觀念。不管你吉塘倉和堅貝央如何情投意合、共識一致，但你仍然是外姓人，在根本利益上不可能達成長期的、固定的同盟關係。

正如一句哲理名言所說的，沒有永恆的朋友，只有永恆的利益。而永恆的利益按歷史法則來講，那就是家族的利益！世俗社會幾千年的爭權奪利，王位的傳遞嬗變，腥風血雨的拼殺，哪個不是圍繞家族利益展開的。而自己恰恰遺漏了這一點。沒有認識這個法則是個天大的錯誤，很容易陷入盲目、魯莽、失敗之中。

昨晚一夜，他想得最多的是走還是留。輾轉反側，思來想去，腦海裏鬥來爭去，從最初的走占上風到最後決定留下來，他整整考慮了一夜。

走！一定得走！馬上就走！當他氣沖沖從寺主佛邸出來時，滿腦子滾動、跳躍的，全是一個走字，他的想法和洛哲一模一樣。是的，我有參尼寺，還有嘉茂察瓦絨一帶新建的許多小寺，川西北草地的很多寺也可以招到他金座活佛的麾下，他有供養部落，有廣闊的教區，還有四川省這樣的人眾物博的大省政要當靠山，要寺院有寺院，有財力有財力，要地盤有地盤，啥都不缺，完全可以自成天下，另立山頭，與吉祥右旋寺分庭抗禮，瓜分東藏地盤。誰願受他們的閒氣，看他們的臉色過日子。哼，我吉塘倉要遠走高飛，另立門戶了。他甚至列出了要帶走的書籍、經卷、衣物、財產、人員的名單。但當氣稍稍平息，頭腦冷靜下來後，他想得最多的又是「留」字。

作爲氣話可以說分庭抗禮、另起門戶之類，但細細想一想，小河浪花再飛濺，也無法與大江比深淺；毛驢馱的再大再重，也無法和騾子比高低；參尼寺的聲望再大，也無法和吉祥右旋寺比遠近。你有上十萬藏經藏書嗎？你有聞思學院、密宗學院、時輪金剛學院、醫學院等等大型專業學院嗎？你有繁如星辰、蜚聲全藏的格西博士學位的教授嗎？有一整套教學制度、教材經典、教學器具嗎？沒有！你頂多有個研習哲學的學院，但沒有幾個被人知悉的專家學者。

你的名氣能與吉祥右旋寺相提並論、媲美爭豔嗎？那更得搖頭。小狗叫得再歡，也不可能與玉鬃綠獅一起被人讚美。你想想，提起吉祥右旋寺，上部阿里三圍，中部衛藏四水，下部多康六崗，誰人不知不曉、不翹大姆指？甚至最東面的黑龍江，最北面的布里亞特蒙古地，最南面的印度、尼泊爾，都有它的子寺和派去的僧官。他的三千六百佛僧中有內外蒙古、青海甘肅、西藏西康、雲南川西北，內地不少漢僧，在西藏三大寺，提起吉祥右旋寺的高僧學者，有幾個不嘖嘖咂舌讚嘆！而參尼寺呢？一旦走出阿壩草原，有幾人聽聞過這個名字知曉這個寺院？

說到教區，吉祥右旋寺的教區分佈安多各個地區，有的還伸展到西康新疆和內蒙，分佈浩大，有藏人地域，也有蒙古人的草原，有土族也有裕固族，還有漢人。有遼闊的草地，也有茂密的林區，盛產五穀糧食的山川。那些地方的幾十萬居民都是吉祥右旋寺的教民，那兒的無數寶藏物產，吉祥右旋寺都有權參與管理，那多如牛毛的部落都會定期不定期的供養它。而參尼寺呢？充其量也不過附近十幾、幾十部落牧民的教區，供養也是微薄的，不足以支撐理想事業的發展，真是望塵難及、不可相提並論啊。

吉祥右旋寺背靠的後盾也很雄厚啊！清朝皇帝敕封過金冊金印，賜過各種古玩珍品和綠呢轎子。國民政府各任總統都有封賞嘉獎。甘肅、青海、四川、雲南、西康，遠至新疆、內外蒙古等等地方的軍閥政要都抬舉它。在西藏，它更是達賴、班禪、噶廈政府的座上賓。參尼寺在他面前不過是一抔黃土、一杯濁水而已。

還有……

越想他頭皮越發麻，越想後背越激起一道道冷顫，越想越爲前半夜的想法汗顏。

太唐突太冒失了！已經是快到華甲之年的耄耋，還脾氣這樣大、耳根這樣硬，想事情這樣任性偏執，沒有理性！薩迦班智達在他的格言詩中如何開導世人的呢？聖者先哲告訴我們：

「聰明人能勇敢地改正錯誤／傻瓜連缺點都不敢承認／大鵬能啄死有毒的大蛇／烏鴉連小蛇也不敢得罪。」

不管自己有沒有錯誤，但堅貝央指責的有一定的理由，是自己處理不當或者有私心雜念，造成了堅貝央和佛兄的誤解甚至戒備，也給大寺一部分僧人錯覺，客觀上有分離分裂的傾向。

下一步怎麼辦呢？當然還是按薩迦班智達教誨的去辦，即「聰明人即使受到挫折／也會更加機智頑強／當獸王饑餓的時候／能迅速撕裂大象的腦袋。」一句話，低著頭躬著腰做人，更加謹慎小心，謙恭有禮，在學術專著上有所成就。

走不得！萬萬走不得！紅斑虎在山林裏威風，地老鼠在地洞裏安全。吉祥右旋寺是一張虎皮，再瘦弱的人披上它也威風凜凜；吉祥右旋寺是一座高山，再矮小的人站在上面也偉岸巍峨。而老虎一旦落在平川，則有被浪狗追逐撕咬的可能，地老鼠一旦鑽出地面，就有被白胸雕叼走吞噬的危險。吉塘倉的首席活佛地位是在吉祥右旋寺內。披的是吉祥右旋寺這張虎皮，是站在吉祥右旋寺的高峰上，所以它有聲望、有權威、有力量。脫離了吉祥右旋寺，你的首席地位自然消失得一錢不值，你的金座含金量也大大打了折扣。金子塗在佛身上、佛殿頂，才富麗輝煌、至尊至貴，令人肅然起敬，而如果塗在石頭上、木頭上，又有多少人會敬仰稀罕呢？自己的名氣大，但堅貝央的名氣比他更大，月亮靠的是太陽的光輝，土山靠的是松柏的青翠，吉塘倉得靠堅貝央的聲望。

明白了這個事理，他決定不走了，要留在吉祥右旋寺。只要他與吉祥右旋寺不脫離關係，他就永遠是首席活佛，首席是吉塘倉轉世系統的世襲地位，誰也不能取消、替代，這是傳統，這是歷史留下的規則，自己得保住這個位子。

他為自己制定了三條原則，以改變被動局面：

一、不離開寺院，不去教區部落講經灌頂，不單獨接見各地土司頭人，不串門聯絡，包括金鵬鎮的金牧師、清真寺馬阿訇、寺內各活佛之間，要潛心閉戶誦經念佛。

二、兢兢業業當好總法台，考察督促各學院的教學研究，讓吉祥右旋寺的僧侶知識素質上個新臺階。

三、在三、五年之中，著述刻印一部關於中觀論方面的學術專著，樹立學者形象。

當然，他也做好了最壞的打算，萬一真的受排斥待不住，再到參尼寺去靜修坐禪避難一段時間，他派洛哲去參尼寺代他管理有關事務，就是為退路安排的。但在名義上，他決不脫離吉祥右旋寺，永遠當吉祥右旋寺的首席金座活佛。

……

他後來打聽到了，因為處理飛機墜落之事堅決果斷，吉祥右旋寺又為抗戰捐獻了三十部戰機，還派出佛叔阿旺為團長的前線慰問團，國民政府委任堅貝央為蒙藏委員會兼職副委員長，總統送來了「輸財報國」的匾額以表褒獎。佛兄澤旺呢，也授予了少將參議之銜，還贈送了電臺和不少槍彈。

他恍然明白，寺主堅貝央已經踏上了政教兩方面的坦蕩大道，所以把他吉塘倉視爲可有可無，說不定暗地裏看作潛在的對手。

他的心情一直是沈重的、壓抑的。

說歸說，做歸做，一個人的稟性是難以改變的，吉塘倉也如此。他是一個閒不住的人，輿論平息下去半年之後，他又在書房裏待不住了，開始和寺裏的活佛、高僧、學者，與寺外的黨政要員來往交流，原先潛心閉戶修持的想法已經淡忘。但不愉快的事卻如影子般追著他而來。

這也真是老百姓俗話所說的：事不順心，屎尿也灑在腳背上。還有一句諺語也曾指出：再富貴的人，福不雙至；再命大的人，禍不單行。吉塘倉正好碰在了這種關卡。

下午剛送走翻譯貢卻乎，還未坐定喝碗茶，澤旺便帶著一隊衛士氣洶洶來到了佛邸。他撥開勸擋的侍僧，徑直闖進吉塘倉的書房，驚得他差點跳起來。

澤旺手裏提著德國造二十粒手槍，臉如冰霜、目光如炬，衝進門警惕地急速掃視屋內，粗暴地吼問：「貢卻乎呢？貢卻乎出來！共黨分子貢卻乎在哪裡？」

吉塘倉鎮靜下來，明白了澤旺是來抓捕貢卻乎的，他攤開兩手，不無調侃譏笑說：「早走了！馬跑了，灰塵也散開了。」

澤旺獰笑，揮揮手槍：「走？他往那裏走？堅貝央八十衛士早把住了寺院各個路口，除非他長了翅膀。」他回過頭衝身後如狼似虎的保安隊員吼道：「搜！所有的旮旯都不准放過。」

「慢。」吉塘倉臉上掛不住了，他用眼神嚴厲地叫住眾衛士。澤旺有眼無珠，竟敢如此臉對臉眼瞪眼地蔑視他首席金座活佛，把他等同於最下層的老百姓，這不是搧他的耳光嗎？心頭不由怒火燃起。

他也沒有稱呼澤旺的司令之職，直接呼其名字：「澤旺，這是佛門聖地，不是你的保安司令部，你沒有權利搜查我的佛邸。」

澤旺也毫不示弱：「好一個首席金座活佛，你忘了你是在地上，在中華民國國土上的吉祥右旋寺內，而不是西方極樂世界。不管你是誰，都是公民，都得遵守民國政府的法令。」他頓了頓，充滿嘲諷地挖苦說：「活佛你健忘了，眼下國民政府的第一要務就是剿共，剿共是天大的事，誰要阻攔，誰就是認領殺頭滅族的罪名。難道我搜捕共產黨不應該？還愣著幹什麼，快去搜查！」

衛士們覷覷活佛的臉，又瞟了瞟澤旺黑鐵般的面色，唯唯諾諾悄悄退出了書房。

吉塘倉氣得嘴皮打哆嗦，他倒不在乎共產黨和國民黨之爭。誰勝誰敗，誰上誰下，似乎和佛門關係不大。改朝換代，教民們的信仰是不會改弦更張的。他在乎的是澤旺借這樣的機會闖進來逞威風，箭拔弩張地公然訓斥他。他得想法子把他的氣焰壓下去。

他快速地轉動腦子，很快有了主意：「對我來說，貢卻乎不過是臨時聘請的翻譯而已，在此之前我根本不相識。而貢卻乎卻是你澤旺一手培養起來的藏小學生，又是你把他推薦到中央蒙藏學校深造的，要追究責任得首先追究你！」

他以前確實不認識貢卻乎，是透過寺中羅倉活佛認識的。

那天，羅倉活佛去青海講經弘法歸來，他前去慰問。在宴席上見有一位臉龐瘦長清秀、身材不高不低、穿著樸素整潔的年輕小夥子陪著羅倉活佛。一雙眼睛細長但有力量，看人的時候咄咄有神，彷彿要穿透你的心肺。

羅倉活佛說這是他的外甥，家在金鵬鎮，在澤旺司的金鵬藏民小學畢業後，推薦到南京蒙藏學校，才回來不久，想找個職業。別看他是金鵬鎮長大的，說起漢話，那是山澗裏的流水，山頭上的狂風，連漢人都佩服他的口才。羅倉活佛誠摯地說道：

「至尊金座活佛，你口碑好、交遊廣、有威望，能不能幫我外甥找份體面職業幹幹，搞翻譯、當秘書都行。」

吉塘倉看小夥子機靈、腦子好、懂藏漢兩種語言文字，而正好自己身邊也想有這樣的人才，好與漢、回上層名流打交道，便當場允諾下來，讓他第二天來佛邸報到。有事請過來翻譯，無事可自行其是，在家幹自己活。翻譯一次付一至三元報酬。

實際情況呢？由於寺院的大權已經由堅貝央獨攬，教區的大權則由佛兄一手遮天，對外交際應酬一類已無他吉塘倉的分了，只是偶而陪著客人吃吃飯，轉轉圈子聊聊天。所以，貢卻乎前來當翻譯的機會很少。貢卻乎來佛邸頂多陪著聊聊天、說說閒話。他問的最多的是南京重慶等內地的情況及民情風俗，而國共兩黨的內幕，貢卻乎只是偶而提一提，從未展開談論過，他也是聽一聽，不去細細追究。

在他的意識中，自己與國共兩黨的鬥爭沒有多大關連，國共兩黨都與自己距離很遠，他只關心吉祥右旋寺的前途。

他不感興趣，貢卻乎自然不好往深裏說什麼。但他也嗅出這小夥子不同於一般藏族青年。不僅僅是有文化，而是他的眼睛後面還有一個眼睛，腦子裏還裝著一個腦殼，是個有來頭的新青年。③

這回輪到澤旺氣得臉色發青：「你，你血口噴人，你栽贓陷害……」

「哼，我早看出了你們家族的狼子野心，成心找碴陷害我。貢卻乎是俗人，住在金鵬鎮，他與我吉塘倉佛邸有什麼關係，你不去金鵬鎮他家中抓人，卻偏偏要跑到我的佛邸來抓他，這不是尿泡打人——不疼也騷氣難聞嗎？不是拿上爐灰往我眼窩裏潑嗎？」

澤旺的語氣放軟了：「活佛，誤會了，我也是剛剛接到省黨部的命令，聽說他在佛邸裏就找上門的。」

「不用詭辯，我明白你們的用心！你是想用與共產黨有來往的藉口往我頭上扣屎盆，企圖搞臭我，把我趕出吉祥右旋寺。想趕我走，你們有權利也有能力，但要想扣通共這個罪名嚇唬我，哼，告訴你，我是決不會垂首認領的。澤旺，要說通共，你們家不是最先通共的嗎？」

澤旺陰鷙地冷笑：「吉塘倉，你是不是嚇糊塗了，把杜鵑啼春聽成了貓頭鷹嗥叫，把臭屎堆看成了黃金石？這真是深掘黑土地沒有底，無中生有誣衊難回駁。說說看，到底是你有據，還是我無證。」

吉塘倉情緒這陣得到控制平靜下來了。他居高臨下，傲慢地侃侃道：「宣俠父是不是共產黨人？誰幫助你組織抗馬大聯盟的？誰幫助你打贏官司的？」

澤旺愣了。臉上紅一陣白一陣，尷尬窘迫，嘴皮顫動卻說不出話來。

「紅軍從阿壩草地出來，你不是偷偷派人送去四馱酥油糌粑肉乾的嗎？還讓捎去話，告訴了馬步芳在吉祥右旋河流域軍力駐防部署秘密，要紅軍從國軍駐防薄弱的岷縣一帶出走。你說有沒有這回事？」他審問犯人似的用嚴厲的口氣審問道。

澤旺一下縮了，囁嚅好一晌，才顫聲說道：「那，那是為了不讓戰火燒到吉祥右旋寺。」院子裏傳來一陣喧囂聲，打斷了澤旺的話腰。

「抓住了，讓堅貝央大師的八十衛士抓住了。」幾個保安隊員跑進書房，喜形於色地報告說。

澤旺的臉一下換了顏色，兩頰抹上了喜氣洋洋的緋紅，連聲稱好「好，好，除了禍害，往上有交代了。」他一頓，「押那兒去了？」

「押到議倉監獄去了。」

澤旺眉頭一揚，抽抽鼻梁，眼中掠過不快：「走，去看看。」走到門口，掉回頭衝吉塘倉嗆聲吼道：「你別嚇唬我，看我倆誰會笑在最後。」

吉塘倉點點頭，爽聲回話：「烏鴉與金雕比試的舞臺是長空，我等著你。」

等澤旺他們走後，吉塘倉軟軟倚在卡墊上。他口渴，連著喝下去了三碗奶茶，胸口才稍稍舒展。熱騰騰膨脹的腦殼這時已經冷靜多了。痛快歸痛快，愜意也很愜意，但痛快之後是什麼，他的心頭拴上了一塊重石似的，猛地沈甸甸喘不過氣來。

後果肯定很可怕，這是明擺的。今天澤旺大搖大擺，徑直闖進門，不就是明目張膽的給自己下馬威嗎？不就是撕開面子公開向你下戰書嗎？也不就是急著要把他吉塘倉搞臭搞垮嗎？眼下社會能致人於死地的最好辦法，就是扣個通共、窩共的罪名，這樣做的結果，上上下下會共討之齊誅之，想怎樣都理直氣壯。真是惡毒到勝過蛇蠍心腸。即使達不到搞垮的目的，也能把你弄臭得人前人後寺裏街上都不是人，一輩子休想抬起頭。他們甚至會讓堅貝央下令，或國民政府出面，廢黜吉塘倉首席金座活佛的地位。如果屈辱到那一地步，我吉塘倉活在吉祥右旋寺還有什麼臉面見人！與其如此，還不如馬上離開好。離開了甘肅政區，誰也奈何不了四川參尼寺的活佛。

還有，剛才把澤旺頂撞了個痛快淋漓，罵了個痛快淋漓，他能就此罷休嗎？他不會變本加厲地實施報復？我揭了他的老底，他會不會惱羞成怒，殺人滅口？搞霸權的、搞政治的，爲了自己的地位和權力，他們向來殺人就像踩一隻螞蟻、折一棵草那樣不眨眼、不動心。他才不管你是不是披金黃袈裟的佛門僧侶？不管你是活佛還是俗民，只要認爲你擋了他的道，他就會格殺無赦，毫不手軟，欲置於死地除之爲快。

走！走得越遠越好，走得越快越好，趁他還未下定決心，還未騰出手來的時候。

原來的想法還是有點幼稚，有點一廂情願啊。留下來有什麼希望、有什麼盼頭呢？沒有！什麼都沒有！從教權到政權，從對內到對外，從寺院到教區，我吉塘倉什麼也插不上手，什麼也說不上話，巴掌大的市場都沒有！還不走留戀什麼！走，堅決走，回我的參尼寺去！

他站起身，活動了一下腰肢，拍拍巴掌，叫進來新任命的內務管家。兩人悄聲細語地商量具體事宜，完了讓內管家連夜佈置行動。

晚上，他向堅貝央寫了一封長長的信。信是用他專用的長條信函，蘸著墨缽黑濃濃的墨汁，用削好的竹筆工工整整寫的。信太長，心情又澎湃起伏，竹筆時而被叩斷，時而折尖，整整用去了一捆十枝竹筆。由於通夜照明，汽燈的紗罩燈泡也炸了三次，換了三次。

他在信的開頭向堅貝央表示頂禮叩拜，表達了自己無限的敬意、虔誠信任和對吉祥右旋寺的無限留戀之情。然後表明自己不得已暫時出走脫離甘肅教區的原委，談到了目前的處境、心境及潛在的生存危急。開誠佈公地對發生的事情、產生的誤會一一詳細地談了事實真相和自己的看法，道明了自己的憂慮。

信的第二層意思是關於貢卻乎的事。他強調指出，佛門是寬容的、博大的，也是仁慈的。佛教對那些惡鬼厲神都能施以寬恕，提供施食，讓它們走得遠遠的，何況對同胞人類。哪怕是異教徒也應該寬容仁慈，不應該傷害。

達賴喇嘛允許從克什米爾來的穆斯林商民在聖地拉薩大昭寺附近修建禮拜堂清真寺，不就是明證嗎？前世堅貝央大師不也是如此嗎？金鵬鎮的清真寺，王府旁邊的寧瑪巴寺院不都講述著這樣一個事實嗎？佛祖從來提倡思想自由、言論自由，百家爭鳴，任何理論都是在對等競爭中發展或消亡、優勝劣汰的，所以，對貢卻乎的態度有悖於佛門教義，懇望大師不要參與世俗政治派別之間的權力之爭，以免玷污佛僧之純淨、超凡、高尚之品行。

他建議堅貝央大師放了貢卻乎，勸其遠走他鄉，在吉祥右旋寺教區內銷聲遁蹤，以免給寺院投下陰影。他已指示內管家備齊五百塊銀洋，作為貢卻乎的贖身費交議倉之手。

他提出為了寺院不致受他的牽累，決計辭去總法台之職，青年僧侶學校教務長之職，請大師恩准，並向全寺佛僧轉達他的歉意。

信寫到最後，他抑制不住內心的激動，又多寫了幾行心裏話。他告誡堅貝央，年輕是個很大的優勢，但年輕也存在致命的缺陷。年輕人的熱情並不等於主體客體的完全吻合，熱情中有著想當然自以爲是的因素。年輕人容易輕信、偏執、入別人的圈套而上當。懇望大師能好自爲之，不要忘了自己是佛門之士。更希望大師不要沈溺於塵俗煙雲似的虛榮，以吉祥右旋寺爲本，以弘揚佛法爲上，與政治拉開一定的距離。

他特別點明，沒有了吉祥右旋寺，就沒有您堅貝央的地位和光輝，而澤旺卻不。沒有了吉祥右旋寺，他照樣有保安司令的地位權勢，照樣可以對全教區發號施令，派捐派款，照樣控制三個藏兵團爲所欲爲；照樣是國民政府的少將參議，出行前呼後擁抖威風，居宅警備森嚴有氣派。他利用手中的權力財富，以他的名義完全可以修新寺，加以控制利用。到那時候，你明白也悔之晚矣。

信寫好，裝進信封後，他覺得還欠缺點什麼，想了想，走過去到佛龕前，摸出那串珍藏在佛肚中的九眼珠檀香木佛珠，在手中摩挲了幾下，咬咬牙裝進了信封，在封口蓋好自己的印鑑，然後交給一旁侍立的內管家，吩咐他到下午時辰再去堅貝央佛邸，親手把信交到堅貝央大師手中。

當雲雀叨去晨霧，花草尖的露珠熠熠滾動時，吉塘倉一行已經爬到了離吉祥右旋寺十來路的強呆山口。山口當央有堆白石頭瑪呢堆。吉塘倉下馬，沿順時針方向針轉了三圈，口中誦念祈禱經，又彎腰揀拾起地上散開的白石頭，莊重地擱在瑪呢堆上。完了，他才長長噓口氣，凝重地往北面山下眺望，往吉祥右旋寺張望。

正巧，一抹朝陽剛好爬上彌勒佛殿的金頂，金頂金光四射、輝煌燦爛，和各僧宅各佛邸冒出的炊煙淡霧交織組合成一幅寧靜、恬淡、高雅、華貴又充滿生命活力的圖畫。

吉塘倉的眼窩濕了，臉頰輕輕抽搐，嘴皮顫動但沒有說什麼，可心中大聲吶喊道：

「吉祥右旋寺，你是我的生命，我是你的兒女。放心吧，我一定回來守護你到永遠。」

朝陽射來，吉塘倉一行披著金色陽光走下山去。

❖ ❖ ❖

①嘎巴拉碗——嘎巴拉係梵文的譯音。是藏傳佛教密宗修行時用人頭骨製成的碗。在密宗灌頂儀式時，壺內盛聖水，斗器內盛酒，聖水彈灑在修行者頭上，並讓其喝酒，然後授以密法。灌頂的意義在於使修行者聰明和沖卻一切污穢。

②三善趣——佛教所說與行善業相應的三種轉生趨向：天、人、阿修羅，稱爲三善趣。

③編者註：關於貢卻乎的故事，詳見作者另一部長篇《金鵬鎮》。

活佛秘史（原名：藏傳秘史之首席金座活佛）

作　　者：尕藏才旦
發 行 人：陳曉林
出 版 所：風雲時代出版股份有限公司
地　　址：105台北市民生東路五段178號7樓之3
風雲書網：http://www.eastbooks.com.tw
官方部落格：http://eastbooks.pixnet.net/blog
信　　箱：h7560949@ms15.hinet.net
郵撥帳號：12043291
服務專線：(02)27560949
傳眞專線：(02)27653799
執行主編：朱墨菲
美術編輯：吳宗潔

法律顧問：永然法律事務所　李永然律師
　　　　　北辰著作權事務所　蕭雄淋律師
版權授權：北京品閱時代文化傳媒有限公司
初版換封：2014年12月

ISBN：978-986-352-101-3

總 經 銷：成信文化事業股份有限公司
地　　址：新北市新店區中正路四維巷2弄2號4樓
電　　話：(02)2219-2080

行政院新聞局局版台業字第3595號
營利事業統一編號22759935

定 價：340元

國 家 圖 書 館 出 版 品 預 行 編 目 資 料

活佛秘史 / 尕藏才旦著. — 初版. — 臺北市
: 風雲時代, 2014.08
面；　公分
ISBN 978-986-352-101-3(平裝)

224.515　　　103016835